新編諸子集成

墨子校注

下

吴毓江 撰
孫啟治 點校

中華書局

墨子校注卷之十一

大取第四十四①

天之愛人也，薄於聖人之愛人也②；其利人也，厚於聖人之利人也。大人之愛小人也，薄於小人之愛大人也③；其利小人也，厚於小人之利大人也④。

以臧爲其親也而愛之⑤，非愛其親也；以臧爲其親也而利之⑥，非利其親也。以樂爲利其子，而爲其子欲之⑦，愛其子也；以樂爲利其子，而爲其子求之⑧，非利其子也⑨。

於所體之中而權輕重，之謂權⑩。權非爲是也，亦非爲非也⑪，權正也⑫。

斷指以存𢫬⑬，利之中取大，害之中取小也。害之中取小，子非取害也⑭，取利也。其所取者，人之所執也⑮。遇盜人，而斷指以免身，利也；其遇盜人，害也⑯。

斷指與斷腕⑰，利於天下相若，無擇也。死生利若⑱，一無擇也⑲。

殺一人以存天下，非殺一人以利天下也⑳；殺己以存天下，是殺己以利天下㉑。

於事爲之中而權輕重，之謂求。求爲之非也㉒。害之中取小，求爲義，非爲義也㉓。爲暴人語天之爲是也㉔？而性爲暴人㉕，歌天之爲非也㉖。諸陳執既有所爲，而我爲之㉗，陳執執之所爲，因吾所爲也㉘。若陳執未有所爲，而我爲之陳執㉙，陳執因吾所爲也。暴人爲我㉚，爲天之以人㉛，非爲是也。而性猶在㉜，不可正而正之㉝。

利之中取大，非不得已也；害之中取小，不得已也。所未有而取焉，是利之中取大也；於所既有而棄焉，是害之中取小也㉞。

義可厚，厚之；義可薄，薄之，之謂倫列㉟。德行、君上、老長、親戚，此皆所厚也㊱。爲長厚，不爲幼薄㊲。親厚，厚㊳；親薄，薄㊴。親至薄㊵，不至義㊶。厚親不稱行㊷，而類行㊸。

爲天下厚禹，非爲禹也㊹；爲天下厚愛禹，乃爲禹之愛人也㊺。厚禹之爲加於天下㊻，而厚禹不加於天下。若惡盗之爲加於天下，而惡盗不加於天下㊼。

愛人不外己，己在所愛之中。己在所愛，愛加於己。倫列之愛己，愛人也㊽。

聖人惡疾病㊾，不惡危難㊿，正體不動51。

欲人之利也，非惡人之愛也52。

聖人不爲其室臧之，故在於臧53。

聖人不得爲子之事(54)。聖人之法，死亡親(55)，爲天下也。厚親，分也；以死亡之，體渴興利(56)。

有厚薄而毋倫列之興利，爲己(57)。

語經(58)，語經也非白馬焉執駒焉說求之舞說非也漁大之舞大(59)非也(60)。

三物必具，然後足以生(61)。

臧之愛己，非爲愛己之人也(62)。厚人不外己(63)，愛無厚薄(64)。

舉己，非賢也(65)。

義，利；不義，害(66)。

志、功爲辯(67)。

有有於秦馬(68)，有有於馬也，智來者之馬也(69)。

凡學愛人(70)，愛衆衆世，與愛寡世相若(71)，兼愛之有相若，愛尚世與愛後世，一若今之世(72)。

天下之利驩(73)。

聖人有愛而無利，俔日之言也(74)，乃客之言也(75)。天下無人(76)，子墨子之言也(77)。

不得已而欲之(78)，非欲之也(79)。非殺臧也，專殺盜，非殺盜也(80)。

小圜之圜，與大圜之圜同(81)。不至尺之不至也(82)，與不至千里之不至(83)，其不至同(84)。

異者，遠近之謂也[85]。是璜也[86]，是玉也[87]。

意楹，非意木也，意是楹之木也。意指之人也，非意人也。意獲也[88]，乃意禽也[89]。志、功不可以相從也[90]。

利人也，爲其人也[91]。利富人[92]，非爲其人也[93]。有爲也，以富人富人也[94]。

治人，有爲鬼焉[95]。

爲賞譽利一人，非爲賞譽利人也。亓不至[96]，無貴於人[97]。

智親之一利[98]，未爲孝也。亓不至[99]，於智不爲己之利於親也[100]。

智是之世之有盜也[101]，盡愛是世。智是室之有盜也，不盡是室也。智其一人之盜也，不盡是二人。雖其一人之盜，苟不智其所在，盡惡其朋也[102]？

諸聖人所先[103]，爲人[104]。

名[105]，實名[106]。實不必名[107]。苟是石也白[108]，敗是石也，盡與白同[109]。是石也唯大，不與大同[110]。是有便謂焉也[111]。以形貌命者[112]，必智是之某也[113]，焉智某也[114]。不可以形貌命者，唯不智是之某也[115]，智某可也。諸以居運命者[116]，苟入於其中者，皆是也[117]；去之，因非也。諸以居運命者，若鄉里齊荆者，皆是。諸以形貌命者，若山丘室廟者，皆是也。

智與意異[118]。重同[119]，具同[120]，連同[121]，同類之同[122]，同名之同[123]，丘同[124]，鮒同[125]，是之同[126]，然之同，同根之同[127]。有非之異，有不然之異。有其異也，爲其同也[128]，爲其同也異[129]。

一曰乃是而然[130]，二曰乃是而不然[131]，三曰遷[132]，四曰强[133]。

子[134]：深其深，淺其淺，益其益，尊其尊[135]。

次察由[136]，比因[137]，至優指[138]。

復次察聲端名[139]，因請復[140]。

正欲惡者[141]，人右以其請得焉[142]。諸所遭執而欲惡生者，人不必以其請得焉[143]。聖人之拊瀆也[144]。

仁而無利愛[145]，利愛生於慮[146]。昔者之慮也，非今日之慮也；昔者之愛人也，非今之愛人也[147]。愛獲之愛人也，生於慮獲之利，非慮臧之利也。而愛臧之愛人也，乃愛獲之愛人也[148]。

去其愛而天下利，弗能去也[149]？

昔之知墻，非今日之知墻也[150]。

貴爲天子，其利人不厚於匹夫[151]，非加也[152]。

二子事親，或遇孰，或遇凶[153]，其親也相若，非彼其行益也[154]，外執無能厚吾利者[155]。

藉臧也死，而天下害[156]，吾持養臧也萬倍[157]，吾愛臧也不加厚[158]。

長人之異短人之同[159]，其貌同者也[160]，故同[161]。指之人也，與首之人也異[162]，人之體非一貌者也，故異。將劍與挺劍異，劍以形貌命者也，其形不一，故異[163]。楊木之木，與桃木之木也同[164]。諸非以舉量數命者，敗之，盡是也[165]。故一人指，非一人也；是一人之指，乃是一人也[166]。方之一面，非方也[167]；方木之面，方木也[168]。人之鬼，非人也[169]；兄之鬼，兄也[170]。

夫辭[171]以故生，以理長，以類行者也[172]。立辭而不明於其所生，忘也[173]。今人非道無所行[174]，唯有强股肱，而不明於道[175]，其困也，可立而待也。夫辭以類行者也，立辭而不明於其類，則必困矣[176]。

故浸淫之辭[177]，其類在於鼓栗[178]。

聖人也，爲天下也[179]，其類在於追迷[180]。

或壽或卒，其利天下也相若[181]，其類在譽石。

一日而百萬生，愛不加厚，其類在惡害。

愛二世有厚薄，而愛二世相若[182]，其類在蛇文。

愛之相若，擇而殺其一人[183]，其類在阬下之鼠[184]。

小仁與大仁，行厚相若[185]，其類在申凡[186]。

興利除害也⑱，其類在漏雍⑱。

厚親不稱行，而類行⑱，其類在江上井⑲。

不爲己之可學也⑲，其類在獵走。

愛人非爲譽也⑲，其類在逆旅。

愛人之親，若愛其親⑲，其類在官苟。

兼愛相若，一愛相若⑲，其類在死也⑲。

① 畢云：篇中言「利之中取大」，即「大取」之義也。　曹云：墨子經上、經下、經説上、經説下、大取、小取凡六篇，篇第相屬，語意相類，皆所謂「辯經」也。大取則其所辯者較大，墨家指歸所在也。　譚灼菴云：「大取」者，大恉也。「取」讀爲「趣」。趣，指趣也。　○案：篇中言「利之中取大」，故即以「大取」題篇。

② 「薄」讀爲「博」，下同。非攻下篇「夫殺人之爲利人也博矣」，「博」俞校作「薄」，可互爲例。天志上篇曰「愛人者此爲博焉，利人者此爲厚焉」，又中篇曰「此吾所以知天之愛民之厚也」，又下篇曰「且天之愛百姓厚矣，天之愛百姓別矣」，可見墨家以天愛人至博，利人至厚，莫與比倫。

③ 「愛」下「小」字、「大」字，王樹枏校刪。

④「小人也」,「也」字吴鈔本無。「利」下「小」字、「大」字,王樹枬校删。「大人」、「小人」以德行言,如大禹、墨子澤被生民,教垂後世,其愛利之博厚固非小人之所能比儗。墨家以愛利立教,故首揭出愛人利人之最高標準。本書法儀篇曰:「天之行廣而無私,其施厚而不德,其明久而不衰,故聖王法之。」賈子脩政語上篇曰:「德莫高於博愛人,而政莫高於博利人。」

⑤「臧」與下文「樂」均假設之人名。

⑥吴鈔本「爲」下有「利」字。

⑦「欲」猶愛也。

⑧「求」,責也。

⑨此節墨家設例以破儒家親親之執言。人囿於私,以臧爲其親也而後愛利之,其注意點全在臧之爲其親,其愛利之量不宏,其愛利之願亦未必能達,故善愛利其親者不獨親其親,僅知愛利其親者,非愛利其親者也。又如樂利其子,愛樂適所以愛其子,責樂適所以責其子,蓋樂之幸與不幸,其影響將及於其子也,故善愛利其子者不獨子其子。在社會上,人類關係之密切,不啻樂與其子也。善愛利其親與其子者,當於愛利人類中求之。

⑩「體」,行也。吴鈔本作「於所體輕重之中而權其輕重,之謂權」。

⑪「亦」本作「非」,依孫校改。

⑫人於行爲之中,莫不權其輕重是非而後行之。權所以明是非,是非在物,權無事焉,權執正而已

矣，不爲是亦不爲非也。荀子正名篇曰：「人無動而可以不與權俱，權不正，則禍託於欲，而人以爲福，福託於惡，而人以爲禍，此亦人所以惑於禍福也。」申子大體篇曰「衡設平無爲，而輕重自得」，韓子飾邪篇曰「衡執正而無事，輕重從而載焉」，本書經上篇曰「欲正權利，惡正權害」。

⑬「掔」，諸本作「騷」，四庫本作「掔」，意林引作「脛」。傅山云：「騷」疑「腕」之訛。秋山云：「騷」疑「腕」。畢云：掔，「捥」字正文，舊作「騷」，誤。說文云：「掔，手掔也。楊雄曰：『掔，握也。』从手，取聲。」鄭注士喪禮云：「手後節中也。古文掔作捥。」

⑭「子」，諸本作「也」，茅本、寶曆本、緜眇閣本、陳本、傅山本並作「子」，今從之。

⑮言害之中取小，人心同然。

⑯國語晉語曰「擇福莫若重，擇禍莫若輕，福無所用輕，禍無所用重」，荀子彊國篇曰「拔戟加乎首，則十指不辭斷」，尸子曰「聖人權福則取重，權禍則取輕」，韓子八說篇曰「事成而有害，權其害而功多，則爲之」，淮南子繆稱訓曰「人之情，於害之中爭取小焉，於利之中爭取大焉」，又說山訓曰：「亡羊而得牛，則莫不利失也。斷指而免頭，則莫不利爲也。故人之情，於利之中則爭取大焉，於害之中則爭取小焉。」

⑰畢云：「捥」、「腕」皆「掔」字之俗。

⑱句。

⑲此示墨家犧牲精神之偉大。苟利天下，斷指可，斷腕亦可，生可，死亦可，舉無擇也。孟子曰「墨

子兼愛，摩頂放踵利天下爲之」，蓋即隱據此文。莊子齊物論曰「死生無變於己，而況利害之端乎」，吕氏春秋知分篇曰「達乎死生之分，則利害存亡弗能惑矣」，淮南子俶真訓曰「生不足以使之，利何足以動之。死不足以禁之，害何足以恐之」，蓋大無畏之犧牲精神，莫不從了徹生死中來也。

⑳ 寶曆本無「以」字。

㉑ 墨家之義，損己愛人。殺己以存天下，可也；殺一人以存天下，不可也。蓋殺己以存衆人，是殺己以利衆人；殺一人以存衆人，於所存者雖便，於被殺者則爲暴矣。非攻下篇「夫殺人之爲利人也薄矣」，義正類此。故墨家於己則摩頂放踵利天下，爲之；於人則殺一不辜而存天下，不爲也。

㉒ 「之」、「是」字通。下文「去其愛而天下利，弗能去也」十一字，疑當在此。

㉓ 求者於事爲之中權衡其輕重，以求得其或是或非，或爲義或非爲義也。事誠是矣義矣，雖害猶利，如損己而益所爲是也。否則雖利猶害，如損人利己是也。故於害中取小，亦必求其義之所在也。

㉔ 「也」讀如「邪」。

㉕ 「而」讀爲「如」。

㉖ 白虎通義禮樂曰：「夫歌者，口言之也。」

㉗「陳執」，猶言習染。

㉘「執」字誤重。

㉙「未」，茅本、寶曆本、緜眇閣本作「既」。

㉚句。

㉛「以」，與也。

㉜「猶在」二字本錯於下文「子墨子之言也」下，今校移於此。

㉝此節爲墨家論性精要文字。言暴人之所以爲暴人，由於後天習染，非天性然也。爲暴人者謂天之爲是邪？如性爲暴人，始可謂天之爲非善也。夷考其實，人生行爲莫不受其環境習染之影響。環境習染常能鑄笵吾之行爲，而爲其前因。若習染尚無某種顯箸之前因，由吾之行爲累積感化，蔚爲風氣，則由行生習，吾之行爲即形成一種新習染，此種新習染又鑄笵後人之行爲。或社會鑄笵箇人，或箇人影響社會，如此因果承續，業行交酬，會萃於習染洪流中而演化不已。可知暴人爲我，固環境習染鑄笵成之，因天之與人非爲是暴戾之質也。而性猶在，如明鏡染塵，一經拂拭，不難立還光潔，暴習似不可正，而卒能正之，此人類之所以貴乎自強不息，而教學之所以不可以已也。此外墨家論性，尚有墨子歎染絲一事，見本書所染篇、呂氏春秋當染篇，其他古書亦多引其事。徵諸此節，理可相發。墨子蓋主人性無善無惡，非善非惡，如純白素絲，染於蒼則蒼，染於黃則黃。所異者，絲已蒼黃，不能復還其素，人性雖已陷溺，尚可由本身之頓悟、師友之啓迪、機

緣之暗示、環境之刺激而復還其初，所謂「而性猶在，不可正而正之」，放下屠刀，即可成佛是也。

㉞ 利所未有，可自由去取，利期其大，故取其大。害所既有，如毒蛇螫手，不能任意舍棄，僅能於既有之中設法補救，無已，則斷被螫之手（於所既有而棄焉），以全生命。害期其小，斷手之害較喪生爲小也。

㉟ 「倫」，緜眇閣本、傅山本、寶曆本作「倹」。「之」字本脱，依孫校增。「倫列」猶今言平等。孫云：「倫」，等也。「列」，等比也。　秋山云：「列」，一作「則」。

㊱ 莊子天道篇曰：「宗廟尚親，朝廷尚尊，鄉黨尚齒，行事尚賢。」

㊲ 墨家之主張如此。

㊳ 孫云：厚其近親。

㊴ 孫云：薄其遠親。

㊵ 「至」猶當也，下同。

㊶ 句。

㊷ 荀子禮論篇注云：「稱，謂各當其宜。」

㊸ 「類」本作「顧」，孫依下文校改。　傅山云：「顧行」後作「類行」，義似長。　○案：墨家厚薄以義爲鵠，平等之中有厚薄，而厚薄仍不失爲平等。下文「藉臧也死而天下害，吾持養臧也萬倍，吾愛臧也不加厚」，可爲有厚薄而不失平等之例。「德行、君上、老長、親戚，此皆所厚也」，墨

之道貴乎充此厚以及於人人，故曰：爲長固厚矣，爲幼亦不當薄，否則親厚者厚之，親薄者薄之，厚薄以親疏爲鵠，則不免有論親當薄者論義則不當薄，是親與義有時不能並存，協於親者不免害於義矣。凡厚親者之行厚薄也，不問其義不義、稱不稱，但問其親不親、類不類。墨家貴義，與此厚親者殊科也。

㊹「非」字本脱，今以意增。

㊺「愛人」，諸本作「人愛」，緜眇閣本、陳本、傅山本作「愛人」，今從之。

㊻「爲」字本脱，孫依下文校增。

㊼禹愛天下之人，故爲天下之人厚禹，非爲禹也。厚禹者，以其德行加於天下。至對禹之爲人，固與天下人相若也。若惡盜者，以其惡行加於天下，至對盜之爲人，固與天下人相若也。蓋平等者其人格，而對之有厚薄者，其行爲殊也。

㊽此破除人我對立之謬見，而渾融於人類之中。己亦人也，故愛人不外己。平等之愛己，舍愛人莫由也。

㊾畢云：言自重其身。

㊿畢云：言爲人則不避艱險。

(51)「正體」指感官言，不動指心言。康健爲事業之母，耳目不聰明，手足不勁强，不可用也，故惡疾病。摩頂放踵利天下爲之，故不惡危難。其神凝，死生無變於己，故正體不動。國語鄭語曰「正七體以役心」，孟子曰「我四十不動心」，管子戒篇曰「心不動，使四肢耳目，而萬物情」，又内業篇曰「心意定而天下聽，四體既正，血氣既静，一心摶意，耳目不淫，雖遠若近」。

52 「愛」，諸本作「害」，茅本、寶曆本、緜眇閣本、傅山本作「愛」，今從之。聖人之心日夜不忘於欲利人，且所謂利乃「兼相愛、交相利」之利，非孟子所謂「上下交征利」、「不奪不饜」之利，故曰「欲人之利也，非惡人之愛也」。若孟子所云「不奪不饜」之利，是欲人之利也，惡人之愛也，非墨家所謂之利也。

53 畢云：言藏富在下。〇案：「在」猶善也。聖人藏富於民，不藏於室，故善於藏。論語曰「百姓足，君孰與不足；百姓不足，君孰與足」，管子山至數篇曰「民富君無與貧，民貧君無與富。府無藏財，貲藏於民」，又曰「王者藏於民，殘國亡家藏於篋」，又權修篇曰「府不積貨，藏於民也」，老子曰「聖人不積，既以爲人己愈有，既以與人己愈多」，吕氏春秋慎大篇曰「周明堂外户不閉，示天下不藏也。唯不藏也，可以守至藏」，皆與此樹義相類。

54 孫云：言聖人事親，愛無窮而事必有所盡。

55 孫云：「亡」、「忘」通，下同。

56 公羊隱三年傳何注云：「渴喻急也。」秋山云：「渴」，一作「得」，又作「謁」。〇案：聖人心切救世，如禹過家門而不入，墨子無黔突，孔子無煖席，或有不得爲子之事者矣。聖人之法，親死如忘之，不久喪，爲天下也。蓋分應厚親，以死忘之者，俾身得急從事其所能，以興天下之利也。

57 「毋」，陸本、茅本、寶曆本、緜眇閣本、堂策檻本、傅山本、四庫本作「無」。厚己薄人，親親有術，而無平等精神之興利，是爲己也。

58 王闓運刻本墨子自「語經」以下至篇末别爲一篇，即以「語經」名篇。割裂古書，不可爲訓。

59 上「大」字，寶曆本作「火」。

60 自「語經」以下二十六字，文有錯譌，其義未詳。

61 未詳。　孫云：此當接後「以故生，以理長，以類行也者」句。

62 下「愛」字茅本、寶曆本、緜眇閣本、傅山本作「害」。　孫云：言臧自愛其身，非爲愛己之爲人也。

63 「人」字本脱，依孫校增。

64 僅知愛己者，其結果往往害己。故臧之愛己，非爲愛己之人也。墨家兼愛，愛無厚薄，厚人類而己在其中矣，是真能愛己者也。善愛己者，須於愛人求之。

65 國語周語「君子不自稱也」，韋注云：「稱，舉也。」彼言「自稱」，猶此言「舉己」也。孫云「舉當爲譽」，義亦可通。

66 經上篇曰「義，利也」，天志篇曰「天下有義則治，無義則亂」。

67 「志」，畢本作「之」，舊本並作「志」，今從舊本。孟子滕文公篇「且子食志乎，食功乎」，「志」、「功」

字與此同。「志」爲心之動機，「功」爲事之結果，二者不必一致，下文曰「志功不可以相從也」。

(68) 上「有」字，「囿」之省文，下同。寶曆本「馬」作「焉」。

(69) 「來」，「騋」之省文。說文曰：「馬七尺爲騋。」已知騋馬馬也，即知秦馬馬也。墨家愛人，凡屬人即愛之，固不問其爲何種何所之人也。

(70) 此四字本在下文「非殺盜也」下，今依王引之校移此。

(71) 傅山本重「寡」字。兩「世」字，畢本並以意改「也」。

(72) 墨家以兼愛立教，愛之願力統攝人類全體，無衆寡，無廣陜，無古今，人之所在即愛之所在，彌六合三世而總於一愛。古今大聖哲人，愛域之博，願力之大，釋迦佛外，墨子而已。此下本有「人也鬼非人也兄之鬼兄也」十一字，今移入下文「方木也」之下。

(73) 經上篇曰：「利，所得而喜也。」孫云：「驩」猶悦也。天志中篇云「今有人於此，驩若愛其子」。

(74) 「日」，寶曆本作「口」，緜眇閣本、傅山本作「曰」。說文曰：「俔，一曰閒見。」是「俔日」者，猶言門隙見日，喻所見不廣也。淮南子說山訓曰「受光於隙，照一隅」，由此觀之，所受者小，則所見者淺。論衡別通〔一〕篇曰「開户納日之光，日光不能照幽」，世說文學篇曰「南人學問，如牖中窺日」，

〔一〕「別通」原誤「別道」，據論衡改。

義均與此相類。 孫云：「倪日之言」，或疑當爲「儒者之言」。

75 寶曆本「客」作「容」。「客」者，外之之詞，指與墨家異趣者。「客之言」與下文「子墨子之言」相對爲文。

76 孫云：「無人」即兼愛之義，言人己兩忘，則視人如己矣。

77 下「子」字畢本脱，舊本並有，今據補。 墨家欲從心理上建設兼愛之基礎，故揭出無人我相之真諦，而曰「天下無人」。凡爲我者，生於人我之對立，無人我相，則差別心滅而兼愛心生矣。 孔子之「毋我」，老子之「無身」，莊子之「無己」，陳義相近矣，在實行上終不如墨家之貫徹也。

78 「不得已」上本有「猶在」二字，是上文「而性猶在」句錯文，今移入上文。

79 「非欲之」三字諸本重，陸本、茅本、寶曆本、緜眇閣本、堂策檻本、顧校李本、傅山本、繹史本、四庫本並不重，今從之。 畢云：一本不重「非欲之」三字。

80 備城門篇曰「城中無食則爲大殺」，管子輕重乙篇曰「吾欲殺正商賈之利，而益農夫之事」，又輕重丁篇曰「四郊之民貧，商賈之民富，寡人欲殺商賈之民，以益四郊之民」，「殺」字義與此同。 言人爲飢寒所迫，至於爲盜，非欲爲盜也，不得已而欲之也。不得已而欲之，非欲之也。今不減殺多藏者，專減殺盜，非所以減殺盜也。 多藏爲造盜之因，不揣其本而齊其末，傎矣。 莊子則陽篇曰「貨財聚，然後覩所爭。財不足則盜，盜竊之行，於誰責而可乎」，荀子大略篇曰「多積財而羞無有，此邪行之所以起，刑罰之所以多也」，晏子春秋雜上篇曰「藏餘不分則民盜」，可爲此節塙詁。

以下本有「凡學愛人」四字，今依王校移於上文「愛衆衆世」之上。

(81) 句。

(82) 「不」本作「方」，依孫校改。

(83) 「千里」二字本作「鍾」，依孫校改。下「不至」二字本作「至不」，今以意乙。孫云：「千里」二字誤合爲「重」字，校者又益「金」爲「鍾」，遂不可通。續漢書五行志童謡，以「董」字爲「千里草」，與此可互證。

(84) 句。

(85) 「異」字本在「其不至同」之上，今移於此。

(86) 畢云：說文云：「璜，半璧也。」

(87) 此舉種類同而程度不同之例。程度不同，不害其類之同。小圜與大圜同類，其程度則有大小之異。尺之不至與千里之不至同類，其程度則有遠近之異。璜與玉同類，其程度則有半全之異。吕氏春秋别類篇曰「小方，大方之類也」，與此「小圜」、「大圜」例同。孟子梁惠王篇「以五十步笑百步則何如？曰：不可，直不百步耳，是亦走也」，與此「不至」例同。

(88) 孫云：說文犬部云：「獲，獵所獲也。」

(89) 此言心意或有所專注，或無所專注，不得一概論之。意楹，非意木也。意是楹之木，非意一般木也。意所指之人也，非意一般人也。如小取篇「獲事其親，非事人也」，即屬此例。獵者意在獲禽，無論何禽起於前，即從而獵之，其心意原無所專注也，故曰「意獲也，乃意禽也」。

90 有其志不必有功，上文曰「志、功爲辯」。

91 「爲」，堂策檻本、四庫本作「非」。　畢云：「爲」，一本作「非」。

92 「利」字本脱，以意增。

93 畢云：舊二字倒，一本如此。　○案：堂策檻本、四庫本作「人也」。

94 「富人」二字誤重。墨家利人，因其爲人，即從而利之，餘無所爲。若富人而始利之，則其所以利之者非爲其爲人也，爲其爲富人也。此種妄生差別之利，非墨家所謂利也。

95 孫云：言治人之事兼有事鬼，若祭祀之類。

96 「亓」本作「亦」形譌。「亓」，古「其」字，本書多如此。穀梁宣二年傳曰：「於盾也見忠臣之至，於許世子止見孝子之至。」

97 此揭出忠於一人一姓者，非行之至。爲賞譽利一人，非爲賞譽利人也。其所以非行之至者，以其無貴於人也。左氏襄二十五年傳：「晏子曰：臣君者豈爲其口實？社稷是養。故君爲社稷死則死之，爲社稷亡則亡之。若爲己死而爲己亡，非其私暱，誰敢任之？」此語視諸利一人者爲勝矣，然猶未達墨家利人之域也。

98 畢云：「智」同「知」。

99 「亓」本作「亦」。

100 「於」讀若「無」。爾雅釋地「醫無閭」，楚辭遠遊作「微於閭」〔一〕，可證。或讀於爲「烏」，義亦可通。此揭出知親之一利，非孝之至，以其不知不爲己之利於親者尤大也。莊子天運篇曰：「以敬孝易，以愛孝難。以愛孝易，而忘親難。忘親易，使親忘我難。使親忘我易，兼忘天下難。兼忘天下易，使天下兼忘我難。」夫孝至於使天下忘我，斯孝之至矣。使天下忘我，猶此言「不爲己」也。

101 孫云：上「之」字當衍。吴鈔本無下「之」字，蓋「世之」二字誤倒〔二〕，校者又於下增一「之」字，遂致複出。〇案：茅本此行擠刊一字，似其底本較今本少一字。

102 「朋」本作「弱」，依孫校改。「也」讀爲邪。此示人中雖有盗，不害墨家之兼愛。言是世雖有盗，不害盡愛之。以盗僅人類中之甚少部份也。是室有盗，不盡是室皆盗。一人爲盗，不盡二人皆盗。雖其一人是盗，苟不知其所在，豈忍盡惡其朋邪？公羊昭二十年傳曰「惡惡止其身」。

103 「諸」，凡也。「先」猶尚也，貴也。管子牧民篇「道民之門，在上之所先」，戰國策齊策「誠欲以霸王爲志，則戰攻非所先」，「先」字義與此同。

104 言凡聖人所貴者，爲人也。晏子春秋問上篇「墨子聞之曰：晏子知道，道在爲人而失爲己」，韓子詭使篇曰「先爲人而後自爲，類名號，言汎愛天下，謂之聖」，鶡冠子近迭篇曰「聖人之道何先？

〔一〕「微於閭」，楚辭各本均作「於微閭」，此處引文誤。

〔二〕「倒」原誤「例」，據墨子閒詁改。

曰：先人」，義皆與此相類。「爲人」下本有「欲」字，當屬下文「正欲惡者」，今移於彼。

105 逗。

106 名者實之名也，經説上篇曰「所以謂，名也；所謂，實也」，管子心術上篇曰「形固有名」，尹文子曰「名者，名形者也」，荀子正名篇曰「名無固實，約之以命實，約定俗成謂之實名」，公孫龍子名實篇曰「名，實謂也」，中論考僞篇曰「名者，所以名實也」。

107 「名」字，緜眇閣本、傅山本無。

108 緜眇閣本、傅山本、繹史本「石」作〔一〕「實」。

109 「與」，茅本、寶曆本、緜眇閣本、傅山本作「其」。白石經敗碎，其白仍同。

110 「唯」、「雖」字通。「唯」，吴鈔本、緜眇閣本、傅山本作「惟」。

111 言實不必一一名之，名一白石，即可用其名代表一切白石，雖有大小之不同，皆可謂之白石也。下文「諸非以舉量數命者，敗之盡是也」十三字，疑當在此下。

112 「貌」，吴鈔本作「皃」，下同。

113 「某」，陸本、茅本、寶曆本、緜眇閣本、堂策檻本、四庫本作「謀」。

114 孫云：「焉」猶乃也。

〔一〕「作」原誤「在」，今改。

⑮ 緜眇閣本、傅山本「唯」作「惟」。「唯」、「雖」字通。

⑯ 畢云：「居運」，言居住或運徙。

⑰ 「入」本作「人」，依孫校改。　孫云：入是、去非，文正相對。

⑱ 「異」字畢本脱，舊本並有，今據補。理智與意欲各異，經上第七十六條即「智」與「欲」對舉。

⑲ 孫云：經説上云：「二名一實，重同也。」

⑳ 孫云：「具」當爲「俱」，經説上云：「俱處於室，合同也。」

㉑ 經説上篇曰：「不連屬，不體也。」「連同」猶言體同。

㉒ 孫云：經説上云：「有以同，類同也。」

㉓ 如春秋與戰國時各有一公孫龍是。以上兩句八字，疑當在下文「同根之同」下。

㉔ 孫云：「丘」與「區」通，謂同區域而處。

㉕ 緜眇閣本「鮒」作「⿰魚附」。　孫云：「鮒」、「附」通。史記魏世家「屈〔一〕侯鮒」，説苑臣術篇「鮒」作「附」。附，麗也。

㉖ 畢云：一本又有「同」字。　○案：四庫本又有「同」字。

㉗ 若枝葉同根，兄弟同親。

〔一〕「屈」原誤「居」，據墨子閒詁改，與史記合。

⑫⑧ 同異相待而生。

⑫⑨ 至同同所異，至異異所同。如甲乙相同，即可知甲乙相異，因甲與乙爲二，二必異也。莊子天下篇曰：「大同而與小同異，此之謂小同異。萬物畢同畢異，此之謂大同異。」

⑬⓪ 吴鈔本「然」作「是」。

⑬① 此與上文「乃是而然」，釋見小取篇。

⑬② 言辭式之轉换，今論理學謂之變位。

⑬③ 言辭式注意有强弱之不同，如小取篇「獲，人也。愛獲，愛人也」與「獲之親，人也。獲事其親，非事人也」，前辭注意人，後辭注意親，是其例也。

⑬④ 「子」爲墨家稱墨子之詞，古稱師曰「子」也。「子」字總冒以下三節。

⑬⑤ 俞云：「尊」當讀爲「剸」，説文：「剸，減也。」「剸」有減損之義，故與「益其益」對文成義。〇案：墨子道大能博，因材施教，擇務從事。深者深之，如上文言性等是。淺者淺之，如明鬼等是。可益者益之，如興天下之利是。應損者損之，如除天下之〔一〕害是。貴義篇「今若〔二〕過之心者數逆於精微，同歸之物既已知其要矣，是以不教以書也」，可爲墨子深其深、淺其淺事例之

〔一〕「下之」原誤倒，徑乙。

〔二〕「若」原誤「苦」，據貴義篇改。

一。

136 「次察」本爲「察次」，誤倒。「由」本作「山」，依曹校改。「察由」，與論語「觀其所由」之義相當。

137 「比」，校度也。「比因」與論語「視其所以」之義相當。

138 説文曰：「憂，和之行也。」廣雅曰：「憂憂，行也。」經典通以「優」爲之。「指」，指歸也。「優指」者，行爲之指歸也，與論語「察其所安」之義相當。此節言墨子觀察人之行爲。一爲行爲之方法，即所謂「由」，二爲行爲之動機，即所謂「因」，三爲行爲之結果，即所謂「優指」。自方法、動機以至於結果，三者並重。耕柱篇「葉公子高問政於仲尼曰：『善爲政者若之何？』仲尼對曰：『善爲政者，遠者近之，而舊者新之。』子墨子聞之曰：『葉公子高未得其問也，仲尼亦未得其所以對也。葉公子高豈不知善爲政者之遠者近之而舊者新之哉，問所以爲之若之何也』」，可爲墨子注重行爲方法之證。魯問篇「子墨子曰：吾願主君之合其志功而觀焉」，可爲墨子於行爲之動機與結果兩者並重之證。

139 「端」，正也。管子心術上篇「督言正名」，猶此言「察聲端名」也。莊子天道篇曰「聽而可聞者，名與聲也」。曹云：「復次」者，又其次也。察聲端名者，謂聽其言以正其名。名不正則言不順也。

140 「請」、「情」字通。左氏哀八年傳「魯有名而無情」，孟子離婁篇「故聲聞過情」，注云：「情，實也。」淮南子主術訓「天下多眩於名聲而寡察其實」，尸子分篇「正名去僞，事成若化，以實覆名，百事皆成」。「因請復」，猶言因實以覆名聲也。管子心術上篇曰「以形務名」，「名不得過實，實不得延名」，尹文子曰「名以檢形，形以定名。名以定事，事以檢名。察其所以然，則形名之與事物無所隱其理矣」，皆可與此相發明。

(141)「正」下舊有「夫辭」二字，爲下文「夫辭以故生」之錯字，今校移於彼。「欲」字本錯於上文「諸聖人所先爲人」之下，今校移於此。經上篇曰：「欲正權利，惡正權害。」

(142)「右」讀爲「有」。秋山云：「右」，一作「石」。孫云：「右」疑「有」之誤，有與或義同。

(143)「請」讀爲「情」，下同。

此言觀察事物，不僅如上文繫於用以觀察之方法，尤繫於能觀察之本身。觀察事物，欲得其真實，須觀者本身正其欲惡。欲惡正者，常能得是非利害之情。凡於外物有所遭遇執箸而欲惡生者，則不必得是非利害之情，因心有所偏蔽也。上文所謂「權正」，禮記大學所謂「正心」，荀子解蔽篇曰「人心譬如槃水，正錯而勿動，則湛濁在下，而清明在上，則足以見鬚眉而察理矣。微風過之，湛濁動乎下，清明亂於上，則不可以得大形之正也。心亦如是矣，故導之以理，養之以清，物莫之傾，則足以定是非決嫌疑矣。小物引之，則其正外易，其心内傾，則不足以決庶理矣」，又曰「凡觀物有疑，中心不定，則外物不清，吾慮不清，則未可定然否也」，韓子解老篇曰「人無愚智，莫不有趨舍。恬淡平安，莫不知禍福之所由來。得於好惡，怵於淫物，而後變亂。所以然者，引於外物，亂於玩好也」，淮南子齊俗訓曰「凡將舉事，必先平意清神，神清意平，物乃可正。……聽失於誹譽，目淫於采色，而欲得事正則難矣」，淮南子説山訓曰「拘囹圄者以日爲脩，當死市者以日爲短。日之脩短有度也，有所在而短，有所在而脩也，則中不平也」，義皆相類。

⑭「拊」，畢本作「附」，舊本並作「拊」，今從舊本。傅山云：「拊」與「撫」同。「澊」字從買從水，水，平也。稱物平施如物之貴賤之價也，不容私心輕重之。

⑮吴鈔本「而」作「人」。「利愛」與「體愛」相反，詳經上篇「仁體愛也」注。

⑯經説上篇曰：「慮也者，以其知有求也。」

⑰上文「今」下有「日」字。

⑱言仁人愛人生於心之所不能已，非有所利然後愛之也。有所利然後愛之，是謂「利愛」。利愛生於心有所求。昔有求於人則愛之，今日無求則不愛也；有利賴於獲則愛之，無利賴於臧則不愛也；如是則愛不能兼。仁人愛人，時無論今昔，人無分臧、獲，皆兼而愛之，不問其有利於己否也。

⑲「也」讀爲「邪」。己所愛也，苟利天下則殺己以利天下，是去其所愛之身以利天下也。以上十一字，疑當在上文「是殺己以利天下」之下。

⑳未詳。蘇云：「墻」疑當作「臧」。

㉑「匹」本作「正」，依顧校改。

㉒「非加也」三字，本在下文「非彼其行益也」下，今校移於此。「加」猶上也，貴也。所貴乎爲天子

者，爲其身在上位，其利人可較匹夫爲厚也。今貴爲天子，其利人乃不厚於匹夫，則失其所以爲貴矣。莊子盜跖篇曰「勢爲天子，未必貴也；窮爲匹夫，未必賤也。貴賤之分，在行之美惡」，淮南子說山訓曰「惡之所在，雖高隆，世不能貴」。

⑬「孰」，舊本作「熟」。畢云：言歲孰、歲凶。

⑭ 此下本有「非加也」三字，今校移於前節。

⑮ 上文「陳執」謂習染，此「外執」似謂環境。孫云：「執」疑「埶」之譌。○案：歲孰則養豐，歲凶則養儉，奉養雖有豐儉，其愛親之心相若也。蓋愛親根於心，養之豐儉系於外，養豐非行之益，養儉非行之損。竭其力致其愛，雖啜菽飲水，亦不失爲厚利親也。

⑯「臧」，諸本作「藏」，吴鈔本、堂策檻本、四庫本作「臧」，今從之。

⑰「持」，舊本作「特」。

⑱ 藉設臧死而天下受其害，吾持養臧也，當萬倍於常人，此爲天下厚臧，非愛臧加厚也。利可視義爲厚薄，愛無厚薄也。

⑲「之同」猶言是同。俞云：「長人之異短人之同」當作「長人之與短人也同」，下二句正釋長人短人所以同之故也。下文曰「指之人也與首之人也異，人之體非一貌者也，故異。將劍與挺劍異，劍以形貌命者也，其形不一，故異」，並與此文一律，可證。

⑳ 吴鈔本「貌」作「皃」，下並同。

⑯ 人之長短雖異，其具人之形貌則同。吕氏春秋别類篇曰「小馬，大馬之類也」，例與此近。

⑯ 「首」，「道」之省文。號令篇「皆爲舍道内」，寶曆本「道」作「首」。周書芮良夫篇「良夫稽道」，群書治要作「稽首」，「稽首」亦即「稽道」。例與此同。「道之人」猶禮記檀弓篇、孟子告子篇「行道之人」，荀子儒效篇、性惡篇「涂之人」，意指之特定人與道途之普通人異，因其體貌不一，故異。

⑯ 將劍與挺劍，其爲劍同，其形則異。

⑯ 楊與桃雖異，其爲木則同。

⑯ 以上十三字，疑當在上文「是有便謂焉也」下。如白石之命名與其量數無關，敗碎一大白石成無數小塊，各小塊仍盡是白石也。

⑯ 「指」，即公孫龍子「物莫非指」之「指」。「人指」即人之屬性。言人之各種屬性，非即一人之本體也，故曰「一人指，非一人也」。然所知於一人者，亦以其各種屬性耳。舍各種屬性，將無可知之人，故曰「是一人之指，乃是一人也」。

⑯ 方之一面，非方之全體也。

⑯ 見方木之一面，即知其爲方木也。

⑯ 「之」本作「也」，王樹枏依小取篇校改。

⑰ 以上十一字，本在上文「一若今之世」下，今校移於此，小取篇文同。此節廣明同異之例。

⑰ 「夫辭」三字，本錯入上文「正欲惡者，人右以其請得焉」句中，今校移於此。

⑰ 「者也」本作「也者」，依孫、曹校乙。非攻下篇曰「子未察吾言之類，未明其故者也」，荀子子道篇曰「言以類使」。

⑰ 傅山本「生」作「上」。　顧云：「忘」當爲「妄」。

⑰ 孫云：「道」與「理」同。此釋「以理長」之義，言不循道則辭不可行。

⑰ 緜眇閣本、傅山本「唯」作「惟」。「唯」與「雖」通。

⑰ 荀子正名篇曰：「辭也者，兼異實之名以論一意也。」如人窒息必死，窒息即爲死之故，是謂「辭以故生」。依生理學上可得窒息必死之理由，是謂「辭以理長」。再以人窒息必死，推知他種恃呼吸爲生之動物窒息亦必死，是謂「辭以類行」。

⑰ 説文曰：「淫，浸淫隨理也。」段注云：「浸淫者，以漸而入也。」釋名曰：「淫，浸也。浸淫旁入之言也。」

⑰ 「於」字畢本脱，舊本並有，今據補。「鼓栗」，未詳。　蘇云：此下言「其類」者十有三，語意殊不可曉，疑皆有説以證明之，如韓非儲説所云者，而今已不可考矣。　吴云：以下諸類，蓋皆有説，而今佚之。

⑰ 上文曰「諸聖人所先，爲人」，如孔聖車不停軌、墨子駕不俟旦，爲天下也。

⑱ 「於」畢本作「于」，舊本並作「於」，今從舊本。論衡對作篇曰「論者不追救，則迷亂不覺悟」，或即此「追迷」之義。

⑱¹「相」本作「指」，依蘇、曹校改。緜眇閣本、傅山本「若」作「名」。利天下在立德、立功、立言，不在壽與不壽。苟有建樹，或壽或卒，其利天下相若也。

⑱²寶曆本無「薄」字。「二世」即上文之「衆衆世」與「寡世」。或「二」爲「三」之譌，三世指上文之「尚世」、「今世」、「後世」也。愛二世之事功或有厚薄，而愛二世之志相若也。

⑱³墨家兼愛，無一人不在所愛之中。有時終不免有所殺者，爲其有害於衆人也。小取篇曰「殺盜人，非殺人也」。

⑱⁴「阬」，畢本誤「院」，舊本並作「阬」，今據正。説文曰：「阬，閬也。」廣韻曰：「阬，門也。」門庭有鼠，爲害於人，殺之爲宜，或即其義。

⑱⁵「大仁」、「仁」字畢本誤「人」，舊本並作「仁」，今據正。小仁與大仁，自其行爲之結果言，有小大之分，自其行爲之動機言，行厚相若也。

⑱⁶寶曆本「申」作「由」。

⑱⁷興天下之利，除天下之害，爲墨家常語。

⑱⁸「漏雍」，吴鈔本作「厚壅」。

⑱⁹此亦見上文。言以其爲親也而厚之，不問其稱不稱，止問其類不類。於人類之中妄分親疏厚薄之施，協於親者或不免害於義矣。不如義可厚厚之、義可薄薄之之爲得也。

⑲⁰「井」，茅本、寶曆本、緜眇閣本、傅山本、繹史本作「非」。

⑲ 上文曰「凡學愛人」，又曰「諸聖人所先，爲人」，「愛人」、「爲人」，易辭言之，即「不爲己」。不爲己，可學而能也，非若挾泰山以越河濟之不可能也。

⑲② 經上篇：「仁，體愛也。」愛人者，發於同情心之所不能已，非所以要譽於鄉黨朋友也。

⑲③ 墨家以天下無人，爲彼猶爲己立教，故愛人之親若愛其親。

⑲④ 「一愛相若」四字本重，依孫校删。上文「愛衆衆世與愛寡世相若」義與此同，言兼愛衆人與愛一人相若，蓋一人爲人類之一體，數量雖有一衆之殊，其爲吾心愛力之所攝一也。

⑲⑤ 「也」，堂策檻本、顧校李本、繹史本、四庫本作「虵」。畢云：「也」，一本作「虵」。

小取第四十五①

夫辯者②，將以明是非之分，審治亂之紀，明同異之處，察名實之理，處利害③，決嫌疑焉④。

摹略萬物之然⑤，論求羣言之比⑥。

以名舉實⑦，以辭抒意⑧，以說出故⑨。

以類取，以類予⑩。

有諸己不非諸人，無諸己不求諸人⑪。

或也者，不盡也⑫。

假者，今不然也⑬。

效者，爲之法也；所效者，所以爲之法也。故中效⑭，則是也；不中效，則非也。此效也⑮。

辟也者〔一〕⑯，舉也物而以明之也⑰。

侔也者，比辭而俱行也⑱。

援也者，曰：子然，我奚獨不可以然也⑲？

推也者，以其所不取之⑳，同於其所取者，予之也。是猶謂也者同也㉑，吾豈謂也者異也㉒。

夫物有以同而不率遂同㉓。辭之侔也㉔，有所至而正㉕。其然也，有所以然也㉖；其然也同㉗，其所以然不必同㉘。其取之也，有所以取之㉙；其取之也同，其所以取之不必同㉚。是故辟、侔、援、推之辭，行而異，轉而危㉛，遠而失，流而離本，則不可不審也，不可常用

〔一〕「也者」原誤倒作「者也」，據畢刻本乙。

也㉜。故言多方，殊類異故㉝，則不可偏觀也㉞。夫物或乃是而然，或是而不然，或不是而然㉟，或一周而一不周㊱，或一是而一㊲非也㊳，不可常用也。故言多方，殊類異故，則不可偏觀也㊴。

白馬，馬也；乘白馬，乘馬也。驪馬，馬也；乘驪馬，乘馬也。獲，人也；愛獲，愛人也。臧，人也；愛臧，愛人也㊵。此乃是而然者也㊶。

獲之親㊷，人也；獲事其親，非事人也。其弟，美人也；愛弟，非愛美人也。車，木也；乘車，非乘木也。船，木也㊸；乘船，非乘木也㊹。盜人，人也；多盜，非多人也；無盜，非無人也。奚以明之？惡多盜，非惡多人也；欲無盜，非欲無人也。世相與共是之。若若是，則雖盜人人也，愛盜非愛人也，不愛盜非不愛人也，殺盜人非殺人也㊺。無難矣㊻，此與彼同類。世有彼而不自非也，墨者有此而非之，無也故焉㊼，所謂內膠外閉與㊽？心毋空乎內㊾，膠而不解也㊿。此乃是而不然者也(51)。

且夫讀書，非書也；好讀書，好書也(52)。且鬬雞，非雞也；好鬬雞，好雞也。且入井，非入井也；止且入井，止入井也。且出門，非出門也；止且出門，止出門也(53)。若若是，且夭，非夭也；壽且夭，壽夭也(54)。執有命(55)，非命也；非執有命，非命也。無難矣，此與彼同類(56)。世有彼而不自非也，墨者有此而罪非之(57)，無也故焉(58)，所謂內膠外閉與？心毋空乎內，膠而不解也。此乃不是而然者也[59]。

愛人，待周愛人，而後爲愛人。不愛人，不待周不愛人，不失周愛[60]，因爲不愛人矣。乘馬，不待周乘馬；然後爲乘馬也[61]。有乘於馬，因爲乘馬矣。逮至不乘馬，待周不乘馬，而後爲不乘馬[62]。此一周而一不周者也[63]。

居於國，則爲居國；有一宅於國，而不爲有國。桃之實，桃也；棘之實，非棘也[64]。問人之病，問人也；惡人之病，非惡人也。人之鬼，非人也；兄之鬼，兄也。祭人之鬼[65]，非祭人也；祭兄之鬼，乃祭兄也[66]。

之馬之目盼[67]，則爲之馬盼[68]；之馬之目大，而不謂之馬大[69]。之牛之毛黃，則謂之牛黃。之牛之毛衆，而不謂之牛衆[70]。

一馬，馬也。二馬，馬也。馬四足者，一馬而四足也，非兩馬而四足也。一馬，馬也[71]。馬或白者[72]，二馬而或白也，非一馬而或白。此乃一是而一非者也[73]。

① 曹云：墨子此篇，於文辭之是非同異，詳審而明辯之，乃辯經之流而名家之要指，與周易文言所謂「修辭立其誠」者，有相合無相悖也。唯是墨者貴行而不費言，此篇較之前篇，其得失之争較小，故曰「小取」也。〇案：此篇時代較大取爲晚，因「大取」而立名「小取」，二字無特殊意義

也。

②「辯」，陸本、茅本作「辨」。

③漢書谷永傳注云：「處，謂決斷也。」

④言辯之用有「明是非」等六項。韓詩外傳曰：「辯者别殊類使不相害，序異端使不相悖，輸公通意，揚其所謂，使人與知焉，不務相迷也。」史記平原君傳集解引别録鄒衍語，與韓詩外傳略同。中論覈辯篇曰「辯之爲言别也，爲其善分别事類而明處之也，非謂言辭切給而以陵蓋人也，使論者各盡得其願，而與之得解」，言辯之用意皆相近。

⑤漢書揚雄傳音義引字林曰：「摹，廣求也。」太玄法注：「摹，索取也。」廣雅釋詁曰：「略，求也。」

孫云：說文云：「摹，規也。」　胡云：「摹略」有探討搜求之義。

⑥案此言辯所研討之對象。

⑦經說上篇曰：「所以謂，名也。所謂，實也。」又曰：「舉，告以文名，舉彼實也。」

⑧寶曆本「抒」作「杼」。荀子正名篇曰：「辭也者，兼異實之名以論一意也。」　孫云：史記平原君傳集解引劉向别録「鄒衍曰：辯者，抒意通指，明其所謂」，漢書劉向傳「一抒愚意」，顔注云：「抒，謂引而泄之也。」

⑨經上篇曰：「說，所以明也。」又曰：「故，所得而後成也。」　○案：此言辯之程序。

⑩胡云：有所選擇之謂「取」，有所是可之謂「予」。「取」即是舉例，「予」即是判斷。　○案：此

言辯之兩基本原則。於箇體事物之中，擇取其相類者，舍棄其不類者，是之謂「以類取」。於相類事物之中，已知其一部分如此，因而判斷其他一部分亦如此，是之謂「以類予」。類之觀念在墨經中至爲重要，明是非、辯同異，其要不外乎明類。

⑪ 此言辯須自身無瑕可指。經下篇曰「以言爲盡誖，誖。說在其言」，即不明有諸己不非諸人之例也。此文亦見淮南子主術訓。以上爲第一節，總論辯。

⑫ 此言辯之或然法。「或」即一部分之意，故曰「不盡」。下文「夫物或乃是而然，或是而不然，或不是而然〔一〕，或一周而一不周，或一是而一非也」，諸「或」字義正如此。凡表示不盡之意，皆可用「或」，常語也。

⑬ 經下篇曰：「假必誖，說在不然。」畢云：假設是尚未行。○案：此言辯之假設法。蓋目下不然，而爲便於明是非、辯同異計，特虛擬一種假說，以資辯證。在科學中常有之，其用甚廣。即所謂科學定律，亦常因環境變遷，新事實新理想之發現，有被動搖之可能。魯問篇「子墨子曰：籍設而親在百里之外，則遇難焉，期以一日也，及之則生，不及則死」，「籍設」云云，即此所謂假也。

⑭ 畢云：「中」，去聲。

〔一〕「或不是而然」五字原引脫，據正文補。

⑮ 此言辯之仿效法。「效」字作動詞用，有仿效、效法之義。作名詞用，指效法所成之事物。效者爲「效」。所效爲「法」，亦謂之「故」。經上篇曰「法，所若而然也」，經下篇曰「一法者之相與也，盡類」，經上篇曰「故，所得而後成也」，即此「法」字、「故」字之義。「故」之爲是爲非，可以其中效與否驗之。中效者，效之而亦然也。如經說上篇「圜，規寫交也」，「規寫交」爲圓之法，亦即圓之故。視規寫交能否成爲圓形，即知故之是非。必待故中效，然後效法不至謬誤，此即所謂「效」也。今論理學之演繹法，與此相當。演繹法者，據一普遍原理，以判斷同類中之特殊事物亦必合於此原理，與此立一法而仿效之者盡類正同。

⑯ 畢云：「辟」同「譬」。說文云：「譬，諭也。」「諭」，古文「喻」字。

⑰ 王云：「也」與「他」同。墨子書通以「也」爲「他」。孫云：潛夫論釋難篇云：「夫譬喻也者，生於直告之不明，故假物之然否以彰之。」○案：此言辯之譬喻法。經說上、下兩篇常言「若」，即舉譬以明經義也。

⑱ 孫云：說文云：「侔，齊等也。」謂辭義齊等，比而同之。○案：此言辯〔一〕之侔法。「侔」者以他辭比較此辭，「譬」者以他物說明此物，故二者有別。

〔一〕「辯」原誤「辭」，徑改。按：自上文「或也者云云」至下文「推也者云云」凡七條，吴氏謂「論辯之七法」（見下注㉒），此處「辭」字是排版之誤。

⑲孫云：說文云：「援，引也。」謂引彼以例此。○案：此言辯之援例法。經下篇謂之爲「擢」，經曰：「擢慮不疑，說在有無。」說曰：「擢疑無謂也。臧也今死，而春也得之又死也，可。」此因臧得某病死，推知春得與臧病狀相同、程度相等之病又將死，即是援例。淮南子說山訓曰「見窾木浮而知爲舟，見飛蓬轉而知爲車，見鳥跡而知著書，以類取之」，此亦當屬援例。援例之用，即在由此一事物推知他一事物。上文「辟」、「侔」兩法，亦由箇體事物以明箇體事物，其區別在辟與侔僅用已知之他事物說明此事物，此事物在聽者雖爲未知，而在立辭之人則爲已知。故辟、侔兩法不能發見新知識。援例則由已知之事物推知未知之事物，能由此發見新知識。其與推不同處，僅在取例有多少而已。

⑳「之」讀如「者」。

㉑「也者」即「他者」，下同。

㉒此言辯之推法，今論理學所謂歸納法。歸納法者，擇取若干箇體事物，求得其共同之點，因之判斷其他與此同類之事物亦必有此共同之點，即所謂「以其所不取者，同於其所取者，予之也」。是「推」者以箇體事物始，以普徧原理終。此項原理在未發見其他未取事物與之殊異時，不能不承認之，故曰「是猶謂他者同也，吾豈謂他者異也」。雖與上文之「援」俱能發見新知識，惟援取例較少，偶不審慎即陷於謬誤，推則取例較多，真之可能性較大。科學之真理，常由推法來也。以上第二節，論辯之七法。

㉓「率」，皆也。「遂」，盡也。「率」、「遂」聲義俱近，古人複語耳。言物偶有相類之點，而不盡同也，故取譬不可不慎。

㉔「之侔」，陸本、茅本、寶曆本、堂策檻本、顧校李本、四庫本作「侔之」，緜眇閣本作「而仁」，繹史本作「而侔」。畢云：一本作「侔之」。

㉕言比辭俱行，其正塙有一定限度。

㉖以上八字吳鈔本無。

㉗「同」上三字諸本無，吳鈔本有，今據補。王引之校同。

㉘言援例者不可不慎。韓子說林篇曰：「田伯鼎好士而存其君，白公好士而亂荆，其好士則同，其所以爲則異。公孫友自刖而尊百里，豎刁自宮而諂桓公，其自刑則同，其所以自刑之爲則異。慧子曰：狂者東走，逐者亦東走，其東走則同，其所以東走之爲則異。」

㉙「所」字本脱，依王引之校增。

㉚吕氏春秋別類篇：「相劍者曰：『白所以爲堅也，黄所以爲牣也，黄白雜則堅且牣，良劍也。』難者曰：『白所以爲不牣也，黄所以爲不堅也，黄白雜則不堅且不牣也。又柔則錈，堅則折，劍折且錈，焉得爲利劍？』」此可爲「其取之也同，其所以取之不必同」之例。用推法者，須審慎去取之。

㉛「危」讀爲淮南子說林訓「尺寸雖齊必有詭」之「詭」，注云：「詭，不同也。」俞云：「危」讀爲「詭」，詭亦異也。

㉜「不可常用」，猶言不可濫用。

㉝大取篇曰：「夫辭以故生，以理長，以類行者也。」此「言」猶彼「辭」。「方」猶道也、理也。

㉞「不可偏觀」，謂不可觀其偏而遺其全。　孫云：「偏」與「徧」通，下同。　○案：以上第三節，論「辟」、「侔」、「援」、「推」諸法須審慎用之，否則陷於謬誤。

㉟以上五字本脱，依胡校增。下文「或一是而一」之下本衍「不是也」三字，蓋即此句之殘存錯譌者。

㊱「周」本並作「害」，王引之據下文改。

㊲此下本有「不是也」三字，依王引之校删。

㊳「非也」二字本在下文「不可偏觀也」下，依王引之校移於此。

㊴王引之云：「不可常用也」以下三句十九字，因上文而衍。　○案：以上第四節，言辭式殽雜，不可蔽於一曲，總起下文。

㊵畢云：方言云：「臧獲，奴婢賤稱也。」

㊶以上第五節，舉例以明「物或是而然」。白馬與驪馬皆馬類之一體，故乘白馬、乘驪馬皆爲乘馬。臧與獲皆人類之一體，故愛臧愛獲皆爲愛人。　胡云：謂之「是而然者」，前提與結語皆爲肯定辭也。

㊷「親」本作「視」，依王引之校改。

㊸「船」，吴鈔本、寶曆本作「舩」，下同。

㊹兩「乘」字諸本作「人」，堂策檻本、繹史本、四庫本並作「乘」，今從之。畢云：當爲「乘船」。

㊺莊子天運篇曰「殺盜非殺人」。孫云：荀子正名篇云：「殺盜非殺人也，此惑於用名以亂名者也。」

㊻「無難」下本有「盜無難」三字，依孫校删。

㊼「也故」本作「故也」，依王引之校乙，與下文一律。「也故」即「他故」。

㊽爾雅釋詁：「膠，固也。」謂内固執而外閉拒。

㊾「空」，虚也。

㊿莊子人閒世篇曰：「將執而不化，外合而内不訾。」

51「然」，諸本作「殺」，堂策檻本、顧校李本、繹史本、四庫本作「然」，今從之。畢云：據上當爲「然」，一本作「然」。胡云：此節須與上節參看。上節云「獲，人也。愛獲，愛人也」，今云「獲之親，人也。獲事其親，非事人也」，此兩例在形式上初無差别，然一爲「是而然」，而一爲「是而不然」者，則以立辭時注意之點不同，故辭式同而意别也。前例所注意者在於獲之爲人，後例所注意者不在獲之親之爲人，而在其爲獲之親。以獲爲人而愛之，故愛獲可謂爲愛人，言愛人類之一體也。獲之事其親，非以其爲人類之一而事之，乃以其爲其親而事之也，故不得謂爲事人也。○案：以上第六節，舉例以明「物或是而不然」。

52以上十三字，本作「且夫讀書非好書也」八字，今依胡校增。

㊸ 孫云：據上文，當亦有「世相與共是之」六字。

㊹ 以上十一字本作「且夭非夭也壽夭也」八字，今依上下語法校增。「壽」字如呂氏春秋求人篇「壽國有道」之「壽」，作動詞用。「壽且夭」，猶言使行將夭殤者壽。

㊺ 「執」字本脱，據下文增。

㊻ 「類」字本脱，畢、王據上文增。

㊼ 畢云：據上無「罪」字。蘇云：「罪」字衍，即「而非」兩字之訛。王引之亦校删「罪」字。

㊽ 畢本誤作「無故焉也」，舊本並作「無也故焉」，今據乙。

㊾ 「不」字本脱，依胡校增。以上第七節，舉例以明「物或不是而然」。在習慣語中間，有籠統搱殽，甚或轉相抵牾，迷亂人意，辯者不可不審也。胡云：此節先爲否定之辭，而後作肯定之結語，先非而後是，故當云「此乃不是而然者也」。今本「是」字之上脱「不」字耳。

㊿ 「失」爲「先」之形譌，非攻下篇「又況失列北橈乎哉」，今本「失」譌「先」，可互爲例。大取篇曰「諸聖人所先，爲人」，管子五輔篇曰「無用之物，守法者不先」，呂氏春秋權勳篇曰「故太上先勝」，新語懷慮篇曰「不先仁義而尚道德」，諸「先」字義與此同。或「失」爲「矢」之誤。詩江漢「矢其文德」，毛傳云：「矢，施也。」釋名曰：「矢，指也，言其有所指向迅疾也。」義皆可通。

(61) 「不」字本脱，依王校增。王引之云：「待」上當有「不」字。「不待周乘馬」，所謂「不周」也。下文「待周不乘馬」，所謂「周」也。以相反爲義。

62 「爲」字本脱，依王引之校增。此下諸本重出「而後不乘馬」五字，吴鈔本不重，今從之，王校同。

63 以上第八節，舉例以明「物或一周而一不周」。墨家言愛，以人類全體爲對象，將人我、衆寡、古今等差别盡渾融於人類之中，而以愛之願力統攝之，故大取篇曰「愛衆衆世與愛寡世相若，兼愛之有相若，愛尚世與愛後世一若今之世」，經下篇曰「無窮不害兼」，又曰「不知其所處，不害愛之」。愛之之心若由人類出發，則愛衆人、愛一人、愛古人、愛今人皆可謂之「愛人」，即可謂之「周愛」。蓋志既在愛人，凡人類盡在所愛之中也。反之，若不以人類爲出發點，妄生差别之念於其間，於人類之中有所取去，有所愛憎，是即不先周愛。不先周愛者，雖愛有所施，如施於親戚、私暱等，其志僅以其爲親戚、私暱也而愛之，非其親戚、私暱，則爲愛所不及，與墨家所謂愛人大有别也，故曰「不先周愛，因爲不愛人矣」。愛人例以愛人爲周，不愛人爲不周；乘馬例以乘馬爲不周，不乘馬爲周。兩例各有一周一不周，故曰「此一周而一不周者也」。

64 孫云：棘之實，棗也，故云「非棘」。詩魏風「園有棘，其實之食」，毛傳云：「棘，棗也。」

65 「人」字本脱，依王引之校增。

66 此言習慣語之紛歧殽雜，不可以一例求也。

67 「眇」本作「盼」，依顧校改，下同。顧云：淮南説山訓作「眇」，此作「盼」，誤也。蘇云：「之馬」猶言是馬。

68 「爲」、「謂」字通。

⑥⑨ 淮南子説山訓曰：「小馬大目不可謂大馬，大馬之目眇可謂之眇馬，物固有似然而似不然者。」孫云：莊子天下篇釋文引司馬彪云「狗之目眇，謂之眇狗。狗之目大，不曰大狗。此乃一是一非」，即襲此文而易馬爲狗。

⑦⓪ 此論物之屬性與名之關係。凡名一物，當舉此物關係重大與易於辨認之特點。目眇關係於馬之形能甚大，毛黄關係於牛之色相甚大，且皆易於辨認故可謂「之馬眇」，謂「之牛黄」。若夫目之大小，毛之衆寡，關係於馬牛者全輕，且皆不易辨别，故馬目大不可謂「之馬大」，牛毛衆不可謂「之牛衆」也。

⑦① 王引之云：此「一馬馬也」蓋衍文。胡云：此非衍文，下當脱「二馬馬也」四字。○案：原文可通。此以「一馬」之馬與「馬或白」之馬互舉，以見單複之掍殽。

⑦② 「白」，諸本作「自」，寶曆本、堂策檻本、顧校李本、繹史本、四庫本作「白」。畢云：「白」舊作「自」，以意改。

⑦③ 此論名物之單複。中國語言文字爲獨立語系，其語尾無變化。名詞之單複，名詞之本身不能表示之，須通觀上下文義乃能定之。如「一馬」之「馬」，「馬四足」之「馬」，與「二馬」之「馬」，「馬或白」之「馬」，其單複各殊，但在字形上豪無區别，使不合觀上下文，將不能定馬之單複，非若英法等反射語系，名詞單複可由其本身表示之也。以上第九節，舉例以明「物或一是而一非也」。

耕柱第四十六

子墨子怒耕柱子①，耕柱子曰：「我毋俞於人乎②？」子墨子曰：「我將上大行③，駕驥與羊④，我將誰敺⑤？」耕柱子曰：「將敺驥也。」子墨子曰：「何故敺驥也？」耕柱子曰：「驥足以責⑥。」子墨子曰⑦：「我亦以子爲足以責⑧。」

巫馬子謂子墨子曰⑨：「鬼神孰與聖人明智？」子墨子曰：「鬼神之明智於聖人，猶聰耳明目⑩之與聾瞽也⑪。昔者夏后開⑫使蜚廉折金於山川⑬，而陶鑄之於昆吾⑭，是使翁難卜於白若之龜⑮，曰⑯：『鼎成三足而方⑰，不炊而自烹⑱，不舉而自臧⑲，不遷而自行⑳，以祭於昆吾之虚㉑，上鄉㉒！』卜人言兆之由㉓曰：『饗矣㉔！逢逢白雲㉕，一南一北，一西一東㉖，九鼎既成，遷於三國㉗。』夏后氏失之，殷人受之。殷人失之，周人受之㉘。夏后、殷、周之相受也，數百歲矣。使聖人聚其良臣與其桀相而謀㉙，豈能智數百歲之後哉㉚？而鬼神智之。是故曰：鬼神之明智於聖人也，猶聰耳明目之與聾瞽也㉛。」

治徒娛、縣子碩問於子墨子曰㉜：「爲義孰爲大務？」子墨子曰：「譬若築墻然㉝，能築者築，能實壤者實壤，能欣者欣㉞，然後墻成也。爲義猶是也，能談辯者談辯，能説書者説書，能從事者從事，然後義事成也。」

巫馬子謂子墨子曰：「子兼愛天下，未云利也；我不愛天下，未云賊也㉟。功皆未至，子何獨自是而非我哉？」子墨子曰：「今有燎者於此㊱，一人奉水將灌之，一人摻火將益之㊲，功皆未至，子何貴於二人？」巫馬子曰：「我是彼奉水者之意㊳，而非夫摻火者之意。」子墨子曰㊴：「吾亦是吾意，而非子之意也㊵。」

子墨子游荆耕柱子於楚㊶，二三子過之，食之三升，客之不厚㊷。二三子復於子墨子曰㊸：「耕柱子處楚無益矣，二三子過之，食之三升，客之不厚。」子墨子曰：「未可智也㊹。」毋幾何，而遺十金於子墨子㊺，曰：「後生不敢死㊻，有十金於此，願夫子之用也。」子墨子曰：「果未可智也。」

巫馬子謂子墨子曰：「子之爲義也㊼，人不見而助，鬼不見而富㊽，而子爲之，有狂疾！」子墨子曰：「今使子有二臣於此㊾，其一人者見子從事，不見子則不從事。其一人者見子亦從事，不見子亦從事。子誰貴於此二人？」巫馬子曰：「我貴其見我亦從事，不見我亦從事者。」子墨子曰：「然則是子亦貴有狂疾者㊿。」

子夏之徒問於子墨子曰(51)：「君子有鬭乎？」子墨子曰：「君子無鬭。」子夏之徒曰：「狗豨猶有鬭(52)，惡有士而無鬭矣？」子墨子曰：「傷矣哉！言則稱於湯文，行則譬於狗豨，傷矣哉！」

巫馬子謂子墨子曰：「舍今之人而譽先王[53]，是譽槁骨也。譬若匠人然，智槁木也[54]，而不智生木。」子墨子曰：「天下之所以生者，以先王之道教也。今譽先王，是譽天下之所以生也。可譽而不譽，非仁也[55]。」

子墨子曰：「和氏之璧[56]，隋侯之珠[57]，三棘六異[58]，此諸侯之所謂良寶也。可以富國家，衆人民，治刑政，安社稷乎？曰：不可。所爲貴良寶者[59]，爲其可以利民也[60]，而和氏之璧，隋侯之珠，三棘六異，不可以利人，是非天下之良寶也。今用義爲政於國家，國家必富[61]，人民必衆，刑政必治，社稷必安。所爲貴良寶者，可以利民也，而義可以利人，故曰：義，天下之良寶也。」

葉公子高問政於仲尼[62]，曰：「善爲政者，若之何？」仲尼對曰：「善爲政者，遠者近之，而舊者新之[63]。」子墨子聞之，曰：「葉公子高未得其問也，仲尼亦未得其所以對也。葉公子高豈不知善爲政者之遠者近也[64]而舊者新是哉[65]？問所以爲之若之何也。不以人之所不智告人[66]，以所智告之[67]。故葉公子高未得其問也，仲尼亦未得其所以對也。」

子墨子謂魯陽文君[68]曰：「大國之攻小國，譬猶童子之爲馬也[69]。童子之爲馬，足用而勞[70]。今大國之攻小國也，攻者[71]農夫不得耕，婦人不得織，以守爲事；攻人者亦農夫不得耕，婦人不得織，以攻爲事。故大國之攻小國也，譬猶童子之爲馬也。」

子墨子曰：「言足以復行者，常之[72]；不足以舉行者，勿常[73]。不足以舉行而常之，是蕩口也[74]。」

子墨子使管黔滶[75]游高石子於衛[76]，衛君致禄甚厚，設之於卿[77]。高石子三朝必盡言，而言無行者。去而之齊[78]，見子墨子，曰：「衛君以夫子之故[79]，致禄甚厚，設我於卿。石三朝必盡言，而言無行，是以去之也。衛君無乃以石爲狂乎[80]？」子墨子曰：「去之苟道，受狂何傷？古者周公旦非關叔[81]，辭三公，東處於商蓋[82]，人皆謂之狂。後世稱其德，揚其名，至今不息。且翟聞之，爲義非避毀就譽[83]，去之苟道[84]，受狂何傷？」高石子曰：「石去之，焉敢不道也？昔者夫子有言曰：『天下無道，仁士不處厚焉。』今衛君無道，而貪其禄爵，則是我爲苟陷人長也[85]。」子墨子説，而召子禽子，曰[86]：「姑聽此乎[87]！夫倍義而鄉禄者[88]，我常聞之矣，倍禄而鄉義者，於高石子焉見之也[89]。」

子墨子曰：「世俗之君子，貧而謂之富則怒，無義而謂之有義則喜，豈不悖哉！」

公孟子曰：「先人有則，三而已矣[90]。」子墨子曰：「孰先人而曰有則三而已矣？子未智人之先有後生[91]。」

有反子墨子而反者[92]，「我豈有罪哉？吾反後[93]。」子墨子曰：「是猶三軍北[94]，失後之人求賞也㊉。」

公孟子曰：「君子不作，術而已㊉。」子墨子曰：「不然，人之其不君子者㊉，古之善者不誅㊉，今也善者不作㊉。其次不君子者，古之善者不遂⑩，己有善則作之⑩，欲善之自己出也。今誅而不作，是無所異於不好遂而作者矣。吾以爲古之善者則誅之，今之善者則作之，欲善之益多也⑩。」

巫馬子謂子墨子曰⑩：「我與子異⑩，我不能兼愛。我愛鄒人於越人，愛魯人於鄒人，愛我鄉人於魯人，愛我家人於鄉人，愛我親於我家人，愛我身於吾親，以爲近我也。擊我則疾，擊彼則不疾於我⑩，我何故疾者之不拂，而不疾者之拂⑩？故有我⑩，有殺彼以利我⑩，無殺我以利彼⑩。」子墨子曰：「子之義將匿邪？意將以告人乎？」巫馬子曰：「我何故匿我義⑩？吾將以告人。」子墨子曰：「然則一人說子⑪，一人欲殺子以利己；十人說子，十人欲殺子以利己；天下說子，天下欲殺子以利己。一人不說子，一人欲殺子，以子爲施不祥言者也；十人不說子，十人欲殺子，以子爲施不祥言者也；天下不說子，天下欲殺子，以子爲施不祥言者也。說子亦欲殺子，不說子亦欲殺子，是所謂經者口也，殺常之身者也⑫。」

子墨子⑬曰：「子之言惡利也⑭？若無所利而不言，是蕩口也⑮。」

子墨子謂魯陽文君曰：「今有一人於此⑯，羊牛芻豢⑰，雍人但割而和之⑱，食之不可勝食也⑲。見人之生餅⑳，則還然竊之㉑，曰：『舍余食㉒。』不知日月安不足乎㉓，其有竊疾乎？」魯陽文君曰：「有竊疾也。」子墨子曰：「楚四竟之田㉔，曠蕪而不可勝辟㉕，評虛數千㉖，不可勝入㉗。見宋鄭之閒邑㉘，則還然竊之，此與彼異乎？」魯陽文君曰：「是猶彼也，實有竊疾也。」

子墨子曰：「季孫紹與孟伯常治魯國之政㉙，不能相信，而祝於藂社㉚，曰：『苟使我和㉛。』是猶弇其目㉜，而祝於藂社也㉝，曰：『苟使我皆視㉞。』豈不繆哉！」

子墨子謂駱滑氂曰㉟：「我聞子好勇㊱。」駱滑氂曰：「然㊲，我聞其鄉有勇士焉，吾必從而殺之。」子墨子曰：「天下莫不欲與其所好，度其所惡㊳，今子聞其鄉有勇士焉，必從而殺之，是非好勇也，是惡勇也。」

① 「柱」，藝文類聚、白帖、宋本蜀本御覽引並作「桂」。　孫云：「耕柱子」，墨子弟子。

② 畢云：古「愈」字只作「俞」，太平御覽引作「愈」。　○案：論語公冶長篇「女與回也孰愈」，皇疏云：「愈，勝也。」

③ 吴鈔本「大」作「太」。　畢云：高誘注呂氏春秋云：「大行在河内野王縣北。」山在今河南懷慶府城北，亦名羊腸坂。　蘇云：「大」讀如「太」。

④王云：羊不可與馬並駕，「羊」當爲「牛」。太平御覽地部五引此已誤作「羊」。藝文類聚地部及白帖五並引作「牛」。蘇云：「行」、「羊」爲韻。○案：「羊」字不必改。此假設之辭，若必徵實，則驥與牛亦不宜並駕，不獨羊與馬爲然也。戰國策魏策曰「王獨不見夫服牛驂驥乎？不可以行百步」，可爲牛、驥不宜並駕之證。

⑤「我」，畢本改「子」。畢云：「子」舊作「我」，據藝文類聚、太平御覽改。説文云：「敺，古文驅，从攴。」藝文類聚引作「驅」。○案：白帖、宋本蜀本御覽引亦作「驅」。「我」字似不必改，此假設己事發問也。兼愛下篇曰「吾惡先從事即得此」，亦假己發問之例。「我將誰敺」，與上文「我將上大行」之「我」字相應。類書改此「我」字作「子」，又將上文「我」字刪去，則竟似耕柱子將上大行矣。

⑥蘇云：言任敺策也。畢云：藝文類聚引作「以驥足責」。王云：「驥足以責」本作「以驥足責」。言所以敺驥者，以驥之足責故也。類聚、白帖、御覽並作「以驥足責」。○案：白帖作「以責驥」，王引偶誤。

⑦畢云：「子墨」二字舊脱，據太平御覽增。

⑧蘇云：亦責備賢者之義。王云：本作「我亦以子爲足責」，今本「足責」作「足以責」，亦誤。類聚、御覽無「以」字。○案：類聚無此句，王引偶誤。

⑨畢云：藝文類聚引「謂」作「問」。蘇云：「巫馬子」爲儒者也。疑即孔子弟子巫馬期，否則其

後。　○案：據史記仲尼弟子傳，巫馬施少孔子三十歲，其年長於墨子，當在四十歲上下，蘇兩説皆可通。

⑩ 畢云：藝文類聚引作「聰明耳目」。

⑪「聾瞽」，吴鈔本作「龍鼓」。　畢云：藝文類聚引「瞽」作「盲」。

⑫ 畢云：後漢書注引云「開治」。　孫云：「治」字不當有，崔駰傳注蓋誤衍。　蘇云：「開」即啓也，漢人避諱改之。　○案：初學記三十引作「夏后氏」。

⑬ 畢本「折」改「採」。　畢云：藝文類聚、後漢書注、太平御覽、玉海俱引「蜚」作「飛」。「採」，舊作「折」，據文選注改。山海經云「其中多金，或在山，或在水」，諸書引多無「川」字，非。　王云：畢改非也。「折金」者，擿金也。漢書趙廣漢傳「其發姦擿伏如神」，師古曰：「擿，謂動發之也。」管子地數篇曰：「上有丹沙者下有黄金，上有慈石者下有銅金，上有陵石者下有鉛錫赤銅，上有赭者下有鐵，君謹封而祭之，然則與折取之遠矣。」彼言「折取之」，此言「折金」，其義一也。説文曰：「硩，上擿山巖空青珊瑚墮之。从石，折聲。」「硩」與「折」亦聲近而義同。後漢書崔駰傳注、藝文類聚雜器物部、初學記鱗〔一〕介部、太平御覽珍寶部九、路史疏仡紀、廣川書跋、玉海器用部引此並作「折金」。文選注作「採金」者，後人不曉「折」字之義而妄改之，非李善原文也。

〔一〕「鱗」原誤「麟」，據王念孫讀書雜志改，與初學記合。

又云：山水中雖皆有金，然此自言使蜚廉折金於山，不兼川言之。後漢書注〔一〕、文選注、藝文類聚、初學記、太平御覽引此皆無「川」字，則「川」字乃後人以意加之也。　蘇云：此爲夏之蜚廉。　孫云：初學記、文選注引「蜚」並作「飛」。　○案：潛本「川」字闕文，蓋刊版後削除者。路史引有「川」字。

⑭吴鈔本無「之」字。　畢云：藝文類聚、後漢書注、文選注俱引作「以鑄鼎於昆吾」，文選注「吾」作「吴」。　王云：「陶鑄之於昆吾」本作「鑄鼎於昆吾」，此淺人不曉文義而改之也。金可言鑄，不可言陶。上言「折金」，故此言「鑄鼎」；此言「鑄鼎」，故下言「鼎成」。若以「陶鑄」並言，則與上下文皆不合矣。後漢書注、文選注、藝文類聚、初學記並作「鑄鼎」。太平御覽作「鑄之」，路史作「鑄陶」，玉海作「陶鑄之」，則羅長源所見本已有「陶」字，蓋唐宋閒人改之也。　孫云：吕氏春秋君守篇云「昆吾作陶」，高注云：「昆吾，顓頊之後，吴回之孫，陸終之子，己姓也。爲夏伯制作陶冶。」通典州郡篇云：「濮州濮陽縣即昆吾之墟，亦名帝丘。」案濮陽故城在今直隸大名府開州西南，即古昆吾國也。夏啓使蜚廉就其地而鑄鼎，故文選張協七命云「銘德於昆吴之鼎」。吾、吴字通。濮陽古亦名帝丘。吕氏春秋應言篇云「市丘之鼎」，宋本蔡邕集薦邊文禮書作「帝丘之鼎」，亦即指夏鼎言之。　○案：宋本、蜀本御覽八百一十引作「鑄昆吾」。路史引夏后開鑄

〔一〕「注」字原脱，據讀書雜志補。

鼎事曰「一云禹也。歸藏云『啓筮徙九鼎』，啓果徙之，是則徙也」，廣川書跋曰「昔禹使飛廉折金於山，以鑄鼎昆吾」，左宣三年傳「昔夏之方有德也，遠方圖物，貢金九牧，鑄鼎象物」，杜注云「禹之世」，漢書郊祀志曰「禹收九牧之金，鑄九鼎，象九州」，説文曰「昔禹收九牧之金，鑄鼎荆山之下」，疑爲一事，傳聞有禹、啓之異。

⑮ 諸本作「是使翁難卜於白苦之龜」，寶曆本「苦」作「若」。潛本、緜眇閣本、陳本作「是使翁難雉乙卜於白若之龜」，較〔一〕古本多「雉乙」二字。畢本作「是使翁難乙卜於目若之龜」。畢云：舊脱「乙」字，又作「白苦之龜」，誤。藝文類聚引作「使翁難乙灼目若之龜」，玉海引作「使翁難雉乙卜於白若之龜」。當从「目若」者，周禮云「北龜曰若」，爾雅釋魚云「龜左睨不類，右睨不若」，賈公彦疏禮以爲「睥睨」，是「目若」之説也。「若」，順也。王云：畢引爾雅以爲「目若」之證，殊屬附會。今考初學記、路史、廣川書跋、玉海，並引作「白若之龜」，「白」字正與今本同，未敢輒改。孫云：「白若」，道藏本作「目苦」。初學記引亦作「翁難乙灼白若之龜」。江淹集銅劒讚敘云「昔夏后氏使九牧貢金，鑄九鼎於荆山之下，於昆吾氏之墟，白若甘擒之地」，虞荔鼎録文略同。似皆本此書，亦作「白若」，而以爲地名，疑誤。但此書舊本譌脱難通，審校文義，當以玉海所引較長。「翁」當作「𦐔」，説文口部：「嗌，籀文作𦐔。」經典或假爲「益」字，漢書百官公卿表「𦐔作朕

〔一〕「較」，原作「校」，徑改。

虞」是也。「菻」與「翁」形近。「難」當爲「蘄」，蘄雉猶言斳雉，即謂殺雉也。「乙」當作「已」，已與以同。言啓使伯益殺雉以釁龜而卜也。 〇案：古本無脱文，僅「若」、「龜」字形譌爲「苦」與「亀」耳。若從寶曆本，則僅譌一「亀」字。畢校增「乙」字，孫更增「雉」字，並非是。「雉」字、「乙」字即「難」字、「卜」字之誤而衍者。「雉」字藝文類聚、初學記、路史、廣川書跋並無，可見唐宋時傳本固無「雉」字也。藝文類聚、初學記、路史、廣川書跋有「乙」字無「卜」字，諸古本墨子有「卜」字無「乙」字，不似玉海之「乙」、「卜」兼有也。類書不可盡據，夫人知之。援據玉海校改本書，尤當十分審慎，蓋其可恃程度尚在四大類書之下。王厚孫校勘玉海固明言「遺誤具在，觀者審焉」矣。又據困學紀聞卷二原注，王氏所見之墨子僅爲三卷十三篇本，其引此節雖不知其所出，要非直接據墨子本書，則可斷言。此文諸古本墨子皆無「雉乙」二字，至潛本始有之，蓋即據玉海校增，非底本如是也。其證如下：潛本刊刻頗佳，每行二十一字，獨於此行爲二十三字，且以八字之距離密刊「難雉乙卜於白若之龜曰」十字，可爲其底本原無「雉乙」二字之塙證。又潛本此葉所記字數爲四百一十五字，今削除「山川」之「川」字，空格仍在，尚有四百一十六字，其爲版刊後增加二字、削除一字，至爲顯然。此外「臧」上加「艹」，去「鄉」補「乙」，皆可爲版刊後牽就修改之證。至於緜眇閣本、陳本之有「雉乙」二字，則由轉據潛本而然。今仍遵古本作「是使翁難卜於白若之龜」。「翁難」爲命龜人名，或如孫説「翁」爲「益」之誤字，義均可通。惟益爲啓臣與否，在古史中尚是疑案耳。若「翁」爲「益」之誤，則「難」爲「𤏸」或「𦳝」之省文。𦳝、𤏸皆古文然字。𤏸，燒也，灼也。

藝文類聚引有「灼」字，疑即「難」字之旁注誤入正文者。古者卜必灼龜，𪓰卜猶言灼卜。國語吳語「請貞於陽卜」，韋注云：「龜曰卜，以火發兆，故曰陽。」𪓰卜與陽卜義亦相類。又藝文類聚引作「自若」，畢據後印剥蝕之本，謂類聚作「目若」者，誤也。道藏本墨子作「白苦」，孫謂道藏本作「目苦」者，誤也。

⑯畢本「曰」上有「龜」字。畢云：舊脱「龜」字，據玉海增。王云：「曰」者，翁難乙既卜而言其占也。畢依玉海於「曰」上加「龜」字，非也。「龜曰」二字義不可通。藝文類聚作「使翁難乙灼目若之龜成曰」，則「曰」上本無「龜」字明矣。○案：王謂玉海「曰」上「龜」字不當有，是也。類聚「龜」下「成」字亦非墨子原文。「曰」者，將卜命龜之詞，不得遽曰成也。王謂既卜而言其占，似爲此「成」字所誤。下文六句非占辭，乃命龜之辭，孫氏已訂正之矣。

⑰王云：「三足」本作「四足」，此後人習聞鼎三足之説，而不知鼎有四足者，遂以意改之也。藝文類聚、廣川書跋、玉海引此皆作「四足」。博古圖所載商周鼎四足者甚多，未必皆屬無稽。廣川書跋曰「祕閣二方鼎，四足承其下，形方如矩。漢人謂鼎三足以象三德，又謂禹之鼎三足，以有承也。韋昭以左氏説莒之二方鼎，乃謂其上則方，其下則圓。方其時古鼎存者盡廢，其在山澤邱隴者未出，故不得其形制」，引墨子「鼎成四足而方」，以爲古鼎四足之證。王引之云：左傳「莒之二方鼎」，服虔曰：「鼎三足者圓，四足者方。」則漢人説方鼎固有知其形制者。孫云：此書多古字，舊本蓋作「三足」，故譌爲「三」。銅劍讚亦譌作「三足」。

⑱ 畢云：此「言」字俗寫，玉海引作「亨」。藝文類聚引作「不灼自成」。孫云：說文火部云：「炊，爨也。」銅劍讚及鼎録並云「不炊而自沸」。論衡儒增篇云「世俗傳言〔一〕，周鼎不爨自沸，不投物，物自出」，漢時俗語蓋出於此。○案：宋本御覽引與此同，蜀本御覽「而」字闕文。廣川書跋作「不灼自成」。

⑲ 畢云：玉海引作「藏」。孫云：稽瑞引墨子曰「神鼎不灼自熟，不爨自沸，不汲自滿，五味生焉」，疑即此異文。「炊」「灼」、「熟」「烹」、「舉」「爨」字形並相近。○案：「臧」，潛本、緜眇閣本、陳本作「藏」，類聚、路史、宋本蜀本御覽、廣川書跋引亦作「藏」。

⑳ 畢云：太平御覽引作「攓」。說文云：「拪，古文遷，从手、卥。」則「攓」實古「拪」字，後加爲「攓」耳。今書又作「遷」，皆傳寫者以少見改之。又藝文類聚引俱無「而」字。○案：宋本、蜀本御覽引仍作「遷」，與畢引御覽異。路史引作「不動自響，不遷自行」，較本書多一句。

㉑ 「虛」，諸本作「墟」，吴鈔本作「虛」，路史引亦作「虛」，今從之。畢云：墟，「虛」字俗寫。

㉒ 孫云：此即漢書郊祀志說九鼎「嘗鬺亨上帝鬼神」也。畢云：疑同「尚饗」。○案：「鄉」字潛本、緜眇閣本、陳本無。潛本蓋不解「上鄉」之義，故於版刊後校補「乙」字時竟將「鄉」字削除，而以「上」字上屬爲句。緜眇閣本、陳本則又承潛本而脱

〔一〕「言」字，墨子閒詁原引脱，本書沿誤，據論衡儒增補。

者也。「上鄉」即「尚饗」，畢說是也。古人命龜蓍之辭，多以之結尾。儀禮少牢饋食禮曰「筮於庿門之外，主人朝服，史朝服，左執筮，東面受命於主人，主人曰：孝孫某，用薦歲事于皇祖伯某，尚饗」，鄭注云：「尚，庶幾。饗，歆也。」

㉓「卜人」，畢本作「乙又」，潛本、緜眇閣本、陳本亦作「乙又」，蓋即據類書校改者。畢云：舊脫「乙」字，「又」字作「人」，據藝文類聚、玉海改。藝文類聚「由」作「繇」，無「兆之」二字。玉海亦作「繇」。孫云：「由」、「繇」通。左傳閔二年杜注云：「繇，卦兆之占辭。」○案：「乙又」即「卜人」之形譌。乾道本韓子外儲說左篇「鄭縣人乙子」，一本作「卜子」，宋本御覽引亦作「卜子」，可爲「乙」、「卜」互誤之例。古本雖脫「卜」字，而「人」字實不誤，今訂作「卜人」。凡卜，命龜之人與書卦釋繇辭之人常不同也。後人不明古代卜筮之制，故於此文多不得其解。

㉔孫云：上文命龜云「上饗」，此兆從之，故云「饗矣」。

㉕「逢逢」，寶曆本、李本作「逢是」，秋山云：「逢是，一作『逢逢』。」宋本御覽作一「蓬」字，蜀本御覽、路史並作「蓬蓬」。孫云：「逢」、「蓬」通。詩小雅采菽傳云：「蓬蓬，盛貌。」

㉖王云：藝文類聚同。太平御覽、路史、玉海並作「一東一西」。王引之云：作〔二〕「一東一西」者是，「一東一西」當在「一南一北」之上。「雲」與「西」爲韻，「北」與國爲「韻」」。○案：王引

〔二〕「作」字原脫，據讀書雜志補。

之説移易太多，難從。此文「東」字當與下文「國」字爲韻。「國」本作「邦」，漢人避諱改之。管子牧民篇「毋曰不同國，遠者不從」，老子「修之於國，其德乃豐」，「國」字當與「從」、「豐」叶韻，例與此同。

㉗ 畢云：藝文類聚引作「而遷三國」。

㉘ 左宣三年傳曰：「桀有昬德，鼎遷于商，載祀六百。商紂暴虐，鼎遷于周。」

㉙ 「謀」，各本作「諫」，今依王校改。王引之云：「諫」字與上下文義不合，「諫」當爲「謀」，字之誤也。管子立政九敗解「諫臣死而諂臣尊」，今本「諫」作「謀」，與此文互誤。淮南主術篇：「耳能聽而執正進諫」，高注：「諫，或爲謀。」言雖聖人與良臣桀相共謀，必不能知數百歲之後也。蘇説同。

㉚ 畢云：「智」，一本作「知」，下同。藝文類聚引云「此知必千年，無聖之智豈能知哉」。○案：「智」，潛本、緜眇閣本、陳本作「知」，下同。

㉛ 吴鈔本「與聾瞽」作「於龍鼓」。緜眇閣本、陳本「與」作「於」。

㉜ 蘇云：檀弓有「縣子瑣」，疑即其人。孫云：二人蓋並墨子弟子。呂氏春秋尊師篇云「高何、縣子石，齊國之暴者也，指於鄉曲，學於子墨子」，即此「縣子碩」也。聞一多云：「治」、「司」通。「治徒」即「司徒」，複姓。

㉝ 吴鈔本「譬」作「辟」。

㉞ 畢云：説文云：「掀，舉出也。」與「欣」同。 王引之云：舉出之事與築墻無涉。「欣」當讀爲「睎」，説文曰：「睎，望也。」吕氏春秋不屈篇曰：「今之城者，或操大築乎城上，或負畚而赴乎城下，或操表掇以善睎望。」此云「能築者築」，即彼所云「操大築乎城上」也；「能實壤者實壤」，即彼所云「負畚而赴城下」也；「能欣者欣」，「欣」與「睎」同，即彼所云「操表掇以善睎望」也。「睎」字從希得聲，古音在脂部。「欣」字從斤得聲，古音在諄部。諄部之音多與脂部相通，故從斤之字亦與從希之字相通。説文曰：「昕，從日，斤聲，讀若希。」左傳曹公子欣時，漢書古今人表作「郗時」，是其證也。 ○案：王説是。淮南子齊俗訓：「伊尹之興土功也，脩脛者使之跖钁，强脊者使之負土，眇者使之準。」「欣」與「準」古音同部，「欣」讀爲「準」，睎望之義。

㉟ 俞云：廣雅釋詁：「云，有也。」此兩「云」字均當訓有。

㊱ 畢云：説文云：「燎，放火也。」舊「於此」二字倒，一本如此。 ○案：潛本、寶曆本、李本、緜眇閣本、堂策檻本、顧校李本、陳本、四庫本並作「於此」。

㊲ 畢云：「摻」即「操」字異文，唐人別有音，非也。

㊳ 「意」，畢本作「義」，舊本並作「意」，今據正。

㊴ 畢云：舊脱「墨子」二字，以意增。

㊵ 淮南子説山訓曰「今人放燒，或操火往益之，或接水往救之，兩者皆未有功，而怨德相去亦遠矣」，蓋本此書。

㊶畢云：「游」，謂游揚其名而使之仕。王云：「耕柱子」上不當有「荆」字。「耕」、「荆」聲相近，則「荆」蓋「耕」字之誤而衍者。魯問篇曰「子墨子游公尚過於越」。蘇云：篇首但言「耕柱子」，此多一「荆」字，疑衍文。曹箋删「荆」字。

㊷孫云：「三升」蓋謂每食之數。襍守篇云「參食食參升小半，日再食」，説苑尊賢篇「田需謂宗衛曰：三升之稷不足於士」，閻若璩謂古量五當今一，則止今之大半升耳。莊子天下篇説宋鈃、尹文曰「請欲固置五升之飯足矣，先生恐不得飽，弟子雖飢，不忘天下」，此復少於彼，明其更不飽矣。○案：孫引説苑事，亦見韓詩外傳卷七，「田需」作「陳饒」，「宗衛」作「宋燕」。

㊸「三」字道藏本剥缺首畫，唐本作「二」，誤。

㊹畢云：「智」，一本作「知」，下同。○案：「智」，潛本、緜眇閣本、陳本作「知」，下同。

㊺吴鈔本無「於」字。畢云：「十金」當爲「千金」之誤。俞云：戰國策齊策「乃使操十金」，注：「二十兩爲一金。」然則十金爲二百兩矣。墨氏崇儉，其徒以十金餽遺，不爲不豐。畢率意增益，厚誣古人，殊爲無謂。○案：俞説是。公輸篇亦有墨子請獻十金之文。

㊻畢云：稱「不敢死」者，猶書疏稱死罪，常文。孫云：「後生」即弟子之稱。○案：「死」疑「私」之聲誤，本字當作「厶」。「不敢私」，猶言不敢據爲私有也。墨家以有財相分立教，故耕柱子之言如此，而墨子亦受之不辭也。不然，以辭五百里封邑之墨子，豈貪人餽遺者哉。

㊼王云：舊本脱「曰子」二字，今以意補。

㊽「助」，諸本作「耶」，茅本、李本作「耶」，寶曆本作「助」，今從之。孫、曹校同。四庫本作「貴」，「貴」字與「耶」形聲俱遠，蓋誤解「富」字，故意改「耶」作「貴」以耦之，而不知其非也。國語周語曰「皇天弗福，庶民弗助」，文意、字例與此正同。　王引之云：「富」讀爲「福」。「富」、「福」古字通。「而」，汝也。

㊾畢云：謂家臣。

㊿「者」，道藏本、吴鈔本、唐本、潛本、緜眇閣本、陳本、畢本作「也」，陸本、茅本、寶曆本、李本、堂策檻本、四庫本作「者」，今從作「者」。

51孫云：史記孟子荀卿列傳索隱引别録云：「墨子書有「文子」。文子，子夏之弟子，問於墨子如此，則墨子者，在七十子後也。」案今本無「文子」，或在佚篇中。

52「豨」，舊本作「狶」，或字，下同。　孫云：説文豕部云：「豨，豕走豨豨也。」古有封豨、脩虵之害。方言云：「豬，南楚謂之豨。」

53畢云：「先」舊作「大」，一本如此，下同。　○案：「先王」，諸本作「大王」，潛本、緜眇閣本、陳本作「先王」，下並同。「大王」義亦可通。兼愛下篇曰「此自先聖大王者親行之」，非命下篇曰「考先聖大王之事」，禮記哀公問篇「大王之道也」，又孔子閒居篇「大王之德也」，義並與此「大王」同。

54「智」，潛本、緜眇閣本、陳本作「知」，下同。　畢云：「智」同「知」。

55畢云：舊脱「非」字，一本有。　○案：潛本、緜眇閣本、陳本有「非」字。

(56) 玉璞爲楚人和氏所獻，故名曰和氏之璧，事見韓非子和氏篇、新序雜事五及淮南子覽冥訓高注。

(57) 畢云：文選注引「隋」作「隨」。　孫云：淮南子覽冥訓高注云：「隋侯，漢東之國，姬姓諸侯也。隋侯見大蛇傷斷，以藥傅之。後蛇於江中銜大珠以報之，因曰隋侯之珠。」　○案：畢據文選李斯上秦始皇書校也。又海賦注引作「隋」。初學記二十七兩引及宋本、蜀本御覽八百零三引並作「夜光之珠」。

(58) 宋翔鳳云：「棘」同「翮」，「異」同「翼」，亦謂九鼎也。爾雅釋器「附耳外謂之釴」，「翼」、「釴」字通。釋器又云「款足者謂之鬲」，即翮也。漢書郊祀志「鑄九鼎，其空足曰鬲，以象三德」，蘇林曰：「足中空不實者，名曰鬲也。」　孫云：史記楚世家云「居三代之傳器，吞三翮六翼，以高世主」，索隱云：「翮，亦作鬲。三翮六翼，亦謂九鼎。空足曰翮。六翼即〔二〕六耳，翼近耳旁。」

(59) 「爲」，諸本並同，堂策檻本、四庫本、畢本作「謂」。

(60) 「民」字各本脱，下文曰「所爲貴良寶者可以利民也」，今據補「民」字。或據下文「不可以利人」句補「人」字，亦可。

(61) 以上四字各本脱，今據上文「富國家」文例校補。

(62) 孫云：論語述而集解引孔安國云：「葉公名諸粱，楚大夫，食采於葉，僭稱公。」左定五年傳「葉公

〔二〕「即」字原脱，據墨子閒詁原引補，與索隱合。

諸梁」，杜注云：「司馬沈尹戌之子，葉公子高也。」莊子人間世釋文云：「字子高。」

63 畢云：論語作「近者說，遠者來」。　孫云：韓非子難三篇亦云：「葉公子高問政於仲尼，仲尼曰：『政在悅近而來遠。』子貢問曰：『何也？』仲尼曰：『葉都大而國小，民有背心，故曰政在悅近而來遠。』」　○案：宋本、蜀本御覽六百二十四引「新」作「親」，是也。作「新」者，借字。國語周語曰「禮新親舊」，「親舊」即此所謂「舊者親之」也。

64 畢云：「也」當爲「之」。

65 「新」讀爲「親」，說見上。潛本、緜眇閣本、陳本「是哉」並作「哉是」，疑以意乙。　畢云：一本無「是」字。　蘇云：「是」當作「之」。

66 畢云：「智」，一本作「知」。　○案：「智」，潛本、緜眇閣本　陳本作「知」，下同。

67 畢云：舊「以所」二字倒，一本如此。　○案：潛本、緜眇閣本、陳本作「以所」。

68 畢云：文選注云「賈逵國語注曰：魯陽文子，楚平王之孫、司馬子期之子魯陽公」，即此人。其地在魯山之陽。地理志云「南陽魯陽有魯山」，師古曰：「即淮南所云魯陽公，與韓戰日反三舍者也。」　蘇云：「魯陽文君」即「魯陽文子」也。　國語楚語曰「惠王以梁與魯陽文子，文子辭，與之魯陽」，是文子當楚惠王時，與墨子時世相值。　孫云：楚語韋注說與賈同。「文君」即左哀十九年傳之「公孫寬」，又十六年傳云「使寬爲司馬」。　淮南子覽冥訓高注云：「魯陽，楚之縣公，楚平王之孫，司馬子期之子，國語所稱魯陽文子也。」

69 「也」字畢本無，舊本並有，今據補。　畢云：一本有「也」字。文選注云：「幽求子曰：年五歲閒有鳩車之樂，七歲有竹馬之歡。」

70 畢云：言自勞其足，謂竹馬也。　○案：抱朴子應嘲篇曰「孺子之竹馬，不免於脚剥。」

71 「攻者」，寶曆本作「守者」。

72 「常」讀爲「尚」。李本無「之」字。

73 畢云：舊脱「不」字，一本有。　○案：潛本、寶曆本、李本、緜眇閣本、陳本並有「不」字。

74 孫云：貴義篇亦有此章，而文小異。「蕩口」此篇亦兩見，蓋謂不可行而空言，是徒敝其口也。經說上〔一〕篇云「霄盡，蕩也」，即消磨敝盡之義。

75 畢云：疑「敖」字。　蘇云：「漖」與「游」字形相近，當誤衍。　孫云：畢說是也。說文水部有「漖」字，从水，敖聲。此借爲敖。檀弓有齊人黔敖，此墨子弟子與彼名同。

76 孫云：魯問篇有高孫子，吕氏春秋尊師篇有墨子弟子高何，未知即「高石子」否。

77 畢云：舊作「鄉」，一本如此，下同。　孫云：荀子臣道篇楊注云：「設，謂置於列位。」○案：寶曆本、李本、堂策檻本、四庫本作「卿」，下同。茅本此作「鄉」，下文作「卿」。

78 秋山云：「而」，一作「之」。

〔一〕「經說上」，墨子閒詁原誤爲「經下」，本書沿誤，徑改。按：引文見經說上第八十七條。

⑲「衛」字畢本無，舊本並有，今據補。

⑳吴鈔本「無」作「毋」。

㉑畢云：「關」即「管」字假音，一本改作「管」，非是。左僖三十二年傳云「掌其北門之管」，即「關」也。　○案：「關」，潛本、緜眇閣本、陳本作「管」。

㉒畢云：「商蓋」即商奄。尚書金縢云「周公居東二年」。　江聲云：「商蓋」者，商奄也。韓非子説林「周公旦已勝殷，將攻商蓋」。　王云：「商蓋」當爲「商奄」。「蓋」字古與「盇」通，盇、奄草書相似，故「奄」譌作「盇」，又譌作「蓋」。韓子説林篇「周公旦已勝殷，將攻商奄」，今本「奄」作「蓋」，誤與此同。昭二十七年左傳「吴公子掩餘」，史記吴世家、刺客傳並作「蓋餘」，亦其類也。　孫云：王説是也。左昭九年傳云「蒲姑、商奄，吾東土也」，孔疏引服虔云：「商奄，魯也。」又定四年傳云「因商奄之民，命以伯禽，而封於少皞之虚」。説文邑部「奄」作「𨛬」，云：「周公所誅𨛬國，在魯。」商奄即奄，單言之曰奄，絫言之則曰商奄。此謂周公居東，蓋東征滅奄，即居其地，亦即魯也。　○案：畢、江説是也。「蓋」、「奄」一聲之轉。説文曰：「𤸷，跛病也。从疒，盇聲，讀若脅，又讀若掩。」史記大宛傳「奄蔡」，正義云：「奄蔡即闔蘇也。」漢書陳湯傳「又遣使責闔蘇」，師古曰：「胡廣云：『奄蔡一名闔蘇。』然則闔蘇即奄蔡也。」後漢書東夷傳「掩淲水」，即蓋斯水。皆其證也。

㉓畢云：舊二字倒，一本如此。　○案：潛本、緜眇閣本、堂策檻本、顧校李本、陳本、四庫本並

作「爲義非避毁就譽，去之苟道」。

(84) 畢云：舊二字倒，一本如此。

(85) 「陷人長」，潛本、緜眇閣本、陳本作「處人厚」。　畢云：「陷」，一本作「處」。　孫云：「苟陷人長」疑當作「苟啗人食」。「啗」、「陷」聲同。「食」、「長」形近，故譌。說文口部云：「啗，食也。」

曹校「陷」作「啗」，「長」作「粻」。○案：「陷」字孫、曹説是也。「長」爲「粻」之省文。禮記雜記注云：「粻，米糧也。」

(86) 孫云：即禽滑釐，見公輸篇。

(87) 「此」，茅本、寶曆本、李本作「子」。

(88) 蘇云：「倍」、「背」同。「鄉」、「向」同。　孫云：説文人部云：「倍，反也。」

(89) 「焉」，乃也。

(90) 「三」讀爲「參」。參，稽也。或「三」爲「生」之壞字，文義尤順。

(91) 「智」，潛本、緜眇閣本、陳本作「知」，字通。公羊莊三十二年傳「一生一及」，何注云：「父死子繼曰生。」是生有繼述之義。非儒下篇「夫爲弟子，後生其師」，「生」字義與此同。公孟子曰：「先人已有法則，今人參稽而已矣，不必自我作則。」墨子作述並重，故非之曰：「孰先人而曰已有法則，今人僅參稽而已矣？子未知人世法則須先有，而後有繼述之可言，莫有於先，後將何繼？」即非儒篇「且其所循，人必或作之」之意，正以破公孟子繼先法古、蔑視創造之謬説。

⑨② 公孟篇曰「有游於子墨子之門者」，論語憲問篇曰「有荷蕢而過孔氏之門者」，孟子梁惠王篇曰「有牽牛而過堂下者」，句法與此同。　孫云：荀子解蔽篇楊注云：「反，倍也。」下「反」當爲「返」之假字。廣雅釋詁云：「反，歸也。」「者」下當有「曰」字，蓋門人有倍墨子而歸者，其言如是。

⑨③ 孫云：言彼有先反者，吾雖反，尚在其後。

⑨④ 「北」，茅本、寶曆本、李本作「此」。

⑨⑤ 言三軍〔一〕敗北，失道後還之人不得求賞。

⑨⑥ 論語述而篇曰「述而不作」。　畢云：「術」同「述」。　孫云：此即非儒篇所云「君子循而不作」也。

⑨⑦ 蘇云：「其」當爲「甚」字之誤。下言「次不君子」，可證。○案：「其」通「綦」，極、甚也。

⑨⑧ 「訹」，各本作「誅」，今依俞校改，下並同。　畢云：「誅」疑當爲「述」。「術」、「誅」、「遂」疑皆聲誤，下同。　秋山云：「術」、「誅」、「遂」三字疑「述」。　俞云：「誅」當爲「訹」，字之誤也。上文「君子不作，術而已」，此云「古之善者不訹」。「術」與「訹」並「述」之假字，其字並從术聲，故得相假借也。若作「誅」，則與述聲絶遠矣。

〔一〕「軍」原誤「事」，徑改。

⑲ 孫云：「也」即「之」字之譌。

⑩ 畢云：疑當爲「述」。月令以「遂」爲「術」。

⑩ 「則」，茅本、寶曆本、李本作「而」。

⑩ 蘇云：此言述、作不可偏廢，皆務爲其善而已。述主乎因，故以古言，作主乎刱，故以今言。述而又作，則善益多矣。

⑩ 孫云：「巫馬子」見前，蓋巫馬期之子姓。史記孔子弟子傳「巫馬施字子旗」，集解引鄭康成孔子弟子目録云「魯人」，故下云「愛魯人於鄒人」。家語弟子解作「陳人」，非也。

⑩ 畢云：「子」舊作「之」，一本如此。○案：舊本並作「子」，無作「之」者。

⑩ 孫云：「疾」猶痛也。

⑩ 畢云：舊「不疾」二字倒，一本如此。○案：潛本、緜眇閣本、堂策檻本、陳本、四庫本並作「不疾」。「拂」，除去也。巫馬子之意，猶言己身受擊，感覺痛苦，故須除去其痛苦，若他人受擊，其痛苦不及於己，無須除去其痛苦。若墨家之損己益人，正巫馬子所謂「疾者之不拂，而不疾者之拂」也。韓非子難一篇「拔拂今日之死不及」，「拂」字義與此同。

⑩ 句。

⑩ 諸本無「利」字，寶曆本無「我」字，案「我」、「利」二字當並有，今據補。

⑩ 「彼」字各本脱，今依上句語法增。俞、蘇校亦增「彼」字。

⑪⓪ 畢云：一本作「意」，非。　○案：「義」，潛本、緜眇閣本、陳本、繹史本作「意」。

⑪① 孫云：謂説其義而從之。

⑪② 吴鈔本「經」作「涇」，李本「常」作「當」，義並難通。「經」、「涇」疑借爲輕率之輕。「輕者口也」與國語周語「嬴者陽也」句法相似。「之」，至也。猶言輕率之口，殺常至身者也。

⑪③ 「子墨子」上有脱文。

⑪④ 惡，何也。

⑪⑤ 曹校删「不」字。　孫云：「不言」疑當作「必言」。「蕩口」義見前。

⑪⑥ 「一」字疑衍，此文本書屢見，皆無「一」字。　宋本、蜀本御覽八百六十引作「有人於此」。

⑪⑦ 「芻豢」，諸本作「蒭犧」，寶曆本作「芻豢」，今從之。　畢本作「犓犧」。　畢云：「犧」，「豢」字俗寫。太平御覽引作「芻豢」。　○案：宋本、蜀本御覽引作「牧羊芻豢」。

⑪⑧ 「雍」，各本作「維」，今依畢、孫校改。　畢云：「維人」當爲「饔人」之誤。「但割」即「袒割」。説文云：「但，裼也。从人，旦聲。」經典用「但」爲「弟」字之義，而忘其本。　孫云：「雍」、「維」形近而誤。儀禮公食大夫禮、少牢饋食禮並有「雍人」。「雍」，「雝」之隸變，即「饔」之省。

⑪⑨ 「不可」二字舊本無，畢據御覽校增。　畢本無「食之」二字，蓋傳寫偶脱。

⑫⓪ 「生」，畢據御覽改「作」。　孫云：「生」字似不誤。説文食部云：「餅，麪餈也。」

⑫① 孫云：「還」，「睘」之借字。説文目部云：「睘，驚視也。」

⑫2 畢云：言捨以爲余食。　蘇云：言舍其芻豢牛羊之食而從事於竊也。　孫云：「舍」，「予」之假字。古賜予字或作「舍」，詳非攻中篇。「舍余食」猶言與我食也。

⑫3 「知」，陸本、茅本、寶曆本、堂策檻本、四庫本作「智」。　畢云：或當云「明不足乎」。　戴云：「安」字語詞，無實義。　曹箋改「日月」爲「甘肥」。　○案：曹箋近是。孟子梁惠王篇曰「爲肥甘不足於口與」，韓子外儲説右篇曰「寡人甘肥周於堂」。

⑫4 畢云：「四竟」二字舊作「三意」，據太平御覽改。　○案：四庫本作「四竟」。

⑫5 畢云：太平御覽引云「楚四竟之田，蕪曠不可勝闢」。魯陽楚縣，故云然也。　○案：潛本、緜眇閣本、陳本無「而」字。

⑫6 「評」，寶曆本作「評」。「虚」，各本作「靈」。　孫云：「評靈」當爲「呼虚」。凡經典「評召」字多假「呼」爲之，二字互通。周禮大小鄭注、漢書高帝紀應劭注並云「謈呼」，文選蜀都賦李注引鄭康成易注云「坼呼」。説文土部云：「埒，⿰土序也。」「呼」即「埒」之假字。「埒」本訓⿰土序，引申爲埒隙。「呼虚」謂閒隙虚曠之地。非攻中篇云「今萬乘之國虚數於千，不勝而入，廣衍數於萬，不勝而辟」，與此文義正同。「虚」、「靈」俗書形近而誤，詳天志下篇。　○案：孫校「靈」爲「虚」，是也，今依改。「評」「虚」者，管子揆度篇曰「有城無人謂之守平虚」，「評虚」疑即「平虚」。「平」爲「乎」之形誤，非攻中篇所謂「虚城」者也。

⑫7 「入」字各本脱，孫據非攻中篇補。

⑱ 孫云："閒邑"言空邑，與王制"閒田"義同。

⑲ 蘇云："'季孫紹'與'孟伯常'不見於春秋，當爲季康子、孟武伯之後，與墨子同時者也。"孫云：禮記檀弓"悼公之喪，季昭子問於孟敬子"，鄭注云："昭子，康子之曾孫，名強。敬子，武伯之子，名捷。"此"季孫紹"、"孟伯常"，當即昭子、敬子之子若孫也。

⑳ "蘂"，各本作"禁"，今依王校改，下同，義詳明鬼下篇。王云："'禁社'乃'蘂社'之誤。'蘂'與'叢'同。爾雅'灌木，叢木'，釋文曰：'叢，本作蘂。'漢書東方朔傳'蘂珍怪'，師古曰：'蘂，古叢字。'"洪說同。

㉑ 王引之云："'苟'猶尚也。"

㉒ 畢云："說文云：'弇，蓋也。'"

㉓ "祝"，諸本誤"視"，陳本改刊作"祝"，與畢本同。俞云："'也'當作'曰'，其下句即祝詞也。"

㉔ "曰"字各本脫，今依吴、曹校增。"視"，陳本改刊作"祝"，誤。

㉕ "鼇"，吴鈔本、寶曆本作"鼇"。

㉖ "我"，畢本作"吾"，舊本並作"我"，今從舊本。

㉗ 寶曆本"鼇"作"鼇"。

㉘ "度"字古本並同，潛本、緜眇閣本、陳本作"奪"。易咸卦"二氣感應以相與"，釋文引鄭注云："與猶親也。""度"，"敫"之省文，經傳多以"杜"爲之，漢書薛宣傳"杜絶論議之端"。言天下莫不欲親

與其所好，杜絕其所惡也。

王云：「與」當爲「興」，「度」當爲「廢」，皆字之誤也。「廢」、「度」草書相似，故「廢」譌作「度」。

聞一多云：「與」同「舉」。

墨子校注卷之十二

貴義第四十七

子墨子曰：萬事莫貴於義。今謂人曰：「予子冠履①，而斷子之手足，子爲之乎？」必不爲②。何故？則冠履不若手足之貴也。又曰：「予子天下，而殺子之身，子爲之乎？」必不爲。何故？則天下不若身之貴也。争一言以相殺，是貴義於其身也③。故曰：萬事莫貴於義也。

子墨子自魯之齊，即過故人④，謂子墨子曰⑤：「今天下莫爲義，子獨自苦而爲義⑥，子不若已。」子墨子曰：「今有人於此，有子十人，一人耕而九人處，則耕者不可以不益急矣。何故？則食者衆而耕者寡也⑦。今天下莫爲義，則子如勸我者也⑧，何故止我⑨？」

子墨子南游於楚，獻書惠王⑩，惠王以老辭⑪，使穆賀見子墨子，子墨子説穆賀，穆賀大説，謂子墨子曰：「子之言則成善矣⑫，而君王天下之大王也，毋乃曰『賤人之所爲』而不用乎⑬？」子墨子曰：「唯其可行。譬若藥然⑭，草之本⑮，天子食之以順其疾⑯，豈曰『一草之本』而不食哉⑰？今農夫入其稅於大人，大人爲酒醴粢盛⑱，以祭上帝鬼神，豈曰『賤人之所爲』而不享哉？故雖賤人也，上比之農，下比之藥，曾不若一草之本乎⑲？且主君亦嘗聞湯之說乎⑳？昔者湯將往見伊尹，令彭氏之子御，彭氏之子半道而問曰：『君將何之？』湯曰：『將往見伊尹。』彭氏之子曰：『伊尹，天下之賤人也㉑。君若欲見之㉒，亦令召問焉，彼受賜矣。』湯曰：『非女所知也㉓。今有藥於此㉔，食之則耳加聰、目加明，則吾必說而强食之。今夫伊尹之於我國也㉕，譬之良醫善藥也，而子不欲我見伊尹，是子不欲吾善也㉖。』因下彭氏之子，不使御。彼苟然，然後可也㉗。」

子墨子曰：凡言、凡動，利於天鬼百姓者爲之；凡言、凡動，害於天鬼百姓者舍之。凡言、凡動，合於三代聖王堯舜禹湯文武者爲之；凡言、凡動，合於三代暴王桀紂幽厲者舍之。

子墨子曰：言足以遷行者，常之㉘；不足以遷行者，勿常。不足以遷行而常之㉙，是蕩口也㉚。

子墨子曰：嘿則思㉛，言則誨，動則事，使三者代御㉜，必爲聖人。必去六辟㉝，必去喜、去怒、去樂、去悲、去愛，而用仁義㉞。手足口鼻耳㉟從事於義，必爲聖人㊱。

子墨子謂二三子曰：爲義而不能，必無排其道。譬若匠人之斲而不能，無排其繩㊲。

子墨子曰：世之君子，使之爲一彘之宰㊳，不能則辭之；使爲一國之相，不能而爲之。豈不悖哉㊴？

子墨子曰：今瞽曰「鉅者，白也㊵。黔者，黑也㊶」，雖明目者無以易之。兼白黑，使瞽取焉㊷，不能知也㊸。故我曰瞽不知白黑者㊹，非以其名也，以其取也。今天下之君子之名仁也，雖禹湯無以易之。兼仁與不仁，而使天下之君子取焉，不能知也。故我曰天下之君子不知仁者，非以其名也，亦以其取也㊺。

子墨子曰：今士之用身㊻，不若商人之用一布之慎也㊼。商人用一布布㊽，不敢繼苟而讎焉㊾，必擇良者。今士之用身則不然，意之所欲則爲之，厚者入刑罰，薄者被毀醜。則士之用身，不若商人之用一布之慎也。

子墨子曰：世之君子欲其義之成㊿，而助之脩其身㉛則慍，是猶欲其墻之成㉜，而人助之築則慍也。豈不悖哉？

子墨子曰：古之聖王欲傳其道於後世，是故書之竹帛，鏤之金石，傳遺後世子孫，欲後世子孫法之也。今聞先王之遺而不爲，是廢先王之傳也㉝。

子墨子南遊使衛⑭，關中載書甚多⑮。弦唐子見而怪之⑯，曰：「吾夫子教公尚過曰⑰：『揣曲直而已⑱。』今夫子載書甚多，何有也⑲？」子墨子曰：「昔者周公旦朝讀書百篇⑳，夕見漆十士㉑，故周公旦佐相天子，其脩至於今㉒。翟上無君上之事㉓，下無耕農之難，吾安敢廢此㉔？翟聞之，同歸之物，信有誤者㉕，然而民聽不鈞㉖，是以書多也。今若過之心者，數逆於精微㉗，同歸之物既已知其要矣，是以不教以書也。而子何怪焉㉘？」

子墨子謂公良桓子曰㉙：「衛小國也，處於齊晉之閒，猶貧家之處於富家之閒也。貧家而學富家之衣食多用，則速亡必矣。今簡子之家㉚，飾車數百乘，馬食菽粟者數百匹，婦人衣文繡者數百人。吾取飾車食馬之費與繡衣之財以畜士㉛，必千人有餘。若有患難，則使數百人處於前㉜，數百於後㉝，與婦人數百人處前後孰安？吾以爲不若畜士之安也㉞。」

子墨子仕人於衛㉟，所仕者至而反。子墨子曰：「何故反？」對曰：「與我言而不當㊱，曰『待女以千盆㊲』，授我五百盆㊳，故去之也。」子墨子曰：「授子過千盆，則子去之乎？」對曰：「不去。」子墨子曰：「然則非爲其不審也，爲其寡也。」

子墨子曰：世俗之君子，視義士不若視負粟者㊴。今有人於此，負粟息於路側，欲起而不能，君子見之，無長少貴賤，必起之。何故也㊵？曰：義也。今爲義之君子㊶，奉承先王之道以語之，縱不說而行㊷，又從而非毀之。則是世俗之君子之視義士也㊸，不若視負粟者也[84]。

子墨子曰：商人之四方，市賈倍徙[85]，雖有關梁之難、盜賊之危，必爲之。今士坐而言義，無關梁之難、盜賊之危，此爲倍徙不可勝計，然而不爲。則士之計利[86]，不若商人之察也。

子墨子北之齊，遇日者[87]。日者曰：「帝以今日殺黑龍於北方[88]，而先生之色黑[89]，不可以北[90]。」子墨子不聽，遂北至淄水，不遂而反焉[91]。日者曰：「我謂先生不可以北。」子墨子曰：「南之人不得北，北之人不得南，其色有黑者[92]，有白者，何故皆不遂也？且帝以甲乙殺青龍於東方，以丙丁殺赤龍於南方，以庚辛殺白龍於西方，以壬癸殺黑龍於北方[93]，若用子之言，則是禁天下之行者也[94]，是圍心而虛天下也[95]，子之言不可用也[96]。」

子墨子曰[97]：吾言足用矣。舍言革思者[98]，是猶舍穫而攟粟也[99]。以其言非吾言者[100]，是猶以卵投石也[101]，盡天下之卵，其石猶是也，不可毀也[102]。

① 蜀本、補宋鈔本御覽三百七十引「予」作「與」。

② 呂氏春秋審爲篇曰：「今有人於此，斷首以易冠，殺身以易衣，世必惑之。」

③ 「一言」，謂義也。「相」，選擇也。「殺」，死也。漢書伍被傳曰：「男子之所死者，一言耳。」呂氏春

秋上德篇「墨者鉅子孟勝曰：死之所以行墨者之義而繼其業者也」，即墨家争一言以相殺之實例。若讀「相殺」爲互相殘殺，則失墨家非鬥之恉矣。淮南子泰族訓曰「使人左據天下之圖，而右刎喉，愚者不爲也，身貴於天下也。死君親之難，視死若歸，義重於身也」，蓋本此書。畢云：太平御覽引作「義貴於身」。

④「之」字諸本無，寶曆本有，今據補。蜀本、補宋鈔本御覽四百二十一，宋本、蜀本御覽八百二十二引，並作「墨子之齊，遇故人」。畢本作「自魯即齊，過故人」。畢云：「即齊」二字舊倒，以意改。

⑤畢云：「謂子墨子」四字，太平御覽引作「故人」。

⑥寶曆本「苦」作「若」。

⑦「也」，茅本、寶曆本作「矣」。「何故則」上文凡三見。王云：「何故則」本作「何則」，後人誤以「則」字下屬爲句，故於「何」下加「故」字耳。何則與何也同義。太平御覽人事部十一、六十二、資産部二引此並作「何則」，無「故」字。孫云：「故」字似非衍文，御覽所引或有删節，王校未碻。○案：孫説是也。天志中篇曰「此其故何？則圜法明也」，又曰「此其故何？則方法明也」，明鬼下篇曰「此其故何？則聖王務之」，「則」字下屬，與此句法略似。宋本、蜀本御覽資産部二引作「何」字，節去「故則」二字，與王據御覽異。

⑧畢云：太平御覽引作「子宜勸」，又作「子宜勸我」。王云：此不解「如」字之義，而以意改之

也。「如」猶宜也，言子宜勸我爲義也。「如」字古或訓爲宜。

⑨ 畢云：太平御覽「故」作「以」。

⑩ 「獻書惠王」與下句「惠王以老辭」九字，道藏本、吴鈔本、唐本、潛本、緜眇閣本、陳本、畢本作「見楚獻惠王獻惠王以老辭」十一字，陸本、茅本、寶曆本、李本、堂策檻本、四庫本作「獻惠王獻惠王以老辭」九字。案陸本等無「見楚」二字者，比較近古。此文本作「獻書惠王，惠王以老辭」，古書鈔作「獻書惠ㄋ王ㄋ以老辭」。草書「書」字或作「书」，與重文符號相似，遂誤作「獻ㄋ惠ㄋ王ㄋ以老辭」，分别正寫，則爲「獻惠王獻惠王以老辭」。此種鈔書簡寫之法，凡多閲古鈔本者類能知之。不明乎此，則本文譌變之迹頗難尋繹矣。今據陸本等删去「見楚」二字，訂作「獻書惠王，惠王以老辭」。　畢云：檢史記，楚無獻惠王也。藝文類聚引作「惠王」，是。又案文選注引本書云「墨子獻書惠王，王受而讀之，曰：良書也」，恐是此閒脱文。　蘇云：「獻惠王」即楚惠王也。蓋當時已有兩字之謚。　孫云：此文脱佚甚多。余知古渚宫舊事二云：「墨子至郢，獻書惠王，王受而讀之，曰：『良書也。是寡人雖不得天下，而樂養賢人。請過進日百種以待，官舍人不足須天下之賢君。』墨子辭曰：『翟聞賢人進道不行，不受其賞。義不聽，不處其朝。今書未用，請遂行矣。』將辭王而歸，王使穆賀以老辭。魯陽文君言於王曰：『墨子北方賢聖人，君王不見，又不爲禮，毋乃失士！』乃使文君追墨子，以書社五里封之，不受而去。」此與文選注所引合，必是此篇佚文。但余氏不明著出墨子，文亦多删節譌舛，今未敢據增。余書「獻惠王」亦止作「惠王」，

疑故書本作「獻書惠王」，傳寫脱「書」存「獻」，校者又更易上下文以就之耳。

⑪ 「惠王」舊作「獻惠王」，今訂正，説詳上文。　蘇云：楚惠王以周敬王三十二年立，卒於考王九年，始癸丑，終己酉，凡五十七年。　墨子之游蓋當其暮年，故以老辭。　孫云：渚宫舊事注云：「時惠王在位已五十年矣。」余説疑本墨子舊注。　然則此事在周考王二年，魯悼公之二十九年也。

⑫ 畢本「成」改「誠」。　畢云：舊作「成」，據藝文類聚改，一本同。　王云：古或以「成」爲「誠」，不煩改字。　○案：潛本、緜眇閣本、堂策檻本、顧校李本、陳本、四庫本作「誠」。

⑬ 畢云：藝文類聚引作「用子」，又節。

⑭ 畢云：藝文類聚引「然」作「焉」。

⑮ 蘇云：「草之本」上當脱一字。　○案：「本」，吴鈔本作「木」，下同。

⑯ 説文曰：「順，理也。」　畢云：藝文類聚引「順」作「療」。

⑰ 畢云：藝文類聚引「食」作「用」。　○案：明嘉靖本類聚引作「食」，與本書同。

⑱ 畢云：「粢」當爲「齍」，説文云：「黍稷在器以祀者。」「盛」解同，俱从皿。　亦見周禮也。　前文皆同此義。

⑲ 「本」，茅本作「木」。

⑳ 孫云：「主君」，謂穆賀也。　戰國策、史記載蘇秦説六國君，齊、楚、魏、韓、燕諸王皆稱秦爲「主

君」，索隱云：「禮，卿大夫稱主。今嘉蘇子合從諸侯，褒而美之，故稱曰主君。」案左傳昭二十九年齊高張唁魯昭公，稱「主君」，杜注云：「比公於大夫。」此小司馬所本。後魯問篇墨子稱魯君亦曰「主君」。戰國策秦策樂羊對魏文侯，魏策魯君對梁惠王，亦並稱「主君」，則戰國時「主君」之稱蓋通於上下，小司馬據春秋時制，謂唯大夫稱「主」，非也。

㉑ 孫云：尚賢中篇云「伊摯，有莘氏女之私臣，親爲庖人」，故曰「天下之賤人」。

㉒ 「君若」，畢本作「若君」，舊本並作「君若」，今從舊本。

㉓ 吳鈔本「女」作「汝」。

㉔ 「於」字諸本無，潛本、寶曆本、緜眇閣本、堂策檻本、陳本、四庫本並有，今據補。蘇校同。

㉕ 「夫」字堂策檻本、四庫本無。

㉖ 「吾」，潛本、緜眇閣本、陳本作「我」。

㉗ 盧云：此下疑有脱文。　曹云：言惠王誠能如湯然後可用。

㉘ 説文曰：「遷，登也。」「遷行」猶言使行爲向上。

㉙ 「不足」二字各本脱，王據上句增，與耕柱篇合，今從之。

㉚ 蘇云：耕柱篇亦有此文，上「遷」字作「復」，下二「遷」字作「舉」。

㉛ 畢云：「默」字俗寫从口。

㉜ 「三者」，各本作「者三」，今依俞校乙。　俞云：「使者三代御」當作「使三者代御」，三者即

「嘿」、「言」、「動」三事也。「御」，用也。荀子禮論篇「時舉而代御」，楊注曰：「御，進用也。」此云「代御」，義與彼同。言更迭用此三者，則必爲聖人也。

㉝「必去六辟」四字本在上節「嘿則思」之上，今審校文義，移置於此。　孫云：「辟」，「僻」之借字。　曹云：「辟」，偏也。「六辟」，六情也。不曰「六情」而曰「六辟」者，人性無偏，流於情則偏矣。

㉞俞云：「去愛」下當有「去惡」二字，傳寫脱之。喜怒、樂悲、愛惡共六者，皆宜去之，即上文所謂「去六辟」也。　○案：墨家言正欲、矯欲，不言去欲。墨家以愛利立教，且即以愛釋仁，今言去愛而用仁義，與全書字例不合，豈後人附記，誤入正文與？抑他書之文錯入墨子與？呂氏春秋有度篇曰「惡欲喜怒哀樂，六者累德者也」，高注云：「此六者不節，所以爲德累者也。」

㉟孫云：疑脱一「目」字。　曹校同。

㊱此節不似墨子語。

㊲畢云：「排」猶背。　吴云：「排」者，「誹」之借字。

㊳「一彘」上，王據群書治要增「一犬」二字。　王云：魯問篇亦云「竊一犬一彘」。　孫云：「宰」即膳宰也，見儀禮燕禮、禮記文王世子、玉藻。　○案：卷子本治要引「爲一彘」三字作「一犬一彘」四字。此「爲一彘之宰」與下文「爲一國之相」對文。魯問篇「竊一犬一彘」與彼下文「竊一國一都」對文。就文而論，本書似無脱字。　治要少一「爲」字，多「一犬」二字，或即草書「爲」

字「为」誤分作二字而轉譌者，今仍從本書存參。

㊴ 卷子本治要「不」作「可」，誤。

㊵ 説文曰：「鉅，大剛也。」　章太炎云：「鉅」即今之金剛石，其色多白，故曰「鉅者，白也」。

㊶ 「黑」，陸本、茅本、寶曆本、李本、堂策檻本、四庫本作「墨」，下並同。道藏本、吴鈔本、唐本此作「墨」，下二「黑」字一作「黑」，一作「墨」。潛本、緜眇閣本、陳本作「黑」，下並同，與畢刻合。

㊷ 畢云：説文云：「黔，黎也。秦謂民爲黔首，謂黑色也。」

㊸ 「白黑」，緜眇閣本、陳本作「黑白」。

㊹ 孫云：淮南子主術訓云：「問瞽師曰：『白素何如？』曰：『縞然。』曰：『黑何若？』曰：『黮然。』援白黑而示之，則不處焉」，與此語意同。

㊺ 吴鈔本「知」作「能」。

㊻ 經下篇曰：「知其所以不知，説在以名取。」意與此略同。

㊼ 「士」，道藏本、吴鈔本、陸本、唐本、茅本作「事」。　秋山云：「士」，一作「事」。

㊽ 孫云：周禮泉府鄭注云：「布，泉也。其藏曰泉，其行曰布。」

㊾ 吴鈔本「布」字不重，是也。上下文皆曰「商人之用一布」。

㊿ 「繼苟」雙聲連語，義即存乎其聲。「繼苟」，苟也。彖言之曰繼苟。　畢云：「讎」即「售」之正文。

㊿ 吴鈔本「義」作「治」。

(51) 「脩」，吴鈔本、潛本作「修」。

(52) 卷子本治要「墻」作「廧」。經説上篇曰「廧外之利害未可知也」，字亦作「廧」。

(53) 唐本「今」作「金」，誤。王云：「遺」字義不可通。「遺」當爲「道」，此涉上文「傳遺」而誤也。上文曰「古之聖王欲傳其道於後世」，故此文曰「今聞先王之道而不爲，是廢先王之傳也」。○案：漢書董仲舒傳曰「習於先聖之遺業」，又兒寬傳師古注曰：「聖統，聖人之遺業，謂禮文也。」

(54) 吴鈔本「遊」作「游」。畢云：北堂書鈔作「使於衛」。○案：畢據書鈔九十七校也。書鈔一百一引作「南遊衛」。宋本、蜀本御覽六百十一引作「使衛」，又六百十九作「南使衛」。

(55) 畢云：「關中」猶云扃中，「關」、「扃」音相近。孫云：畢説是也。文選張衡西京賦「旗不脱扃」，薛綜注云：「扃，關也。」左傳宣十二年孔疏引服虔云：「扃，横木校輪閒。」蓋古乘車箱、輢閒以木爲闌，中可庋物，謂之扃，亦謂之關。故墨子於關中載書矣。○案：抱朴子勖學篇曰「墨翟大賢，載文盈車。」

(56) 明鈔本北堂書鈔一百一作「弦堂怪之」，宋本、蜀本御覽六百十一又六百十九引「弦」並作「強」。

孫云：廣韻〔一〕一先云：「弦，又姓。風俗通云：弦子後。左傳鄭有商人弦高。」

(57) 孫云：「公尚過」，吕氏春秋高義篇作「公上過」，高注云：「公上過，子墨子弟子也。」案王符潛夫論志氏姓篇「衛公族有公上氏」，廣韻一東云「衛大夫有公上玉」。「尚」、「上」字通。過疑亦〔二〕衛人。

(58) 孫云：説文手部云：「揣，量也。」

(59) 王樹枬云：「有」猶爲也。孟子「將爲君子焉，將爲野人焉」，趙注云：「爲，有也。」「爲」、「有」同聲，故通借。

(60) 畢本删「書」字。畢云：本多作「讀書百篇」，繹史同。藝文類聚引無「書」字。北堂書鈔凡三引，兩引無，一引有，無者是也。○案：舊本並有「書」字。宋本、蜀本御覽凡三引，皆有「書」字。困學紀聞卷二引亦有「書」字。類聚、書鈔或有删節，畢删非是。

(61) 畢云：「漆」，「七」字假音，今俗作「柒」。藝文類聚引作「七」。孫云：唐岱岳觀碑、五經文字石本「七」字並作「漆」。楊嘉云：孔本書鈔九十八引「漆十士」作「士七十」。○案：「漆」，潛本、緜眇閣本、陳本作「七」。明鈔本書鈔九十八引「漆十士」作「七十士」，與孔本異。宋

〔一〕「廣韻」原誤「廣雅」，據墨子閒詁原引改。
〔二〕「疑亦」原倒作「亦疑」，據墨子閒詁原文改。

本、蜀本御覽六百十一引作「七十士」，六百十六引作「七十五士」，六百十九引作「七十二士」。

⑥② 「脩」，吴鈔本、陸本、潛本、茅本、寶曆本、李本、繹史本作「修」。

⑥③ 「君上」，寶曆本作「君王」。　秋山云：「王」，一作「上」。

⑥④ 畢云：北堂書鈔引云「相天下猶如此，況吾無事，何敢廢乎」。

⑥⑤ 孫云：易繫辭云「天下同歸而殊塗」，孔疏云：「言天下萬事，終則同歸於一。」蓋謂理雖同歸，而言不能無誤。

⑥⑥ 「鈞」，吴鈔本、緜眇閣本、陳本、繹史本作「均」。　畢云：「鈞」，「均」字假音。

⑥⑦ 孫云：周禮鄉師鄭注云：「逆猶鉤考也。」

⑥⑧ 畢云：言苟得其精微，則無用以書爲教。

⑥⑨ 蘇云：「公良桓子」，蓋衛大夫。　孫云：史記孔子弟子列傳有公良孺，陳人，則陳亦有此姓。

⑦⓪ 孫云：廣雅釋言云：「簡，閱也。」

⑦① 俞云：「吾」當爲「若」，字之誤也。

⑦② 「數」字各本無，今依王校增。　王云：「百人」當爲「數百人」。上文曰「千人有餘」，故此分言之曰「數百人處於前，數百人處於後」。今作「百人」，則與上下文不合。

⑦③ 畢云：「數百」下當脱「人處」二字。

⑦④ 寶曆本「畜」作「蓄」。

(75) 畢云：舊脱「人」字，一本有。孫云：荀子富國篇楊注引作「子墨子弟子仕於衛」，則疑「仕於衛」上脱「弟子」二字。○案：寶曆本「仕」作「在」。潛本、緜眇閣本、陳本有「人」字，與畢本合。

(76) 畢云：後作「審」。孫云：荀子注引亦作「當」，疑「審」字近是。

(77) 「女」，吴鈔本、潛本、緜眇閣本、陳本作「汝」。「益」，畢本改「益」。畢云：舊作「盆」，誤。古無「鎰」字，只作「益」，或作「溢」。王云：古「鎰」字皆作「溢」，無作「益」者。此言「千盆」、「五百盆」，皆謂粟，非謂金也。荀子富國篇「今是土之生五穀也，人善治之，則畝數盆」，楊倞注曰「蓋當時以盆爲量」，引攷工記曰「盆實二鬴」，又引墨子曰「待女以千盆，授我五百盆」，則「盆」非「益」之譌也。

(78) 緜眇閣本、陳本「我」下有「以」字。

(79) 下「視」字各本無，蜀本、補宋鈔本御覽四百二十一又八百四十引並有「視」字，今據補。

(80) 王云：「故」字亦後人所加，御覽人事部六十二引無「故」字。○案：「故」字非衍文。非攻下篇亦有「是何故也」之語。

(81) 畢云：「之」舊作「也」，據太平御覽改。○案：此「之」字舊作「也」。下文「負粟者也」，「也」字古本作「之」。兩字疑互錯，古本尚存其互錯之迹也。

(82) 吴鈔本「説」作「悦」。太平御覽四百二十一引亦作「悦」。

83 茅本、寶曆本脱「之視義士」四字。

84 畢云：一本脱此字。　○案：「也」字，潛本、緜眇閣本、陳本無，御覽兩引亦無，道藏本、吴鈔本、陸本、唐本、茅本、寶曆本作「之」，堂策檻本、顧校李本、四庫本作「也」，與畢本合。

85 「倍」，諸本作「信」，寶曆本作「倍」，今從之，下同。　畢云：「信徙」當爲「倍徙」。　孫云：「徙」、「蓰」字通。

86 畢云：「則」，舊作「財」，一本如此。　○案：潛本、緜眇閣本、陳本〔一〕作「則」。

87 寶曆本「遇」作「過」。　秋山云：「過」，一作「遇」。　畢云：文選劉孝標辯命論注引「遇」作「過」。　孫云：高承事物紀原引亦作「過」。史記日者傳集解云：「古人占候卜筮，通謂之日者。」

88 畢云：事類賦引「殺」作「屠」。　○案：「黑」，寶曆本作「墨」。宋本御覽九百二十九引作「墨」，蜀本御覽引作「黑」。

89 「生」，畢本誤「王」，舊本並作「生」，今據正。

90 畢云：「北」，事類賦作「往」。　孫云：淮南子要略曰「操舍開塞，各有龍忌」，許注云：「中國以鬼神之事曰忌，北胡、南越皆謂之請龍。」案此日者以五色之龍定吉凶，疑即所謂「龍忌」。

〔一〕「本」原誤「末」，徑改。

⑼畢云：舊脱「至淄水不遂」五字，據史記日者傳集解及事類賦增。史記集解云「墨子不遂而反焉」，又多二字。淄水出今山東益都縣西南顔神鎮東南三十五里原山，經臨淄縣東北，流至壽光縣，北入海。〇案：容齋續筆引有「至淄水不遂」五字，無「焉」字。「焉」字李本無，道藏本、吴鈔本、陸本、唐本、茅本、堂策檻本、四庫本作「爲」。

⑽寶曆本「黑」作「墨」。

⑾畢本此下增「以戊己殺黄龍於中方」。畢云：此句舊脱，據太平御覽增。王云：畢增非也。原文本無此句，今刻本御覽鱗介部一有之者，後人不知古義而妄加之也。古人謂東西南北爲四方者，以其在四旁也。若中央爲四方之中，則不得言「中方」，一謬也。行者之所向，有東有西有南有北，而中不與焉，二謬也。鈔本御覽及容齋續筆所引皆無此句。〇案：王説是也。宋本、蜀本御覽引並無畢增之句，明萬曆活字本御覽已有之，蓋明人意增者也。

⑿畢云：舊脱「天」字、「之」字，據太平御覽增。

⒀蘇云：「圍心」，未詳。「圍」或當作「違」。吴玉搢云：「圍心」即違心，古「圍」、「違」字通。〇案：蘇、吴説近是。心欲行而忌諱不敢行，是違心也。王符潛夫論卜列篇曰「且欲使人而避鬼，是即道路不可行而室廬不復居也」，文意與此略同。

⒁謂日者之言不可用。

⒂孫云：此上疑有脱文。

⑱ 蘇云：「革」，更也。 孫云：「舍」下亦當有「吾」字。

⑲ 畢云：「攗」，拾也。一本作「攈」，非〔一〕。 孫云：國語魯語「收攟而烝」，韋注云：「攟，拾也。」一切經音義引賈逵云：「攟，拾穗也。」『攈』、「攟」字同。 〇案：晉書庾衮傳曰「及麥熟，穫者已畢，而采捃尚多」，「捃」、「攈」字同。

⑩ 畢云：太平御覽九百二十八引「其」作「他」。

101 淮南子主術訓曰「猶以卵投石，以火投水」。

102 畢云：太平御覽作「石猶不毀也」。

公孟第四十八

公孟子謂子墨子曰①：「君子共己以待②，問焉則言，不問焉則止。譬若鍾然③，扣則鳴，不扣則不鳴④。」子墨子曰：「是言有三物焉，子乃今知其一耳也⑤，又未知其所謂也。若大人行淫暴於國家，進而諫則謂之不遜，因左右而獻諫則謂之言議，此君子之所疑惑也⑥。若大人爲政，將因於國家之難⑦，譬若機之將發也然⑧，君子之必以諫⑨，然而大人之

〔一〕本注「攗」、「攈」二字原互錯，據畢刻原注乙。

利⑩。若此者，雖不扣必鳴者也。若大人舉不義之異行，雖得大巧之經，可行於軍旅之事，欲攻伐無罪之國有之也⑪，君得之則必用之矣，以廣辟土地，著稅僞材⑫。出必見辱，所攻者不利，而攻者亦不利，是兩不利也。若此者，雖不扣必鳴者也⑬。且子曰：『君子共己，待問焉則言⑭，不問焉則止。譬若鍾然，扣則鳴，不扣則不鳴。』今未有扣子而言，是子之謂不扣而鳴邪？是子之所謂非君子邪⑮？」

公孟子謂子墨子曰：「實爲善人，孰不知？譬若良玉，處而不出，有餘精⑯。譬若美女⑰，處而不出，人争求之。行而自衒⑱，人莫之取也⑲。今子偏從人而説之⑳，何其勞也？」子墨子曰：「今夫世亂，求美女者衆，美女雖不出，人多求之。今求善者寡㉑，不强説人，人莫之知也。且有二生於此㉒，善星一㉓，行爲人筮者，與處而不出者，其糈孰多㉔？」公孟子曰：「行爲人筮者其糈多。」子墨子曰：「仁義鈞㉕，行説人者，其功善亦多，何故不行説人也？」

公孟子義㉖章甫㉗、搢忽㉘、儒服，而以見子墨子，曰：「君子服然後行乎？其行然後服乎？」子墨子曰：「行不在服。」公孟子曰：「何以知其然也？」子墨子曰：「昔者齊桓公高冠博帶，金劍木盾㉙，以治其國，其國治。昔者晉文公㉚大布之衣，牂羊之裘㉛，韋以帶劍㉜，以治其國，其國治。昔者楚莊王鮮冠組纓㉝，絳衣博袍㉞，以治其國，其國治。昔者越王句踐剪髮文身㉟，以治其國，其國治。此四君者，其服不同，其行猶一也。翟以是知行之不在服也。」公孟子曰：「善。吾聞之曰『宿善者不祥㊱』，請舍忽易章甫，復見夫子，可乎㊲？」子墨子曰：「請因以相見也，若必將舍忽易章甫而後相見㊳，然則行果在服也。」

公孟子曰：「君子必古言服㊴，然後仁㊵。」子墨子曰：「昔者商王紂卿士費仲爲天下之暴人㊶，箕子、微子爲天下之聖人，此同言而或仁或不仁也㊷。周公旦爲天下之聖人，關叔爲天下之暴人㊸，此同服或仁或不仁。然則不在古服與古言矣。且子法周，而未法夏也，子之古非古也。」

公孟子謂子墨子曰：「昔者聖王之列也，上聖立爲天子，其次立爲卿大夫㊹。今孔子博於詩書，察於禮樂㊺，詳於萬物，若使孔子當聖王，則豈不以孔子爲天子哉？」子墨子曰：「夫知者，必尊天事鬼，愛人節用㊻，合焉爲知矣。今子曰孔子博於詩書，察於禮樂，詳於萬物㊼，而曰可以爲天子，是數人之齒而以爲富㊽。」

公孟子曰：「貧富壽夭，齰然在天㊾，不可損益。」又曰：「君子必學。」子墨子曰：「教人學而執有命㊿，是猶命人葆㉛而去亓冠也㉜。」

公孟子謂子墨子曰：「有義不義，無祥不祥㉝。」子墨子曰：「古者聖王㉞皆以鬼神爲神明，而爲禍福㉟，執有祥不祥㊱，是以政治而國安也。自桀紂以下，皆以鬼神爲不神明，不能爲禍福，執無祥不祥，是以政亂而國危也。故先王之書子亦有之曰⑰：『亓傲也⑱，出於子，不祥。』此言爲不善之有罰，爲善之有賞。」

子墨子謂公孟子曰：「喪禮，君與父母、妻、後子死⑲，三年喪服。伯父、叔父、兄弟期，族人五月⑳，姑姊、舅甥皆有數月之喪。或以不喪之閒誦詩三百㉑，弦詩三百㉒，歌詩三百㉓，舞詩三百㉔。若用子之言，則君子何日以聽治？庶人何日以從事？」

公孟子曰：「國亂則治之㉕，國治則爲禮樂㉖。國貧則從事，國富則爲禮樂㉗。」子墨子曰：「國之治也，治之，故治也㉘。治之廢，則國之治亦廢。國之富也，從事，故富也。從事廢，則國之富亦廢㉙。故雖治國，勸之無饜㉚，然後可也。今子曰『國治則爲禮樂，亂則治之』，是譬猶噎而穿井也㉛，死而求醫也㉜。古者三代暴王桀紂幽厲，薾爲聲樂㉝，不顧其民，是以身爲刑僇、國爲虛戾者㉞，皆從此道也。」

公孟子曰：「無鬼神。」又曰：「君子必學祭礼㉟。」子墨子曰：「執無鬼而學祭禮，是猶無客而學客禮也㊱，是猶無魚而爲魚罟也㊲。」

公孟子謂子墨子曰：「子以三年之喪爲非，子之三日之喪亦非也㊳。」子墨子曰：「子以三年之喪非三日之喪，是猶倮謂撅者不恭也㊴。」

公孟子謂子墨子曰：「知有賢於人㊵，則可謂知乎？」子墨子曰：「愚之知有以賢於人(81)，而愚豈可謂知矣哉？」

公孟子曰：「三年之喪，學吾之慕父母(82)。」子墨子曰：「夫嬰兒子之知(83)，獨慕父母而已。父母不可得也，然號而不止，此亓故何也(84)？即愚之至也。然則儒者之知，豈有以賢於嬰兒子哉？」

子墨子問於儒者曰(85)：「何故爲樂？」曰：「樂以爲樂也(86)。」子墨子曰：「子未我應也。今我問曰『何故爲室』，曰『冬避寒焉，夏避暑焉，室以爲男女之别也(87)』，則子告我爲室之故矣。今我問曰『何故爲樂』，曰『樂以爲樂也(88)』，是猶曰『何故爲室』，曰『室以爲室也』。」

子墨子謂程子曰(89)：「儒之道足以喪天下者，四政焉。儒以天爲不明(90)，以鬼爲不神，天鬼不説，此足以喪天下。又厚葬久喪，重爲棺椁(91)，多爲衣衾，送死若徙，三年哭泣，扶後起，杖後行(92)，耳無聞，目無見，此足以喪天下。又弦歌鼓舞，習爲聲樂，此足以喪天下。又以命爲有，貧富壽夭、治亂安危有極矣(93)，不可損益也。爲上者行之，必不聽治矣(94)；爲下者行之，必不從事矣，此足以喪天下。」程子曰：「甚矣，先生之毁儒也。」子墨子曰：「儒固無此若四政者，而我言之(95)，則是毁也。今儒固〔一〕有此四政者，而我言之，則非毁也，告聞

〔一〕「儒」下「固」字原脱，據畢刻本補。

也⑯。」程子無辭而出，子墨子曰：「逆之⑰。」反，復坐⑱。進復曰⑲：「鄉者先生之言，有可聞者焉⑳。若先生之言，則是不譽禹，不毁桀紂也㉑。」子墨子曰：「不然，夫應孰辭稱議而爲之㉒，敏也㉓。厚攻則厚吾，薄攻則薄吾㉔。應孰辭而稱議，是猶荷轅而擊蛾也㉕。」

子墨子與程子辯，稱於孔子㉖。程子曰：「非儒㉗，何故稱於孔子也？」子墨子曰：「是亦當而不可易者也㉘。今鳥聞熱旱之憂則高，魚聞熱旱之憂則下，當此，雖禹湯爲之謀，必不能易矣。鳥魚可謂愚矣，禹湯猶云因焉㉙。今翟曾無稱於孔子乎㉚？」

有游於子墨子之門者，謂子墨子曰：「先生以鬼神爲明知⑪，能爲禍⑫福⑬，爲善者富之⑭，爲暴者禍之⑮。今吾事先生久矣，而福不至。意者，先生之言有不善乎⑯？鬼神不明乎⑰？我何故不得福也？」子墨子曰：「雖子不得福，吾言何遽不善？而鬼神何遽不明⑱？子亦聞乎匿徒之刑之有刑乎⑲？」對曰：「未得之聞也⑳。」子墨子曰：「今有人於此，什子㉑，子能什譽之，而一自譽乎？」對曰：「不能。」「有人於此，百子，子能終身譽亓善，而子無一乎㉒？」對曰：「不能。」子墨子曰：「匿一人者猶有罪，今子所匿者若此亓多㉓，將有厚罪者也，何福之求？」

子墨子有疾，跌鼻進而問曰㉔：「先生以鬼神爲明，能爲禍福，爲善者賞之㉕，爲不善者罰之。今先生聖人也，何故有疾？意者，先生之言有不善乎？鬼神不明知乎？」子墨子曰：「雖使我有病，何遽不明(126)？人之所得於病者多方，有得之寒暑，有得之勞苦(127)，百門而閉一門焉(128)，則盜何遽無從(129)入哉(130)。」

有游於子墨子之門者，身體强良(131)，思慮徇通(132)，欲使隨而學。子墨子曰：「姑學乎，吾將仕子(133)。」勸於善言而學，其年(134)，而責仕於子墨子。子墨子曰(135)：「不仕子。子亦聞夫魯語乎(136)？魯有昆弟五人者(137)，亓父死(138)，亓長子嗜酒而不葬(139)，亓四弟曰(140)：『子與我葬(141)，當爲子沽酒(142)。』勸於善言而葬，已葬而責酒於其四弟(143)，四弟曰：『吾末予子酒矣(144)。子葬子父，我葬吾父，豈獨吾父哉？子不葬，則人將笑子，故勸子葬也。』今子爲義，我亦爲義，豈獨我義也哉？子不學，則人將笑子，故勸子於學(145)。」

有游於子墨子之門者，子墨子曰：「盍學乎(146)？」對曰：「吾族人無學者(147)。」子墨子曰：「不然，夫好美者，豈曰吾族人莫之好，故不好哉？夫欲富貴者，豈曰吾族人莫之欲(148)，故不欲哉？好美欲富貴者，不視人猶強爲之(149)。夫義，天下之大器也，何以視人(150)？必強爲之(151)。」

二三子有復於子墨子學射者(152)，子墨子曰：「不可，夫知者必量亓力所能至(153)，而從事焉。國士戰且扶人，猶不可及也(154)。今子非國士也，豈能成學又成射哉？」

二三子復於子墨子曰：「告子曰言義而行甚惡(155)，請棄之(156)。」子墨子曰：「不可(157)，稱我言以毁我行，愈於亡[158]。有人於此，翟甚不仁[159]，尊天、事鬼、愛人甚不仁[160]，猶愈於亡也[161]。今告子言談甚辯，言仁義而不吾毁[162]，告子毁[163]，猶愈亡也[164]。」

二三子復於子墨子曰：「告子勝爲仁[165]。」子墨子曰：「未必然也，告子爲仁，譬猶跂以爲長[166]，隱以爲廣[167]，不可久也。」

告子謂子墨子曰：「我治國爲政[168]。」子墨子曰：「政者，口言之，身必行之。今子口言之而身不行，是子之身亂也。子不能治子之身，惡能治國政[169]？子姑亡[170]，子之身亂之矣[171]。」

①　惠棟云：「公孟子」即公明子，孔子之徒。　宋翔鳳云：孟子公明儀、公明高，曾子弟子。公孟子與墨子問難，皆儒家之言。「孟」與「明」通，「公孟子」即公明子，其人非儀即高，正與墨翟同時。　孫云：潛夫論志氏姓篇「衛公族有公孟氏」，左傳定十二年孔疏謂公孟縶之後，以字爲氏。說苑脩文篇有公孟子高見顓孫子莫及曾子，此「公孟子」疑即子高，蓋七十子之弟子也。○案：「公孟子」，下文亦作「公孟子義」，即宋所謂曾子弟子之公明儀也。「孟」「明」、「義」「儀」並字通。其人在七十子之後，孟子之前，蓋儒家大師之一，故禮記檀弓載子張之喪，公明儀爲志焉，孟子滕文公篇引其言與顏淵並列。至孫所引說苑之「公孟子高」，疑即曾子弟子之公明高。公明儀之爲公孟子義，與公明高之爲公孟子高例正相類。

②孫云：荀子王霸篇云「則天子共己而已」，楊注云：「共讀爲恭，或讀爲拱，垂拱而已也。」案此「共己」當讀爲「拱己」，非儒篇云「高拱下視」是也。

③「鍾」，吴鈔本、寶曆本、繹史本、四庫本作「鐘」，下同。

④非儒下篇文略同。　畢云：説文云：「扣，牽馬也。」「敂，擊也。讀若扣。」此假音也。

⑤吴鈔本「其」下有「有」字。「耳」，各本作「身」，今依王校改。　王引之云：「身」當爲「耳」。隸書「身」字或作「耳」，見漢荆州從事苑鎮碑，與「耳」相似，故「耳」誤爲「身」。管子兵法篇「教其耳以號令之數」，今本「耳」誤爲「身」。所謂「是言有三物」者，不扣則不鳴者一，雖不扣必鳴者二，而公孟子但云「不扣則不鳴」，是知其一而不知其二也，故曰「子乃今知其一耳」。今本「耳」誤爲「身」，「身」下又衍「也」字。　○案：「也」字不當删。禮記雜記曰「有君命焉爾也」，又三年問曰「加隆焉爾也」，論語述而篇包注云「我若老彭矣，但述之耳也」。今本删去「耳」下「也」字，是皆不知古人文虚字較多也。

⑥吴鈔本「所」下有「以」字。　孫云：「疑惑」，謂言之無益而有害，則君子遲疑不敢發。此明「不扣則不鳴」之一物。

⑦説文曰：「因，就也。」

⑧孫云：非儒篇云：「若將有大寇亂，盗賊將作，若機辟將發也。」

⑨「之」，是也，此也。

⑩王樹枬云：「然而」者，是乃也。范望注太玄務測云：「然猶是也。」儀禮燕禮鄭注云：「乃猶而也。」「乃」、「而」古多通用。

⑪吴云：十字爲句。

⑫畢云：「僞」疑當爲「𧶠」，説文云：「此古貨字，讀若貴。」孫云：畢校近是，但「著税」義難通，疑「著」當作「藉」。○案「著」、「租」聲近，説見節用上篇「芉䱣」注。「著税僞材」，猶〔一〕言租税𧶠材也。

⑬孫云：以上明「不扣必鳴」之二物。

⑭非儒篇曰「恬莫待問而後對」。曹箋依上文「待」上增「以」字。

⑮公孟子謂君子不扣不鳴，同時即未扣而言，是其言行已自相矛盾，故墨子詰之如此。畢云：已上申明「又未知其所謂」。

⑯孫云：「玉」當爲「巫」，「精」當爲「糈」。○案：原文可通。荀子勸學篇曰：「聲無小而不聞，行無隱而不形。玉在山而草木潤，淵生珠而崖不枯〔二〕，爲善不積邪？安有不聞者乎！」大戴記勸學篇文略同。韓詩外傳卷四「良玉度尺，雖有十仞之土，不能掩其光」，史記龜策傳曰「今夫珠玉

〔一〕「猶」原誤「獨」，徑改。

〔二〕原引無「淵生珠而崖不枯」句，今據荀子勸學原文補。

寶器，雖有所深藏，必見其光，故玉處於山而木潤」，論衡命禄篇曰「信命者則可幽居俟時，不須勞精苦形求索之也。猶珠玉之在山澤，不求貴價於人，人自貴之」，文意並與此相類。

⑰「美」，陸本、茅本、寶曆本、李本、堂策檻本、四庫本作「義」。秋山云：「義」，一作「美」。

⑱戰國策燕策曰：「處女無媒，老且不嫁，舍媒而自衒，弊而不售。」畢云：說文云：「衒，行且賣也。」「衒」，或字。

⑲「之」，諸本作「知」，潛本、緜眇閣本、陳本作「之」，今從之。畢云：「知」，一本作「之」。孫云：意林作「人莫之娶」。

⑳畢云：「偏」舊作「偏」，以意改。○案：「偏」，諸本同，潛本、緜眇閣本、陳本作「偏」。

㉑四庫本「求」作「夫」。畢云：言好德不如好色。

㉒「生」疑「𤯓」之壞字。「𤯓」即武后所制「人」字。吴云：「二生」，周人書中少見。

㉓「星」字王校改「筮」，讀「筮」字絶句。下文「一行爲人筮者」之下，又校增「一處而不出者行爲人筮者」十一字。吴云：「善星一」句，「善星」即善占星，猶云日者也。「一」者，同也。下無脱文，王氏增改，由失其句也。○案：吴説是也。漢書翟方進傳曰「郎賁麗善爲星」，後漢書姜肱傳曰「肱明星緯，賣卜給食」。劉孝標辯命論曰「爲善一，爲惡均」，其句法正與此「善星一」、「仁義鈞」相似。

㉔「精」，各本作「精」，今依王校改，下同。王云：「精」當爲「糈」，字之誤也。莊子人閒世篇「鼓

筴播精」，釋文：「精如字，一音所，字則當作糈。」是「糈」與「精」字形相似而易譌也。郭璞注南山經曰：「糈，先呂反。今江東音所。」說文：「糈，糧也。」言兩人皆善筮，而一行一處，其得米孰多也。史記貨殖傳云「醫方諸食技術之人，焦神極能，爲重糈也」，是其證。 秋山校同。○案：說文曰：「齎財卜問爲䝼。從貝，疋聲。讀若所。」「糈」、「䝼」聲同字通。

㉕吴鈔本「鈞」作「均」。

㉖「公孟子義」即公孟子，亦即曾子弟子之公明儀，說詳上文。「義」，道藏本、吴鈔本、陸本、唐本、潛本、茅本、寶曆本、李本、緜眇閣本、陳本並同。秋山云：「『義』疑『戴』誤。」可見秋山所校古本中亦無作「戴」者也。堂策檻本、顧校李本、四庫本、畢本作「戴」，是作「戴」者自明天啟以後之堂策檻本始，而清本承之。 畢云：「戴」，本多作「義」，以意改。

㉗孫云：士冠禮記云「章甫，殷道也」，禮記儒行：「魯哀公問孔子儒服，對曰：丘長居宋，冠章甫之冠。」此公孟子儒者，故亦儒服與？

㉘畢云：「搢」即「晉」字俗寫，「忽」即「笏」之古文。尚書「在治忽」，亦用此字。舊作「忍」，誤。孫云：儀禮既夕「木笏」，鄭注云：「今文『笏』作『忽』。」史記夏本紀集解引鄭康成注尚書作「在治曶」，云：「曶者，笏也。」「忽」、「曶」、「笏」字並通。釋名釋書契云：「笏，忽也。君有教命及所啓白，則書其上備忽忘也。」荀子哀公篇：「夫章甫、絇屨、紳而搢笏者。」 ○案：「忽」，諸本作「忍」，或作「忍」，下並同。茅本作「忍」，下並同。翻陸本第二字作「怱」。寶曆本第二字作「忽」，

第三字作「惣」。　秋山云：「惣〔一〕當作「忽」，蓋笏也。」

㉙ 畢云：說文云：「盾，瞂也。所以扞身蔽目。象形。」　孫云：「盾」，疑亦「曶」之誤。但木曶非貴服，所未詳也。

㉚ 「晉」，寶曆本、李本作「衛」。　秋山云：「衛」，一作「晉」。

㉛ 「牂」，四庫本、畢本同，諸本作「牂」，俗字。

㉜ 並詳兼愛中、下篇。

㉝ 「鮮」，陳本作「解」，是也。魯問篇「則解而食之」，「解」或作「鮮」，誤與此同。淮南子主術訓「楚文王好服解冠」，高注云：「解豸之冠，如今御史冠。」初學記二十六引作「楚莊王好獬冠」，太平御覽六百八十四引作「楚莊王好觟冠」，許注云：「今力士冠。」「解」、「獬」同字。「解」、「觟」古音同在齊部，字亦相通。兩書引並作「莊王」，可爲本書「楚莊王解冠」之證。寶曆本「組」作「細」。孫云：說文糸〔二〕部云：「組，綬屬也。其小者可以爲冠纓。」玉藻云：「玄冠朱組纓，天子之冠也。玄冠丹組纓，諸侯之齊冠也。」此朝服，當爲冠弁服。

㉞ 「絳」，諸本作「絳」。　畢云：太平御覽引作「褒衣博裒」。　王引之曰：「絳」當爲「縫」，字

〔一〕「惣」原作「惣」，據日本寶曆本秋山原校改。按：寶曆本正文第一個「忽」字作「惣」。
〔二〕「糸」，墨子閒詁作「系」，本書沿誤，據說文改。

之誤也。絳與縫同。集韻：「縫，或省作絳。」縫衣，大衣也。字或作「逢」，又作「摓」。洪範「子孫其逢」，馬注曰：「逢，大也。」儒行「衣逢掖之衣」，鄭注曰：「逢猶大也。大掖之衣，大袂襌衣也。」莊子盜跖篇「摓衣淺帶」，向秀注曰：「儒服寬而長大。」釋文曰：「摓，本又作縫。」荀子非十二子篇「其冠進，其衣逢」，儒效篇「逢衣淺帶，解果其冠」，楊倞注並曰：「逢，大也。」列子黃帝篇曰「女逢衣徒也」。「縫」、「絳」、「逢」、「摓」字異而義同。「絳衣」與「博袍」連文，「絳」、「博」皆大也。淮南齊俗篇作「裾衣博袍」，高注曰：「裾，褒也。」褒亦大也。又氾論篇云「豐衣博帶」。○案：王校是也。吴鈔本、陸本正作「絳」，今從之。俗書從夆之字多譌作夅。藝文類聚六十七，宋本、蜀本御覽六百八十四、又六百九十、又六百九十三，引並作「絳衣博袍」。又八百十九引作「絳衣博袌」，字並作「絳」。

㉟ 説文曰：「前，齊斷也。從刀，歬聲。」此「剪」即「前」之俗。莊子逍遥游篇曰「越人斷髮文身」。孫云：淮南子齊俗訓云「越王句踐劗髮文身，南面而霸天下」，説苑奉使篇「越諸發曰：越翦髮文身，爛然成章，以像龍子者，將避水神也」，劗、翦、剪字並通。

㊱ 吴鈔本「祥」作「詳」。　畢云：讀如「無宿諾」。

㊲ 寶曆本「復」作「後」。

㊳ 「必」，諸本作「不」，潛本、緜眇閣本、陳本作「必」，今從之。蘇校同。畢讀「不」字句，云：「不，一本作『必』，亦是。」

㊴句。

㊵非儒篇亦有此文。

㊶孫云：明鬼下篇作「費中」，「中」、「仲」古今字。

㊷下「或」字諸本脱，寶曆本、緜眇閣本、陳本並有，今據補。

㊸「關」，潛本、緜眇閣本、陳本作「管」。關叔即管叔，詳耕柱篇。

㊹文選王元長曲水詩序注引作「上聖立爲天子，其次立爲三公」。

㊺「禮」，吴鈔本作「礼」，下同。

㊻「節用」，舊本作「用節」。

㊼自「若使孔子」以下至此，凡五十五字，四庫本脱。

㊽畢云：「齒」，年也。　俞云：數人之年，安得以爲富，畢説非也。「齒」者，契之齒也。古者刻竹木以記數，其刻處如齒，故謂之齒，易林所謂「符左契右，相與合齒」是也。列子説符篇：「宋人有遊於道，得人遺契者，歸而藏之。密數其齒，曰：吾富可待矣。」此正「數人之齒以爲富」者，蓋古有此喻。　吴云：此喻言必無此理。習於詩書禮樂，便爲天子，猶有年便爲富人也。　蘇説同。　○案：畢、吴説較長。俞樾以爲「契之齒」，非是。契之齒豈得舍契而專言齒哉。列子説符篇云「得人遺契，密數其齒，曰：吾富可待矣」，亦謂默計其年以待富也。

㊾畢云：「䶬」同「錯」。

(50)「執」，陸本、茅本、堂策檻本、四庫本誤「孰」。

(51)畢云：「葆」，言包裹其髮。

(52)「亓」，諸本作「亦」，潛本、緜眇閣本、陳本作「其」，畢本作「丌」。今依王校作「亓」。後凡本書正文作「亓」，畢本作「丌」，古本作「亦」者，仿此。畢云：舊作「亦」，知是此字之譌。「丌」即「其」字，以意改。王引之云：古「其」字亦有作「亓」者。玉篇「亓，古文其」，是其證。今本墨子「其」作「亦」，則是「亓」之譌，非「丌」之譌也。

(53)「無」，畢本改「有」。畢云：舊作「無」，據下文改。王云：畢改非也。公孟子之意，以爲壽夭貧富皆有命，而鬼神不能爲禍福，故曰「有義不義，無祥不祥」。墨子執非命之説，以爲鬼神實司禍福，義則降之祥，不義則降之不祥，故曰「有祥不祥」。「有祥不祥」乃墨子之説，非公孟子之説，不得據彼〔一〕以改此也。顧、蘇説同。

(54)「者」字畢本脱，舊本並有，今據補。

(55)畢云：「而」同「能」。

(56)管子白心篇曰：「義於人者，祥其神矣。」

(57)戴云：「子亦」疑當作「亓子」。亓，古「其」字，其子即箕子。周書有箕子篇，今亡，孔晁作注時，當

〔一〕「彼」原誤「被」，據讀書雜志改。

尚在也。　吴云：「子亦」蓋古書名。

(58) 畢云：以下「亓」字，舊皆作「亦」。

(59) 畢云：「後子」，嗣子也。

(60) 義並詳節葬下篇。「族人」上，王據非儒篇校增「戚」字。

(61) 「姊」，陸本作「娣」。　孫云：周禮大司樂鄭注云：「以聲節之曰誦。」

(62) 孫云：禮記樂記注云：「弦，謂鼓琴瑟也。」

(63) 孫云：周禮小師注云：「歌，依詠詩也。」

(64) 孫云：謂舞人歌詩以節舞。左襄十六年傳云「晉侯與諸侯宴于温，使諸大夫舞，曰：歌詩必類」，是舞有歌詩也。毛詩鄭風子衿傳云：「古者教以詩樂，誦之歌之，弦之舞之」，與此書義同。

(65) 寶曆本「國」上衍一「日」字，蓋即下句「國」字之譌而錯者。

(66) 「國」字各本脱，王據下文補。

(67) 「國貧」，各本作「國治」，今依王校改。　王云：下「國治」當爲「國貧」。「治」與「亂」對，「富」與「貧」對。「國亂則治之」，即上文所謂「君子聽治」也；「國貧則從事」，即上文所謂「庶人從事」也。非儒篇曰「庶人怠於從事則貧」，故曰「國貧則從事」。今本「貧」作「治」者，涉上文「國治」而誤。

(68) 以上九字，各本僅存「國之治」三字。盧云：「脱『治之故治也』五字。」王景羲云：「以下文例之，當脱『也治之故治也』六字。」今依增。

(69) 下「事」字，畢本誤「是」，舊本並作「事」，今據正。

(70) 畢云：猶云勉之無已。　○案：商子農戰篇曰「善爲國者，倉廩雖滿，不偷於農」，意與此同。

(71) 「而」，茅本、寶曆本、李本作「則」。　畢云：說文云：「噎，飯窒也。」飯窒則思飲。　俞云：晏子春秋襍上篇「噎而遽掘井」，說苑襍言篇作「譬之猶渴而穿井」，「渴」字較「噎」爲勝，疑此文亦當作「渴」。因「噎」字古作「餲」，漢書賈山傳「祝餲在前」，師〔一〕古曰：「餲，古噎字。」是也。形與「渴」微似，故「渴」誤爲「噎」。　吳闓生曰：噎、渴蓋通用，不煩改字，「陰噎」之爲「陰喝」，是其證也。　○案：俞、吳說較長。「渴」本字作「㵣」，皆從曷得聲，古音在曷部。「噎」字古音在屑部，聲轉甚近。渴思飲，其事相連。飯窒思飲，義較迂曲。說苑奉使篇曰：「寡人所謂飢而求黍稷，渴而穿井者。」

(72) 「醫」，吳鈔本作□〔二〕。

(73) 寶曆本「薾」作「爾」。　畢云：說文云：「薾，華盛。」言盛也。或「侈」假音字。

(74) 「虛戾」，諸本作「戾虛」，潛本、緜眇閣本、陳本作「虛戾」，今從之。吳鈔本無「者」字。　王云：

〔一〕「師」原誤「帥」，徑改。

〔二〕此字脫印，無從查補。按：本書迎敵祠篇「舉巫醫卜有所長」，號令篇「予醫給藥」，吳校並云：「吳鈔本『醫』作『毉』。」則此處異文疑亦作「毉」。

「戾虛」當爲「虛戾」。魯問篇曰「是以國爲虛戾，身爲刑戮〔一〕也」，趙策曰「齊爲虛戾」，又曰「社稷爲虛戾，先王〔二〕不血食」，非命篇曰「國爲虛厲〔三〕，身在刑僇之中」，「虛戾」即「虛厲」也。莊子人閒世篇「國爲虛厲，身爲刑僇」，釋文：「李云：居宅無人爲虛，死而無後曰厲。」

75 「礼」，諸本作「祀」，八行李本作「礼」，「礼」即「禮」字，見漢華山亭碑，與「禮」之古文「礼〔四〕」形甚相近，今從作「礼」。本書「禮」字，疑古本作「礼」，卷子本治要及北宋本御覽引本書「禮」字皆作「礼」，可證。至刊本治要及宋本、蜀本御覽則皆改作「禮」矣。 畢云：「祀」當爲「禮」。

孫云：即五禮之吉禮。

76 孫云：「客禮」即五禮之賓禮。

77 孫云：說文网部云：「罟，网也。」

78 畢云：「三日」當爲「三月」。韓非子顯學云：「墨者之葬也，冬日冬服，夏日夏服，桐棺三寸，服喪三月。」高誘注淮南子齊俗云：「三月之服，是夏后氏之禮。」而後漢書王符傳注引尸子云「禹制喪三日」，亦當爲「月」。

〔一〕「戮」原作「僇」，據讀書雜志引改，與魯問合。

〔二〕「王」原作「生」，據讀書雜志原引改，與戰國策趙策三合。

〔三〕「厲」原作「戾」，據讀書雜志原引改，與非命中合。

〔四〕「礼」字原誤重，徑刪。

79「倮」，畢本作「果」，吳鈔本作「裸」，諸本作「倮」，今〔一〕從之。畢云：「『果』當爲『裸』，說文云『袒也』。玉篇云：『倮，赤體也。』」洪云：禮記內則「不涉不撅」，鄭注：「撅，揭衣也。」謂袒衣與揭衣，其露體不恭一也。晏子春秋外篇上「吾饑晏子猶倮而訾高撅者也」，其義與此同。俞云：內則「不涉不撅」，撅衣雖不恭，然倮則更甚，故曰「是猶果謂撅者不恭也」。

80孫云：謂偶有一事賢於他人。

81孫云：「有以」，吳鈔本作「亦有」。○案：吳鈔本「有以」作「而有」，孫校偶誤。

82俞云：「吾」下脫「子」字。管子海王篇尹注曰：「吾子，謂小男小女也。」下文「嬰兒子」即吾子也。吳云：此無脫文。尚書大傳：「學，效也。」方言：「效，明也。」廣雅：「學，識也。」

83畢云：衆經音義云：「倉頡篇曰：男曰兒，女曰嬰。」

84「亓」，堂策檻本、顧校季本、四庫本作「其」。

85「曰」字諸本在「問」字上，今依蘇校移。潛本、緜眇閣本、陳本無「曰」字。

86孫云：說文木部云：「樂，五聲八音總名。」引申爲哀樂之樂，此第二「樂」字用引申之義。古讀二義同音，故墨子以「室以爲室」難之。樂記云「故曰樂者樂也，君子樂得其道，小人樂得其欲」，荀子樂論篇亦云「樂者樂也」，此即墨子所庛儒者之說。

〔一〕「倮今」二字原誤倒，徑乙。

⑧⑦ 俞云：「避寒」、「避暑」、「爲男女之別」，三句皆以「室」言，不當於「男女之別」句獨著「室」字，「室」乃「且」字之誤。

⑧⑧ 畢云：舊脱「爲」字，據上文增。

⑧⑨ 蘇云：「程子」即程繁也，見三辯篇。

⑨⓪ 畢云：舊脱「天」字，據下文增。

⑨① 「桲」，舊本作「栩」，或字。

⑨② 並詳節葬下篇。

⑨③ 孫云：「有極」，猶言有常，詳非儒下篇。

⑨④ 「必不」，畢本作「不必」，舊本並作「必不」，今從舊本。

⑨⑤ 「若」，各本作「各」，今依王校改。王云：「此各」當爲「此若」，若亦此也，言儒無此四政也。下文曰「今儒固有此四政者」，是其證。今本「此若」作「此各」，則文義不順。墨子書多謂「此」爲「此若」，說見魯問篇。

⑨⑥ 畢云：言告所聞。

⑨⑦ 「逆」，諸本作「迷」。秋山云「『迷』一作『逆』」，今從之。「逆」，迎也，返也。

⑨⑧ 「復」，各本作「後」，今依王校改。王云：「後」當爲「復」，「復」、「後」字相似，故書傳中「復」字多譌作「後」。「反」爲一句，「復坐」爲一句。謂程子反而復坐也。今本「復」作「後」，則義不可通。

⑨⑨ 王云：「復」如孟子「有復於王者曰」之「復」，謂程子進而復於墨子也。　曹云：「復」，白也。

⑩⓪ 「生」，畢本譌「王」，舊本並作「生」，今據正，下同。　畢云：「聞」當爲「閒」。　孫云：畢校是也。孟子曰「政不足與閒也」，趙注云：「閒，非也。」

⑩① 「禹」下，曹校增「湯」字。　孫云：此因墨子言不毀儒，而遂難之。言人不能無毀訾也。

⑩② 「議」，吴鈔本作「義」。　孫云：「孰辭」，習孰之辭。「稱義」上當有「不」字。　○案：「孰辭」猶庸言、輿論。「稱」，副也，當也。議當其實，是謂「稱議」。言所以非儒者，非有私憾，乃因應孰辭稱議而爲之。

⑩③ 左僖三十三年傳「禮成而加之以敏」，杜注云：「敏，審當於事。」

⑩④ 秋山云：一本「薄吾」下有「者」字。　王引之云：「吾」讀爲「列禦寇」之「禦」。「禦」古通作「吾」。趙策曰：「王非戰國守吾之具，其將何以當之乎。」　孫云：王説是也。「吾」當爲「圄」之省。説文口部云：「圄，守也。」　曹云：「攻」謂辯難也。凡與吾相詰難者，厚則視吾亦厚，薄則視吾亦薄。言聖人之道，欲人相詰難，不畏人之攻之也。

⑩⑤ 諭其易。　畢云：「蛾」同「螘」。

⑩⑥ 「辯」，陸本、茅本、寶曆本、李本作「辨」。　畢云：稱述孔子。

⑩⑦ 句。

⑩⑧ 俞云：「亦」當爲「亓」，古文「其」字也。言我所稱於孔子者，是其當而不可易者也。「其」字即以

孔子言。

⑩⑨ 王云：「云」猶或也。言鳥魚雖愚，禹湯猶或因之也。古者「云」與「或」同義。

⑪⓪ 畢云：此下舊有「有游於子墨子之門者，謂子墨子曰：先生以鬼爲神明知，能爲禍人哉」二十七字，今據一本移後。○案：畢所據之一本與潛本、緜眇閣本、陳本合。如此校移，似是實非。潛本、緜眇閣本、陳本此處多經删節，可不必顧及全文。畢本非節本，必須顧及全文。如依畢校，必須移動數處，其移動之結果，「能爲禍人哉福」與「則盗何遽無從」仍不可讀。王、孫諸家踵畢校之誤，望文增删移易，徒亂原書。今據未删節諸古本重爲校移，説詳下文。畢移非是。

⑪① 「生」，畢本譌「王」，舊本並作「生」，今據正。「神爲」二字各本倒，今依王校乙。孫云：吴鈔本不倒。○案：吴鈔本「神爲」亦倒作「爲神」，孫校偶誤。

⑪② 「能爲禍」三字，諸古本與下文「人哉」二字相接。凡未删節之本，如道藏本、吴鈔本、陸本、唐本、茅本、寶曆本、堂策檻本、四庫本並同。孫校謂吴鈔本亦無「知能爲禍人哉」六字者，誤也。畢云：「一本又無『知能爲禍福人哉』六字。」案依畢注字數，實有七字，不當云「六字」。蓋畢本正文脱一「福」字，其「福」字原在「人哉」之下，注文又置於「人哉」之上，刊寫者據誤脱之正文計之爲六耳。孫引畢注徑删去「福」字，非是。潛本、緜眇閣本、陳本無「知能爲禍人哉福」七字，即畢所據之一本。審校文義，此七字不可無，無者非也。「能爲禍」與「人哉」之閒有脱文耳。今謹據未删節諸本，將脱文之錯入下文者析出，移置此閒，俾久經錯亂之古籍回復其本來面目也。

⑪③「福」字上屬爲句。畢本正文脱「福」字。潛本、緜眇閣本、陳本删去七字，「福」字其一也。

⑪④王云：「富」與「福」同。

⑪⑤「爲」字各本脱，今依王校增。管子樞言篇曰「爲善者有福，爲不善者有禍。禍福在爲，故先王重爲」，文意與此相類。

⑪⑥「生」，畢本譌「王」，舊本並作「生」，今據正。　王引之云：「『意者』，疑詞。廣雅曰：『意，疑也。』」

⑪⑦陸本、茅本、寶曆本、堂策檻本、四庫本無「乎」字。

⑪⑧王云：「遽」亦「何」也。連言「何遽」者，古人自有複語耳。漢書陸賈傳「使我居中國，何遽不若漢」，説見漢書陸賈傳。　○案：細審辭氣，「何遽」二字，一「何」字尚不足以盡之。「何遽」猶言何遂也。左氏桓十三年傳「遂見楚子」，漢書五行志引「遂」作「遽」。戰國策魏策「秦王喟然愁悟，遽發兵，日夜赴魏」，「遽」一作「遂」。漢書陸賈傳「何遽不若漢」，董份曰：「遽」與「遂」通，言何遂不若漢耳。　王氏讀書雜志所引『何遽』諸例，皆可以『何遂』釋之。戰國策秦策『甘羅曰：君其試臣，奚以遽言叱也』，高注云：『奚，何也。』史記甘茂傳作『君其試臣，何遽叱乎』。奚遽即何遽，若依王釋「遽」爲「何」，施之於史記，辭氣雖覺未盡，尚屬可通，施之於國策，則爲『何以何言叱也』，文不成義矣。　王氏引秦策文作『君其試焉，奚遽叱也』，與原書不合，當是記憶偶誤。」

⑪⑨俞云：「之刑」二字衍文。「子亦聞乎匿徒之有刑乎」，「徒」謂胥徒給徭役者，「匿徒」謂避役。

蘇說同。　孫云：此疑當作「匿刑徒之有刑乎」，衍一「之」字，「刑徒」又誤倒耳。蓋即左傳昭七年所謂「僕區之法」，孔疏引服虔云「爲隱匿亡人之法」是也。　○案：「匿徒之刑」疑爲一名詞，猶左傳言「僕區之法」、「被廬之法」也。「刑」、「法」義同。

(120) 寶曆本「未」作「不」。畢本改作「未之得聞也」。　畢云：「之得」二字舊倒，以意移。○案：節葬下篇曰「未嘗之有也」，句法與此同，未敢輒移，說詳彼注。

(121) 戰國策燕策曰「詘指而事之，北面而受學，則百己者至。先趨而後息，先問而後嘿，則什己者至」，「百」、「什」字義與此同。　孫云：言其賢過子什倍。下云「百子」，同。

(122) 「亓」，潛本、緜眇閣本、陳本、四庫本作「其」。

(123) 「亓」，潛本、緜眇閣本、陳本作「其」。

(124) 吳鈔本「問」下有「焉」字。補宋鈔本御覽七百三十八引「跌」作「洗」。　秋山云：「跌」，一作「跌」。

(125) 「爲」字各本脫，今依王校增。

(126) 孫云：「何」上疑脫「鬼神」二字。　吳云：「何」上脫「吾言何遽不善而鬼神」九字。

(127) 御覽引「寒暑」與「勞苦」互易。

(128) 「閉」字各本脫。　王據魯問篇及太平御覽疾病部一引補。　秋山校同。

(129) 以上自「福爲善者富之」至此，道藏本原文凡二百六十三字，錯入下文「不視人猶強爲之」與「夫義天下之大器也」之閒，今校移於此。如此校移，上文接合處爲「能爲禍福」句，下文接合處爲「則盜何遽無從入哉」句，文意均適相銜接。其被析出之處，「不視人猶強爲之」，與「夫義，天下之大器也。何以視人？必強爲之」，文意亦適相銜接，字句完足，不煩望文增省。明乎此，然後知俗本删「知能爲禍人哉福」七字之謬。

⑬⓪「入哉」二字上屬爲句。「入」舊作「人」，形近而譌。御覽引作「賊何處不入哉」，正有「入哉」二字，可證今本之誤，同時亦可證北宋初年此文或尚有未錯亂之本也。王據魯問篇及御覽於「從」字下校增「入」字，不知本書固有「入哉」二字，與御覽恰合也。特因畢校誤移，致原書真像愈加隱晦耳。

⑬①孫云：淮南子人閒訓云「室有百户，閉其一，盜何遽無從入」，即本此文。

⑬②吴鈔本「良」作「梁」，字通。莊子應帝王篇曰：「有人於此，嚮疾強梁，物徹疏明。」

⑬③孫云：史記黄帝本紀「黄帝幼而徇齊」，集解：「徐廣曰：墨子曰『年踰五十，則聰明心慮不徇通矣』。裴駰案：徇，疾也。」索隱云：「『徇齊』，孔子家語及大戴禮並作『叡齊』，一本作『慧齊』。叡、慧，皆智也。史記舊本亦有作『濬齊』。蓋古字假借『徇』爲『濬』。濬，深也，義亦並通。」案徐引墨子，今無此文，蓋在佚篇中。説文人部云：「佝，疾也。」「徇」即「佝」之譌。莊子知北游篇云「思慮恂達」，又借「恂」爲之。

意林引作「汝速學，君當仕汝」，宋本、蜀本御覽六百十三引作「汝若學，吾當仕汝」。以下本書與意林、御覽文各小異。

⑬④意林、御覽引並作「朞年」。　畢云：同「期年」。　孫云：此書「期年」字多作「其」。

⑬⑤畢云：舊脱「墨子」二字，以意增。　○案：意林、御覽引作「墨子曰」。

⑬⑥吴鈔本無「夫」字。　意林、御覽引「語」作「人」。

⑬⑦「魯」字陸本、茅本、寶曆本、李本、堂策檻本、四庫本無。　意林、御覽引亦無。

⑬⑧「亓」，潛本、寶曆本、緜眇閣本、陳本、四庫本作「其」，下二「亓」字並同。

⑬⑨「亓」，意林引作「其」，下同。

⑭⓪「亓」，御覽引作「其」。

⑭①畢云：「與」舊作「無」，一本如此。　○案：潛本、緜眇閣本、陳本作「與」。

⑭②「爲」，緜眇閣本、陳本作「與」。

⑭③吴鈔本無「其」字。

⑭④「末」，舊本作「未」。

⑭⑤茅本「學」作「斈」。

⑭⑥「學」，宋本御覽六百七引作「斈」，蜀本御覽仍作「學」，下同。

⑭⑦「無」，宋本御覽引作「无」，蜀本御覽作「無」。

⑭⑧以上八字諸本脱，潛本、緜眇閣本、陳本有，今據補。　畢亦據一本增「豈曰我族人莫之欲」八字，案意林、御覽引亦作「吾族人」，畢本作「我族人」，疑誤。

⑭⑨此下未删節諸本有「福爲善者富之」至「則盜何遽無從」原文凡二百六十三字，爲前文之脱文錯置於此者，今校移前，説詳上文。

⑮⓪句。

⑮①畢云：「必」當爲「不」。　蘇云：此勉之之詞，「必」字不誤。○案：蘇説是也。

⑮②蜀本、補宋鈔本御覽七百四十五引作「或有於墨子學射」。

⑮③「亓」，寶曆本作「其」，御覽引亦作「其」。吴鈔本作「夫智者亦必量力所能至」。

⑮④畢云：「及」猶兼。

⑮⑤顧云：「日」當爲「曰」。　蘇云：「告子曰」之「曰」當作「日」，或爲「口」字之譌，下墨子言告子「口言而身不行」，是其證也。然此告子自與墨子同時，後與孟子問答者當另爲一人。　孫云：孟子告子篇趙注云：「告，姓也。子，男子之通稱也。名不害。兼治儒、墨之道者，嘗學於孟子。」趙氏疑亦隱據此書，以此告子與彼爲一人。王應麟、洪頤煊説並同。然以年代校之，當以蘇説爲是。　曹云：若此「告子」即孟子之「告子」，則必墨子之年壽甚長，告子及見之；告子之年壽甚長，孟子及見之。

⑮⑥告子蓋學於墨子，故二三子請棄之。

⑮⑦句。

⑮⑧言義是稱我言，行惡是毁我行。言義而不行，猶勝於不言者也。

⑲「甚不仁」疑「言不行」之譌。「言」字古篆或作「[illegible]」，隸書或作「[illegible]」，並與「甚」形略似。「行」與「仁」亦形近。下文「甚不仁」譌與此同。

⑯「甚不仁」當爲「言不行」。

⑯ 口言尊天事鬼愛人，而身不行之，猶勝於口亦不言之者也。

⑯ 言翟之言。

⑯ 不行翟之行。　畢云：「子毀」二字舊倒，今移。

⑯ 猶勝於不行又不言者也。

⑯ 畢云：文選注引無「爲」字。　蘇云：「勝爲仁」者，言仁能勝其任也。或以「勝」爲告子名，未知然否。　孫云：文選陳孔璋爲曹洪與魏文帝書云「有子勝斐然之志」，李注引此文釋之，則崇賢似以「勝」爲告子之名。蘇引或說本於彼。閻若璩四書釋地又續引或說謂告子名不害，字子勝。並無碻證，疑不足據。

⑯ 畢云：「跂」舊作「跛」，據文選注改，此「企」字假音。爾雅云：「其踵企。」陸德明音義云：「去跂反。本或作跂。」説文云：「企，舉踵也。」「跂，足多指。」二字異。

⑯ 畢云：「隱」，文選注引作「偃」。「隱」、「偃」音相近，亦通。言企足以爲長，仰身以爲廣。偃猶仰。

⑯ 孫云：「我」下疑當有「能」字。

⑯「惡」，何也。

⑰ 畢云：言子姑無若此。孫云：「姑亡」亦見備梯篇。

⑱ 吳鈔本無「身」字。茅本、寶曆本、李本「矣」作「也」。畢云：一本作「子姑防，子之身亂之矣」，是。○案：「子姑亡，子之身亂之矣」，潛本、緜眇閣本、陳本作「子姑防，子之身亂之矣」，蓋未達「姑亡」之義而以意改之也。畢又謂其是，未允。

墨子校注卷之十三

魯問第四十九

魯君謂子墨子曰①："吾恐齊之攻我也，可救乎？"子墨子曰："可。昔者三代之聖王禹湯文武，百里之諸侯也，説忠行義，取天下。三代之暴王桀紂幽厲，讐怨行暴，失天下②。吾願主君之上者尊天事鬼，下者愛利百姓，厚爲皮幣，卑辭令，亟徧禮四鄰諸侯③，敺國而以事齊④，患可救也。非顧無可爲者⑤。"

齊將伐魯，子墨子謂項子牛曰⑥："伐魯，齊之大過也。昔者吴王東伐越，棲諸會稽⑦；西伐楚，葆昭王於隨⑧；北伐齊，取國太子以歸於吴⑨。諸侯報其讐，百姓苦其勞而弗爲用，是以國爲虚戾⑩，身爲刑戮也。昔者智伯伐范氏與中行氏，兼三晉之地⑪。諸侯報其讐，百姓苦其勞而弗爲用，是以國爲虚戾，身爲刑戮，用是也⑫。故大國之攻小國也，是交相賊也，過必反於國⑬。"

子墨子見齊大王，曰⑭：「今有刀於此，試之人頭，倅然斷之⑮，可謂利乎？」大王曰：「利。」子墨子曰：「多試之人頭，倅然斷之，可謂利乎？」大王曰：「利。」子墨子曰：「刀則利矣，孰將受其不祥？」大王曰：「刀受其利⑯，試者受其不祥⑰。」子墨子曰：「并國覆軍，賊敚百姓⑱，孰將受其不祥？」大王俯仰而思之，曰：「我受其不祥。」

魯陽文君將攻鄭，子墨子聞而止之，謂陽文君曰⑲：「今使魯四境之內⑳，大都攻其小都，大家伐其小家，殺其人民㉑，取其牛馬狗豕布帛米粟貨財，則何若？」魯陽文君曰：「魯四境之內，皆寡人之臣也。今大都攻其小都，大家伐其小家，奪之貨財，則寡人必將厚罰之。」子墨子曰：「夫天之兼有天下也，亦猶君之有四境之內也。今舉兵將以攻鄭，天誅亓不至乎㉒？」魯陽文君曰：「先生何止我攻鄭也㉓？我攻鄭順於天之志，鄭人三世殺其父㉔，天加誅焉，使三年不全㉕，我將助天誅也。」子墨子曰：「鄭人三世殺其父，而天加誅焉，使三年不全，天誅足矣。今又舉兵將以攻鄭，曰：『吾攻鄭也，順於天之志。』譬有人於此，其子强粱不材㉖，故其父笞之。其鄰家之父舉木而擊之，曰：『吾擊之也，順於其父之志。』則豈不悖哉！」子墨子謂魯陽文君曰：「攻其鄰國，殺其民人，取其牛馬粟米貨財，則書之於竹帛，鏤之於金石，以爲銘於鍾鼎㉗，傳遺後世子孫㉘，曰：『莫若吾多㉙。』今賤人也，亦攻其鄰家㉚，殺其人民，取其狗豕食糧衣裘㉛，亦書之竹帛，以爲銘於席豆，以遺後世子孫，曰：『莫若我多。』亓可乎㉜？」魯陽文君曰：「然，吾以子之言觀之，則天下之所謂可者，未必然也。」

子墨子謂魯陽文君曰㉝：「世俗之君子，皆知小物而不知大物。今有人於此，竊一犬一彘則謂之不仁，竊一國一都則以爲義。譬猶小視白謂之白，大視白則謂之黑㉞。是故世俗之君子知小物而不知大物者，此若言之謂也㉟。」

魯陽文君語子墨子曰㊱：「楚之南有啖人之國者焉㊲，其國之長子生，則解而食之㊳，謂之宜弟。美，則以遺其君，君喜則賞其父㊴。豈不惡俗哉？」子墨子曰：「雖中國之俗，亦猶是也。殺其父而賞其子，何以異食其子而賞其父者哉？苟不用仁義，何以非夷人食其子也？」

魯君之嬖人死，魯君爲之誄，魯人因說而用之㊵。子墨子聞之，曰：「誄者，道死人之志也㊶。今因說而用之，是猶以來首從服也㊷。」魯陽文君謂子墨子曰：「有語我以忠臣者，令之俯則俯㊸，令之仰則仰，處則靜，呼則應，可謂忠臣乎？」子墨子曰：「令之俯則俯，令之仰則仰，是似景也㊹。處則靜，呼則應，是似響也㊺。君將何得於景與響哉？若以翟之所謂忠臣者，上有過則微之以諫㊻，己有善則訪之上㊼，而無敢以告外㊽，匡其邪而入其善㊾，尚同而無下比㊿，是以美善在上而怨讎在下(51)，安樂在上而憂慼在臣。此翟之所謂忠臣者也[52]。」

魯君謂子墨子曰：「我有二子，一人者好學，一人者好分人財，孰以爲太子而可[53]？」子墨子曰：「未可知也，或所爲賞與爲是也[54]。魡者之恭[55]，非爲魚賜也[56]；餌鼠以蟲[57]，非愛之也[58]。吾願主君之合其志功而觀焉。」

魯人有因子墨子而學其子者，其子戰而死，其父讓子墨子[59]。子墨子曰：「子欲學子之子，今學成矣，戰而死，而子慍，是猶欲糶糴[60]，讎則慍也[61]，豈不費哉[62]！」

魯之南鄙人有吴慮者[63]，冬陶夏耕，自比於舜。子墨子聞而見之，吴慮謂子墨子曰[64]：「義耳義耳，焉用言之哉？」子墨子曰：「子之所謂義者[65]，亦有力以勞人，有財以分人乎[66]？」吴慮曰：「有。」子墨子曰：「翟嘗計之矣。翟慮耕而食天下之人矣[67]，盛[68]，然後當一農之耕[69]，分諸天下，不能人得一升粟。籍而以爲得一升粟[70]，其不能飽天下之飢者，既可睹矣[71]。翟慮織而衣天下之人矣，盛，然後當一婦人之織[72]，分諸天下，不能人得尺布。籍而以爲得尺布[73]，其不能煖天下之寒者，既可睹矣。翟慮被堅執鋭救諸侯之患[74]，盛，然後當一夫之戰[75]。一夫之戰，其不御三軍，既可睹矣。翟以爲不若誦先王之道而求其説，通聖人之言而察其辭，上説王公大人，次説匹夫徒步之士[76]。王公大人用吾言，國必治；匹夫徒步之士用吾言，行必脩[77]。故翟以爲雖不耕而食飢[78]，不織而衣寒[79]，功賢於耕而食之，織而衣之者也。故翟以爲雖不耕織乎，而功賢於耕織也。」

吴慮謂子墨子曰：「義耳義耳，焉用言之哉？」子墨子曰：「籍設而天下不知耕，教人耕，與不教人耕而獨耕者⑳，其功孰多？」吴慮曰：「教人耕者其功多。」子墨子曰：「籍設而攻不義之國，鼓而使衆進戰，與不鼓而使衆進戰而獨進戰者，其功孰多？」吴慮曰：「鼓而進衆者其功多。」子墨子曰：「天下匹夫徒步之士少知義，而教天下以義者功亦多，何故弗言也？若得鼓而進於義，則吾義豈不益進哉？」

子墨子游公尚過於越㉑，公尚過説越王，越王大説㉒，謂公尚過曰：「先生苟能使子墨子至於越而教寡人㉓，請裂故吴之地方五百里以封子墨子㉔。」公尚過許諾，遂爲公尚過束車五十乘，以迎子墨子於魯，曰：「吾以夫子之道説越王，越王大説，謂過曰：苟能使子墨子至於越而教寡人㉕，請裂故吴之地方五百里以封子㉖。」子墨子謂公尚過曰：「子觀越王之志何若㉗？意越王將聽吾言，用我道㉘，則翟將往，量腹而食㉙，度身而衣㉚，自比於羣臣，奚能以封爲哉㉛？抑越王不聽吾言㉜，不用吾道，而我往焉，則是我以義糶也㉝。鈞之糶㉞，亦於中國耳，何必於越哉㉟？」

子墨子游㊱，魏越曰㊲：「既得見四方之君㊳，子則將先語㊴？」子墨子曰：「凡入國，必擇務而從事焉。國家昏亂，則語之尚賢尚同；國家貧，則語之節用節葬；國家憙音湛湎[100]，則語之非樂非命；國家淫僻無禮[101]，則語之尊天事鬼；國家務奪侵凌，即語之兼愛非攻[102]。故曰：擇務而從事焉[103]。」

子墨子出曹公子而於宋[104]，三年而反，睹子墨子曰[105]：「始吾游於子之門，短褐之衣[106]，藜藿之羹[107]，朝得之則夕弗得，弗得祭祀鬼神[108]。今而以夫子之故[109]，家厚於始也[110]，有家厚謹祭祀鬼神[111]。然而人徒多死，六畜不蕃，身湛於病[112]，吾未知夫子之道之可用也。」子墨子曰：「不然，夫鬼神之所欲於人者多，欲人之處高爵祿則以讓賢也，多財則以分貧也，夫鬼神豈唯擢季拑肺之爲欲哉[113]？今子處高爵祿而不以讓賢，一不祥也；多財而不以分貧，二不祥也。今子事鬼神，唯祭而已矣，而曰：『病何自至哉？』是猶百門而閉一門焉，曰：『盜何從入？』若是而求福[114]，於有[115]？怪之鬼[116]，豈可哉？」

魯祝以一豚祭，而求百福於鬼神。子墨子聞之，曰：「是不可。今施人薄而望人厚，則人唯恐其有賜於己也。今以一豚祭而求百福於鬼神，鬼神唯恐其以牛羊祀也[117]。古者聖王事鬼神[118]，祭而已矣[119]。今以豚祭而求百福，則其富不如其貧也。」

彭輕生子曰[120]：「往者可知，來者不可知。」子墨子曰：「籍設而親在百里之外[121]，則遇難焉，期以一日也，及之則生，不及則死。今有固車良馬於此，又有奴馬四隅之輪於此[122]，使子擇焉，子將何乘？」對曰：「乘良馬固車，可以速至。」子墨子曰：「焉在矣來[123]。」

孟山譽王子閭曰[124]：「昔白公之禍[125]，執王子閭[126]，斧鉞鉤要[127]，直兵當心[128]，謂之曰：『爲王則生，不爲王則死。』王子閭曰：『何其侮我也。殺我親[129]，而喜我以楚國，我得天下而不義，不爲也，又況於楚國乎？』遂而不爲[130]。王子閭豈不仁哉？」子墨子曰：「難則難矣，然而未仁也。若以王爲無道[131]，則何故不受而治也？若以白公爲不義，何故不受王[132]，誅白公然而反王[133]？故曰：難則難矣[134]，然而未仁也。」

子墨子使勝綽事項子牛[135]，項子牛三侵魯地[136]，而勝綽三從。子墨子聞之，使高孫子請而退之[137]，曰：「我使綽也，將以濟驕而正嬖也[138]。今綽也，禄厚而譎夫子，夫子三侵魯，而綽三從，是鼓鞭於馬靳也[139]。翟聞之，言義而弗行，是犯明也。綽非弗之知也，禄勝義也。」

昔者楚人與越人舟戰於江[140]，楚人順流而進，迎流而退[141]，見利而進，見不利則其退難[142]。越人迎流而進，順流而退，見利而進[143]，見不利則其退速。越人因此若埶[144]，亟敗楚人[145]。公輸子[146]自魯南游楚[147]，焉始爲舟戰之器[148]，作爲鉤强之備，退者鉤之，進者强之[149]，量其鉤强之長，而制爲之兵[150]。楚之兵節，越之兵不節，楚人因此若埶[151]，亟敗越人[152]。公輸子善其巧，以語子墨子曰：「我舟戰有鉤强[153]，不知子之義亦有鉤强乎？」子墨子曰：「我義之鉤强，賢於子舟戰之鉤强。我鉤强[154]，我鉤之以愛[155]，揣之以恭[156]。弗鉤以愛則不親，弗揣以恭則速狎，狎而不親，則速離[157]。故交相愛，交相恭，猶若相利也。今子鉤而止人，人亦鉤而止子，子强而距人，人亦强而距子。交相鉤，交相强，猶若相害也。故我義之鉤强，賢子舟戰之鉤强[158]。」

公輸子削竹木以爲鵲[159]，成而飛之[160]，三日不下[161]，公輸子自以爲至巧。子墨子謂公輸子曰：「子之爲鵲也，不如翟之爲車轄[162]，須臾斲三寸之木[163]，而任五十石之重[164]。故所爲巧，利於人謂之巧，不利於人謂之拙[165]。」

公輸子謂子墨子曰：「吾未得見之時，我欲得宋，自我得見之後，予我宋而不義，我不爲。」子墨子曰：「翟之未得見之時也，子欲得宋，自翟得見子之後，予子宋而不義，子弗爲[166]，是我予子宋也[167]。子務爲義，翟又將與子天下[168]。」

① 吴鈔本「謂」作「問」。　畢云：「魯君」當是魯陽文君，楚縣之君。　蘇云：此「魯君」自是魯國君，故以齊攻爲患。畢注非也。　俞云：「魯陽文君」，耕柱篇再見，此篇亦屢見，子墨子之意皆勸以無攻小國，與此不同。且此篇有「魯君」，又有「魯陽文君」，别而書之，其非一人明甚。　孫云：此「魯君」疑即穆公。　○案：魯悼公、元公及穆公初年皆與墨子年世相值，下文又有魯君問置太子一節，當爲一人。孫謂魯君即穆公，竊以爲不如訂爲元公，於情事尤合也，説詳下文。

②左襄三年傳疏云：「讎者，相負挾怨之名。」此「讎怨」猶言相負挾怨。

③「亟」，諸本作「函」，寶曆本作「亟」，今依孫校改。曹校同。管子小匡篇曰「美爲皮幣以極聘覜於諸侯，以安四鄰，則鄰國親我矣」，文與此略同。孫云：爾雅釋詁云：「亟，疾也，速也。」

④寶曆本「歐」作「敵」。韓子六反篇「是驅國而棄之也」，「歐」、「驅」古今字。戰國策燕策曰「我有積怨，深怒於齊，不量輕弱，而欲以齊爲事」，韓子存韓篇曰「今趙欲聚士卒以秦爲事」，商子壹言篇曰「故治〔一〕國者，其搏力也以富國強兵也，其殺力也以事敵勸民也。搏力以一務也，殺力以攻敵也」，又徠〔二〕民篇曰「以故秦事敵而使新民作本」，史記趙世家曰「且齊之所以伐者，以事王也，天下屬行以謀王也」，又張湯傳曰「孝文帝欲事匈奴，北邊蕭然苦兵矣」。由以上諸例，可見凡從事於戎事，如圖謀攻戰、守禦之類，皆可謂之「事」。此言「事齊」，義與彼同，舊釋爲事奉之事，誤。

⑤畢云：言非此之爲願。王云：「願」當爲「顧」，字之誤也。顧與固通，「顧」上當有「此」字。言非此顧無可爲者也。〇案：此句無脱文，亦無誤字。各家未瞭上文「事」字之義，故於此句亦不得其解耳。「願」讀爲「原」。原，本也。「非原無可爲者」，言非本無可爲者也。全節大意，猶言魯君問墨子曰：「恐齊攻我，可救乎？」墨子曰：「可，願君修内政以厚民力，禮四鄰以結外

〔一〕「治」字原引脱，據商君書壹言篇補。

〔二〕「徠」原作「來」，據商君書原篇名改。

援，傾全國之力以防禦暴齊，患可救也。非原無可爲者。」以見本屬可爲。此正墨家自強禦侮，以守禦爲非攻後盾之本色。節葬下篇曰「凡大國之所以不攻小國者，積委多，城郭修，上下調和，是故大國不耆攻者」，備城門篇曰「我城池修，守器具，推粟足，上下相親，又得四鄰諸侯之救，此所以持也」，吕氏春秋召類篇曰「故割地寶器戈劍，卑辭屈服，不足以止攻，唯治爲足，治則爲利者不攻矣，爲名者不伐矣」，陳義並與此同。

⑥孫云：「項子牛」蓋田和將，伐魯事詳後。○案：淮南子人閒訓曰：「三國伐齊，圍平陸，括子以報於牛子曰：『請以齊侯往。』牛子用括子之計，三國之兵罷，而平陸之地存。」許注云：「三國，韓魏趙也。」彼「牛子」與此「項子牛」疑爲一人。

⑦吴伐越事詳非攻中篇。孫云：國語越語云「越王句踐棲於會稽之上」，韋注云：「山處曰棲。」

⑧孫云：「葆」、「保」通。左傳定四年吴入郢，「楚鬭辛與其弟巢以王奔隨」。

⑨王云：「國太子」本作「國子」，謂齊將國書也。吴敗齊於艾陵，獲國子，事見春秋哀十一年。淺人誤以「國」爲國家之「國」，因加「太」字耳。

⑩「虛戾」義詳公孟篇。

⑪詳非攻中篇。陸賈新語道基篇曰「知伯仗威任力，兼三晉而亡」。孫云：此「三晉」謂晉卿三家，即智氏、范氏、中行氏也，故非攻篇云「并三家以爲一家」，與韓、趙、魏不同。

⑫王云：「用是」二字涉上文而衍。上文「是以國爲虚戾，身爲刑戮也」，無「用是」二字，是其證。王景羲云：「用是[一]」乃總結上文兩事之詞，「用是」即由是。公孟篇曰「桀紂幽厲薾爲聲樂，不顧其民，是以身爲刑僇，國爲虚戾者，皆從此道也」，即此「用是」之謂，王校非。

⑬「過」，曹箋改「禍」。吴闓生云：「過」讀爲「禍」。秋山云：「反」，一作「及」。

⑭秋山云：「王」，一作「夫」。畢云：太平御覽三百四十六無「大」字，下同。蘇云：「大」當讀「泰」，即太公田和也。蓋齊僭王號之後，亦尊其祖爲太王，如周之古公云。俞云：大公者，始有國之尊稱。故周追王自亶父始，而稱大王。齊有國自尚父始，而稱大公。以及吴之大伯、晉之大叔，皆是也。田齊始有國者，和也，故稱大公，猶尚父稱大公也。至其後子孫稱王，則亦應稱大王矣，猶亶父稱大王也。因齊大王之稱他書罕見，故學者不得其說，太平御覽引此文，遂删「大」字矣。孫云：蘇、俞説是也。據史記田敬仲世家及六國年表，田莊子卒於周威烈王十五年，子太公和立。安王十六年，田和始立爲諸侯。墨子見大王，疑當在田和爲諸侯之後。○案：孫説泥。墨子見齊大王，在田和執政之後即可，不必在立爲諸侯後也。

⑮畢云：「卒」字異文作「倅」，讀如倉猝。

⑯四字無義，當爲衍文。此曰「試者受其不祥」，下文曰「我受其不祥」，文例正同，則此四字不當有

[一]「用是」原誤作「用事」，據王景羲墨商改。

明矣。宋本、蜀本御覽三百四十六引亦有此四字，則其衍尚在宋以前。

⑰ 畢云：言持刀之人。

⑱ 畢云：舊作「敖」，非。太平御覽引作「殺」。案說文云「㲋，古文殺」，出此。今依改正。此書覩覽者少，故猶存古字，如廣雅然也，慎勿改亂之。○案：畢校是也。陳本正作「賊殺」。

⑲ 畢云：「謂」下當脱「魯」字。

⑳ 畢云：謂魯陽。

㉑ 「人民」，諸本作「民人」，潛本、緜眇閣本、陳本作「人民」，與畢本同。秋山云：「殺」，一作「移」。

㉒ 「亓」，潛本、緜眇閣本、陳本作「其」。

㉓ 陸本、茅本、寶曆本、李本、堂策檻本、四庫本無「何」字。

㉔ 蘇云：「父」當作「君」。據史記鄭世家云：「哀公八年，鄭人弑哀公，而立聲公弟丑，是爲共公。三十年，共公卒，子幽公已立。幽公元年，韓武子伐鄭，殺幽公。鄭人立幽公弟駘，是爲繻公。二十七年，子陽之黨共弑繻公。」是三世弑君之事也。孫云：黄式三周季編略亦同蘇説。黄氏又據此云：「三年不全，以魯陽文君攻鄭在安王八年，即鄭繻公被弑後三年也。」然二説並可疑。攷文君即公孫寬，爲楚司馬子期子。據左傳，子期死白公之難在魯哀公十六年，次年寬即嗣父爲司馬。則白公作亂時，寬至少亦必已弱冠。鄭繻公之弑在魯穆公十四年，上距哀公十六年已八

十四年，文子若在，約計殆逾百歲，豈尚能謀攻鄭乎？竊疑此「三世」並當作「二世」，蓋即在韓殺幽公之後。幽公之死，當魯元公八年，時文子約計當七十餘歲，於情事儻有合耳。○案：孫疑魯陽文君之年不能與鄭繻公被弒相及，是也。唯改「三」爲「二」，則可不必。此文「三世」、「三年」皆非實數，言「三」者，非一之詞，猶言數世、數年也。古書中「三」字若必一一徵實計之，多見其膠滯難通也。

㉕孫云：呂氏春秋本生篇高注云：「全猶順也。」「三年不全」，猶玉藻云「年不順成」。

㉖孫云：老子云「強梁者不得其死」，莊子山木釋文云：「彊梁，多力也。」詩大雅蕩毛傳云：「彊梁，禦善也。」孔疏云：「彊梁，任威使氣之貌。」

㉗寶曆本「鍾」作「鐘」。宋本六臣文選廣絶交論李注引亦作「鐘」。

㉘「遺」，緜眇閣本、陳本作「於」。文選廣絶交論注引作「琢之盤盂，銘於鍾鼎，傳於後世」，疑兼據他篇文。

㉙「吾多」，諸本作「多吾」，李本、堂策檻本、四庫本作「吾多」。秋山云：「『多吾』一作『吾多』。」今從之。潛本、緜眇閣本、陳本作「我多吾」三字，蓋據下文校增「我」字，又未删「吾」字耳。顧校李本、畢本作「我多」，案顧校李本各條與堂策檻本皆合，唯此條異，當屬筆誤。徧檢舊本，無作「我多」二字者，畢謂一本作「我多」，蓋即據潛本上二字校者。　畢云：「我多」舊作「多吾」，一本如此。　孫云：周礼司勳云「戰功曰『多』」。

㉚「鄰」，道藏本、吴鈔本、陸本、唐本、茅本、寶曆本、李本、堂策檻本作「隣」。

㉛「糧」，諸本作「粮」，唐本、李本、緜眇閣本、陳本作「糧」，今從之。　畢云：「粮」，「糧」字俗寫。

㉜「亓」，潛本、緜眇閣本、陳本作「其」。

㉝「謂」，諸本作「爲」，吴鈔本、堂策檻本、四庫本作「謂」，今從之。　畢云：「爲」，「謂」字。

㉞吴鈔本無「則」字。

㉟「此若」，諸本同，堂策檻本、顧校李本、四庫本作「若此」，畢本亦改「若此」。　畢云：舊二字倒，一本如此。　王云：畢改非也。古者謂此爲「若」，連言之則曰「此若」。「此若言之謂也」已見尚賢篇。墨子書言「此若」者多矣，它書亦多有之。　○案：王説是也。本作「若此」者，蓋以意改。

㊱吴鈔本「語」作「謂」。

㊲「楚之南」，陸本、茅本、寶曆本、李本、堂策檻本、四庫本作「楚南」二字。「焉」，諸本作「橋」，寶曆本作「焉」，今從之。蓋「焉」草書或作「[illegible]」，「喬」草書或作「[illegible]」，兩形相近，「焉」譌爲「喬」，又加偏旁作「橋」矣。　孫云：節葬下篇「啖人」作「炎人」，而以食子爲輆沐國俗，與此不同。竊疑「啖人」之名即起於食子，此篇是也。

㊳「解」，諸本同，道藏本、吴鈔本、畢本作「鮮」。　畢云：一本作「解」。　顧云：作「鮮」者誤。古鮮、解字或相亂，殷敬順釋列子用「鮮」字訓，非也。　○案：顧説是也。今從陸本、唐本、茅

本等作「解」，與節葬下篇合。

㊴ 孫云：後漢書南蠻傳云：「交阯其西有噉人國，生首子，輒解而食之，謂之宜弟。味旨則以遺其君，君喜而賞其父，今烏滸人是也。」李注引萬震南州異物志云：「烏滸，地名也，在廣州之南，交州之北。」則漢時尚相傳有是國也。

㊵ 曹云：此事見禮記檀弓篇，縣賁父御魯莊公，卜國爲右，因馬驚敗，赴敵而死之，莊公以其死非罪而誄之，士之有誄自此始。可見魯人之説而用之也。

㊶ 孫云：釋名釋典藝云：「誄，累也。累列其事而稱之也。」

㊷ 寶曆本「來」作「耒」。 秋山云：「耒」，一作「未」。 孫云：「來首」疑即「貍首」。史記封禪書云：「萇弘設射貍首，貍首者，諸侯之不來者。」大射儀鄭注説「貍首」云：「貍之言不來也。」廣雅釋獸云：「豾，貍也。」「不來」即豾貍。方言云：「貔，陳楚江淮之閒謂之猍，關西謂之貍。」來、猍字亦同。蓋「貍」與「來」古音相近，故「貍首」亦謂之「來首」。「服」謂服馬。「以來首從服」，言以貍駕車，明其不勝任也。

㊸ 畢云：「獱」字俗寫。

㊹ 畢云：古「影」字只作「景」，葛洪加「彡」。而明刻本淮南子有注云「古影字」，或以爲高誘文，則非

始於葛〔一〕。案道藏本淮南子無此三字，蓋明人妄增耳。今尚書亦有「影響」字，寫者亂之。

○案：「景」，緜眇閣本、陳本作「影」，下仍作「景」。

㊺左昭十二年傳「今與王言如響」，杜注云：「讒其順王心如響應聲。」　孫云：管子心術篇云：「若影之象形，響之應聲也。」

㊻荀子臣道篇引書曰「微諫而不倦」，大戴記曾子立孝篇、禮記坊記並曰「微諫不倦」，漢書伍被傳「被數微諫」，師古注曰：「私諫之。」　孫云：「微」者，「覹」之借字。説文見部云：「覹，司也。」「微之以諫」，言伺君之閒而諫之也。

㊼孫云：爾雅釋詁云：「訪，謀也。」謂進其謀於上，而不敢以告人也。　○案：孫氏隱據僞古文尚書君陳篇「嘉謀嘉猷」之説釋此，似是實非。此「訪」字不當訓謀。訪者，「傍」之借字。傍，依附也。尚賢中篇曰「若有美善則歸之上，是以美善在上而所怨謗在下，寍樂在君，憂慼在臣」，與此文正同。彼言「歸」，此言「訪」，其義一也。言臣有善則歸附於上也。若「訪」訓謀，則加字迂曲而仍難通。戰國策東周策曰「忠臣令誹在己，譽在上」，晏子春秋諫下篇曰「古之善爲人臣者，聲名歸之君，禍災歸之身，入則切磋其君之不善，出則高譽其君之德義」，管子君臣上篇曰「大夫有善，納之於君」，禮記祭義曰「天子有善，讓德於天；諸侯有善，歸諸天子；卿大夫有善，薦於諸侯」，

〔一〕「或以爲高誘文，則非始於葛」十一字本書原引脱，據畢注補。

又坊記曰「善則稱君，過則稱己」，春秋繁露保位權篇曰「功出於臣，名歸於君」，又王道通篇曰「善皆歸於君，惡皆歸於臣」。凡此立義，皆言有善讓於上，與所謂進其謀於上者不相及也。

㊽句。

㊾畢云：「匡」字舊闕，注云：「太祖廟諱上字」，蓋宋本如此，今增。○案：道藏本、陸本、唐本、茅本、寶曆本、李本、堂策檻本並與畢引舊本合。潛本、緜眇閣本缺筆作「匡」。四庫本删去注文六字，又無「匡」字。吳鈔本「而」作「以」。

㊿「同」字各本脱，王據尚同篇增。

(51)「是」字各本脱，王據尚賢篇增。

(52)「所」字諸本脱，吳鈔本有，今據補。孫、曹校同。

(53)寶曆本「太」作「大」。劉向列女傳曰「當穆公時，君老，大子幼，漆室女曰：今魯君老悖，大子少愚」，比而觀之，可知此書魯君非穆公。

(54)「與」，諸本作「興」，寶曆本作「與」，與畢改合。秋山云：「與」，一作「興」。畢云：「與」，舊作「興」，以意改。孫云：「與」即「譽」之假字。言好學與分財，或因求賞賜名譽而僞爲，是不必真好也。前大取篇云「爲賞譽利一人，非爲賞譽利人也」，是其證。「賞譽」亦見尚同下篇。

(55)「魡」，潛本、緜眇閣本、堂策檻本、顧校李本、陳本、四庫本作「釣」。吳鈔本「者」作「魚」。四庫本「恭」作「蛬」。畢云：「釣」字俗寫从魚。藝文類聚引作「釣」。案玉篇有「魡」字，云「丁叫切。

亦作釣。餌取魚」,出此。墨書如此類字,由後人抄寫,以意改爲,大都出自六朝。凡秦以前書傳,皆篆簡耳,不應有此。以相傳既久,亦不改也。孫云:集韻三十四嘯云:「釣,或作魡。」莊子刻意篇「釣魚閒處」,釋文作「魡」,云:「本亦作釣。」淮南子說山訓云「釣者使人恭」。

56 「魚」字畢本無,舊本並有,今據補。畢云:「賜」字,一本作「魚賜」,藝文類聚作「魚」。

57 「餌」,諸本作「蛡」,四庫本剜改作「餌」。畢云:「餌」舊作「蛡」,非,據藝文類聚改。孫云:「蛡」蓋「餌」之俗體。集韻七志云:「蛡,釣魚食也。」「蟲」非所以餌鼠,疑當爲「蠱」字之誤。蠱有毒義,餌鼠以蠱,即謂毒鼠,故云「非愛之也」。○案:原文之意謂似愛而非愛者,若餌鼠以毒,則根本已不似愛,不得與愛之溷殽矣。藝文類聚六十六引「蟲」作「肉」,於義爲長。吳鈔本「蟲」作「虫」,蓋「肉」譌作「虫」,諸本又傳寫爲「蟲」耳。今之捕鼠者猶以肉類或米糧爲餌,是其遺法也。

58 唐本「之」作「人」,誤。

59 孫云:說文言部云:「讓,相責讓。」

60 句。

61 吳鈔本「糶糴」二字互易。畢云:「售」字正作「讎」。王云:「糴」當爲「糶」。廣雅:「糴,買也。」「糶,賣也。」故云「是猶欲糶,糶讎則慍也」。○案:「糴」字不誤。「糴」讀如經說下篇「刀糴相爲賈」之「糴」,其本字當作「糶」,說文曰:「糶,穀也。」經傳多以「糴」爲之。「糶」動字，「羅」名字，猶言是猶欲賣穀，讎則愠也。

㉒ 秋山云：「費」、「拂」同。　王云：「費」讀爲「悖」，即上文之「豈不悖哉」也。緇衣「口費而煩」，鄭注曰：「費，或爲悖。」作「悖」者正字，作「費」者借字也。

㉓ 畢云：太平御覽八百二十二引作「吴憲」。

㉔ 「日」字各本脱，今據下節文例校增。　孫校同。

㉕ 畢云：「所謂」二字舊倒，以意改。　○案：吴鈔本、寶曆本、緜眇閣本、堂策檻本、顧校李本、陳本、繹史本、四庫本正作「所謂」。

㉖ 孫云：群書治要引尸子貴言篇云：「益天下以財爲仁，勞天下以力爲義。」

㉗ 「而食天下」，諸本作「天下而食」，寶曆本作「而食天下」，今從之。　王校同。　秋山云：一本作「耕天下而食之人矣」。

㉘ 句。

㉙ 寶曆本「之」作「夫」。　秋山云：「農夫」下脱「之」。　孫云：此云極盛不過當一農之耕也。

㉚ 「籍」，吴鈔本、翻陸本、堂策檻本、繹史本、四庫本作「藉」，下同。　畢云：「籍」、「藉」字假音。

㉛ 吴鈔本「睹」作「覩」，下並同。　孫云：説文目部云：「睹，見也。」古文作「覩」。

㉜ 吴鈔本無「人」字。

㉝ 舊脱「以」字，孫依上文增，曹校同。

㉔孫云：「患」下當依上文增「矣」字。

㉕「當」字諸本無，潛本、緜眇閣本、陳本、繹史本有，與畢本合。

㉖「説」字各本脱，今依畢校增。　畢云：「次」下當脱「説」字。

㉗「脩」，吴鈔本、李本、潛本、陳本、繹史本作「修」。

㉘句。

㉙句。

㉚畢云：舊脱「不」字，一本有。　○案：潛本、緜眇閣本、陳本、繹史本有「不」字。

㉛「公尚過」，見貴義篇。

㉜「越王」當爲王翁或王翳。　畢云：「説」舊作「悦」，下同。此俗寫字，今改正。

㉝「至」字諸本脱，寶曆本有，今據補。

㉞吴鈔本此無「方」字，下文仍有「方」字。　畢云：時吴已亡入越，故曰「故吴」。

㉟寶曆本「苟」作「若」。吴鈔本無「於」字。

㊱此復舉上文之辭，「子」字當作「子墨子」三字，今本涉下文而脱耳。

㊲吴鈔本「志」作「意」。

㊳「我」，緜眇閣本、陳本、繹史本作「吾」。

㊴「量」，道藏本、吴鈔本、陸本、唐本、茅本、李本、堂策檻本、四庫本作「量」，俗字。

⑨⓪ 淮南子精神訓曰：「至人量腹而食，度形而衣，容身而游，適情而行，餘天下而不貪，委萬物而不利。」又俶真訓曰：「聖人量腹而食，度形而衣，節於己而已，貪污之心奚由生哉。」

⑨① 「奚」，諸本作「不」，潛本、緜眇閣本、陳本、繹史本作「奚」，今從之。 畢云：「不」，一本作「奚」。

⑨② 「越王」二字，諸本作「越」，茅本、寶曆本、李本作「王」，案二字當並有，今據補。

⑨③ 「糶」，諸本作「糴」，寶曆本作「糶」，今從之，下同。 畢本改「糶」。 畢云：「糶」舊作「糴」，下同，以意改。 呂氏春秋作「翟」。

⑨④ 句。

⑨⑤ 畢云：呂氏春秋高義云「子墨子游公上過於越，公上過語子墨子之義，越王說之，謂公上過曰：『子之師苟肎至越，請以故吳之地陰江之浦，書社三百以封夫子。』公上過往復於子墨子，子墨子曰：『子之觀越王也，能聽吾言，用吾道乎？』公上過曰：『殆未能也。』子墨子曰：『不唯越王不知翟之意，雖子亦不知翟之意。若越王聽吾言，用吾道，翟度身而衣，量腹而食，比於賓萌，未敢求仕。越王不聽吾言，不用吾道，雖全越以與我，吾無所用之。越王不聽吾言，不用吾道，而受其國，是以義翟也。義翟何必越？雖於中國亦可』」，即用此文義。

⑨⑥ 論語里仁篇曰「父母在，不遠遊」，戰國策秦策「頓子曰：王資臣萬金而遊」，「遊」字並與此同。 墨

子熱心救世，如孔子〔一〕周游列國也。所遊不止一國，故下文以「既得見四方之君」問之。

(97) 孫云：墨子弟子。

(98) 句。

(99) 蘇云：即子將奚先之意。　吴云：「先」乃「奚」之譌。

(100) 吴鈔本「湛」作「沈」，字通。　畢云：説文云：「憙，説也。」　孫云：説文水部云：「湎，沈於酒也。」史記宋世家云「紂沈湎於酒」，初學記二十六引韓詩云：「齊顔色、均衆寡謂之沈，閉門不出者謂之湎。」

(101) 吴鈔本「僻」作「辟」。

(102) 吴鈔本「即」作「則」。

(103) 「攻故」二字各本脱，王據上文及非攻篇補，顧校亦於「非」下補「攻」字。

(104) 王云：此本作「子墨子出曹公子於宋」，猶上文言「子墨子游公尚過於越」也。今本衍「曰」字、「而」字，則義不可通。　蘇云：此有脱誤，「曰」字衍。　俞云：王説是也。然「出」字義不可通，「出」當爲「士」字之誤。士與仕通。言子墨子仕曹公子於宋也。　孫云：「曹公子」亦墨子弟子。

〔一〕「子」原誤「字」，徑改。

(105) 吴鈔本「睹」作「覩」。

(106) 「短褐」義詳非樂上篇。

(107) 各本無「藜」字、「之」字，王以意增。

(108) 「弗得」二字各本不重，今依孫校增。孫云：當重「弗得」二字。言雖藜藿之羹尚不能朝夕常給，故不得祭祀鬼神也。

(109) 句。

(110) 各本無「今」字，又「故」作「政」。王云：此言吾始而家貧，今而以夫子之教，家厚於始也。今本脱「今」字，「教」字又誤作「政」，則義不可通。俞云：「政」乃「故」字之誤。蓋子墨子仕曹公子於宋，則宋必致禄，故曰「以夫子之故，家厚於始也」。耕柱篇曰「衛君以夫子之故，致禄甚厚」。○案：「今」字王校是也，今依增。「政」字俞校爲長，今依改。尚同下篇「可而爲政於天下也」，正德本「政」誤「故」，可互爲例。

(111) 翻陸本「厚」作「原」。「有」古音讀如「以」。「有家厚」，猶以家厚。孫云：「有」讀爲「又」。

(112) 孫云：内則鄭注云：「湛，猶漬也。」

(113) 王引之云：「季」蓋「黍」字之譌。祭有黍有肺，故云「擢黍拑肺」。○案：王説近是。「擢」者，引取之義。「拑」者，夾持之義。左僖五年傳引周書曰「黍稷非馨，明德惟馨」，意與此略同。

(114) 句。

⑮「於」即「烏」之古文。烏有猶言何有。

⑯孫云：此義難通。據下文疑亦當作「求百福於鬼神」。○案：此文無脱誤。自「若是」至「豈可哉」十三字，作四句讀，文義顯達，不須解釋，各家失其句讀，故不得其解耳。

⑰「鬼神」二字各本不重，今依孫、吴校增。

⑱吴鈔本無「者」字。

⑲説苑貴德篇曰：「聖王郊望禘嘗，非求報於鬼神也。」孫云：禮器云「祭祀不祈」，鄭注云：「祭祀不爲求福也。」

⑳孫云：疑亦墨子弟子。○案：此疑當作「彭輕生謂子墨子曰」。

㉑孫云：「籍」亦「藉」之假字。

㉒畢云：「駑」古字只作「奴」，一本作「駑」。説文無「駑」字。○案：潛本、緜眇閣本、陳本作「駑」。列子力命篇曰「駑馬稜車，可得而乘」，蓋古人形容車馬不良之語，有如此者。

㉓盧云：似謂「焉在不知來」，文誤。蘇校同。吴云：「矣」者，「俟」之借字。

㉔孫云：「孟山」疑亦墨子弟子。

㉕詳非儒篇。

㉖孫云：左哀十六年傳「白公欲以子閭爲王，子閭不可，遂刼以兵」，杜注云：「子閭，平王子啓。」

㉗畢云：此正字。餘文作「腰」者，後改亂之耳。

⑱ 孫云：「直兵」，劒矛之屬。晏子春秋內篇雜上說崔杼盟晏子云「戟鉤其頸，劒承其心」，晏子曰：「曲刃鉤之，直兵推之，嬰不革矣」，呂氏春秋知分篇云「直兵造胷，句〔一〕兵鉤頸」，高注云：「直，矛也。」

⑲ 白公之亂，殺子西、子期於朝，子閭之兄也，故此曰「殺我親」。

⑳ 畢云：說文云：「遂，亡也。从辵，㒸聲。」王逸注楚辭云「遂，往也」，義出於此。孫云：左傳云：「子閭不可，遂殺之」，新序義勇篇同，是子閭實死而非亡。「遂」下疑當有死字。○案：「遂」者，竟從己意，不爲外物所移也。王粲爲劉表與袁尚書曰：「若使迷而不返，遂而不改。」說文曰：「㒸，从意也。」經傳皆以「遂」爲之。

(131) 「王」指楚惠王。

(132) 句。

(133) 畢云：言何不借王之權以殺白公，然後返位於王。俞云：禮記檀弓篇「穆公召縣子而問然」，鄭注曰：「然之言焉也。」「誅白公然而反王」，猶云誅白公焉而反王，七字爲一句。

(134) 上文自「以分貧二不祥也」至此，茅本凡三百六十字，寶曆本脫，蓋刊板時誤脫去一葉也。

(135) 孫云：「勝綽」，墨子弟子。

〔一〕「句」，墨子閒詁原引作「曲」，本書沿誤，據呂氏春秋知分篇改。

⑬⑥孫云：「項子牛」，齊人，見前。「三侵魯」不知在何年，以史記六國年表及田齊世家攷之，魯元公十九年，齊伐魯葛及安陵，二十年，取魯一城；穆公二年，齊伐魯取郕；十六年，伐魯取最。或即三侵之事與？張純一云：孫説不盡可從。據史記六國年表，自魯元公十七年至二十一年，五年之閒田齊伐魯已足三侵之數，亦合墨子生存之年，若加入穆公十六年田和伐魯取最事，則爲四侵矣。以墨子之高義，能容勝綽背義而譎項子牛，歷時十九年，始請退乎？況本書明言三侵，未言四侵也。○案：「三侵」、「三從」似亦就虛數言，不必一一實指。

⑬⑦孫云：高孫子亦墨子弟子。

⑬⑧畢云：「濟」，止也。「嬖」同「僻」。

⑬⑨畢云：説文云：「靳，當膺也。从革，斤聲。」一本改作「勒」，非。言馬欲行，而鞭其前所以自困，猶使人仕而反來侵我也。○案：「靳」，潛本、緜眇閣本、陳本作「勒」。以實事驗之，鼓鞭於當膺則馬行愈急，蓋舉以諭勝綽不能濟驕正僻，反助長項子牛爲惡也。

⑭⓪孫云：渚宫舊事「越人」作「吴越」，下同。

⑭①焦竑校本「迎」作「逆」，下同。「迎」猶「逆」也。

⑭②「其退」，道藏本、陸本、唐本、茅本、寶曆本作「退其」。三國志黄權傳曰：「水軍順流進易，退難。」

⑭③「而」字各本脱，今依王校增。

⑭④句。

⑭⑤ 「埶亟」，諸本作「執函」，寶曆本作「執亟」，今依寶曆本及王校作「埶亟」。 王云：「執」字、「函」字皆義不可通。「執」當爲「埶」，埶即今勢字。「此若埶」者，此埶也。「若」亦「此」也，古人自有複語耳。 墨子書多謂「此」爲「此若」，説見上文。「函」當爲「亟」，讀「亟稱於水」之「亟」。亟，數也。言越人因此水勢，遂數敗楚人也。 俗書「函」字或作「凾」，與「亟」相似。 孫云：渚宫舊事亦作「勢亟」。

⑭⑥ 公輸子即公輸篇之公輸般。 畢云：舊有「曰」字，一本無。 秋山云：「曰」疑衍。 王引之云：檀弓「季康子之母死，公輸若方小，歛，般請以機封」，鄭注曰：「般，若之族，多技巧者。」劉氏端臨曰：「若疑般之字。」今從劉説。「公輸般」即孟子離婁篇注所謂魯班也。 漢書揚雄傳「般倕弃其剞劂兮」，顏注曰：「般讀與班同。」廣雅：「如，均也。」孟子公孫丑篇「伯夷、伊尹於孔子若是班乎」，趙注曰：「班，齊等之貌。」是班亦均也。 公輸班字若，與公子班字子如同義。 若猶如也。 孫云：文選西都賦薛綜注云：「魯般，一云公輸子，魯哀公時巧人。」孟子離婁篇云「公輸子之巧」，趙注云：「公輸子，魯班，魯之巧人也。或以爲魯昭公之子。」 ○案：潛本、緜眇閣本、堂策檻本、顧校李本、陳本、繹史本、四庫本無「曰」字。

⑭⑦ 畢云：太平御覽三百三十四引作「公輸般自魯之楚」。 孫云：渚宫舊事云「及惠王時」。

⑭⑧ 畢云：太平御覽引作「具」。 王云：「焉」字下屬爲句。「焉」猶於是也，言於是始爲舟戰之器也。 月令曰「天子焉始乘舟」，晉語曰「焉始爲令」，大荒西經曰「開焉始得歌九招」，此皆古人以

「爲始」二字連文之證。

⑭⑨ 畢云：太平御覽引作「謂之鉤拒，退則鉤之，進則拒之也」。孫云：此作「鉤強」無義，凡「強」字並當從御覽作「拒」。事物紀原引亦同。備穴篇有「鐵鉤鉅」，備高臨篇説弩〔一〕亦有「鉤距」。「鉅」、「距」、「拒」義並同。○案：此「鉤強」爲二物，備穴篇與備高臨篇之「鉤鉅」或「鉤距」似指一物而言。孫比而同之，疑非也。太平御覽三百三十四引作「鉤拒」者，蓋以「鉤強」字不經見，而以意改之。水經注「鉤牽之戲」，荊楚歲時記作「施鉤」，注云：「公輸子遊楚，爲舟戰，其退則鉤之，進則強之，名曰鉤強，遂以敗越。」字亦作「強」。今仍就本書解釋，存待古本參證。諸本作「強」，陳本、繹史本作「彊」。作「強」者，「彊」之借字。説文曰：「彊，弓有力也。」史記絳侯世家曰「材官引彊」，此作名詞用之「彊」也。爾雅釋詁曰：「彊，當也。」當者抵拒之義，此作動詞用之「彊」也。作爲鉤強之備，即用「彊」名詞之義；進者強之，即用「彊」動詞之義也。

⑮⓪ 孫云：渚宮舊事作「量短長而制爲兵」。

⑮① 「埶」，各本作「執」，今依王校改。

⑮② 「亟」，諸本作「函」，寶曆本作「亟」，今從之。王校同。孫云：史記楚世家惠王時無與越戰事，蓋史失之。○案：楚世家曰惠王四十二年，楚滅蔡。四十四年，楚滅杞，與秦平」，是時

〔一〕「弩」原誤「努」，據墨子閒詁改。

越已滅吴而不能正江淮北，楚東侵廣地至泗上，此即楚越構兵之事。

⑬「有」，潛本、緜眇閣本、陳本、繹史本作「以」。

⑭依上文疑當作「我義之鉤強」。

⑮管子小匡篇曰：「鉤之以愛，致之以利。」

⑯「揣」疑「強」之誤字，下同。　吴云：「揣」，持也，見漢書賈誼傳注。「揣」與「鉤」對文。西山經「嶓冢之山多桃，枝鉤端」，鉤端即鉤揣，蓋格拒之義。

⑰畢云：舊脱一「狎」字，以意增。　秋山云：「狎」下脱「狎」。○案：焦竑校本、堂策檻本、顧校李本、四庫本並重「狎」字。寶曆本「速離」作「退離」。

⑱上文「賢」下有「於」字。

⑲畢云：太平御覽引作「鵲」。　孫云：説文烏部「舄」，篆文作「誰〔一〕」。

⑳王云：此當作「削竹木以爲誰，誰成而飛〔三〕之」，今本少一「誰」字，則文不足義。太平御覽工藝部九所引已與今本同，初學記果木部、白帖九十五並多一「誰」字。

㉑畢云：文選長笛賦注云「案墨子削竹以爲鵲，鵲三日不行」者，彼誤。　孫云：渚宮舊事云「嘗

〔一〕「誰」，墨子閒詁原誤「鵲」，本書沿之，據説文改。
〔三〕「飛」原誤「非」，據讀書雜志改。

爲木鳶，乘之以窺宋城」，與此異。列子湯問篇云「墨翟之飛鳶」，張注云：「墨子作木鳶，飛三日不集。」淮南子齊俗訓云：「魯般、墨子以木爲鳶而飛之，三日不集。」此皆以䧿爲鳶，又謂二人同爲之，蓋傳聞之異。論衡儒增篇、亂龍篇説並同。韓非子亦云「木鳶」，詳後。

⑯ 畢云：太平御覽引「翟」作「匠」，「轄」下有「也」字。王據御覽校改「翟」爲「匠」。

⑯ 「斵」，諸本作「劉」，寶曆本作「斵」，今從之。「斵」即「斲」之俗字，説文曰：「斲，斫也。」畢云：「劉」，「鏤」字假音。太平御覽引此作「豎」。王云：畢説非也。「劉」當爲「剅」。集韻：「斲，或作『剅』。」廣雅曰：「剅，斫也。」今本廣雅譌作「劉」。俗書「斲」字作「斵」，故「剅」字亦作「劉」，形與「劉」相似，因譌爲「劉」。孫云：説文車部云：「轄，鍵也。」舛部云「舝，車軸耑鍵也。」案「轄」、「舝」字通。古車轄多以金爲之，據此則亦有用木者。淮南子繆稱訓云「故終年爲車，無三寸之轄，不可以驅馳」，又人間訓云「車之所以能轉千里者，以其要在三寸之轄」，文選七啓注引尸子云「文軒六駃，題無四寸之鍵，則車不行」，諸書説鍵轄之度略同。抱朴子應嘲篇云「墨子刻木雞以戾天，不如三寸之車轄」，此又以䧿爲雞，與他書異。○案：蜀本、補宋鈔本御覽七百五十二引「斵」作「逝」，與畢引御覽異。

⑯ 孫云：説文禾部云：「䄷，百二十斤也。」經典通借「石」爲之。五十石，六千斤也。

⑯ 畢云：韓非子外儲説云：「墨子爲木鳶，三年而成，蜚一日而敗。弟子曰：『先生之巧，至能使木鳶飛。』墨子曰：『不如爲車輗之巧也。用咫尺之木，不費一朝之事，而引三十石之任，致遠力多，

久於歲數。今我爲鳶，三年成，蜚一日而敗。』惠子聞之曰：『墨子大巧，巧爲輗，拙爲鳶。』」與此異也。

⑯⑥「弗」，潛本、緜眇閣本、陳本、繹史本作「不」。

⑯⑦畢云：「『予』，一本作『與』」。○案：潛本、緜眇閣本、陳本、繹史本作「與」。

⑯⑧吴鈔本「與」作「予」。自「公輸子謂子墨子曰」至此，凡八十二字，疑當在公輸篇「吾請無攻宋矣」之下。

公輸第五十

公輸般①爲楚造雲梯之械成②，將以攻宋③。子墨子聞之，起於齊④行十日十夜，而至於郢⑤，見公輸般。公輸般曰⑥：「夫子何命焉爲？」子墨子曰：「北方有侮臣者，願藉子殺之⑦。」公輸般不説⑧。子墨子曰：「請獻十金⑨。」公輸般曰：「吾義固不殺人⑩。」子墨子起，再拜曰：「請説之。吾從北方聞子爲梯⑪，將以攻宋。宋何罪之有？荆國有餘於地，而不足於民⑫，殺所不足而争所有餘，不可謂智。宋無罪而攻之，不可謂仁。知而不争，不可謂忠。争而不得，不可謂强。義不殺少而殺衆，不可謂知類。」公輸般服。子墨子曰：「然乎不已乎⑬？」公輸般曰：「不可，吾既已言之王矣。」子墨子曰：「胡不見我於王？」公輸般曰：「諾。」子墨子見王⑭，曰：「今有人於此，舍其文軒⑮，鄰有敝轝而欲竊之⑯；舍其錦繡⑰，鄰有短褐而欲竊之⑱；舍其粱肉，鄰有穅糟而欲竊之⑲。此爲何若人⑳？」王曰：「必爲竊疾矣㉑。」子墨子曰：「荆之地方五千里，宋方五百里㉒，此猶文軒之與敝轝也㉓；荆有雲夢㉔，犀兕麋鹿滿之㉕，江漢之魚鼈黿鼉爲天下富，宋所爲無雉兔狐貍者也㉖，此猶粱肉之與穅糟也㉗；荆有長松文梓楩枏豫章㉘，宋無長木，此猶錦繡之與短褐也。臣以三事之攻宋也㉙，爲與此同類㉚。」王曰：「善哉！雖然，公輸般爲我爲雲梯，必取宋㉛。」於是見公輸般，子墨子解帶爲城，以牒爲械㉜，公輸般九設攻城之機變㉝，子墨子九距之，公輸般之攻械盡㉞，子墨子之守圉有餘㉟。公輸般詘㊱，而曰：「吾知所以距子矣㊲，吾不言。」子墨子亦曰：「吾知子之所以距我㊳，吾不言㊴。」楚王問其故，子墨子曰：「公輸子之意，不過欲殺臣，殺臣，宋莫能守，可攻也㊵。然臣之弟子禽滑釐等三百人㊶，已持臣守圉之器㊷，在宋城上而待楚寇矣㊸。雖殺臣，不能絶也。」楚王曰㊹：「善哉！吾請無攻宋矣㊺。」子墨子歸，過宋，天雨，庇其閭中㊻，守閭者不内也㊼。故曰：治於神者，衆人不知其功；爭於明者，衆人知之㊽。

① 「般」，諸本作「盤」，寶曆本作「般」，今從之。下並同。「盤」從「般」聲，字亦得通用。 畢云：史記孟子荀卿傳集解、後漢書光武帝紀、張衡傳注，文選景福殿賦、長笛賦、七命、郭景純遊仙詩、司馬紹統贈山濤詩注，皆引作「般」。 廣韻東部引作「班」。 孫云：世說文學篇劉注引作「般」。 戰國策宋策、吕氏春秋愛類篇、葛洪神仙傳同。 吕覽高注云：「公輸，魯般之號。在楚爲楚王設攻宋之具也。」 ○案：宋本、蜀本御覽三百三十六引作「般」。明鈔本北堂書鈔凡三引，一百十九及一百二十六引作「般」，一百十八引作「公輸送設九攻之法，欲攻」，「送」當爲誤字。

② 「械」，茅本、寶曆本、李本作「戒」。 畢云：張湛列子注云：「雲梯，可以凌虚。」 孫云：淮南子兵略訓許慎注云：「雲梯可依雲而立，所以瞰敵之城中。」又脩務訓高注云：「雲梯，攻城具。高長上與雲齊，故曰雲梯。械，器也。」文選長笛賦注引此云「公輸般爲雲梯垂成，大山四起，所謂善攻具也，必取宋」。於是墨子見公輸般而止之」，似約此篇文，但「大山四起」未詳其義。 ○案：宋本六臣文選李注引無「垂成大山四起所謂善攻具也」十二字。

③ 畢云：文選注引作「必取宋」三字。 太平御覽云：「尸子云：般爲蒙天之階，階成，將以攻宋。」 孫云：檀弓載季康子母死時，公輸若方小，而般與斂事，則般必年長於若可知。 攷康子父桓子卒於哀公三年，其母死或亦在哀公初年，則般當生於昭、定閒。以墨、輸二子年代參合校之，墨子之止攻宋，約當在宋昭公、楚惠王時。 蓋是時楚雖有伐宋之議，而以墨子之言中輟，故史無其事耳。 渚宫舊事謂公輸子南游楚在惠王時，其説蓋可信。 ○案：「必取宋」三字，文選注凡三

見，皆引下文「公輸般爲我爲雲梯，必取宋」句者，畢引以校此文，未當。公輸般即公輸若，說詳魯問篇。

④畢云：呂氏春秋愛類篇云「自魯往」，是。　○案：「起於」下當脫「魯」字，文選廣絶交論注、世說新語文學篇注及呂氏春秋愛類篇、淮南子脩務訓文可證。「魯」字絶句，「齊」字屬下讀。爾雅釋詁曰：「齊，疾也。」史記五帝紀集解云：「齊，速也。」「齊行」即疾行，校書者不達「齊」字之義，誤以爲齊國之「齊」，見「起於魯齊」詞複，遂妄删去「魯」字耳。畢以後注墨諸家，頗能旁參博引，校訂本書，惜皆誤讀「齊」字絶句，而疑「齊」爲「魯」字之誤，不知此「齊」字實非誤字也。宋本、蜀本御覽三百三十六引作「自齊至郢」，則知「魯」字之脱尚在宋以前。

⑤高誘云：「郢」，楚都也。　畢云：文選廣絶交論注引云：「公輸般欲以楚攻宋，墨子聞之，自魯往，裂裳裹足，十日至郢。」　王云：世說新語文學篇注引此作「墨子聞之，自魯往，裂裳裹足，日夜不休，十日十夜而至於郢」，文選注所引從略，然亦有「自魯往，裂裳裹足」七字。呂氏春秋愛類篇曰「墨子聞之，自魯往，裂裳裹足，日夜不休，十日十夜而至於郢」，正與世說新語注所引同，則其爲墨子原文無疑。淮南脩務篇曰「墨子聞而悼之，自魯趨而往，十日十夜，足重繭而不休息，裂裳裹足至於郢」，文亦小異而大同。今本「自魯往」作「起於齊」，又無「裂裳裹足日夜不休」八字，蓋後人删改之也。　孫云：神仙傳云「墨子聞之，往詣楚，脚壞，裂裳裹足，七日七夜到，

見公輸般而說之」，與諸書所云又小異。　○案：諸書所〔一〕引或據他書，以其事屬墨子，遂冠以墨子。以所引文字校之，與呂氏春秋最近。若謂本書經人删改，則以通常心理推測，「自魯往」或改作「自齊往」較爲可能，不至於改作「起於齊」也。今一作「自魯往」，一作「起於□」，可見其同敘一事而措辭各異。竊謂今本墨子除脱一「魯」字外，並未被人改竄，其文與呂氏春秋、淮南小異而大同。此作「起於魯，疾行」云云，與淮南「自魯趨而往」云云文意正合也。

⑥ 陸本、茅本、寶曆本、李本、堂策檻本、四庫本「公輸般」三字不重。

⑦ 「者」字各本脱，渚宮舊事曰「北方有侮臣者，願子殺之」，句法較完，今據補「者」字。　俞云：「有侮臣」下脱「者」字。

⑧ 「說」，吴鈔本、緜眇閣本、陳本作「悦」。

⑨ 畢云：一本作「千金」，是。　孫云：渚宮舊事亦作「獻千金於般」。　○案：舊本並作「十金」，無作「千金」者，宋本、蜀本御覽三百三十六注引尸子亦作「墨子請獻十金」，畢校疑誤。戰國策齊策高注「二十兩爲一金」，則千金當爲二萬兩。墨子疾行至郢，挾此重多之金，恐非事理所宜有。且以墨聖之清，動獻千金，恐亦力不能備。耕柱篇「耕柱子遺十金於子墨子」，畢亦謂當爲「千金」，俞氏已辯其非矣。

〔一〕「所」原誤「有」，徑改。

⑩孫云：宋本國策作「殺王」，吴師道校注引别本作「臣」，即武后所制「人」字，則與此同。

⑪畢云：太平御覽引作「階」。〇案：畢注見御覽三百二十七引尸子文，非引墨子文也。以下畢注引御覽，并墨子、尸子、淮南子爲一談，欠審。

⑫吕氏春秋貴卒篇：「吴起謂荆王曰：荆所有餘者，地也。所不足者，民也。」

⑬畢云：太平御覽引作「胡不已也」。王樹枏云：上「乎」字即「胡」音之譌。孫説同。曹云：言既以爲然，則其事何不遂止也。

⑭孫云：吕氏春秋貴因篇云「墨子見荆王，錦衣吹笙」，疑即此時事，蓋以救宋之急，權爲之也。

⑮宋策高注云：「文軒，文錯之車也。」

⑯蜀本御覽三百二十七、宋本蜀本御覽四百六十二引尸子並作「弊輿」。孫云：宋策、神仙傳並作「弊輿」。

⑰畢云：以上十二字舊脱，據太平御覽增，一本亦有。「轝」即「輿」異文耳。秋山云：二十九子品彙有此十二字。顧云：戰國策有。〇案：以上十二字，潛本、緜眇閣本、陳本、四庫本並有。潛本、緜眇閣本、陳本、繹史本「綿繡」作「文繡」。

⑱「短褐」，繹史本作「裋褐」，下同。孫云：「短」，「裋」之借字，詳魯問篇。

⑲「穅」，舊本作「糠」，俗字。「穅糟」，吴鈔本、潛本作「糟穅」。以上十二字，緜眇閣本、陳本、繹史本並脱。

⑳高云：言名此爲何等人也。

㉑畢云：太平御覽作「耳」。　王云：尸子止楚師篇及宋策並作「必爲有竊疾矣」，此脱「有」字，則文義不明。耕柱篇亦曰「有竊疾也」。

㉒「宋方五百里」五字諸本脱，四庫本有，與宋策及御覽四百六十二引尸子均合，今從之。畢本亦據御覽三百二十七引尸子增「宋之地方五百里」七字。　畢云：七字舊脱，據太平御覽增。

㉓畢云：太平御覽引「敝」作「弊」。

㉔孫云：爾雅釋地十藪：「楚有雲夢。」

㉕畢云：太平御覽「滿」作「盈」。　孫云：御覽疑據宋策改。　○案：畢注所引者是尸子，而非墨子，書既不同，固不必依宋策改字始有異文也，孫氏未檢御覽，遂爲畢注所誤。

㉖「爲」，宋策及御覽四百六十二引尸子並作「謂」，字通。「貍」，舊本並作「狸」。　秋山云：「無」，一作「有」。　畢云：太平御覽「狐貍」作「鮒魚」。　王云：作「鮒魚」是也。「無雉兔」對上文荆有「犀兕麋鹿」言之，「無鮒魚」對上文荆有「魚鼈黿鼉」言之。尸子、戰國策並作「鮒魚」。　孫云：神仙傳亦作「鮒魚」。　○案：畢注據御覽引尸子文。「狐貍」，王校甚是。或曰當作「鮒鯉」。

㉗「穅糟」，吴鈔本、潛本、緜眇閣本、陳本作「糟糠」。

㉘「楩」，諸本作「梗」，吳鈔本、沈本、潛本、緜眇閣本、陳本作「楩」，宋策及御覽三百二十七引尸子亦作〔一〕「楩」。高注云：「皆大木也。」　畢云：說文無「楩」字。玉篇云：「鼻縣切，楩木，似豫章。」尸子作「梗」，太平御覽引此亦只作「梗」。　○案：御覽未引墨子此文，畢謂引此作「梗」，不知何據。

㉙畢云：戰國策云「臣以王吏之攻宋」，「王吏」蓋「三叓」之誤，說文：曰「叓，古文事。」尸子作「王使」。太平御覽作「王之攻宋」。　孫云：「三事」疑當作「三吏」。逸周書大匡篇孔晁注云：「三吏，三卿也。」左傳成三年杜注云：「三吏，三公也。」神仙傳作「臣聞大王更議攻宋」，則「三事」似是「王吏」之譌。　王樹枏云：「三事之攻宋」五字不辭，當從戰國策作「王吏」。尸子「王使」亦「王吏」之譌。　吳說同。　○案：「三事」、「王吏」義皆可通，今仍從本文。詩小雅「擇三有事」（十月之交）、「三事大夫」（雨無正）。古「事」、「吏」同字，「三事」即「三吏」也。

㉚此下畢本增「臣見大王之必傷義而不得」十一字。　畢云：以上十一字舊俱脫，太平御覽有，或當在此。　顧云：此十一字不當有，戰國策無。　○案：畢增十一字，爲御覽七百五十二引淮南子文，畢以之竄入墨子，非是。古書中往往有同記一事而小異其辭者，其例至多。用以互相校勘誠爲便利，但有一定限度，若任意互相竄亂，則古籍蕩然矣。　畢以後注墨諸家多未細檢

〔一〕「亦作」二字原誤重，徑刪。

御覽，無由指證畢氏之誤。顧氏亦僅以戰國策無疑之，尚非探本之論，因戰國策無者，墨子不妨有也。必須指出御覽引墨子原無此十一字，則畢校始根本動摇矣。

㉛ 繹史本「取」作「攻」。畢云：太平御覽引有云「宋王曰：公輸子天下之巧士，作爲雲梯，設以攻宋，曷爲弗取」二十三字，皆與此異，豈此文已爲後人所節與？孫云：御覽所引與淮南子脩務訓文略同。呂氏春秋愛類篇亦云：「王曰：公輸般天下之巧工也，已爲攻宋之械矣。」墨子舊本或與彼二書同。〇案：畢注所引爲御覽七百五十二引淮南子文，畢氏不惟誤引，且失原文句讀。原文曰「臣見大王之必傷義而不得宋，王曰：公輸子天下之巧士，作爲雲梯，設以攻宋，曷爲弗取」，「宋」字當上屬爲句。畢本截取上文十一字至「得」字止，竄入本書正文，又引下文二十三字自「宋」字起，訂爲本書原文，可謂謬以千里。以孫氏之精勤，亦爲畢注所惑，貤謬增華，未能訂正，而云「與淮南子脩務訓文略同」。攷御覽所引固明標出淮南子，何得云略同？孫又云「墨子舊本或與彼二書同」，是反據畢氏誤注改訂墨子舊本矣。

㉜ 「牒」，畢本改作「褋」。畢云：舊作「牒」，太平御覽三百三十六引作「褋」，北堂書鈔作「𧝓」。案作「褋」者是也。「褋」省爲「牒」。説文云：「南楚謂禪衣曰褋。」玉篇云：「褋，徒頰切，禪衣也。褋同。」又案陳孔璋爲曹洪與文帝書云「墨子之守，縈帶爲垣，折箸爲械」，則似以意改用之。王云：禪衣不可以爲械，畢改非也。史記孟子荀卿傳集解引此正作「牒」，索隱曰：「牒者，小木

札也。」說文〔一〕：「札，牒也。」廣雅曰：「牒，板也。」故可以爲械。後漢書張衡傳引亦作「牒」。

洪頤煊說同。　俞云：畢據太平御覽改作「楪」，王氏又〔二〕以作「牒」爲是，其實〔三〕「牒」、「楪」皆假字也。其本字當作「梜」，梜與牒叠韻字。玉篇仌部：「渫，浹渫也。」虫部：「蛺，蛺蝶也。」梜之與牒，亦猶浹之與渫、蛺之與蝶，聲近而義通矣。禮記曲禮篇「羹之有菜者用梜」，鄭曰：「梜猶箸也。」以梜爲械者，以箸爲械也。陳孔璋書曰「折箸爲械」。　孫云：史記索隱云：「謂墨子爲術，解身上革帶以爲城也。牒者，小木札也。械者，樓櫓等也。」世說注引亦云「墨子縈帶守之」，與陳琳文同。神仙傳作「以幞爲械」，尤誤。

㉝ 畢云：太平御覽「城」一作「宋」。「之」下御覽引有「具」字。　○案：御覽引淮南子文「城」作「宋」，畢注誤引。

㉞ 孫云：文選注「攻」下有「城」字。神仙傳同。

㉟ 畢云：「圉」，史記集解引作「固」，一本作「固」。太平御覽作「禦」。御覽引有云「今公輸設攻之械，墨子設守之備。公輸九攻而墨子九拒之，終弗能入。於是乃偃兵，輟不攻宋」，俱多于此文。　孫云：御覽所引亦與淮南文略同，疑皆涉彼而譌。　○案：畢注「今公輸」云云，爲御覽

〔一〕「文」原誤「案」，據讀書雜志改。
〔二〕〔三〕「又」原誤「文」，「實」原誤「寶」，均據諸子平議改。

引淮南子文，畢氏誤引於此，孫疑御覽涉淮南子而譌，未審。

㊱吴鈔本「詘」作「屈」，字通。　畢云：太平御覽引作「屈」，文選注作「出」。　孫云：史記集解引仍作「詘」，索隱云：「詘音丘勿反，謂般技已盡，墨守有餘。」

㊲孫云：「而」下史記集解引有「言」字。　吕氏春秋慎大篇高注云「墨子曰：『使公輸般攻宋之城，臣請爲宋守之備。』公輸般九攻之，墨子九郤之。　又令公輸般守備，墨子九下之」，未知何據。

㊳「之」字，陸本、茅本、寶曆本、李本、堂策檻本、四庫本無。　畢云：文選注引「我」下有「者」字。　孫云：史記集解引亦有。

㊴畢云：文選注引有「之」字。

㊵畢云：文選注「可」上有「乃」字，是。　○案：史記集解引無「乃」字。

㊶宋本、蜀本御覽三百三十六引「釐」作「氂」。　孫云：「釐」，文選注引作「氂」。　陳琳書云「墨、氂」，即墨、禽二子也。　漢書儒林傳亦作「氂」。　案禽子名，後備城門、備梯篇亦作「滑釐」。　史記索隱云：「禽滑釐者，墨子弟子之姓字也。　釐音里。」吕氏春秋當染篇作「禽滑𪐴」，尊師篇作「禽滑黎」。　列子楊朱篇作「禽骨〔二〕釐」，殷敬順釋文作「禽屈釐」，音骨貍。　漢書古今人表同。　惟列子湯問篇、莊子天下篇、説苑反質篇與此同。　「滑」「骨」「屈」、「釐」「氂」「黎」並聲近字通。

〔二〕「骨」原誤「滑」，據墨子閒詁改，與列子楊朱原文合。

㊷「圉」，陸本、茅本、李本、堂策檻本、四庫本作「固」。御覽引「圉」作「禦」，字通。畢云：史記集解引「圉」作「國」。

㊸「待」，畢本譌「侍」，舊本並作「待」，今據正，蘇校同。

㊹「王」字，道藏本、吴鈔本、陸本、唐本、茅本並脱。

㊺陸本「請」作「謂」，誤。畢云：後漢書注引「請」作「楚」。史記集解引「宋」作「宋城」。文選注引「矣」作「也」。孫云：後漢書張衡傳注引與今本同。

㊻畢云：「庛」，蔭。孫云：説文門部云：「閻，里門也。」

㊼孫云：管子立政篇云「置閭有司，以時開閉」，周禮鄉大夫云「國有大故，則令民各守其閭，以待政令」。時楚將伐宋，宋已聞之。故墨子歸，過宋，守閭者恐其爲間諜，不聽入也。

㊽畢云：文與戰國策及尸子略同。高誘注吕氏春秋慎大篇引此，節文。孫云：群書治要引尸子貴言篇云：「聖人治於神，愚人争於明也。」

□□第五十一　亡

墨子校注卷之十四

備城門第五十二①

禽滑釐問於子墨子曰：由聖人之言，鳳鳥之不出②，諸侯畔殷周之國③，甲兵方起於天下，大攻小，强執弱，吾欲守小國，爲之柰何？子墨子曰：何攻之守④？禽滑釐對曰：今之世常所以攻者，臨⑤、鉤⑥、衝⑦、梯⑧、堙⑨、水⑩、穴⑪、突⑫、空洞⑬、蟻傅⑭、轒轀⑮、軒車⑯，敢問守此十二者柰何⑰？子墨子曰：我城池修⑱，守器具⑲，推粟足⑳，上下相親，又得四鄰諸侯之救，此所以持也㉑。且守者雖善㉒，則猶若不可以守也㉓。若君用之，守者又必能乎㉔？守者不能，而君用之，則猶若不可以守也。然則守者必善，而君尊用之㉕，然後可以守也㉖。

故凡守城之法㉗，備城門，爲縣門沈機㉘，長二丈㉙，廣八尺㉚，爲之兩相如㉛。門扇數㉜，令相接三寸㉝，施土扇上㉞，無過二寸。塹中深丈五㉟，廣比扇㊱，塹長以力爲度㊲，塹之末爲之縣㊳，可容一人所㊴。

客至㊵，諸門户皆令鑿而幕孔孔之㊶，各爲二幕，二一鑿而繫繩，長四尺㊷。救車火爲烟矢射火城門上㊸，鑿扇上爲棧㊹，塗之㊺，持水麻斗、革盆救之㊻。門扇薄植㊼皆鑿半寸㊽，一寸一涿弋㊾，弋長二寸㊿，見一寸(51)，相去七寸(52)，厚塗之以備火。城門上所鑿以救門火者(53)，各一垂水(54)，容三石以上(55)，小大相雜(56)。

門植關必環錮(57)，以錮金若鐵鍱之(58)。門關再重，鍱之以鐵，必堅。梳關關二尺(59)，梳關一莧(60)，封以守印，時令人行貌封(61)，及視關入桓淺深(62)。門者皆無得挾斧、斤、鑿、鋸、椎(63)。

城上二步一渠(64)，渠立程丈三尺(65)，冠長十尺(66)，辟長六尺(67)。二步一荅(68)，廣九尺(69)，袤十二尺(70)。

二步置連梃(71)、長斧、長椎各一物(72)，槍二十枚(73)，周置二步中(74)。

二步一木弩(75)，必射五十步以上(76)。及多爲矢(77)，節毋以竹箭，楛、趙、揬、榆可蓋(78)。求齊鐵夫(79)，播以射衙(80)及櫳樅(81)。

二步積石(82)，石重中鈞以上者五百枚(83)。毋百以亢(84)，疾犁、壁皆可善方(85)。二步積苙(86)，大一圍(87)，長丈，二十枚。五步一罌，盛水。有奚(88)，奚蠡大容一斗(89)。五步積狗屍五百枚[90]，狗屍長三尺，喪以弟[91]，瓮其端[92]，堅約弋[93]。十步積摶[94]，大二圍以上、長八尺者二十枚。二十五步一竈，竈有鐵鐕[95]容石以上者一，戒以爲湯[96]。及持沙，毋下千石[97]。

三十步置坐候樓[98]，樓出於堞四尺[99]，廣三尺廣四尺[100]，板周三面密傅之[101]，夏蓋亓上[102]。五十步一藉車[103]，藉車必爲鐵纂[104]。五十步一井[105]，屏周垣之[106]，高八尺。五十步一方[107]，方尚必爲關籥守之[108]。五十步積薪，毋下三百石，善蒙塗，毋令外火能傷也。百步一櫳樅[109]，起地高五丈，三層，下廣前面八尺、後十三尺，亓上稱議衰殺之[110]。百步一木樓，樓廣前面九尺[111]，高七尺，樓軻居坫[112]，出城十二尺[113]。百步一井，井十罋[114]，以木爲繫連[115]，水器容四斗到六斗者百[116]。百步一積雜秆[117]，大二圍以上者五十枚。百步爲櫓[118]，櫓廣四尺，高八尺。爲衝術[119]。百步爲幽賾[120]，廣三尺、高四尺者千[121]。二百步一立樓[122]，城中廣二丈五尺二[123]，長二丈，出樞五尺[124]。城上廣三步到四步，乃可以爲使鬬[125]。俾倪廣三尺，高二尺五寸[126]。陛高二尺五寸[127]，廣長各三尺[128]，遠唐各六尺[129]。城上四隅童異，高五尺[130]，四尉舍焉[131]。

城上七尺一渠，長丈五尺[132]，貍三尺[133]，去堞五寸，夫長丈二尺[134]，臂長六尺。半植一鑿内，後長五寸[135]。夫兩鑿[136]，渠夫前端下堞四寸而適[137]。貍渠鑿坎覆以瓦，冬日以馬夫寒[138]，皆待命[139]，若以瓦爲坎[140]。城上五十步一表[141]，長丈，棄水者操表搖之[142]。五十步一廁[143]，與下同圂[144]，之厠者不得操[145]。城上三十步一藉車[146]，當隊者不用[147]。城上五十步一道陛，高二尺五寸，長十步[148]。城上五十步一樓杌勇，杌勇必重[149]。土樓百步一[150]，外門發樓[151]，左右渠之[152]。爲樓加藉幕[153]，棧上出之以救外。城上皆毋得有室，若也可依匿者，盡除去之[154]。城下州道内[155]，百步一積藉，毋下三千石以上，善塗之[156]。

城上十人一什長[157]，屬一吏士，一亭尉[158]。百步一亭，高垣丈四尺[159]，厚四尺，爲閨門兩扇[160]，令各可以自閉[161]。亭一尉[162]，尉必取有重厚忠信可任事者[163]。

二舍共一井爨[164]，灰、康、粃[165]、杯[166]、馬矢[167]，皆謹收藏之。城上之備，渠譫[168]、藉車[169]、行棧[170]、行樓[171]、到[172]、頡皋[173]、連梃[174]、長斧、長椎[175]、長茲[176]、距[177]、飛衝[178]、縣□、批屈[179]。樓五十步一[180]，堞下爲爵穴[181]，三尺而一[182]。爲薪皋[183]，二圍[184]，長四尺半，必有潔[185]。瓦石重二斤以上，上[186]。城上沙[187]五十步一積[188]，竈置鐵鐕焉[189]，與沙同處[190]。木大二圍，長丈二尺以上，善耿亓本[191]，名曰長從[192]，五十步三十[193]。木橋長三丈，毋下五十[194]。復使卒急爲壘壁，以蓋瓦復之[195]。用瓦木罌容十升以上者，五十步而十，盛水且用之[196]。五十二者，十步而二[197]。

城四面四隅[198]，皆爲高磿㯕[199]，使重室子居亓上[200]候適[201]，視亓能狀[202]與亓進退左右所移處[203]，失候，斬[204]。適人爲穴而來[205]，我亟使穴師選本，迎而穴之[206]，爲之且内弩以應之[207]。民室材木瓦石[208]，可以益城之備者[209]，盡上之[210]。不從令者，斬[211]。

昔築，七尺一[212]。居屬，五步一[213]。壘五[214]。築有鍤[215]。長斧，柄長八尺，十步一[216]。長鎌，柄長八尺，十步一[217]。鬬[218]。長椎，柄長六尺，頭長尺[219]，斧亓兩端[220]，三步一。

凡守圍城之法：厚以高[221]；壕池深以廣[222]；樓㯕脩[223]；守備繕利[224]；薪食足以支三月以上[225]；人衆以選[226]；吏民和[227]；大臣有功勞於上者多[228]；主信以義，萬民樂之無窮[229]；不然，父母墳墓在焉[230]；不然，山林草澤之饒足利[231]；不然，地形之難攻而易守也[232]；不然，則有深怨於適而有大功於上[233]；不然，則賞明可信而罰嚴足畏也[234]。此十四者具，則民亦不宜上矣[235]，然後城可守。十四者無一，則雖善者不能守矣[236]。

守法：五十步丈夫十人，丁女二十人[237]，老小十人[238]，計之五十步四十人[239]。城人樓本，率一步一人[240]，二十步二十人。城小大以此率之，乃足以守圉[241]。客馮面而蛾傅之[242]，主人則先之知[243]，主人利[244]，客適[245]。客攻以遂[246]，十萬物之衆[247]，攻無過四隊者[248]。上術廣五百步[249]，中術三百步，下術五十步[250]。諸不盡百五步者[251]，主人利而客病[252]。廣五百步之隊[253]，丈夫千人[254]，丁女子二千人，老小千人[255]，凡千人[256]，而足以應之，此守術之數也[257]。

使老小不事者守於城上，不當術者[258]。城持出必爲明填[259]，令吏民皆智知之[260]。從一人百人以上，持出不操填章[261]，從人非亓故人，乃亓填章也[262]，千人之將以上止之，勿令得行。行及吏卒從之，皆斬[263]，具以聞於上[264]。此守城之重禁也[265]，大姦之所生也[266]，不可不審也[267]。

大鋋前長尺[268]，蚤長五寸[269]，兩鋋交之，置如平[270]。不如平不利，兑亓兩末[271]。穴隊若衝隊[272]，必審如攻隊之廣狹[273]，而令邪穿亓穴[274]，令亓廣必夷客隊[275]。疏束樹木令足以爲柴摶[276]，田前面樹[277]，長丈七尺一，以爲外面。以柴摶從横施之[278]，外面以强塗[279]，毋令土漏[280]，令亓廣厚能任三丈五尺之城以上[281]，以柴木土稍杜之[282]，以急爲故[283]。前面之長短，豫蚤接之[284]，令能任塗足以爲堞[285]，善塗亓外[286]，令毋可燒拔也[287]。

大城丈五爲閨門[288]，廣四尺[289]。爲郭門[290]，郭門在外，爲衡[291]，以兩木當門，鑿亓木，維敷上堞[292]。爲斬縣梁[293]，酃穿[294]斷城，以板橋邪穿[295]，外以板次之，倚殺如城報[296]。城内有傅壤，因以内壤爲外[297]，鑿亓閒，深丈五尺[298]，室以樵[299]，可燒之以待適[300]。令耳屬城爲再重樓，下鑿城外堞，内深丈五[301]，廣丈二。樓若令耳，皆令有力者主敵，善射者主發，佐皆廣矢[302]。治裾諸[303]，延堞[304]，高六尺，部廣四尺[305]，皆爲兵弩簡格[306]。轉射機[307]，機長六尺，貍一尺[308]。兩杖合而爲之輼[309]，輼長二尺，中鑿夫之爲道臂，臂長至桓，二十步一，令善射之者[310]，佐一人[311]，皆勿離。

城上百步一樓，樓四植，植皆爲通舄[312]，下高丈，上九尺[313]，廣、長各丈六尺[314]，皆爲寧[315]。三十步一突，九尺[316]，廣十尺，高八尺，鑿廣三尺，表二尺[317]，爲寧[318]。城上爲攢火[319]，夫長以城高下爲度[320]，置火亓末[321]。城上九尺一弩、一戟、一椎、一斧、一艾[322]，皆積絫石、蒺藜[323]。渠長丈六尺[324]，夫長丈[325]，臂長六尺，亓貍者三尺[326]，樹渠毋傅堞五寸[327]。藉莫長八尺[328]，廣七尺，亓木也廣五尺[329]，中藉苴爲之橋[330]，索亓端[331]，適攻[332]，令一人下上之，勿離[333]。城上二十步一藉車[334]，當隊者不用此數[335]。

城上三十步一聾竈[336]。持水者必以布麻斗、革盆[337]，十步一[338]。柄長八尺[339]，斗大容二斗以上到三斗[340]。敝裕、新布長六尺[341]，中拙[342]，柄長丈[343]，十步一，必以大繩爲箭[344]。城上十步一鈂[345]。水甌[346]容三石以上，小大相襍[347]。盆、蠡各二財[348]。爲卒乾飯，人二斗，以備陰雨[349]，面使積燥處[350]。令使守爲城內堞外行餐[351]。置器備[352]，殺沙礫、鐵[353]，皆爲坏斗[354]。令陶者爲薄甀，大容一斗以上至二斗，即用取三祕合束[355]。堅爲斗[356]。城上隔棧[357]，高丈二[358]，剡亓一末[359]。爲閨門[360]，閨門兩扇，令可以各自閉也。救闉池者[361]，以火與爭，鼓橐[362]。馮埴外內[363]，以柴爲燔[364]。靈丁，三丈一，犬牙施之[365]。十步一人，居柴內弩[366]。弩半，爲狗犀者環之[367]。牆，七步而一[368]。

城上爲爵穴[369]，下堞三尺，廣亓外[370]，五步一。爵穴大容苴[371]，高者六尺，下者三尺，疏、數自適爲之[372]。塞外壍，去格七尺，爲縣梁[373]。城筵陜不可壍者，勿壍[374]。城上三十步一聾竈[375]。人擅苣，長五節[376]，寇在城下[377]，聞鼓音，燔苣，復鼓，內苣爵穴中，照外[378]。

諸藉車皆鐵什(379)，藉車之柱長丈七尺，亓貍者四尺(380)，夫長三丈以上至三丈五尺(381)，馬頰長二尺八寸(382)，試藉車之力而爲之困(383)，夫四分之三在上(384)。藉車夫長三尺(385)，四二三在上(386)，馬頰在三分中(387)。馬頰長二尺八寸、夫長二十四尺以下不用(388)。治困以大車輪，藉車桓長丈二尺半(389)。諸藉車皆鐵什，復車者在之。寇闉池來(390)，爲作水甬(391)，深四尺，堅慕貍之(392)，十尺一，覆以瓦而待令(393)。以木大圍長二尺四分而早鑿之(394)，置炭火亓中(395)而合慕之(396)，而以藉車投之。爲疾犂投(397)，長二尺五寸，大二圍以上。涿杙(398)，杙長七寸，杙間六寸(399)，剡亓末(400)。狗走(401)，廣七寸，長尺八寸，蚤長四寸(402)，犬牙施之(403)。

子墨子曰：守城之法，必數城中之木(404)，十人之所舉爲十挈，五人之所舉爲五挈(405)，凡輕重以挈爲人數(406)。爲薪樵挈(407)，壯者有挈，弱者有挈(408)，皆稱亓任(409)。凡挈輕重所爲(410)，吏人各得亓任(411)。城中無食，則爲大殺(412)。去城門五步，大塹之，高地三丈，下地至泉(413)。施賊亓中(414)，上爲發梁(415)，而機巧之(416)，比傅薪土(417)，使可道行(418)，旁有溝壘，毋可踰越(419)，而出佻(420)且北(421)，適人遂入(422)，引機發梁，適人可禽。適人恐懼而有疑心，因而離(423)。

① 左昭二十三年傳曰「完其守備，以待不虞」，「備」字義與此同。　畢云：說文云：「備，慎也。」「葡，具也。」經典通用「備」爲「葡具」之字，此二義俱通。　孫云：「五十二」，吳鈔本作「五十

四」，則前當有兩闕篇，未知是否。李筌太白陰經守城具篇云：「禽滑釐問墨翟守城之具，墨翟答以六十六事」，即指以下數篇言之。「六十六事」，別本陰經作「五十六事」。今兵法諸篇闕者幾半，文字復多脱互，與李筌所舉事數不相應。所記兵械名制，錯雜舛牾，無可質證。曹云：墨子以非攻爲教，若非詳明守禦之法，則世之溺於功利之説者未必因口舌而爲之阻止。故其止楚勿攻宋，亦示之以能守之實用，而後楚人信之，非僅以空言感動暴人也。老子稱「兵者不祥之器，有道者不處」。若墨子專言守圉，猶是仁人之事也。○案：自此至襍守凡二十篇，今存十一篇，錯簡斷帛，次敍殽然。不惟有目諸篇互錯，即佚目諸篇之文似亦有參雜其間者。舊注諸家校移多而愜當者少，今擇其當者從之，又以己意校移數事。其餘雖疑其非本篇之文，而不能知其應何處者，一仍其舊，留待通學。

② 畢云：見論語。

③ 蘇云：殷周皆天子之國，言世衰而諸侯畔天子也。　孫云：蘇説是也。蓋通稱王國爲「殷周之國」。呂氏春秋先己篇云「商周之國，謀失於胷，令困於彼」，兼愛中篇引武王告泰山辭云「以祇商夏」。周初稱中國爲商夏，周季稱中國爲殷周，辭例正相類。

④ 吴鈔本「何」上有「我」字。

⑤ 畢云：臨一。詩傳云：「臨，臨車也。」陸德明音義云：「韓詩作隆。」孔穎達正義曰：「臨者，在上臨下之名。」　孫云：後有備高臨篇，云「積土爲高，以臨吾城」，又備水篇「竝船爲臨」，備蛾傅

篇有「行臨」，然則「臨」乃水陸攻守諸械以高臨下之通名，不必臨車也。「臨」聲轉作「隆」。淮南子氾論訓云「隆衝以攻」，又兵略訓云「攻不待衝隆雲梯而城拔」，高注云：「隆，高也。」

⑥ 畢云：鉤二。詩傳云：「鉤，鉤梯也，所以鉤引上城者。」　孫云：備鉤篇今佚，鉤蓋謂施長鉤緣之以攻城。管子兵法篇云「凌山阬不待鉤梯」，韓非子外儲説左上篇「趙主父、秦昭王令工施鉤梯上潘吾及華山」，皆是也。詩皇矣孔疏云：「鉤援一物，正謂梯也。以梯倚城相鉤引而上，援即引也。墨子稱公輸般作雲梯以攻宋，蓋此之謂也。」馬瑞辰云：「墨子分鉤與梯爲二，則鉤非即雲梯明矣。六韜軍用篇有飛鉤，長八寸，鉤芒長四寸，梯長六尺以上，千二百枚。蓋即詩之鉤。傳云『鉤，鉤梯』者，謂以鉤鉤梯而上，故又申之曰『所以鉤引上城者』，非謂鉤即梯也。正義失之。」

⑦ 畢云：衝三。詩傳云：「衝，衝車也。」説文云：「𨊹，陷敶車也。」高誘注淮南子云：「衝車，大鐵著其轅端，馬被甲，車被兵，所以衝於敵城也。」又曰：「衝，所以臨敵城，衝突壞之。」孔穎達詩正義云：「衝者，從旁衝突之稱。兵書有作臨車、衝車之法。」按「𨊹」正字，「衝」假音。　孫云：詩皇矣孔疏又云：「墨子有備衝之篇。」今佚。

⑧ 畢云：梯四。案即雲梯。　孫云：後有備梯篇。

⑨ 「堙」，堂策檻本、四庫本作「湮」。　畢云：堙五。一本作「湮」。案當爲「垔」，俗加土。説文

云：「堊，塞也。」玉篇云：「何休曰：上城具。堙，同堊〔二〕。」通典云：「於城外起土爲山，乘城而上，古謂之土山，今謂之壘道。」　孫云：「土山」亦見太白陰經攻城具篇。左傳襄六年「晏弱圍萊，堙之，環城傅於堞」，杜注云：「堙，土山也。」書費誓孔疏云：「兵法，攻城築土爲山，以闚望城内，謂之距堙。」孫子謀攻篇作「距闉」，曹操注云：「距闉者，踊土稍高而前，以附其城也。」蓋堙與高臨略同，惟以堙池爲異。此書今本備堙無專篇，而本篇後文「寇闉池」一節，蓋即備堙之法。又舊備穴篇亦有「救闉池」之文，今移入本篇。襍守篇又作「煙」。「闉」、「堙」、「煙」聲同字通。

⑩ 畢云：水六。　孫云：後有備水篇。

⑪ 畢云：穴七。　孫云：後有備穴篇。

⑫ 「突」，道藏本、吴鈔本、陸本、唐本、茅本、堂策檻本、四庫本作「宎」。　畢云：突八。　孫云：後有備突篇，不詳攻法，而云「城百步一突門」，乃守者所爲。疑突與穴略同，但穴爲穴地，突爲穴城，二者小異耳。襄二十五年左傳「鄭伐陳，宵突陳城」，杜注云：「突，穿也。」三國志魏明帝紀裴松之注引魏略載諸葛亮攻陳倉，「爲地突，欲踊出於城裏，郝昭於内穿地橫截之」，則突亦穴地矣，未聞其審。

⑬ 畢云：空洞九。　孫云：「空洞」當亦「穴」、「突」之類，其攻法之異同，今篇佚無可攷。

〔二〕畢刻本脱「同堊」二字，本書沿誤，今據玉篇土部補。

⑭「傳」，諸本作「傳」，四庫本作「傳」，皆「傳」之形誤。後有備蛾傳篇。畢刻改作「附」。畢云：蟻附十。「蟻」同「螘」。孫子云：「將不勝心忿而蟻附」，注云：「使卒徐上城，如蟻緣城，殺士也。」

⑮畢云：轒轀十一。太平御覽云〔一〕：「太公六韜曰：『凡三軍有大事，莫不習用器械，攻城圍邑，則有轒轀、臨衝，視城中則有雲梯、飛樓。』周遷輿服雜事曰：『橨榲，今之橦車也，其下四輪，從中推之，至敵城下。』」說文云：「轒，淮陽名車穹隆〔二〕轒。」玉篇云：「轒輼，兵車。」作「輼」。輼、轀音相近。藝文類聚引孫子又作「粉榲〔三〕」。通典云：「攻城戰具，作四輪車，上以繩爲脊，生牛皮蒙之，下可藏十人，填隍推之，直抵城下，可以攻掘，金火木石所不能敗，謂之轒轀車。」孫云：孫子謀攻篇云「攻城之法，脩櫓轒轀」，本書備轒轀篇今佚。後備水篇「以船爲轒轀」，與攻城之車異。

⑯畢云：軒車十二。馬瑞辰云：六韜軍用篇「飛樓」，蓋即墨子之「軒車」、左傳之「巢車」。孫云：備軒篇今佚。左宣十五年傳云「登諸樓車」，杜注云：「車上望櫓。」此「軒車」疑即「樓車」。楚辭招魂王注云：「軒，樓版也。」

〔一〕「云」字原脱，依畢刻本補。
〔二〕「隆」原作「窿」，依畢刻本改，與說文合。
〔三〕「榲」原作「轀」，據畢刻本改，與藝文類聚卷六十三原文合。

⑰「敢」，舊本作「服」。「敢」或作「䜟」，與「服」形近而誤。

⑱「修」，翻陸本、茅本、寶曆本、緜眇閣本作「脩」。

⑲「具」，陸本、茅本作「貝」，爛文。

⑳秋山云：「推」，一作「椎」。　畢云：「推粟」，言輓粟。　孫云：「推」當爲「樵」之誤。下云「薪食足以支三月以上」，樵粟即薪食也。　○案：節葬下篇曰「積委多，城郭修，上下調和」，與此文意略同。

㉑孫云：國語越語韋注云：「持，守也。」

㉒盧云：此下當有「而君不用之」五字。

㉓舊本脱「猶」字，俞據下句增。

㉔「必能」，緜眇閣本作「能必」。君用與善守，爲守城必具之二事。但在事實上，善守者君未必用，君用之守者又未必能，此城之所以多不可守也。俞改「乎」爲「守」，似可不必。

㉕「尊用」猶重用也。

㉖此與下文緊相銜接，其閒無脱文。俞校移下文「凡守圍城之法」以下一百四十二字置於此閒，反覺重複，今仍從舊本。

㉗緜眇閣本「故」作「以」。　秋山云：「故」，一作「尚」。

㉘畢云：舊脱「門」字，據太平御覽增。　孫云：左傳莊二十八年「縣門不發」，杜注云：「縣門施

於内城門。」又襄十年「圍偪陽，偪陽人啟門，諸侯之士門焉，縣門發」，孔疏云：「縣門者，編版廣長如門，施關機以縣門上，有寇則發機而下之。」○案：宋本、蜀本御覽一百八十三引「縣」作「懸」。

㉙ 門之長度。

㉚ 孫云：蓋一扇之廣度。

㉛ 孫云：謂門左右兩扇同度。

㉜ 畢云：「門扇」舊作「間扁」，據下文改。「數」同「促」。

㉝ 謂兩扇接處相去三寸，免相切摩滯凝也。

㉞ 秋山云：「施」，一作「於」。 畢云：舊「土扇」作「士扁」，非。通典守拒法云：「城門扇及樓堠以泥塗厚，備火。」

㉟ 畢云：說文云：「塹，阬也。」

㊱ 孫云：亦八尺而兩之。

㊲ 「力」當爲「門」。「門」字行草作「门」，與「力」形近而誤。上文門長二丈，則塹長亦二丈也。

㊳ 「末」，道藏本、吳鈔本、陸本、唐本、茅本、緜眇閣本作「未」，誤。 孫云：「縣」即縣門也。

㊴ 孫云：以上縣門之法。

㊵ 「客」，舊本作「容」，今依王、蘇校改。 王引之云：「容」當爲「客」。「客至」謂敵人至城下也。

蘇云：「容」當作「客」，謂敵人也。褋守篇云「寇至，諸門户令皆鑿而類竅之」，與此合。

〇案：禮記月令孔疏云：「起兵伐人者謂之客。敵來，禦捍者謂之主。」

㊶ 下「孔」字，舊本作「孜」，畢以意改。畢又改「慕」爲「幕」。　蘇云：以褋守篇校之，「孔」字疑誤重。　孫云：以褋守篇校之，此「慕」、「幕」並即彼「類」，此「孔」即彼「竅」，亦即所謂「鑿」。「慕」、「幕」並當作「幂」。　廣雅釋詁云：「幂，覆也。」「幂」，褋守篇作「類」，則又「幎」之形誤。　蓋鑿門爲孔竅，而以物蒙覆之，使外不得見孔竅也。　太白陰經守城具篇云：「鑿門爲敵所逼，先自鑿門爲數十孔，出強弩射之。」　〇案：「孔之」當作「之孔」，「之」字上屬爲句，「孔」字屬下讀。

㊷ 蘇云：「幕二」之「二」疑衍。　褋守篇云：「各爲二類，一鑿而屬繩，繩長四尺，大如指。」　孫云：蘇校是也。　此蓋言每門扇鑿二孔，皆幂之。　其一幂而更繫以繩，蓋備牽挽以爲固也。　以上鑿幂門户之法，即太白陰經之「鑿門」。　〇案：「幕二」之「二」爲「幕」之重文，此文本作「諸門户皆令鑿而慕孔之，孔各爲二幕，幕一鑿而繫繩，繩長四尺」，今本「孔」字錯入上句，「繩」下又脱一「繩」字。

㊸ 「爲」猶與也。　此謂敵以車火與烟矢攻城也。　孫云：備蛾傅篇云「車火燒門」，備梯篇作「熚火」，此「車火」疑當作「熏火」。　「烟矢」當作「熛矢」，説文火部云：「熛，火飛也。　讀若標。」「熛」誤作「煙」，又從俗作「烟」。　孫子火攻篇云「烟火必素具」，亦「熛火」之誤。

㊹ 寶曆本「棧」作「機」。　畢云：説文云：「棧，棚也。」　孫云：「棧」疑當作「杙」，與「弋」同，

即下文之「涿弋」也。

㊺ 畢云：「涂」字俗寫從土，本書迎敵祠亦只作「涂」。通典守拒法云：「門棧以泥厚塗之，備火。柴草之類貯積，泥厚塗之，防火箭飛火。」

㊻ 「斗革」，舊本作「升草」，今依王校改。「救」，陸本作「敉」。王云：「升」當爲「斗」，隸書「斗」字作「外」，因譌而爲「升」。「草盆」當爲「革盆」，備穴篇曰「傳火者必以布麻什革盆」，案「傳火」當爲「持水」，「什」當爲「斗」，即所云「持水麻斗革盆救之」也。「革盆」又見備蛾傅篇。○案：王所引備穴篇文，今移於此篇。

㊼ 畢云：說文云：「樀，壁柱。」「植，户植也。」「薄」假音字。

㊽ 「寸」，諸本作「尺」，緜眇閣本作「寸」，今從之。孫云：蓋即鑿孔以涿弋。

㊾ 「涿」，各本作「湪」，今依王校改。「涿」字俗書或亦作「湪」，見魏高洛周造象記。王引之云：「湪」當爲「涿」，字本作「椓」。說文：「椓，擊也。」周南兔罝傳曰「丁丁，椓杙聲」，是也。通作「涿」，周官壺涿氏注曰「涿，擊之」，是也。「涿弋」又見下文。

㊿ 「寸」，畢本作「尺」，舊本並作「寸」，今據正。畢云：說文云：「檝，弋也。」孫云：說文弋部云：「弋，橜也。」

51 畢云：「見」疑「閒」字。○案：備梯篇曰「守爲行城襍樓相見」，亦以「見」爲「閒」，即距離。

52 孫云：上云「閒一寸」者，謂一行之中每一寸一弋，此則前後行相去之數也。

⑤③「救」，陸本、茅本作「敉」。「火」，寶曆本作「人」。「鏨」疑當作「備」。

⑤④畢云：「垂」，「𠂹」字省文。說文云：「𠂹，小口罌也。」

⑤⑤「容」，舊本作「火」，王校爲「容」之壞字，是也，今依改。下文曰「水瓴容三石以上，小大相雜」，文與此正同。　顧云：「火」當作「大」。

⑤⑥以上救車火與烟矢之法。

⑤⑦畢云：言扃固之。「環」與「扃」音相近。　孫云：「植」，持門直木。「關」，持門橫木。說文金部云：「錮，鑄塞也。」

⑤⑧畢云：「錮」字疑衍。說文云：「鍱，鏶也。」此與「鍺」音同，說文云：「以金有所冒也。」〇案：「錮」並當爲「扃」。「扃」或作「銄」，見魏王僧墓誌銘，與「錮」形近而誤。禮記曲禮「入户奉扃」，釋文云：「扃，門扇上鐶鈕。」即此「環扃」之義。此文本作「門植關必環銄，銄以金若鐵鍱之」，今本「銄以」誤倒爲「以錮」耳。

⑤⑨畢云：「梳」字未詳，疑作「瑣」。

⑥⓪畢云：「管」字假音。春秋左氏云「北門之管」。　孫云：「管」或作「筦」，與「莧」聲形俱近。新序雜事一〔二〕「楚筦蘇」，呂氏春秋長見篇「筦」作「莧」。管即瑣也，檀弓鄭注云：「管，鍵也。」

〔二〕「新序雜事一」，孫引原作「說苑君道篇」，本書沿誤，今改。按：新序作「筦蘇」，說苑作「筦繞」，孫引書名偶誤。

(61)「時」，寶曆本作「持」。　畢云：「貌」疑「視」字。

(62)「入」，各本作「人」，今依蘇校改。　畢云：「桓」，表也。　○案：周禮大宗伯鄭注云：「雙植謂之桓。」此「桓」蓋謂門内兩側之立木，鑿孔以持關者。關入桓，深則固，淺則不固。

(63)蘇云：禁此五者，防有變也。已上言城門關鎖之法，畢以爲救車火之法，非也。

(64)下文云「城上七尺一渠」，與此異。　孫云：「渠」，守城械名。尉繚子武議篇云：「無蒙衝而攻，無渠荅而守。」

(65)「立」，寶曆本作「之」。　畢云：前漢書注云：「墨子曰：城上二步一渠，立程長三尺，冠長十尺，臂長六尺。」則「丈」當爲「長」。　○案：「長」、「丈」二字疑當並有，本書與漢書注互脱一字耳。下文曰「渠長丈五尺」，又曰「渠長丈六尺」，襍守篇曰「渠長丈五尺」，皆有「長丈」二字，可證。

孫云：「程」當爲「桯」。攷工記輪人，蓋杠謂之桯。「立桯」即渠之杠直立者也。

(66)「尺」，畢本作「丈」，舊本並作「尺」，今據正。下文與襍守篇説渠，一曰「夫長丈二尺」，一曰「夫長丈」，一曰「矢長丈二尺」，似皆與此句相當。曰「冠」、曰「夫」、曰「矢」，義皆未詳，今各仍原文。

(67)此句下文兩見，「辟」並作「臂」。　畢云：「辟」同「臂」。　孫云：「臂」蓋渠横出之木也。

孫云：「冠」蓋渠之首。

(68)「荅」，諸本作「答」，寶曆本作「荅」，與畢刻合。餘「荅」字仿此。　畢云：漢書注云：「蘇林曰：渠荅，鐵蒺藜也。」

⑥⑨ 王云：此當作「二步一荅，荅廣九尺」。如淳注漢書鼂錯傳引此重「荅」字。

⑦⓪ 畢云：「衺」舊作「表」，據前漢書注改。孫云：以上渠荅之法。

⑦① 畢云：舊作「挺」，以意改。説文云：「梃，一枚也。」孟子音義云：「梃，徒頂切。」通典守拒法云：「連梃，如打禾連枷狀，打女墻外上城敵人。」〇案：緜眇閣本作「梃」，與畢改合。

⑦② 孫云：説文木部云：「椎，所以擊也。齊謂之終葵。」

⑦③ 周禮職金「凡國有大故而用金石」，鄭注云：「用金石者，作槍、雷、椎、椁之屬。」孔疏云：「皆謂守城禦捍之具。」一切經音義引倉頡曰：「木二端鋭曰槍。」

⑦④ 孫云：以上雜守器之法。

⑦⑤ 畢云：通典守拒法云：「木弩以黄連、桑柘爲之，弓長一丈二尺，徑七寸，兩弰三寸，絞車張之，大矢自副，一發聲如雷吼，敗隊之卒。」

⑦⑥ 明鈔本書鈔一百二十五引「以」作「已」。

⑦⑦ 吴鈔本「矢」作「关」，同。

⑦⑧ 「毋」，畢本作「田」，舊本作「毋」，今據正。秋山云：「捜」，一作「擽」。孫云：「節」當作「即」。「毋」與「無」字通。矢材以竹箭爲佳，爾雅釋地：「東南之美者，有會稽之竹箭焉。」郭注云：「竹箭，篠也。」書禹貢釋文引馬融云：「楛，木名，可以爲箭。」〇案：「趙」疑「楚」之形譌，楛、楚可以爲箭，見韓子十過篇及戰國策趙策，高注云：「楚，荆也。」「捜」，字書所無。左思吴

都賦「木則松、梓、古度」，庾信枯樹賦「若夫松子、古度，森梢百頃，槎枿千年」，「披」疑即「古度」。此似言矢多，竹箭難給時，可以楛、楚、披、榆益之。北史郎基傳「基固守海西，乃至削木爲箭」，即其事例。

⑲ 未詳。備穴〔一〕篇曰「必以堅杖爲夫」，畢云：「夫同趺，如足兩分也。」此「夫」字或與彼同，蓋用以播布木弩者，質用鐵，欲其堅也。　孫云：「齊」當爲「齎」，「夫」當爲「矢」，或云：「鐵夫」即備穴篇之「鐵鈇」。

⑳ 秋山云：「衜」，一作「衞」。　畢云：「衜」疑「衝」字。　王云：「衝」，説文本作「衜」，今作「衜」者，即「衝」之譌。　孫云：説文手部云：「播，布也。」謂分布使衆射之。

㉑ 「櫳樅」，畢本如此，諸本二字並從手。道藏本、陸本、唐本「樅」字從木。　畢云：已上木弩之法。　孫云：「櫳樅」見後，蓋亦攻守通用之器。

㉒ 寶曆本「二」作「一」。

㉓ 「中」，畢本改「千」。　畢云：後漢書注引作「積石百枚，重千鈞以上者」，舊「千」作「中」，據改。　孫云：此見堅鐔傳注，「千」並作「十」，未知畢據何本。　吴云：「中」讀去聲，畢改「千」字非是。若千鈞之石五百枚，則二步之地不能容矣，且千鈞無能用之者矣。　○案：畢改必非，

〔一〕「備穴」原誤「備突」，按引文在本書備穴篇，今改。

吴説近是。又疑「中」當訓半。鈞三十斤，石重半鈞以上，庶可舉以投敵。若過重，不唯二步之地不能容五百枚，且亦不便使用矣。下文曰「瓦石重二斤以上，上」。

⑧④ 「百」疑當爲「石」，形近而譌。孫云：周禮馬質鄭注云：「亢，禦也。」

⑧⑤ 「壁」，陸本、茅本、寶曆本、緜眇閣本、堂策檻本、四庫本作「璧」。「壁」、「璧」皆「甓」之借字。甓，瓴甓也。「善方」即「繕防」之省文，韓子十過篇「使治城郭之繕」。此言無石以亢禦敵人時，疾犁與甓皆可修繕防禦也。「疾犁」，下文及備梯篇、備穴篇亦作「蒺藜」。本草曰：「刺蒺藜，狀如赤根菜，三角四刺。」因之軍用多角多刺之具亦曰蒺藜。六韜軍用篇有木蒺藜、鐵蒺藜、兩鏃蒺藜。畢云：此「疾犁」正字，漢書注作「蒺藜」，非。通典守拒法云：「敵若木驢攻城，用鐵蒺藜下而敦之。」孫云：以上積石之法。

⑧⑥ 「苙」，舊本並同，畢本改「笠」。畢云：一本作「至」，舊作「苙」。孫云：「苙」當爲「苣」之譌，後文「人擅苣長五節」是也。彼「五節」當爲「五尺」，此長度倍之，蓋苣束葦爲之，有大小長短之異。常時所擅，用其小者，其大者則積之，以備急猝夜戰之用，故長度特倍於恒也。舊本作「苙」，艸形尚存。畢校作「笠」，失之彌遠矣。

⑧⑦ 孫云：儀禮喪服鄭注云：「中人之扼，圍九寸。」

(88) 王云：「有奚」下當有「蠡」字，下句「奚蠡」即承此而言。杜子春注〔一〕周官鬯人曰：「瓢謂瓠蠡也。」「瓠蠡」、「奚蠡」一聲之轉。蘇云：「奚」下脱「蠡」字。説文：「奚，大腹也。」「蠡」音黎，瓠瓢也。漢書東方朔傳「以蠡測海」，是也。

(89) 「奚蠡大」，陸本、茅本、寶曆本、緜眇閣本、堂策檻本、四庫本作「奚大蠡」。

(90) 「五步」之「五」，陸本、堂策檻本、四庫本作「伍」。孫云：「狗屍」疑即下文之「狗犀」，「屍」、「犀」音近通用。後又有「狗走」，即此。蓋亦行馬、柞鄂之類。

(91) 畢云：「喪」，藏也。孫云：「弟」當爲「茅」之誤。狗屍蓋以木爲之，而掩覆以茅，所以誤敵，使陷擠不得出也。

(92) 吴鈔本「瓮」作「甕」。孫云：「瓮」當爲「兑」，形近而誤。

(93) 翻陸本「弋」作「戈」。説文曰：「約，纏束也。」

(94) 「搏」，諸本作「摶」，道藏本、吴鈔本、唐本、寶曆本、緜眇閣本、四庫本作「搏」，今從之。備蛾傳篇「盧薄長八尺」，「搏」、「薄」疑皆「構」之借字，説文曰：「構，壁柱。」

(95) 畢云：舊脱一「竈」字，據太平御覽七百五十七增。「鐕」，「鬵」字假音，説文云：「鬵，大釜也。一曰：鼎大上小下若甑曰鬵。讀若岑。」方言云：「甑，自關而東或謂之鬵。」太平御覽引作「鑊」。

〔一〕「注」字原脱，據讀書雜志補。

(96) 畢云：太平御覽引作「容二石以上爲湯」。

(97) 「沙」，寶曆本作「涉」。　秋山云：「涉」，一作「沙」。　畢云：已上積石、苙、狗屍、搏、竈之法。　孫云：「毋下」猶云毋減。

(98) 畢云：通典守拒法有云：「却敵上建堠樓，以版跳出爲櫓，與四外烽戍晝夜瞻視。」

(99) 畢云：説文云：「堞，城上女垣也。」「堞」省文。　○案：初學記二十四引無「樓」、「於」二字。宋本、蜀本御覽一百七十六引無「於」字。

(100) 畢云：當云「下廣四尺」。　吴云：「廣三尺」乃「四尺」之譌。古「四」字作「亖」，故易與「三」混。下「廣四尺」字與「板」字連文。　○案：「廣三尺」、「廣四尺」疑衍其一。蓋一本由「廣亖尺」而譌〔二〕「廣三尺」，一本作「廣四尺」，今本兩存之耳。樓制之長，出於堞者四尺，廣四尺，其堞内之度，蓋稱城之厚薄適爲之，故其全長不必豫定，要在四尺以上也。

(101) 「傅」，舊本作「傳」，誤。　蘇云：「傅」即塗也。所以防火。

(102) 蘇云：所以避日。　○案：蘇謂夏蓋「所以避日」，冬季之風雨雪豈不當避邪？殆非也。「夏」當爲「复」，或作「复」。説文曰：「复，行故道也。」玉篇曰：「复，今作復。」「复」爲初文，「復」爲後起字。复者，「覆」之省文，説文曰：「覆，蓋也。」复蓋其上，即覆蓋其上也。因「复」字少見，遂誤

〔二〕「譌」，原作「爲」，徑改。

作「夏」矣。下文「以蓋瓦復之」，亦當作「以瓦蓋復之」。

⑩③ 畢云：疑即巢車，「巢」、「藉」音相近。　○案：「藉」，寶曆本作「籍」。「五十步」，下文作「三十步」，又作「二十步」。

⑩④ 「藉車」二字，陸本、茅本、寶曆本、緜眇閣本、堂策檻本、四庫本不重，非是。「纂」，吴鈔本、緜眇閣本作「篡」。　畢云：説文：「簞，治車軸也。」「纂」假音字。

⑩⑤ 「井」當爲「并」，「屏」之省文。號令篇「諸竈必爲屏」，「屏」舊本亦誤作「井」，例與此同。屏，廁也，下文曰「五十步一廁」。

⑩⑥ 畢云：「屏」當爲「井」。　王云：下文言「百步一井」，則此不得又言「五十步一井」。此當以「五十步一井屏」爲句。旗幟篇云「其井爲屏，三十步而爲之圜，高丈」，是其證。初學記地部下引此正作「五十步一井屏」。　孫云：「井屏」即屏廁，非汲井也。周禮宮人「爲其井匽」，鄭衆注云：「匽，路廁也。」　吴云：「井」乃「屏」之誤，畢、王説未當。　○案：吴説較長。王所引旗幟篇文，「其井」與「爲屏」三字不連，且不相涉，王删并爲一句，未允。蓋彼「井」爲汲井，與此亦不同也。初學記引十二字與此全同，何能節取六字，爲「井屏」當連讀之證？若其法可證，則人亦可節取「五十步一井」五字作爲「井」字當斷句之證矣。御覽一百八十九引作「五十步一井」，「井」字雖與此同誤，而斷句則不誤。周禮宮人「爲其井匽」，王氏校「井」爲「并」之譌。并、屏古字通，正與吴校此「井」字爲「屏」之誤相類。廣雅釋室曰：「庰，廁也。」或以「屏」、「并」爲之。

⑩⑦ 俞云：「方」者，「房」之假字。五十步置一房，爲守者入息之所，故必爲關籥守之也。孫云：「方」疑「户」字之誤，下同。後備穴篇云「爲之户及關籥」。○案：孫説未允。備穴篇曰「偃爲之户及關籥」，彼「户」有所屬，故義可通。此文依孫校爲「五十步一户」，「户」無所屬，文義不完。

⑩⑧ 蘇云：「尚」與「上」同。「關籥」即管鑰。

⑩⑨ 畢云：舊从手，非。○案：寶曆本「櫳」從木。

⑪⓪ 「議」同「義」，宜也。謂其上合宜減殺之。

⑪① 孫云：此無後廣之度，疑有脱文。○案：初學記二十四及宋本、蜀本御覽一百七十六引並無「廣」字。

⑪② 秋山云：「軵」，一作「軜」。畢云：「軵」疑「吻」。「坫」疑「坫」字。説文云：「坫，屏墻也。」又或同「阽」。漢書注：「如淳曰：阽，近邊欲墮之意。」○案：畢説近是。「樓軵」蓋謂樓突出陵虛之一部。下文「出城十二尺」，可見近邊欲墮之意。

⑪③ 「尺」，吴鈔本作「步」。

⑪④ 畢云：舊作「百步再再十甀〔一〕」，據太平御覽改。○案：「罋」，舊本作「甀」，誤。蜀本御覽七

〔一〕「甀」原誤「罋」，據畢注原文改，與墨子舊本合。

百五十八引作「甕」。

⑮ 蘇云：「繫連」，所以引甕而汲也。　孫云：「繫連」疑當爲「擊遝」，即後文之「頡皋」，音並相近。

⑯ 下「斗」字諸本作「什」，即「斗」之俗體。寶曆本作「升」。　秋山云：「升」，一作「什」。　蘇云：「六什」當作「六斗」。「到」猶至也。　孫云：左傳襄九年「宋災，備水器」，杜注云：「盆、罌之屬。」

⑰ 畢云：一本作「杆」。　孫云：說文禾部云：「稈，禾莖也。或作秆。」左昭二十七年傳云：「或取一秉秆焉。」

⑱ 畢云：說文云：「櫓，大盾也。」

⑲ 秋山云：「術」，一作「桁」。　孫云：「衝術」即上文之「衝隊」〔一〕，「隊」、「術」一聲之轉。此下所爲，皆以當衝隊。

⑳ 「䐈」，寶曆本作「牘」。　俞云：「䐈」即「竇」字之誤。　孫云：「䐈」當爲「隫」之誤。說文阜部云「隫，通溝以防水者也」，與「竇」聲義並相近。考工記匠人「竇，其崇三尺」，鄭注云：「宮中水道。」「幽隫」猶言闇溝也。

〔一〕按：「衝隊」之文見本篇下文，墨子閒詁則校移入本篇上文。

⑫1 「千」，疑「十」之譌。

⑫2 「立」，畢本改「大」。　畢云：「大」舊作「立」，據太平御覽改。　王云：畢改非也。初學記居處部、鈔本御覽居處部四、玉海宮室部所引並作「立樓」。　○案：宋本、蜀本御覽一百七十六引作「立樓」。

⑫3 畢云：太平御覽引云：「二百步一大樓，去城中二丈五尺。」　孫云：下「二」字疑衍。此「立樓」在堞内者之度，其出堞外者則五尺，下文云「出樞五尺」是也。内外合計之，則廣三丈也。

○案：初學記二十四引作「去城中二丈五尺」。

⑫4 孫云：「樞」疑當作「拒」，謂立樓之横距出堞外者五尺也。備高臨篇云：「臺城左右出巨各二十尺。」　○案：「樞」疑「堞」之譌，上文曰「樓出於堞四尺」。

⑫5 「爲」字疑當在下句「俾倪」之上。　孫云：此言堞内地之廣度必如此，乃足容守卒行止及儲庤器用也。

⑫6 畢云：説文云：「陴，城上女墻，俾倪也。」杜預注左傳作「僻倪」。衆經音義云：「三倉云：俾倪，城上小垣也。」一云：「三倉作『頓堄』，又作『埤』、『敕』。」　蘇云：即睥睨。釋名云：「城上垣曰睥睨，言於孔中睥睨非常〔一〕也。」

〔一〕「非常」原作「一切」，據蘇時學墨子刊誤卷二改，與釋名釋宮室合。

⑫⑦「寸」字各本無，今依孫、吴校增，與下文合。　孫云：說文𨸏部云：「陛，升高陛也。」

⑫⑧陛每級之廣長。

⑫⑨「唐」，寶曆本、四庫本、畢本作「廣」，道藏本、吴鈔本、陸本、唐本、茅本、緜眇閣本、堂策檻本作「唐」，今從之。　孫云：文選甘泉賦李注引鄧展云：「唐，道也。」此謂城上下當陛之道也。下文云「道陛高二尺五寸，長十步」。　○案：以下文校之，各六尺當爲六十尺，方與十步相合。

⑬⓪孫云：「童異」疑當爲「重廙」。　說文广部云：「廙，行屋也。」

⑬①隅各一尉。　左傳閔二年「羊舌大夫爲尉」，又成十八年「立軍尉以攝之」，襄十九年有「軍尉」、「輿尉」，襄二十一年「將歸死於尉氏」，杜注云：「尉氏，討姦之官。」管子立政篇「里爲之尉」，史記白起傳「取二鄣四尉」，索隱云：「尉官也。」　孫云：「尉」蓋即下文所謂「帛尉」。　商子境内篇云「其縣有四尉」。　畢云：已上候樓、井、櫳樅、木樓、井、雜秆、櫓、幽牘、立樓之法。

⑬②「五尺」，「尺」字各本脱，王據襍守篇補。

⑬③畢云：「貍」，「薶」省文。

⑬④畢云：「夫」字俱未詳，疑即「扶」字，所以著手。　王云：「夫」當爲「矢」。　襍守篇「渠長丈五尺，其埋者三尺，矢長丈二尺」，其字正作「矢」，故知此篇諸「夫」字皆「矢」字之譌。　俞云：

畢、王二說皆非也。下文云「爲頡皋必以堅杖爲夫」，畢云：「夫同趺，如足二分也。」〔二〕此說得之。下云「臂長六尺」，是趺也、臂也皆取象於人身。畢得之後而失之前，偶不照耳。襍守篇作「矢」，乃字之誤，不當反據以改不誤者。後文「夫」字應讀「趺」者視此。

(135) 孫云：「内」、「枘」古今字。楚辭九辨云「圜鑿而方枘兮」。

(136) 畢云：「兩」舊作「雨」，以意改。　○案：寶曆本、緜眇閣本作「兩」。

(137)、(138) 孫云：謂適相當也。

孫云：「夫」當作「矢」。下說城上之物有「馬矢」，亦誤作「夫」。「寒」疑「塞」之譌。　○案：管子地員篇「其種陵稻、黑鵝、馬夫」，注云：「皆草名也。」

(139) 孫云：言待命令而施之。下文作「水甬」，亦云「覆以瓦而待令」。

(140) 「若」猶或也。

(141) 「五」字各本錯入下文，作「五五十步一廁」，今移於此。「十」字諸本作「千」，陸本作「十」，今從之。

(142) 孫云：以告人，慮有體汙也。

(143) 畢云：「五」下舊衍一「五」字。　○案：所衍之「五」，即上文「五十步一表」之錯文，今校移前。

(144) 畢云：說文云：「圂，廁也。」　孫云：上「廁」爲城上之廁，「圂」則城下積不潔之處，旗幟篇所

〔二〕按：俞所引此文及畢注，本書已移入備穴篇。

謂「民圂」也。蓋城上下廁異而圂同。

⑭⑤　棄水者操表摇之，之廁者不得操表摇之，此蒙上文而省。孫謂有脱文，非也。畢云：「之」，往也。見爾雅。

⑭⑥　蘇云：上作「五十步」，備穴篇作「二十步」，未詳孰是。○案：蘇引備穴篇文今移於後。

⑭⑦　「隊」，茅本、寶曆本、緜眇閣本作「陣」。當隊謂當攻隧也，説詳下文。孫云：以下文校之，「不用」下當脱「此數」二字。

⑭⑧　此謂城上下道階級之全長。「陛」，詳前。

⑭⑨　「樓杌勇杌勇」，各刻本作「樓杌杌勇勇」，吴鈔本作「樓杌々勇々」。攷古人鈔書之例，「樓杌々勇々」既可讀爲「樓扤杌勇勇」，亦可讀爲「樓杌勇杌勇」。此例凡曾閲古鈔本者不難知之。因此一式兩讀，常易錯誤，經下篇「彼彼此此」，今本誤作「循此循此」，正與此例相互。「杌」字諸本作「扤」，茅本、寶曆本、緜眇閣本作「杌」，今從之。「杌勇」義未詳。

⑮⓪　「士」，寶曆本作「十」，畢以意改「土」。「士樓」蓋因士得名，如上文之「坐候樓」。

⑮①　孫云：疑亦爲縣門也。

⑮②　蘇云：「渠」，塹也。所以防踰越者。

⑮③　畢云：舊作「慕」，以意改。孫云：後作「藉莫」，即「幕」之省。通典兵守拒法云：「布幔複布爲之，以弱竿縣挂於女墻八尺，折抛瓦之勢，則矢石不復及墻。」太白陰經守城具篇説同。説文巾

部云：「幔，幕也。帷在上曰幕。」則布幔當即此藉幕之遺制。

(154) 畢本「也」改「他」。　畢云：舊作「也」，以意改。　王云：「他」古通作「也」，不煩改字。

(155) 畢云：疑「周道」。　孫云：「周道」見後備水篇。周禮量人云「營軍之壘舍，量其州涂」，鄭衆注云：「州涂，還市朝而爲道也。」又考工記匠人云「環涂七軌」，杜子春注云：「環涂，環城之道。」此「州道」與「州涂」、「環涂」義並略同。

(156) 王云：「積藉」當爲「積薪」。積薪必善塗之者，所以防火也。上文云「五十步積薪，毋下三百石，善蒙塗，毋令外火能傷也」，與此文同一例。特彼以城上言之，此以城下言之耳。襍守篇亦曰「塗積薪者厚五寸已上」。　蘇說同。　吴云：「藉」者，草也，與「薦」同。莊子「麋鹿食薦」，士虞禮鄭注：「藉猶薦也。」「藉」、「薦」雙聲。說文：「藉，草不編，狼藉。」

(157) 孫云：迎敵祠篇云「城上五步有伍長，十步有什長」，蓋城上步一人，十步則十人，有什長。兩篇文異義同。

(158) 「亭」，諸本作「帛」，寶曆本作「亭」，今從之。　畢云：「帛」同「伯」。　吴說同。

(159) 蘇云：「高垣」當作「垣高」。　孫云：「高」即「亭」字之誤。

(160) 畢云：說文云：「閨，特立之户，上圜下方，有似圭。」　孫云：爾雅釋宮云：「宮中之門，其小者謂之閨。」此城閒小門，與宮中小門名同。

(161) 「閉」，諸本作「閈」，寶曆本作「閉」，與畢本同。

⑯2 各本脱「一」字，王據太平御覽職官部六十七補。

⑯3 「有重厚」，各本作「有序」二字，今依王校補正。　王云：「序」亦當爲「厚」，「厚」上當有「重」字。人必厚重忠信，然後可以任事，故曰「尉必取有重厚忠信可任事者」。號令篇曰「葆衛必取戍卒有重厚者，請擇吏之忠信者、無害可任事者令將衛」，是其證。　孫云：以上置什長、亭尉之法。

⑯4 「爨」，舊本作「鬶」。　孫云：儀禮士虞禮鄭注云：「爨，竈也。」

⑯5 「康」，吴鈔本、宋本蜀本御覽八百五十四引並作「糠」，俗字。「粃」，陸本、堂策檻本、四庫本作「粃」，誤。　畢云：説文云：「穅，穀皮也。康，或省字。」「秕，不成粟也。」此从米，非。

⑯6 畢云：「麩」字假音。通典守拒法有灰麩、糠粃、馬矢。　孫云：「杯」當爲「秠」之借字，秠即稃也。説文禾部云：「稃，穭也。」「穭，穅也。」故墨子亦以秠與康粃同舉也。　○案：段玉裁注説文亦校作「秠，稃也。」

⑯7 畢云：舊作「夫」。據太平御覽引云「備城皆收藏灰糠馬矢」，通典云「擲之以眯敵目也」。

⑯8 畢云：疑「渠荅」假音字。「譫」與「幨」同。淮南子氾論訓云「渠幨以守」，高誘注云：「渠，壍也。一曰甲名，國語曰『奉文渠之甲』是也。幨幰，所以禦矢也。」　王云：高注後説以「渠」爲「甲」，引吴語「奉文渠之甲」，猶爲近之。今吴語作「奉文犀之渠」，韋注以「渠」爲「盾」，是也。盾與幨皆所以禦矢，故並言之。「譫」蓋「襜」字之誤。齊策曰「百姓理襜蔽，舉衝櫓」，「襜蔽」即高注所云

「幨幰」，所以禦矢也。故廣雅曰：「幨謂之幰。」幨與襜字異而義同。孫云：王說「譫」是也。此書載渠制甚詳，必非甲盾之名，高、韋說並非是。襜疑即所謂藉幕。

⑯⑨ 見前。

⑰⓪ 見後。

⑰① 疑即備梯篇之「行城襍樓」。緜眇閣本「樓」作「椎」。

⑰② 未詳，疑當作「劍」。

⑰③ 「頡」，諸本作「頡」，寶曆本作「頡」，與畢本合。蘇云：即桔槔。

⑰④ 「梃」，舊本從手，畢改從木，義詳前。

⑰⑤ 並見前。

⑰⑥ 孫云：「茲」即鎡錤也。孟子公孫丑篇「雖有鎡基」，漢書樊噲傳贊「雖有茲基」，顏注引張晏云：「茲基，鉏也。」說文木部云：「櫡，斫也。齊謂之鎡錤。」茲基即「鎡錤」之省。

⑰⑦ 孫云：疑即備穴篇之「鐵鉤鉅」。

⑰⑧ 孫云：即衝車。韓非子八說篇有「距衝」，蓋二者攻守通用之。

⑰⑨ 「縣」下陸本、唐本、茅本、寶曆本、緜眇閣本、堂策檻本、四庫本並無闕文。吳鈔本「批」作「扯」。

⑱⓪ 下文曰「城上百步一樓」。

⑱① 畢云：舊作「內」，以意改。孫云：「爵穴」，謂於城堞閒爲孔穴也。後文云「城上爲爵穴，下

堞三尺」。

(182) 下文「五步一爵穴」，備蛾傅篇「爵穴十尺一」，並與此異。備梯篇「爵穴三尺而一」，與此同。

(183) 「臯」，寶曆本作「皋」。孫云：疑即前「頡皋」之皋。

(184) 「二」上疑脱「大」字。

(185) 畢云：當爲「挈」。

(186) 「斤」，各本作「升」，今依王校改。下「上」字動詞。下文曰「民室材木瓦石可以益城之備者，盡上之」，襍守篇曰「吏各舉其步界中財物可以佐守備者，上」，例與此同。王云：「升」當爲「斤」。隸書「斤」字或作「斤」，因譌而爲「升」。

(187) 畢云：舊作「涉」，下同，俱以意改。

(188) 句。

(189) 畢云：舊作「錯」，據上文改。「鐕」同「鬵」。

(190) 孫云：上文説「鐵鐕」以爲湯及持沙，故「與沙同處」。

(191) 畢云：言連其本。「亓」舊作「卞」，以意改。孫云：「耿」疑「聯」之誤。〇案：「耿」字不誤，「耿」、「鼏」同聲通借。説文曰：「鼏，以木横貫鼎耳舉之。」經典多以「扃」爲之。左宣十二年傳「脱扃」，杜注云：「扃，車上兵闌。」服注云：「横木校輪間。一曰車前横木也。」文選西京賦「旗不脱扃」，薛注云：「扃，關也。謂建旗車上，有關制之，令不動摇，曰扃。」此「善耿其本」即謂善以關橫貫木本，令不搖脫也。襍守篇曰「諸木大者皆以爲關鼻」，其法與此相類。

192 既被橫貫之木，名曰「長從」。

193 此長從之數。

194 此木橋之數。

195 舊本「復」並作「後」，「卒」作「辛」，依王校改。王引之云：此當作「復使卒急爲疊壁，以蓋瓦復之」，復之即覆之，謂以蓋瓦覆疊壁也。今本兩「復」字皆譌作「後」，「卒」字又譌作「辛」，則義不可通。畢以「辛」爲「薪」字，失之。○案：王說是。惟「以蓋瓦復之」疑當作「以瓦蓋復之」，則文法較順。上文曰「復蓋其上」。

196 宋本、蜀本御覽七百五十八引「木」作「大」，「罌」作「甖」。「盛水且用之」，猶言盛水待用。孫云：史記韓信傳「以木罌瓶渡軍」，是罌或瓦或木，皆可以盛水也。諸篇說罌缶所容，並以斗計，此「升」疑亦「斗」之誤。

197 蘇云：「十二」字譌，當爲「五斗者」。俞云：當爲「五升者十步而四」。孫云：當作「五斗以上者十步而二」。「五斗以上者」與上文「容十斗以上者」文例正同。「上」字古文作「二」，與「二」形近而譌，又脫「以」字，遂不可通。但「十步而二」即五十步而十也。此容量止得上之半，則數不宜同，或當從俞校作「十步而四」爲是耳。○案：蘇、孫校均可通。「十步而二」不誤，此蓋小大相雜，故大罌十步而二，小罌亦十步而二也。又自「樓五十步一」至此，舊本凡一百二十三字，顧校爲上文「夏蓋亓上」與「五十步一藉車」之間之脱文。

⑱城有四正面、四隅角。　孫云：「城隅」見詩邶風及考工記匠人，城隅高於城率二雉，故匠人鄭注釋爲「角浮思」。

⑲王引之云：「磨」當爲「磿」。字書無「襹」字，蓋「㯕」字之譌。磿㯕疊韻字。説文：「櫪㯕，柙指也。」此音蓋如説文之「櫪㯕」，而義則不同。磿㯕蓋樓之異名也。號令篇曰：「他門之上，必夾爲高樓，使善射者居焉。女郭、馮垣一人一人守之。使重字子五十步一擊」二篇之意大略相同，彼之「高樓」即此之「高磿㯕」也。　○案：王校近是。揚雄蜀都賦「於木則櫪㯕」，是「櫪㯕」喬木名。北史韋孝寬傳：「齊攻玉壁，城上先有兩高樓，孝寬更縛木接之，令極高峻，多積戰具以禦之。」磿㯕之制，或亦縛木爲高峻之類。

⑳舊本「室」下有「乎」字，今依畢校删。　孫云：「重室子」，謂貴家子也。號令篇云「富人重室之親」，又云「使重室子」。

㉑畢云：「敵」字假音。史記亦用此字。

㉒畢云：「㑷」即「態」字，説文云：「態或从人。」

㉓各本「進」下無「退」字，今依蘇校增。　蘇云：「進」下當有「退」字。

㉔孫云：以上爲高磿㯕候適之法。

㉕畢云：「穴」舊作「内」，以意改。

⑳⑥ 「亟」，諸本作「函」，寶曆本作「亟」，今從之。「亟」，急也。王校同。「迎」，諸本作「匝」，道藏本、寶曆本作「迊」，今依王校改。 王云：「選本」當爲「選士」，隸書「士」字或作「圡」，因譌而爲「本」。畢改「本」爲「木」，非。「匝」當爲「迎」，草書字譌。言敵人爲穴而來，我急使穴師選善穴之士鑿穴而迎之也。下文云「適人穴土，急塹城內，穴亓土直之」，又曰「審知穴之所在，鑿穴迎之」[二]，皆其證也。 孫云：「本」與「卒」隸書亦相近。

⑳⑦ 畢云：「且」當爲「具」。 孫云：「内弩」即備穴篇之「短弩」，穴中以拒敵者。 蘇云：此數語當入備穴篇，而錯出於此者。 ○案：蘇校是。此數語疑當在備穴篇「謹備穴」與「穴疑有應寇」之閒。

⑳⑧ 「材」，各本作「杵」，今依王校改。 王引之云：「杵」當爲「材」，字之誤也。號令篇「民室材木」，即其證。

⑳⑨ 「益」，各本作「蓋」，今依王、蘇校改。 王云：「蓋」當爲「益」，字之誤也。言民室之材木瓦石可以益守城之備也。 蘇説同。

⑳⑩ 畢云：「盡」舊作「蓋」，以意改。言民室中所有盡爲城備。 ○案：寶曆本作「盡」。

⑳⑪ 自「城四面四隅」以下至此，舊本凡八十五字，與上下文氣不接，除「適人爲穴而來」等二十五字爲

〔二〕按：王氏所引以上二文，本書已校移入備穴篇。

備穴篇錯簡外，其餘六十字疑號令篇之錯簡。

(212) 畢云：「昔築」當云「皆築」。　○案：此與上文「五十二者十步而二」相接，今本錯入「城四面四隅」八十五字，致失其綫索。「昔築」疑當爲「臿築」，形近而譌。釋名釋器用曰：「臿，插也。插地起土也。」說文曰：「築，所以擣也。」史記秦始皇本紀「身自持築臿」，正義云：「築，墻杵也。臿，鍬也。爾雅云：鍬謂之臿。」

(213) 畢云：疑「鋸欘」。　孫云：畢據管子小匡篇文，尹知章注云：「鋸欘，钁類也。」說文斤部云：「斸，斫也。」又木部云：「欘，斫也。齊謂之鎡錤。」廣雅釋器云：「鋸，鉏也。」爾雅釋器云「斪斸謂之定」，郭注云：「鋤也。」

(214) 孫云：「壘」疑當爲「蘲」。孟子滕文公篇「蓋歸反，虆梩而掩之」，趙注云：「虆梩，籠臿之屬，可以取土者也。」毛詩釋文引劉熙云：「虆，盛土籠也。」釋文又云：「虆，字或作樏，或作蘲。」案「樏」即「欙」之省。「蘲」、「欙」之別體。備蛾傅篇云「土五步一，毋下二十畾」，「畾」亦即「蘲」之省。

(215) 孫云：「銻」疑當作「銕」。銕即夷也，與古文「鐵」字不同。書堯典「宅嵎夷」，史記、說文並作「銕」。國語齊語云「惡金以鑄鉏夷斤欘」，韋注云：「夷，平也。所以削平草地。」管子小匡篇云「惡金以鑄斤斧鉏夷鋸欘」，尹知章注云：「夷，鋤類也。」此作「銻」者，形聲相近而誤。

(216) 孫云：備蛾傅篇云「斧柄長六尺」，此較彼長二尺，故曰「長斧」。

(217) 孫云：說文金部云：「鎌，鍥也。」刀部云：「刉，鎌也。」方言云：「刈鉤，自關而西或謂之鉤，或謂之鎌。」六韜軍用篇云「艾草木大鎌，柄長七尺以上三百枚」。

(218) 畢云：當爲「斲」。　王樹枬云：「斸」字衍文。

(219) 王樹枬云：備蛾傳篇「椎，柄長六尺，首長尺五寸」，則此文「頭長尺」下脱「五寸」二字。

(220) 「亓」，寶曆本作「其」。椎無兩端，此非釋椎也。備蛾傳篇説椎亦無此四字。「斧」上蓋有脱文。

(221) 一。　蘇云：「厚」上當脱「垣墉」二字。　王引之云：「厚」上有脱文。　俞云：「厚」上脱二字。　孫云：疑本作「凡守圍之法，城厚以高」。　王景羲云：當作「凡守圍城之法，城厚以高，池深以廣」。今本「壕」字即「城」字之錯而改者。　○案：蘇、王、俞説近是。「圍」字不誤。號令篇曰「圍城之重禁」，又曰「此所以勸吏民堅守勝圍也」，正此「圍」字之義。

(222) 二。「壕」，緜眇閣本作「塚」。「池」，舊本作「也」，今依王校改。　畢云：玉篇云：「壕，胡高切，城壕也。」「也」字疑衍。　王引之云：「也」當爲「池」。「壕池深以廣」爲句。其「厚以高」上當有與「壕池」對文者，而今本脱之。

(223) 三。「㯕」，諸本作「撕」，寶曆本作「㯕」，今從之。「脩」，諸本作「揗」，吴鈔本作「楯」，寶曆本作「揗」，今依孫説改。此「樓㯕」與上文之「磿㯕」，皆謂城上樓櫓之類。

(224) 四。吴鈔本「繕」作「善」。

(225) 五。　畢云：「支」舊作「交」，以意改。

(226) 六。

㉗七。「民」，諸本作「尺」，寶曆本作「民」，今從之。畢本亦以意改「民」。

㉘八。

㉙九。

㉚十。

㉛十一。

㉜十二。

㉝十三。

㉞十四。畢云：管子九變云「凡民之所以守戰至死，而不德其上者，有數以至焉。曰：大者親戚墳墓之所在也，田宅富厚足居也；不然，則州縣鄉黨與宗族足懷樂也；不然，則上之教訓、習俗、慈愛之於民也厚，無所往而得之也；不然，則山林澤谷之利足生也；不然，則地形險阻，易守而難攻也；不然，則罰嚴而可畏也；不然，則賞明而足勸也；不然，則有深怨於敵人也；不然，則有厚功於上也。此民之所以守戰至死，而不德其上者也」，與此文相似。言有此數者，方可以守圍城。〇案：此下舊本有「城下里中家人」等一百八十二字，及「爲之奈何」等二十四字，凡二百零六字，爲號令〔一〕篇及備穴篇錯簡，今分别移入彼兩篇。

〔一〕「令」原誤「今」，據原篇名改正。

235 「宜」當爲「誃」之聲借。說文：「誃，離別也。」爾雅釋言：「誃，離也。」「民不宜上」，猶言民不離上也。

236 以上言守圍城之原則。

237 孫云：釋名釋天云：「丁，壯也。」

238 寶曆本「小」作「少」。

239 「四十人」，舊本作「四百人」。　秋山云：「百」當作「十」。　畢云：丈夫、丁女、老小共四十人。

240 「城人」，諸本作「城下」，緜眇閣本作「城人」，今從之。「一人」、「人」字影印唐本作「入」，誤。王云：「本」當爲「卒」，謂守樓之卒也。　○案：王校近是。又疑「本」當爲「士」之譌。上文「我亟使穴師選本迎而穴之」，王校「本」爲「士」，例與此同。上文曰「士樓百步一」，此「樓士」即士樓之士也。「城人樓士率一步一人」者，迎敵祠篇曰：「城上步一甲一戟，其贊三人。五步有伍長，十步有什長，百步有百長。」孫注彼文云：「三人爲甲戟士之佐，合之五人，而分守五步，非一步有五人也。」以彼例此，人數正同。「城人」指上文「丈夫」、「丁女」、「老小」言，即號令篇所謂「諸男女有守於城上者」，五十步四十人。「樓士」指甲士言，五十步十人。合城人、樓士計之，五十步五十人，二十步二十人，故曰「率一步一人」也。

241 王云：「圍」當作「圉」，字之誤也。　○案：此與上文守圍城相應，「圍」字不誤。號令篇曰「此所以勸吏民堅守勝圍也」。

242 「客」，諸本作「宕」，吴鈔本作「蕩」，寶曆本作「客」，今從之。畢校亦改「客」。「客馮面」言敵人馮陵城面。上文曰「城四面四隅」，左襄八年傳曰「馮陵我城郭」。

243 畢云：二字疑倒。

244 畢云：言主人先知，則主人利。　孫云：此上下文疑皆備蛾傅篇之文，錯著於此。

245 王樹枬云：「適」當爲「病」字之誤，下文可證。　孫説同。

246 畢云：同「隊」。

247 畢云：「衆」，一本作「數」。

248 縣眇閣本「攻」作「故」。

249 「百」，畢本作「十」，舊本並作「百」，今據正。　孫云：「術」、「隊」一聲之轉，皆謂攻城之道。

250 孫云：疑當作「下術百五十步」。　吴説同。

251 孫云：此即承上「下術」言之，疑亦當作「百五十步」。　吴説同。

252 王闓運云：來道陜，則易於禦守。

253 上術。

254 「丈」，諸本作「大」，寶曆本、堂策檻本、四庫本作「丈」，今從之。　王校同。

255 「小」，寶曆本作「少」，下同。　畢云：「千」皆當作「十」。

256 畢云：當云「四十人」。王引之云：畢説非也。「丈夫千人，丁女子二千人，老小千人」，則下句當云「凡四千人」，不當改上三「千」字爲「十」，而云「凡四十人」也。上文「五十步丈夫十人，丁女子二十人，老小十人」，此廣五百步，則人數不得與上文同矣。孫云：此城下當隊者備守之卒，十倍於前不當隊之數也。

257 緜眇閣本「術」作「行」。

258 孫云：不當攻隊者守事不急，故使老小守之。

259 緜眇閣本「填」作「慎」。王闓運云：「城持」，持出城者，若今護票。

260 王云：此本作「令吏民皆智之」，「智」即「知」字也。今本作「智知之」者，後人旁記「知」字而寫者因誤合之耳。蘇云：「智」當爲「習」之誤。○案：經上篇：「恕，明也。」「恕」即「智」字。皆智知之，猶言皆明知之。旗幟篇曰「令皆明白知之」，號令篇曰「令吏大夫及卒民皆明知之」。

261 言出城不操明填之護票。

262 「填」，諸本作「稹」，寶曆本、四庫本作「填」，今從之。言雖有填章，而從人與所填注者不符也。畢云：「稹」，上作「填」，是。「填章」疑印章之屬。

263 「卒」，畢本作「率」，舊本並作「卒」，今據正。

264 先斬後報。

265 「也」，諸本作「之」，寶曆本作「也」，今從之。畢校同。

266 「大」，諸本作「夫」，寶曆本作「大」，今從之。

267 自「凡守圍城之法」至此，凡三百八十六字，通論守圍城之法，與前後文論守備器物數度者不同，爲他篇之錯簡無疑。細讀本書，疑當移置於號令篇「此所以勸吏民堅守勝圍也」之下。號令篇「圍城之重禁」句、「此所以勸吏民堅守勝圍也」句，與此文「凡守圍城之法」句、「乃足以守圍」句、「此守城之重禁也」句，皆上下文線索可尋者。　王云：各本此下有「候望適人」至「穴土之攻敗矣」凡三百四十五字，乃備穴篇之錯簡。「穴土之攻敗矣」之下，有「斬艾與柴長尺」云云，多言鑿穴之事，亦當移至於備穴篇，然未知截至何句爲止。（謹案：顧校截至「諸作穴者五十人，男女相半」止，訂爲備穴篇文。）　蘇云：自「候望敵人」以下至「諸作穴者五十人，男女相半」，凡七百四十三言，皆備穴之法，亦備穴篇錯簡也。　○案：王、顧、蘇校是也。今依移入備穴篇。

268 「鋌」，寶曆本作「鋋」，下同。自「大鋌」至「墻七步而一」凡七百有一字，舊本錯入備穴篇，今依顧校移入本篇。　顧云：「斧其兩端，三步一」接備穴篇「大鋌」云云，謹案若除去上文自「凡守圍城之法」至「不可不審也」之錯簡，則「斧其兩端，三步一」正與此「大鋌」云云相接。　畢云：說文云：「鋌，銅鐵樸也。」

269 孫云：說文又部〔一〕云：「叉，手足甲。」蚤即「叉」之借字，今字通作「爪」。蓋鋌末銳細，如車輻及

〔一〕「又部」，墨子閒詁原作「叉部」，本書沿誤，據說文改。

蓋弓之蚤也。

㉗⓪吳云：如平，均平也。廣雅：「如，均也。」

㉗①「亓」，寶曆本作「其」。「末」，舊本作「未」。　畢云：「兑」同「鋭」。

㉗②孫云：「隊」、「隧」字通。左傳襄二十三年「齊伐晉，爲二隊」，又哀十三年「越子伐吳，爲二隧」，杜注云：「隧，道也。」

㉗③孫云：「如」當爲「知」。　○案：「如」猶於也。

㉗④「亓」，寶曆本作「其」。　畢云：「邪」舊作「雅」，據下文改。

㉗⑤「廣必」，寶曆本作「必廣」　孫云：毛詩出車傳云：「夷，平也。」以上備隊之法。

㉗⑥「搏」，諸本作「摶」，道藏本、吳鈔本、唐本、寶曆本、緜眇閣本、堂策檻本、四庫本作「搏」，今從之。「搏」與下文「治椐」之「椐」、備梯篇「伐椐」之「椐」、備蛾傅篇「置薄」之「薄」，音義並近。下文「以柴爲藩」，事亦相類。

㉗⑦「毌」，舊本作「毋」。　孫云：説文毌部云：「毌，穿物持之也。」

㉗⑧寶曆本「丈」作「大」。「搏」，諸本作「摶」，道藏本、唐本、寶曆本、四庫本作「搏」，今從之。「從」，吳鈔本作「縱」。

㉗⑨孫云：「強塗」，謂以土之性強韌者塗之，使不落。

㉘⓪塗以堅土，勿令穿漏。

㉑「亓」，四庫本作「其」。「任」，緜眇閣本作「令」。

㉒畢云：此「杜」，甘棠也。說文有「敃」字，云：「閉也。讀若杜。」此及「杜門」字皆當爲「敃」之假音。

㉓孫云：廣雅釋詁云：「故，事也。」

㉔「豫蚤」即豫早。

㉕「柴摶」之上亦爲堞如城法。

㉖「亓」，寶曆本、四庫本作「其」。

㉗孫云：以上爲柴摶之法。

㉘「闉門」見前。孫云：依上文則大城高三丈五尺，門之高當不下二三丈。此「闉門」乃别出小門，故止高丈五尺。

㉙孫云：一扇之廣度也。

㉚孫云：此亦城之外門。號令篇有「女郭」，與郛郭之門異。

㉛孫云：蓋横木以敃門。

㉜「亓」，寶曆本、四庫本作「其」。孫云：「敷」與「傅」通，謂以繩穿鑿而繫之，傅著城上堞也。

㉝孫云：斬，「塹」之省。縣梁即於塹上爲之。

㉞孫以「舲」爲「令」。「穿」，通也。

㉙⑤ 孫云：連板爲橋，架之城塹，以便往來。上云「木橋長三丈」。六韜軍用篇有渡溝塹飛橋，即此。

㉙⑥ 孫云：「倚殺」猶言邪殺，經下篇云「倚者不可正」。「報」當爲「埶」。言板橋邪殺，爲之如城之形勢也。

㉙⑦ 「傅」，舊本作「傳」。蘇云：兩「壤」字皆「堞」字之誤。孫云：蓋爲再重堞。

㉙⑧ 「亓」，寶曆本、四庫本作「其」。孫云：鑿内外堞閒爲塹。上文云「塹中深丈五」。

㉙⑨ 孫云：「室」讀爲「窒」，聲同字通。備蛾傅篇云「室中以榆若蒸」，並以室爲「窒」。爾雅釋言云：「窒，塞也。」

㉚⓪ 畢云：同「敵」。

㉚① 與上文鑿内外堞之閒同。

㉚② 廣，「彍」之省文，字本作「彉」。説文曰：「彉，弩滿也。」廣雅釋詁曰：「彉，張也。」孫云：疑當作「佐以厲矢」，襍守篇云「藺石厲矢」。

㉚③ 「裾」，道藏本、吴鈔本、陸本、唐本、茅本、緜眇閣本作「裾」，爲字書所無。蓋「椐」譌作「裾」，又譌作「裾」也。黄紹基云：「裾」當爲「椐」之譌。釋名釋宫室：「籬以柴竹作之，青徐之閒曰椐。椐，居也，居於中也。」廣雅釋宫：「⿰木豦，杝也。」玉篇木部：「⿰木豦，藩落籬。」廣韻九魚：「⿰木豦，枯藩籬名。」説文無「⿰木豦」，即「椐」之後出字。孫云：黄説是也。廣雅以「⿰木豦」與「藩」、「欏落」同訓杝，「欏落」即羅落，則「椐」亦藩杝、羅落之名。六韜軍用篇説守城有「天羅、虎落」，漢書晁錯傳「爲中

周虎落」，顔注：「鄭氏云：虎落者，外蕃也。」師古云：「以竹篾相連，遮落之也。」此篇下文亦云「馮垣〔一〕外内以柴爲藩」，制並同，蓋皆以柴木交互爲藩杝也。「治裾」即作薄也。備蛾傅篇有置薄、伐薄之法，備梯篇「薄」並作「裾」。「諸」當爲「者」之假字。

304 孫云：謂裾與堞相連屬。

305 孫云：「部」者，謂城堞閒守者所居立之分域。號令篇：「城上吏卒養，皆爲舍道内，各當其隔部。」

306 「兵」字畢本脱，舊本並有，今據補。　畢云：「簡」同「闌」。　孫云：説文竹部云：「籣，所以盛弩也。」史記索隱引周成雜字云：「格，弢閣也。」

307 隋書禮儀志有「旋機弩」，或其遺法。

308 「貍」，舊本作「狸」，即「貍」之俗字。　畢云：「貍」，「薶」省文。

309 俞云：「杖」當作「材」。　孫云：「輼」即備穴篇之「車輪轀」也。説文車部云：「輓，大車後壓也。」以此及備穴篇所説輼形制推之，似皆以重材爲鎮厭杜塞之用，故以車輪等爲之。其字蓋當作「輓」，前「轒輼」玉篇亦作「轒輓」，是其證也。

310 「一令」，畢本倒作「令一」，舊本並作「一令」，今據乙。「一」字上屬爲句。　吴云：「之」指機

〔一〕按：本書下文「垣」作「填」，墨子閒詁校改爲「垣」，與本書不同。

弩。

311 以一人爲善射機弩者之佐。

312 備穴篇曰「柱下傅舄，兩柱同質」。　蘇云：「四植」即四柱。「舄」同「碣」，柱下石也。　孫云：檀弓云「三家視桓楹」，鄭注云：「四植謂之桓。」「四植」猶言四楹也。「通舄」，謂兩植同一舄也。

313 孫云：上云「再重樓」，故上下高度不同。

314 「長」，道藏本、吴鈔本、畢本作「喪」，陸本、唐本、茅本、寶曆本、緜眇閣本、堂策檻本、四庫本作「長」，今從之。　蘇校同。

315 「寧」，疑當爲「窗櫺」之「櫺」。櫺所以透光通氣。　畢云：「寧」，「亭」字。

316 吴云：「九尺」上脱「長」字。

317 王云：「表」當爲「袤」。　蘇云：「表」亦「長」字之誤。　王樹枏説同。

318 「寧」疑亦「櫺」之借字。　畢云：亦即「亭」字。

319 「攢」，寶曆本作「欑」。北史王思政傳「高岳築土山以臨城，思政亦作火穳，因迅風便，投之土山，燒其攻具」，此「攢火」當即「火穳」。　孫云：文選西都賦李注引蒼頡篇云：「攢，聚也。」太白陰經烽燧臺篇及通典兵守拒法並有「火鑽」。又疑即備蛾傅篇之「火捽」也。

320 「夫」，寶曆本作「丈」。　秋山云：「丈」，一作「夫」。　孫云：「夫」或當爲「趺」省。

○案：上文城高三丈五尺，下文夫長三丈至三丈五尺。

㉑「亓」，寶曆本、四庫本作「其」。「末」，諸本作「未」，四庫本作「末」，與畢本合。

㉒「椎」，陸本、茅本、寶曆本、緜眇閣本、堂策檻本作「權」。　孫云：「艾」，「刈」之借字。國語齊語云「挾其槍刈耨鎛[一]」，韋注云：「刈，鎌也。」

㉓「絫」，各本作「參」，今依洪説改。　洪云：「參石」當是「絫石」之譌，絫石即礧石。後漢書杜篤傳「一卒舉礧，千夫沈滯」，李賢注：「礧，石也。前書：匈奴乘隅下礧石。」一切經音義卷十七引韻集：「今守城者下石擊賊曰礧。」　吴説同。　○案：「蔾[二]」，道藏本、吴鈔本、唐本、畢本作「蔾」，緜眇閣本作「藜」，陸本、茅本、寶曆本、堂策檻本、四庫本作「蔾」，今從之，上文作「疾犁」，義詳前。

㉔王引之云：「渠長丈六尺」當作「渠長丈五尺，廣丈六尺」。備城門篇曰「渠長丈五尺」，褋守篇曰「渠長丈五尺，廣丈六尺」，皆其證。今本「長丈」下脱「五尺廣丈」四字，則失其制矣。　○案：王引備城門篇文已見前，王校加字未塙。褋守篇「渠廣丈六尺」爲梯渠之制，與渠大同小異，當分別言之。且諸篇説器物，數度固不盡同，不必一一校歸一律也。

〔一〕「鎛」原誤「耩」，據國語齊語改。
〔二〕「蔾」原誤「藜」，據正文改。

㉕ 王引之云：「夫長丈」當作「矢長丈二尺」。備城門篇、襍守篇並作「矢長丈二尺」，是其證。今脱「二尺」二字，則失其制矣。　○案：「夫」字不誤，説詳上文。

326 「亓」，寶曆本、四庫本作「其」。「貍」，畢本如此，諸本作「狸」，寶曆本作「埋」。

327 「傅」，諸本作「堞」，道藏本、畢本作「傑」。「五寸」，畢本作「三丈」，舊本並作「三尺」。　王引之云：「樹渠毋傑堞三丈」當作「樹渠毋傅堞五寸」，謂渠與堞相去五寸也。備城門篇曰「渠去堞五寸」，襍守篇曰「樹渠毋傅葉五寸」，「葉」與「堞」同，皆其證。今本「傅」作「傑」，涉下「堞」字而譌。「五寸」又譌作「三丈」，則失其制矣。　○案：今依改。

328 莫，「幕」之省，上文作「藉幕」，義詳前。

329 「亓」，寶曆本、四庫本作「其」。　木所以支張藉幕。

330 「苴」，緜眇閣本作「萁」，似「莫」之爛文。　孫云：「苴」亦當爲「莫」。曲禮鄭注云：「橋，井上欅槔。」故下云「上下之」。

331 「亓」，寶曆本、四庫本作「其」。

332 畢云：「適」同「敵」。

333 「令一」，舊本作「一令」。

334 上文作「五十步一藉車」，又作「三十步」，並與此異。

335 孫云：「當隊」，謂當攻隧也。左襄二十五年傳云「當陳隧者井堙木刊」，「隊」、「隧」通，號令篇又作「當遂」。不用此數者，當隧則所用多，不定二十步一。備蛾傅篇云「施縣陴，大數二十步一，攻隊所在六步一」，即此意也。

336 「瞽」，道藏本作「瞽」，吴鈔本作「瞽」。畢云：唐、宋字書無「瞽」字，下文作「聾」，疑皆「壟」字。孫云：襍守篇亦作「聾」。「瞽」、「瞽」皆字書所無，畢疑「壟」字，近是。史記滑稽傳云：「以壠竈爲椁」，索隱引皇覽「壠竈」作「礱突」，此「瞽」當即「礱」之誤。説文火部云：「烓，行竈也。」此壟竈在城上爲之，以具火，蓋即行竈也。

337 各本「持水」作「傳火」，「斗」作「什」，今依王校改。王云：「傳火」當爲「持水」，「什」當爲「斗」，即上文所云「持水麻斗、革盆救之」也。麻斗與革盆皆所以持水，草書「持」、「傳」二字右畔相似，隸書「斗」字作「外」，與「什伍」之什相似，説文序所云「人持十爲斗」也。孫云：「斗」即「枓」之借字。説文木部云：「枓，勺也。」勺部云：「勺，所以挹取也。」喪大記云「沃水用枓」。

338 下文「堅爲斗」三字疑當在此。

339 孫云：謂麻斗之柄。説文木部云：「杓，枓柄也。」

340 各本「斗」並作「什」，末「斗」字又譌「十」，今依俞校改。俞云：「什」、「十」並「斗」字之誤。斗大容二斗以上到三斗，猶下文云「大容一斗以上至三斗」也。蘇校略同。

341 畢云：説文云：「裕，衣物饒也。」言敝衣物。孫云：「裕」疑「絡」字之誤。此蓋溼布，亦以備火。

342 「拙」，吳鈔本作「掘」。　孫云：「拙」，「詘」之借字。

343 「敝裕新布」不當有柄，此三字疑下文「一鈂」下之錯文。

344 未詳。

345 上文「柄長丈」三字疑當在此。　畢云：「鈂」舊从穴，傳寫誤也。說文云：「鈂，臿屬。」玉篇云：「直深切。」

346 畢云：玉篇云：「瓴同缶。」　孫云：據上文，則疑「甀」之誤。

347 「小大」，畢本作「大小」，舊本並作「小大」，今據乙。　孫云：上文救門火云「一垂水容三石以上，小大相雜」，與此文同。

348 蘇云：「財」當爲「具」。　孫云：「蠡」當即前文「奚蠡」。

349 宋本、蜀本御覽八百五十引無「爲卒」二字，又「斗」作「升」。

350 蘇云：言陰雨不能舉火，爲乾餱以備也。「面」當作「而」。

351 孫云：「餐」，吳鈔本作「湌」。說文食部云：「餐，吞也。或作湌。」廣雅釋詁云：「湌，食也。」「城內堞外」，謂內堞之外也。上文有「內堞」、「外堞」。

352 孫云：號令篇云：「爲內堞內行棧，置器備其上。」

353 畢云：「殺」，「粲」省文。說文云：「粲，糂粲〔一〕，散之也。」

354 孫云：說文土部云：「坏，一曰瓦〔二〕未燒。」

355 「用取」，陸本、茅本、寶曆本、緜眇閣本、堂策檻本、四庫本作「取用」。

356 此三字疑當在上文「柄長八尺」之上。

357 吳鈔本「隔」作「鬲」。寶曆本「棧」作「機」。　孫云：「棧」疑當爲「杙」，杙即弋也。後文云「弋長七寸，剡其末」，是其證。

358 「丈」字陸本、茅本、寶曆本、緜眇閣本、堂策檻本、四庫本並脱。

359 「亓」，寶曆本、四庫本作「其」。　蘇云：「一」字疑衍。

360 見前。

361 「闉」，道藏本、吳鈔本、唐本作「闉」，茅本作「闉」，緜眇閣本作「闉」。周書大明武篇曰：「隳城湮溪」，「湮溪」與「闉池」相類。上文字又作「堙」。　畢云：闉同堙。

362 畢云：舊作「梟」，以意改。　○案：「與」，茅本、寶曆本、緜眇閣本作「異」。「槖」，寶曆本作「梟」，似「槖」之俗省。　孫云：淮南子本經訓云「鼓槖吹埵」，高注云：「槖，冶鑪排槖也。」

〔一〕「糂粲」，畢刻原作「糂殺」，本書沿誤，據說文米部改。

〔二〕「瓦」，墨子閒詁原作「土」，本書沿誤，據說文土部改。

363 「填」，吴鈔本作「埴」，道藏本、唐本、畢本作「塡」。陸本、茅本、寶曆本、緜眇閣本、堂策檻本、四庫本作「瑱」。「瑱」、「填」字通，今訂作「填」。「填」，塞也。「馮」與「填」義近。莊子盜跖篇釋文云：「馮氣，言憤畜不通之氣也。」「馮填外内」，言杜塞外内通道。下文「柴藩」、「靈丁」、「狗犀」、「墻」等，蓋皆杜塞外内之具也。

364 言以木柴爲藩籬。孫云：「『燔』疑當爲『藩』。」

365 「靈丁」即後世之「鈴鐺」。「犬牙」，各本作「火耳」，今依孫校改。孫云：「『火耳』，疑當作『犬牙』。「牙」、「耳」篆文形近而誤。後文説「狗走」云「犬耳施之」，「耳」亦「牙」之誤。「犬牙施之」，言錯互施之，令相銜接也。」

366 上文「以柴爲藩」，此「柴」即謂藩也。莊子天地篇曰「内支盈於柴柵」。此言十步一人，居柴内主發弩也。

367 「犀」，寶曆本作「屖」，俗字。此似言弩失所及距離之半處環以狗犀，以障礙敵人使難前進。孫云：「狗犀」疑即前文之「狗屍」、後文之「狗走」。

368 自「大鋌」以下至此，凡七百零一字，各本錯入備穴篇「城壞或中人」之下，今依顧説移此。説詳前。顧云：以上備城門篇文。

369 顧云：此以下是備高臨篇文，釋「技機藉之」也。孫云：「爵穴」，謂於城堞間爲空穴，小僅容爵也。

⑰蘇云：此言爵穴之法，廣外則狹内，令下毋見上，上見下也。

⑱王引之云：「苴」字義不可通，「苴」當爲「苣」，字之誤也。説文：「苣，束葦燒也。」此云「爵穴大容苣」，下云「内苣爵穴中」，二文上下相應，故知「苴」爲「苣」之譌。蘇説同。

⑲言或疏或數，自適合環境爲之，無定制也。

⑳書秦誓序孔疏云：「築城守道謂之塞。」此「塞外」猶言城外。孫云：「格」即備蛾傅篇之「杜格」、旗幟篇之「牲格」也。蓋於城外樹木爲之，以遏敵人之傅城者。或云「格」與「落」通，六韜軍用篇、漢書晁錯傳並有「虎落」，即此。

㉑王引之云：「筵」當爲「筳」。玉篇：「筳，狹也。亦作筳。」與「筵」相似而誤。蘇云：「筵」當與「埏」同，地際也。

㉒詳前。畢云：「韗」疑「韗」字。

㉓「人擅」，各本作「入壇」，今依王校改。王引之云：「入壇」二字義不可通，「入壇」當爲「人擅」。「擅」讀曰「撣」，説文：「撣，提持也。」古通作「擅」。「人擅苣」者，人持一苣也。備水篇曰「人擅弩」、「人擅有方」、「人擅苗」，是凡言「人擅」者，皆謂人人手持之也。「人」「入」、「擅」「壇」，字之誤。孫云：「長五節」疑當作「長五尺」，「節」當爲「即」，屬下讀。○案：「節」，束也。苣以節計。詩甫田「禾易長畝」，毛傳云：「長畝，竟畝也。」然則此「長五節」猶言竟五節矣。苣爲易燔盡之物，故人須持滿五束以備補充，猶備高臨篇説弩矢人六十枚也。

③⑦⑦「寇」，道藏本、吴鈔本、陸本、唐本、茅本、緜眇閣本、堂策檻本作「冠」，誤。

③⑦⑧寶曆本「苣」作「巨」。　蘇云：「内」讀如「納」。

③⑦⑨「什」，寶曆本作「仕」。「鐵什」，謂藉車車飾之鐵質雜具。　秋山云：「仕」，一作「什」。　畢云：「什」與「鍇」音近。説文云：「鍇，以金有所冒也。」　孫云：上文云「藉車必爲鐵纂」，即此。

③⑧⓪「亓」，寶曆本、四庫本作「其」。「貍」，寶曆本誤「理」。

③⑧①「夫」同「趺」，説詳前。

③⑧②孫云：説文頁部云：「頬，面旁也。」「馬頬」蓋象馬兩頬骨衺出之象。

③⑧③孫云：「困」，「梱」之借字。説文木部云：「梱，門橜也。」「橜，弋也。一曰門梱也。」口部：「困，古文作朱。」廣雅釋宫云：「橜，機闑朱也。」即以古文「困」爲「梱」。荀子大略篇云「和之璧，井里之厥也」，晏子春秋雜上篇作「井里之困」，「困」亦即「梱」也。　○案：據下文「治困以大車輪」，則「困」當爲類似車輪之物。孫釋爲「梱」，未知是否。

③⑧④「夫」，各本作「失」，今依孫校改。　孫云：「失」當爲「夫」，「趺」之借字。

③⑧⑤孫云：依上文當作「丈」。

③⑧⑥孫云：當作「四之三在上」。此二句即釋上「夫四分之三在上」之義，疑舊注之錯入正文者。

③⑧⑦孫云：馬頬横材旁出，邪夾趺外。「在三分中」，即在上三分内也。

388 不中度，故不用。

389 「桓」，緜眇閣本作「垣」。　孫云：「桓」即桓楹之桓，與「柱」義同。

390 「闉」，諸本作「䦧」，寶曆本作「闉」，今從之。上有「救闉池」之文。「闉」與「垔」同。　秋山云：「闉」，一作「䦧」。　畢云：「䦧」，或「闉」字。「池」，城池。

391 水甬，蓋中空容水之器，猶今言水桶。

392 「慕」，畢意改「幕」。　孫云：「慕」當作「幂」，畢校未允，詳前。

393 「瓦」，舊本作「月」，今依王校改。畢以意改「穴」。　王云：「月」當爲「瓦」。上文曰「甕坎覆以瓦」，是其證。隸書「瓦」字作「凡」，與「月」相似而誤。畢改「月」爲「穴」，非也。

394 孫云：「早」疑「中」之誤，言甕木中空之也。上文云「轀長二尺，中甕夫之」，可證。

395 「亓」，寶曆本、四庫本作「其」。

396 「慕」，畢本亦改「幕」。　孫云：「慕」當爲「幂」，謂既置炭火，乃以物合而覆之。

397 備梯篇作「蒺藜投」。

398 「杙」，舊本作「代」，下同。畢校作「弋」。孫校作「杙」，今從之。「涿」「椓」、「杙」「弋」並字通。

399 「杙」，舊本作「我」，畢校作「弋」，孫校作「杙」，今從之。

400 「亓」，寶曆本、四庫本作「其」。　孫云：說文刀部云：「剡，鋭利也。」

401 孫云：「狗走」當即上文之「狗屍」，惟尺度異耳。前「救闉池」章又作「狗犀」。

402 「蚤」、「爪」同。蓋指剡鋭之末言。

403 「犬」，諸本作「大」，道藏本、吴鈔本、陸本、唐本作「犬」，今從之。「牙」，各本作「耳」，今依孫説改。

孫云：「耳」當爲「牙」。「犬牙施之」，謂錯互設之。上文云「靈丁三丈一，犬牙施之」，「犬牙」亦譌作「火耳」，與此義同。以上並備闉池之法，與上文錯入備穴篇「救闉池」之文略同。

404 「木」，茅本、緜眇閣本作「目」，寶曆本作「日」，堂策檻本作「未」。

405 「挈」，茅本、寶曆本、緜眇閣本作「擊」，下四「挈」字並同。

406 「輕」，唐本作「經」。　畢云：言即以「十挈」、「五挈」名其物者，以人數也。　孫云：「挈」與「契」字同。「十挈」、「五挈」謂刻契之齒以記數也。

407 「樵」，道藏本、吴鈔本、唐本、畢本作「蕉」，陸本、茅本、寶曆本、緜眇閣本、堂策檻本、四庫本作「樵」，今從之。　孫云：「蕉」、「樵」之俗。集韻四宵云：「樵，或作蕉。」

408 「弱者」，陸本、茅本、寶曆本、緜眇閣本、堂策檻本、四庫本作「者弱」。　秋山云：「者弱」當作「弱者」。

409 「亓」，寶曆本、四庫本作「其」。

410 「挈」，寶曆本作「擊」。

411 「亓」，寶曆本、四庫本作「其」。　蘇云：「吏」當作「使」。　孫云：蘇校是也。「吏」、「使」古字亦通。此釋「皆稱其任」句義，疑亦舊注錯入正文。

⑫ 畢云：「殺」，言減。　孫云：自「子墨子曰」至此一段，與上下文義不相屬，疑當在襍守篇「升食終歲三十六石」之上，而誤錯著於此。　○案：淮南子主術訓「靈王好細要，而民有殺食自飢也」，注云：「殺食，省食也。」

⑬ 「泉」字各本脱，今依王校增。備穴篇亦曰「斗斬其穴，深到泉」。　王引之云：此本作「高地丈五尺，下地至泉三尺而止」，備穴篇曰「高地丈五尺，下地得泉三尺而止」，是其證。今本「丈五尺」譌作「三丈」，「至」下又脱「泉三尺」三字，則義不可通。　孫云：王説是也。上文亦云「塹中深丈五」。

⑭ 「賊」，寶曆本作「賊」。「賊」字字書所無，疑「械」之誤字。　王引之云：「賊」字義不可通，「賊」當爲「棧」。　孫云：「賊」疑「杙」之誤。

⑮ 塹上爲梁，可引機發之，故曰「發梁」。　畢云：「梁」，橋也。　孫云：此即上文所謂「縣〔一〕梁」也。

⑯ 發梁有機關技巧。

⑰ 「傅」，各本作「傳」，今依顧、蘇校改。　蘇云：「傅」義與「敷」同。

〔一〕「縣」原誤「發」，據墨子閒詁改。

⑱ 梁上布薪土，使敵履之不疑。「使」，寶曆本作「俟」。　秋山云：「俟」，一作「使」。

⑲ 使敵人必經梁上，無他道可由。「毋」，吳鈔本作「無」。

⑳ 「佻」與「挑」同，言挑戰也。北史齊紀：「神武圍玉壁以挑，西師不敢應。」

㉑ 「北」，各本作「比」，今依王校改。　王引之云：「而出佻且比」，當作「而出佻戰且北」。「北」，敗也。「佻」與「挑」同。言出而挑戰，且佯敗以誘敵也。故下文曰「適人遂入，引機發梁，適人可禽」。備穴篇曰「穴中與適人遇，則皆圉而毋逐，且戰北，以須鑪火之然」，彼言「且戰北」，猶此言「佻戰且北」也。今本脱「戰」字，「北」字又譌作「比」，則義不可通。畢改「且」爲「旦」，而以「佻旦」爲「佻達」，大誤。

㉒ 畢云：舊作「人」，以意改。

㉓ 畢云：下脱簡。　○案：此似無脱文。言敵人或追入而被禽，或疑懼而離去也。

備高臨第五十三①

禽子再拜再拜曰：敢問適人積土爲高②，以臨吾城③，薪土俱上，以爲羊黔④，蒙櫓俱前⑤，遂屬之城⑥，兵弩俱上，爲之奈何？子墨子曰：子問羊黔之守邪？羊黔者，將之拙者也⑦，足以勞卒⑧，不足以害城。守爲臺城，以臨羊黔，左右出巨各二十尺⑨，行城三十尺⑩，强弩之⑪，技機藉之⑫，奇器□□之⑬，然則羊黔之攻敗矣⑭。

備高臨以連弩之車⑮，材大方一方一尺⑯，長稱城之薄厚⑰。兩軸三輪⑱，輪居筐中，重下上筐。左右旁二植，左右有衡植⑲，衡植左右皆圜内⑳，内徑四寸。左右縛弩皆於植㉑，以弦鉤弦，至於大弦㉒。弩臂前後與筐齊㉓，筐高八尺，弩軸去下筐三尺五寸。連弩機郭同銅㉔一石三十斤㉕，引弦鹿長奴㉖。筐大三圍半，左右有鉤距，方三寸，輪厚尺二寸，鉤距臂博尺四寸，厚七寸，長六尺㉗。横臂齊筐外，蚤尺五寸㉘，有距㉙，博六寸㉚，厚三寸，長如筐。有儀㉛，有詘勝，可上下㉜。爲武㉝，重一石，以材大圍五寸。矢長十尺，以繩□□矢端，如如弋射㉞，以磨鹿卷收㉟。矢高弩臂三尺，用弩無數，出人六十枚㊱，用小矢無留㊲。十人主此車，遂具寇，爲高樓以射道，城上以荅羅矢㊳。

① 吴鈔本作「第五十五」。

② 畢云：「適」同「敵」。

③ 孫云：周書大明武篇云「高堙臨内，日夜不解」，又云「城高難上，湮之以土」，疑皆高臨攻城之法，與堙略同也。

④ 「羊黔」猶高臨，説詳下文。　畢云：襍守作「羊坽」，未詳其器。

⑤ 「櫓」，緜眇閣本作「魯」。左襄十年傳「狄虒彌建大車之輪而蒙之以甲，以爲櫓」，杜注云：「蒙，覆也。櫓，大盾。」此「蒙櫓」蓋與彼同。詩小戎「蒙伐有苑」，「伐」亦盾也。

⑥ 孫云：國語晉語韋注云：「屬，會也。」猶襍守篇云「城會」。

⑦ 「之守邪羊黔」五字各本脱，今依王校增。　王云：當作「子問羊黔之守邪？羊黔者，將之拙者也」。備梯篇曰「問雲梯之守邪？雲梯者，重器也，其動移甚難」，備蛾傳篇曰「子問蛾傳之守邪？蛾傳者，將之忽者也」，襍守篇曰「子問羊坽之守邪？羊坽者，攻之拙者也」，皆與此文同一例。今本脱「之守邪羊黔」五字，則文義不明。

⑧ 「卒」，各本作「本」，今依王校改。　王云：「本」當爲「卒」。　王樹枏云：襍守篇正作「足以勞卒，不足以害城」。

⑨ 孫云：「臺城」即「行城」也。下備梯篇説「行城」，亦云「左右出巨各二十尺」，與此制同。「巨」當

爲「距」之假字。説文足部云：「距，雞距也。」儀禮少牢饋食禮「俎拒」，鄭注云：「拒讀爲介距之距。俎距，脛中當横節也。」此「行城」編連大木，横出兩旁，故亦謂之「距」，蓋與「俎距」義略同。

⑩ 備梯篇曰「行城之法，高城二十尺，上加堞」，此云「三十尺」，殆并堞高計之與？

⑪「弩」，茅本、寶曆本、緜眇閣本作「弓」。下文「奇器」之下，道藏本、吴鈔本、畢本並有闕文二格，其一格疑當在此「弩」字之下，作「強弩□之」。孫云：當作「強弩射之」。備蛾傅篇云「守爲行臨射之」，是其證。王樹枏説同。

⑫「技」，茅本、寶曆本、緜眇閣本作「枝」，備梯篇作「披」，備蛾傅篇作「校」。「技」、「枝」、「披」、「校」形並相近，疑「技」字是。説文曰：「技，巧也。」「強弩」、「技機」、「奇器」語法相儷，皆以上一字爲形容字。「藉」讀爲「靳」，文選東京賦薛注云：「靳，擊也。」

⑬ 此疑闕一字，作「奇器□之」。

⑭「羊黔」二字，久無解人。今以本書文例校之，備梯篇曰「問雲梯之守邪？雲梯者，重器也云云，若此則雲梯之攻敗矣」，備穴篇曰「問穴土之守邪云云，然則穴土之攻敗矣」，備蛾傅篇曰「子問蛾傅之守邪？蛾傅者，將之忿者也云云，然則蛾傅之攻敗矣。備蛾傅爲縣脾」，備高臨篇曰「子問羊黔之守邪？羊黔者，將之拙者也云云，然則羊黔之攻敗矣。備高臨以連弩之車」。據此諸例，知「羊黔」當與「高臨」同實。「羊黔」，襍守篇作「羊坽」，「羊」與「上」、「黔」「坽」與「臨」皆疊韻。節用上篇「羊」借爲「尚」，例與此相似。「上」、「高」義同。兼愛下篇「吾聞爲高士於天下者」、「然後可以

爲高士於天下」，明鬼下篇「奈何其欲爲高士君子於天下」，「高士」並即「上士」，可爲本書「上」、「高」通用之例。「高臨」、「羊黔」、「羊坽」，其義一也。

⑮「高」，諸本作「矣」，寶曆本作「高」，今從之。畢讀「矣」字斷句，王校刪「矣」字，並非也。晉書皇甫重傳：「四郡兵築土山攻城，重輒以連弩射之，外軍不得近城。」　孫云：六韜軍用篇有絞車連弩，又有大黄參連弩、大扶胥三十六乘。淮南子氾論訓云「連弩以射，銷車以鬭」，高注云：「連車弩通一弦，以牛挽之，以刃〔一〕著左右，爲〔二〕機關發之，曰銷車。」文選閒居賦李注引漢書音義張晏云：「連弩三十絭共一臂。」

⑯蘇云：「方一」誤重。　俞云：「杖」當作「材」。

⑰「薄厚」，緜眇閣本作「厚薄」。

⑱俞云：既爲兩軸，不得三輪。「三」當爲「四」。　○案：後漢書張衡傳「參輪可使自轉」，蓋機器中常有兩軸三輪者，俞說泥。

⑲兩「筐」字，道藏本、陸本、唐本、茅本缺。「衡」，吴鈔本作「横」，下同。

⑳「圜」，茅本、寶曆本、緜眇閣本作「圍」。　孫云：「内」、「枘」同。

〔一〕「刃」，墨子閒詁原引作「刀」，本書沿誤，據淮南子氾論訓高誘注改。

〔二〕「爲」，墨子閒詁原引作「以」，本書沿誤，據淮南子氾論訓高誘注改。

㉑「縛」，諸本作「縳」，道藏本、唐本、緜眇閣本作「縛」，寶曆本、堂策檻本、四庫本作「縛」，今從之。
㉒連弩之制，蓋不一弦。管子問篇「鉤弦之造」，注云：「鉤弦，所以挽弦。」
㉓孫云：即下文之「横臂」也。説文弓部云：「弩，弓有臂者也。」釋名釋兵云：「弩，其柄曰臂，似人臂也。」
㉔孫云：「同」當爲「用」。釋名釋兵云：「牙外曰郭，爲牙之規郭也。含括之口曰機，言如機之巧也，亦言如門户之樞機開闔有節也。」
㉕孫云：説苑辨物篇云：「三十斤爲鈞，四鈞爲石。」　吴讀「銅」字屬此句。
㉖吴鈔本無「長」字。　畢云：「奴」同「弩」。　孫云：疑當作「鹿盧收」，下云「以磿鹿卷收」。
㉗王云：「銅距」當爲「鉤距」，字之誤也。「鉤距」見上文及備穴篇。　蘇説同。
㉘孫云：蚤、爪同。謂臂端剡細者，詳備城門篇。
㉙孫云：亦謂横出旁枝如雞距也，見上。
㉚「博」，舊本作「傳」。
㉛備水篇曰「城上爲射檥」，此疑與彼同。
㉜弩機蓋可轉動，故曰「有詘勝，可上下」。「勝」、「伸」字通。　畢云：即通典「屈勝梯」。
㉝孫云：「武」疑「趺」之聲誤。
㉞闕文二格諸本無，道藏本、吴鈔本、畢本有。「弋」，諸本作「戈」，吴鈔本、翻陸本、寶曆本作「弋」，今從之。此文疑當作「以繩繫矢端，如弋射」。　孫云：「如」不當重，疑衍。「戈」當爲「弋」，形

近而誤。說文隹〔一〕部云：「雉〔二〕繫，射飛鳥也。」詩鄭風女曰雞鳴孔疏云：「以繩繫矢而射鳥謂之繳射。」周禮司弓矢云「矰矢、茀矢用諸弋射」，鄭注謂茀矢弩所用。此「矢」蓋即「茀矢」之屬。漢書司馬相如傳顏注云：「以繳係矰，仰射高鳥，謂之弋射。」

㉟「唐麃」，畢本作「磨麃」，寶曆本作「唐麃」，諸本並作「唐麃」，今從之。「收」舊本作「牧」。畢云：「收」舊作「牧」，以意改。王引之云：「磨麃」當爲「磿鹿」。上文云「備臨以連弩之車」，則此謂車上之磿鹿轉之以收繩者也，故云「以磿鹿卷收」。磿鹿猶鹿盧，語之轉耳。方言曰：「維車，趙魏之間謂之轣轆。」廣雅云：「維車謂之麻鹿。」並字異而義同。孫云：王説是也。六韜軍用篇有「轉關轆轤」。此「卷收」即冢上矢端著繩而言，古弋射蓋亦用此。國策楚策云「弋者修其弁盧，治其繒繳」，「盧」亦即鹿盧也。

㊱孫云：「出」疑當作「矢」，此謂大矢也。

㊲孫云：疑「數」之誤。

㊳備城門篇曰「二步一荅」，備蛾傅篇曰「羅石縣荅」。孫云：「羅」疑當作「絫」，「絫」、「羅」一聲之轉。「絫」即「礧」，詳備城門篇。

〔一〕「隹」原誤「佳」，據説文改。

〔二〕墨子閒詁「雉」下衍「者」字，本書沿誤，據説文刪。

第五十四亡。

第五十五亡。

〇案：以上兩行無題，第次八字及小注「亡」字諸本無，緜眇閣本有，今據補。「第」字仍依原書較題目低三格。

備梯第五十六

禽滑釐子事子墨子三年，手足胼胝①，面目黧黑②，役身給使，不敢問欲，子墨子甚哀之③，乃管酒塊脯④，寄于大山⑤，昧茅坐之⑥，以樵禽子⑦，禽子再拜而嘆⑧。子墨子曰：亦何欲乎？禽子再拜再拜曰：敢問守道。子墨子曰：姑亡姑亡⑨，古有亓術者⑩，內不親民，外不約治⑪，以少閒衆，以弱輕强，身死國亡，爲天下笑。子亓慎之，恐爲身薑⑫。禽子再拜頓首，願遂問守道，曰：敢問客衆而勇，煙資吾池⑬，軍卒並進，雲梯既施⑭，攻備已具，武士又多⑮，争上吾城⑯，爲之奈何⑰？子墨子曰：問雲梯之守耶⑱？雲梯者，重器也，亓動移甚難。守爲行城，襍樓相見，以環亓中⑲，以適廣陜爲度，環中藉幕⑳，毋廣亓處㉑。行城之法，高城二十尺，上加堞㉒，廣十尺，左右出巨各二十尺㉓，高廣如行城之法㉔。爲爵穴、煇鼠㉕，施荅亓外㉖，機、衝、錢、城㉗，廣與隊等，雜亓閒以鐫、劍㉘，持衝十人，執劍五人，皆以有力者。令案目者視適㉙，以鼓發之，夾而射之，重而射㉚，披機藉之㉛，城上繁下矢石沙灰以雨之㉜，薪火水湯以濟之㉝。審賞行罰，以靜爲故，從之以急，毋使生慮㉞，若此則雲梯之攻敗矣。

守爲行堞，堞高六尺而一等㉟，施劍亓面㊱，以機發之，衝至則去之，不至則施之。爵穴，三尺而一㊲。蒺藜投㊳必遂而立㊴，以車推引之。置裾城外㊵，去城十尺，裾厚十尺。伐裾㊶，小大盡本斷之㊷，以十尺爲傳㊸，雜而深埋之，堅築㊹，毋使可拔。二十步一殺㊺，殺有一鬲㊻，鬲厚十尺。殺有兩門，門廣五尺。裾門一施㊼，淺埋勿築，令易拔。城希裾門而直桀㊽。縣火，四尺一鉤樴㊾，五步一竈，竈門有鑪炭㊿，令適人盡入，煇火燒門(51)，縣火次之。出載而立(52)，亓廣終隊(53)，兩載之閒一火(54)，皆立而待鼓而燃火(55)，即具發之(56)。適人除火而復攻(57)，縣火復下，適人甚病，故引兵而去。則令吾死士(58)左右出穴門擊遺師(59)，令賁士、主將皆聽城鼓之音而出(60)，又聽城鼓之音而入。因素出兵施伏(61)，夜半城上四面鼓噪(62)，適人必或(63)，有此必破軍殺將。以白衣爲服，以號相得(64)。若此(65)，則雲梯之攻敗矣。

① 畢云：「骿」省文，从月。

②「黧黑」見兼愛中篇。　畢云：「黎」字俗寫从黑。

③「甚」，諸本作「其」，陳本作「甚」，今從之。畢校同。

④「槐」，畢本作「塊」，舊本並作「槐」，今從舊本。「槐」、「褱」字通。廣雅釋草「褱，續斷也。亦名槐」，是其證。說文曰「褱，夾也。一曰橐」，廣韻曰「褱，苞也」，皆此「槐」字之義。　畢云：「乃」舊作「及」，以意改。「塊」當爲「魄」，「饋」字假音。

⑤孫云：非攻中篇「太山」即「泰山」，此疑亦同。

⑥孫云：「昧菓」當讀爲「滅茅」。晏子春秋諫下〔一〕篇云：「景公獵休，坐地而食。晏子後至，滅葭而席。公不說，曰：寡人不席而坐地，二三子莫席，而子獨搴草而坐之，何也？」「昧茅」猶言滅葭，亦即搴茅而坐之也。「昧」當作「眛」，與「滅」古音相近。左氏隱元年經「公及邾儀父盟於蔑」，「蔑」，公羊作「眛」，即其比例。說文手部云：「搣，批也。」「批，捽也。」「滅」亦即「搣」之借字。若然，眛茅即是薙搣茅草。古書「矛」字或混作「柔」。宋本淮南子氾論訓云「槽柔無擊」，說苑說叢篇云「言人之惡，痛於柔戟」，並以「柔」爲「矛」。故此「茅」字亦作「菜」矣。

⑦王引之云：「樵」蓋「醮」之借字也。士冠禮注曰「酌而無酬酢曰醮」，故上文言酒脯。

⑧吳鈔本「嘆」作「歎」。

〔一〕「下」原誤「上」，據墨子閒詁原引改，與晏子春秋合。

⑨孫云：「姑亡」，言姑無問守道也。亦見公孟篇。

⑩「有亓」，道藏本、唐本作「有亦」，畢校作「有亓」，四庫本剜改作「有其」，吴鈔本、陸本、茅本、寶曆本、緜眇閣本、堂策檻本、陳本作「亦有」。

⑪孫云：呂氏春秋本味篇高注云：「約，飾也。」

⑫畢云：同「僵」。「亡」、「強」、「薑」爲韻。○案：「薑」，寶曆本作「菑」。

⑬「煙」，道藏本、吴鈔本、唐本作「烟」。王云：「煙」當爲「堙」。堙，塞也。備城門篇「救闉池者」，「闉」與「堙」〔一〕同。蘇説同。俞云：「資」當讀爲「茨」。淮南子泰族篇「茨其所決而高之」，高注曰：「茨，積土填滿之也。」是茨與堙同義。古「茨」字或作「薋」。爾雅釋草篇「茨，蒺藜」，釋文「茨，本作薋」，是也。墨子書作「資」者，即「薋」字而省艸耳。説文土部：「垐，以土增大道上。」「茨」與「垐」通。孫云：梯、臨之攻，蓋皆兼用堙法。

⑭「雲梯」見公輸篇。

⑮宋本、蜀本御覽三百二十引「士」作「力」。

⑯畢云：「上」舊作「土〔二〕」，據太平御覽改。○案：「吾」下，緜眇閣本有「民」字。

〔一〕「堙」原作「垔」，據讀書雜志改。

〔二〕「土」原誤「上」，據畢刻本改。

⑰畢云：「池」、「施」、「多」、「何」爲韻。

⑱「守」字舊本脱，畢本缺一格，今依秋山、王、蘇説增。　秋山云：「邪」上脱「守」。　王云：此當作「問雲梯之守邪」。上文曰「敢問守道」，又曰「願遂問守道」，備穴篇曰「問穴土之守邪」，備蛾傅篇曰「子問蛾傅之守邪」，襍守篇曰「子問羊坽之守邪」，皆其證。今脱「守」字，則文不成義。　蘇説同。

⑲「亓」，四庫本作「其」。　俞云：「相見」即相閒也。備城門篇「見一寸」，畢云「見疑閒字」，是其例也。

⑳畢云：舊作「慕」，以意改。

㉑「亓」，四庫本作「其」。　畢云：「度」、「幕」、「處」爲韻。

㉒備高臨篇曰「行城三十尺」，蓋并堞高計之。

㉓孫云：「巨」讀爲「距」，見備高臨篇。

㉔俞云：上文皆言行城，而此即云「高廣如行城之法」，義不可通。疑「高廣」上脱「襍樓」二字。

㉕孫云：「爵」，吴鈔本作「雀」，同。爵穴制見備城門篇。「煇」當讀爲「熏」。史記呂后紀戚夫人去眼煇耳，亦以「煇」爲「熏」。「爵穴煇⿰亻鼠」，蓋亦城閒空穴之名，明其小僅容雀鼠也。「⿰亻鼠」，畢本改「鼠」，云：「舊作『⿰亻鼠』，以意改。」案「⿰亻鼠」即「鼠」之變體，不必改。詩豳風七月「穹窒熏鼠」，此與彼義同。蓋以火煙熏穴以去鼠，因之小空穴亦謂之「熏鼠」矣。備穴篇有「⿰亻鼠穴」，亦即此。

○案：備穴篇曰「偃爲之户及關籥」，又曰「偃穴高七尺五寸」，此「偃」字當與彼同。以彼例此，其穴非小僅容鼠者甚明。

㉖ 備城門篇曰「二步一荅。」

㉗ 王引之云：「錢」字義不可通，當是「棧」字之誤。「衝」見襍守篇。備城門篇説城上之備有「行棧」，即此所謂「棧」也。「城」即「行城」，見上文。　孫云：六韜發啓篇云「無衝機而攻」，蓋攻守通用此。

㉘ 「亓」，四庫本作「其」。寶曆本「劍」作「釖」，下同。説文曰：「鐫，破木鐫也。」鐫所以破梯，劍所以刺敵也。

㉙ 畢云：「適」同「敵」。　孫云：「案」、「按」同。爾雅釋詁云：「按，止也。」謂止目注視，欲其審也。淮南子泰族訓云「欲知遠近而不能，教之以金目則射快」，許注云：「金目，深目。所以望遠近射準也。」此「案目」疑與「金目」義同。　○案：若依孫訓「案目」爲「止目」，則止目注視，夫人能之，本文當云「令人案目視敵」，不當云「令案目者視敵」矣。備穴篇曰「使聰耳者伏罌而聽之」，此文例當與彼同。「案目者」猶言明目者。説文曰：「晏，天清也。」引申爲清明之義。小爾雅廣言曰：「晏，明也。」此「案」字疑當讀爲「晏」。

㉚ 孫云：疑脱「之」字。

㉛ 「披」，堂策檻本、四庫本作「彼」。「披」、「彼」皆「技」之誤字，見備高臨篇。

㉜「灰」，各本作「炭」，今依王校改。畢云：太平御覽引「繁」作「多」。王引之云：「炭」當爲「灰」，「灰」見備城門篇。沙、灰皆細碎之物，炭則非其類矣。襍守篇亦誤作「炭」。太平御覽兵部五十五引此正作「灰」。○案：宋本、蜀本御覽三百二十引作「灰」，又三百三十六引作「炭」。

㉝宋本、蜀本御覽三百三十六引「水湯」作「湯水」。

㉞非攻下篇曰「則敵生慮而意羸矣」。畢云：「故」、「慮」爲韻。蘇云：言兵貴神速，久則變矣。

㉟畢云：「等」，級。○案：「高」下，陸本、茅本、寶曆本、緜眇閣本、堂策檻本、四庫本又有「高」字。

㊱「劍」，寶曆本作「斂」。「亓」，四庫本作「其」。

㊲備城門篇曰「堞下爲爵穴，三尺而一」，與此同。又曰「五步一爵穴」，與此異。備蛾傅篇又曰「爵穴十尺一」。

㊳「蒺」，吴鈔本、寶曆本、緜眇閣本、畢本作「藜」，道藏本、唐本作「棃」，陸本、茅本、堂策檻本、四庫本作「蒺」，今從之。「蒺蒺投」，備城門篇作「疾犁投」。

㊴孫云：疑當作「必當隊而立」。

㊵秋山云：「以」，一作「則」。「置」字各本脱，今依畢、孫校增。「裾」，道藏本、吴鈔本、陸本、唐

本、茅本、緜眇閣本作「裾」，下並同。　畢云：「裾城外」，備蛾傳作「置薄城外」四字，下「裾」字俱作「薄」。　孫云：「裾」上當有「置」字。「裾」爲「椐」之譌，詳備城門篇，下並同。　蓋於城外別植木爲薄，以爲藩柂也。

㊶ 畢云：備蛾傳此下有「之法」二字。

㊷ 畢云：「本」，備蛾傳作「木」。

㊸ 畢云：備蛾傳作「斷」，此「傳」字當爲「㓚」之譌也。說文云：「㓚，古文斷。叀，古文專字。」

㊹ 「雜」，緜眇閣本作「維」。　畢云：備蛾傳作「離而深貍堅築之」。

㊺ 孫云：「殺」蓋擁裾左右橫出爲之。置裾如城之廣袤，二十步則爲之殺，如備穴篇置穴，十步則擁穴左右爲殺也。

㊻ 孫云：「鬲」，備蛾傳篇作「壙」，案當與「隔」通。號令篇有「隔部」，署隔蓋擁裾爲殺，於殺中爲隔，以藏守園之人及器具，又爲門以備出擊敵也。

㊼ 「施」，吴鈔本作「柂」。　備蛾傳篇作「薄門板梯」。

㊽ 畢云：備蛾傳作「置楬」。　王引之云：「城」下當有「上」字。希與睎同，直與置同，桀與楬同。言城上之人望裾門而置楬也。　備蛾傳篇作「城上希薄門而置楬」，是其證。今本脱「上」字，則文不成義。

㊾ 孫云：說文木部云：「檝，弋也。」「鉤檝」，蓋以弋著鉤而縣火。

㊿畢云：舊脱一「竈」字，據備蛾傳增。○案：「門」字畢本脱，舊本並有，今據補。備蛾傳篇亦有「門」字。「鑪」，寶曆本、堂策檻本、四庫本作「鑪」。

51畢云：「煇」，備蛾傳作「車」。孫云：「煇」亦讀爲「熏」。説文屮部云：「熏，火煙上出也。」「車」疑亦「熏」之譌。

52孫云説文車部云：「載，乘也」，似謂戰車。

53「亓」，四庫本作「其」。

54畢云：「閒」下舊有「載之門」三字，據備蛾傳去之。當是上三字重文之譌。

55「待」，諸本作「持」，寶曆本作「待」，今從之。「燃」，諸本作「撚」，茅本、寶曆本、緜眇閣本、陳本作「燃」，今從之。王校同。「燃」爲「然」之俗字。畢云：備蛾傳云「待鼓音而燃」。

56「具」，寶曆本作「俱」，字通。備蛾傳篇作「俱」。

57孫云：「除火」，謂敵屏除城上所下之火。左昭十八年傳云「振除火災」。備蛾傳篇作「辟」，義同。

58畢云：舊脱「士」字，據備蛾傳增。秋山云：「死」下脱「士」。

59畢云：猶言餘師。○案：廣雅釋詁：「遺，離也。」上文曰「適人甚病，故引兵而去」，備城門篇曰「適人恐懼而有疑心，因而離」，此「遺師」即謂離去之敵師也。

60「賁」，寶曆本作「貴」。「賁」，「憤」之省文。「賁士」猶勇士也。襍守篇曰「養勇高奮」，又曰「恙愿高憤」。「憤」、「奮」字通。奮，勇也。

61 畢本「素」作「數」。 畢云：舊「數」作「素」，「伏」作「休」，據備蛾傅改。 王云：鄭注喪服曰：「素猶故也。」「因素出兵」猶言照舊出兵耳。畢改「素」爲「數」，則義不可通。備蛾傅篇正作「素」，不作「數」也。 ○案：「伏」，諸本作「休」，茅本、縣眇閣本作「什」，寶曆本作「伏」，不誤。

62 畢云：說文云：「譟，擾也。」此省文。

63 畢云：同「惑」。

64 孫云：謂口爲號也。號令篇云「夕有號」，六韜金鼓篇云「以號相命，勿令乏音」。

65 畢云：舊作「也」，以意改。

第五十七亡。○案：「第五十七」四字及小注「亡」字諸本無，縣眇閣本有，今據補。

「第」字仍依原書較題目低二格。

備水第五十八

城内塹外周道①，廣八步。備水謹度四旁高下②。城地中偏下③，令耳亓内④。及下地，地深穿之，令漏泉⑤。置則瓦井中⑥，視外水深丈以上，鑿城内水耳⑦。並船以爲十臨⑧，臨三十人，人擅弩，計四有方⑨。必善以船爲轒轀⑩。二十船爲一隊⑪，選材士有力者三十人共船⑫。亓二十人⑬，人擅有方⑭，劍甲鞮瞀⑮。十人，人擅苗⑯。先養材士，爲異舍⑰，食亓父母妻子，以爲質⑱。視水可決，以臨轒輼⑲決外隄。城上爲射檥⑳，疾佐之㉑。

① 備城門篇曰「城下州道内」，州、周字通，義詳彼注。

② 句。

③ 孫云：此當作「城中地偏下」。

④ 畢云：「耳」疑「瓦」字。 蘇云：「令」與「瓬」通。六書故曰：「瓬，牝瓦抑蓋者。仰瓦受覆瓦之流，所謂瓦溝。」 孫云：「耳」疑當爲「巨」，即「渠」之省。此與備城門篇「令耳」異。

⑤ 使水有泄處。 畢云：通典守拒法云「如有洩水之處，即十步爲一井，井之内潛通，引泄漏」，即其遺法。

⑥ 畢云：「則」同「側」。 吴云：「則瓦」者，以此瓦爲水之準則也，猶今言誌子矣。

⑦ 畢云：疑「瓦」字。 孫云：「耳」亦當爲「巨」，即水渠字。

⑧ 畢云：言方舟以爲臨高之具。

⑨ 「方」，畢本改「弓」。 畢云：舊作「方」，以意改。 王云：「擅」與「撣」同，謂提持也，說見備城門篇。 孫云：「有方」疑當爲「酋矛」。韓非子八說篇云「搢笏干戚，不適有方鐵銛」，「有方」亦「酋矛」之誤，與此正同。此文疑當云「人擅弩，什四酋矛」，或作「什六人擅弩，四酋矛」。

「什」、「計」艸書相近而誤。　○案：畢校「方」爲「弓」，則與上文「人擅弩」複，孫校「有方」爲「酋矛」，則與下文「擅苗」複，皆非也。「有方」爲古兵器名。韓非子八説篇舊注云「方，楯也」，當有所本。其義於此書亦可用，唯於他書罕見之。説文曰「瞂，盾也」，字亦作「伐」。或以雙聲轉爲「方」與？

⑩ 孫云：七字爲句。此與陸戰以車爲轒輼同，詳備城門篇。　○案「轒輼」，陸本、茅本、寶曆本、緜眇閣本、堂策檻本作「轀轒」。北史魏紀：「帝令連艦上施轒輼，絶其汲路。」

⑪ 「船」，翻陸本、茅本、寶曆本、堂策檻本作「舡」，下同。

⑫ 「有」字茅本、寶曆本、緜眇閣本無。

⑬ 「亓」，四庫本作「其」。

⑭ 「方」，畢本改「弓」。

⑮ 畢云：「脊」、「鍪」字假音。　王引之云：「鞮脊」即兜鍪也。兜鍪，胄也，故與「甲」連文。韓策曰「甲盾鞮鍪」，漢書揚雄傳「鞮鍪生蟣蝨，介胄被霑汗」，師古曰：「鞮鍪即兜鍪也。」字亦作「鞮鞪」，漢書韓延壽傳「被甲鞮鞪」，皆其證。

⑯ 「人」字各本不重，今依王校增。　畢云：「苗」同「矛」，猶苗山即茅山。

⑰ 「舍」，茅本、寶曆本、緜眇閣本作「命」。

⑱ 「亓」，茅本、寶曆本、緜眇閣本作「以」，四庫本作「其」。

⑲「輼」，堂策檻本作「轀」。

⑳「檥」，諸本作「㩘」，緜眇閣本作「檥」，畢本亦改「檥」。畢云：說文云：「檥，榦也。」言矢榦。舊从手，非，今改。孫云：「射檥」疑當爲「射機」。備城門篇有作射機之法。○案：備高臨篇有「儀」，疑與此「射檥」同物。

㉑「疾」下，緜眇閣本有「以」字。畢云：通典守拒法云「城中速造船一二十隻，簡募解舟檝者，載以弓弩鍬钁，每船載三十人，自暗門銜枚而出，潛往斫營決隄堰。覺即急走，城上鼓噪，急出兵助之」，即其遺法。

第五十九亡。

第六十亡。

○案：以上兩行無題，第次七字及小注兩「亡」字諸本無，緜眇閣本有，今據補。「第」字仍依原書較題目低二格。

備突第六十一

城百步①一突門②，突門各爲窯竈③，竇入門四五尺，爲亓門上瓦屋④，毋令水潦能入門中。吏主塞突門，用車兩輪，以木束之，塗亓上⑤，維置突門内⑥，使度門廣狹⑦，令之入門中四五尺⑧。置窯竈⑨，門旁爲槖⑩，充竈狀柴艾⑪，寇即入，下輪而塞之⑫，鼓槖而熏之。

① 畢云：後漢書注引有「爲」字，一引無。

② 孫云：此城内所爲以備敵者。六韜突戰篇云：「百步一突門，門有行馬。」

③ 「突門」，緜眇閣本作「門二二」，蓋古本「一突門突門」或有作「一突門二二」者，遂誤而爲「一突門門二二」矣。說文云：「窯，燒瓦竈也。」亦見備穴篇。

④ 「亓」字吴鈔本無，四庫本作「其」。

⑤ 「亓」，寶曆本、四庫本、畢本作「其」。後漢書袁譚傳注引亦作「其」。

⑥ 蘇云：「維」，繫也。

⑦ 「陜」，隸變作「狹」。

⑧ 備穴篇曰「塞穴門以車兩走，爲薀，塗亓上，以穴高下廣陜爲度，令入穴中四五尺，維置之」，與此略同。畢云：「之」後漢書注，引作「人」。

⑨ 畢云：「窯」，後漢書注引作「窐」，非。

⑩ 畢云：舊作「槀」，下同，據後漢書注改。又韓非子八說篇云「干城拒衝，不若堙穴伏櫜」，「櫜」當爲「槖」。○案：下文「槖」字，寶曆本作「槖」，當即「槖」字。

⑪「狀」，畢本改「伏」。 畢云：舊「伏」作「狀」，以意改。後漢書注作「又置艾」。 ○案：備穴篇及後漢書注引字並作「狀」，「狀」字不誤。狀讀如北史劉昶傳「以草裝實婢腹」之「裝」，言裝實柴艾於竈中也。

⑫「輪」，各本作「輔」。 畢云：後漢書注引作「輪」。 王云：「輪」字是也。上文曰「吏主塞突門，用車兩輪」，是其證。 ○案：王校是也，蘇說同，今依改。

備穴第六十二①

禽子再拜再拜曰：敢問古人有善攻者②，穴土而入，縛柱施火③，以壞吾城④，城壞，或中人⑤，爲之奈何？子墨子曰：問穴土之守邪⑥？備穴者，城内爲高樓，以謹⑦候望適人，適人爲變，築垣聚土非常者⑧，若彭有水濁非常者⑨，此穴土也，急塹城内⑩，穴亓土直之⑪。穿井城内，五步一井，傅城足⑫，高地丈五尺⑬，下地得泉三尺而止⑭。令陶者爲罌，容四十斗以上⑮，固順之以薄鞜革⑯，置井中，使聰耳者伏罌而聽之，審知穴之所在，鑿穴迎之⑰。令陶者爲月明⑱，長二尺五寸，六圍⑲，中判之，合而施之穴中⑳，偃一㉑，覆一。柱之外，善周塗亓傅柱者，勿燒㉒。柱者勿燒㉓。柱善塗亓竇際㉔，勿令泄，兩㫄皆如此，與穴俱前㉕。

下迫地㉖，置康若疾亓中㉗，勿滿㉘，疾康長五竇㉙，左右俱雜，相如也㉚。穴內口爲竈，令如窯㉛，令容七八員艾㉜，左右竇皆如此，竈用四橐㉝。穴且遇㉞，以頡皐衝之，疾鼓橐熏之，必令明習橐事者㉟，勿令離竈口㊱。連版以穴高下廣陜爲度㊲，令穴者與版俱前，鑿亓版，令容矛㊳，參分亓疏數㊴，令可以救竇㊵。穴則遇㊶，以版當之㊷，以矛救竇，勿令塞竇。竇則塞，引版而卻㊸，過一竇而塞之㊹，鑿亓竇㊺，通亓煙，煙通，疾鼓橐以熏之。從穴內聽穴之左右㊻，急絶亓前，勿令得行。若集客穴，塞之以柴塗，令無可燒版也。然則穴土之攻敗矣㊼。

寇至吾城㊽，急非常也，謹備穴㊾。穴疑有應寇㊿，急穴(51)，穴未得，慎毋追(52)。凡殺以穴攻者，二十步一置穴，穴高十尺，鑿十尺，鑿如前(53)，步下三尺(54)，十步擁穴左右横行(55)，高廣各十尺，殺(56)。俚兩罌，深平城(57)，置板亓上(58)，堋板以井聽，五步一(59)。密用榆若松爲穴户(60)，户穴有兩蒺藜(61)，皆長極亓户(62)，户爲環，壘石外埻(63)，高七尺，加堞亓上(64)。勿爲陛與石，以縣陛上下出入(65)。具鑪橐(66)，橐以牛皮。鑪有兩甀，以橋鼓之(67)。百十每亦熏四十什(68)，然炭杜之(69)，滿鑪而蓋之(70)，毋令氣出。適人疾近五百穴(71)，穴高若下不至吾穴(72)，即以伯鑿而求通之(73)。穴中與適人遇，則皆圉而毋逐(74)，且戰北(75)，以須鑪火之然也，即去而入壅穴殺(76)。有鼠，鼠爲之户(77)及關籥(78)，獨順得往來行亓中(79)。穴壘之中各一狗，狗吠即有人也。

斬艾與柴，長尺[80]，乃置窯竈中，先壘窯壁，迎穴爲連[81]。鑿井傅城足[82]，三丈一[83]，視外之廣陜而爲鑿井，慎勿失。城卑内高從内難[84]。鑿井城上[85]，爲三四井，内新甀井中[86]，伏而聽之，審知穴之所在[87]，穴而迎之。穴且遇，爲頡皐，必以堅杖爲夫[88]，以利斧施之，命有力者三人用頡皐衝之，灌以不潔十餘石[89]。趣狀此井中[90]，置艾亓上[91]，七分[92]，盆蓋井口，毋令煙上泄，旁亓橐口，疾鼓之。以車輪轀[93]。一束樵，染麻索塗中以束之[94]。鐵鎖縣正當寇穴口[95]，鐵鎖長三丈[96]，端環，一端鉤[97]。傓穴高七尺五寸[98]，廣[99]柱閒也尺[100]，二尺一柱[101]，柱下傅舄[102]，二柱共一負土[103]。兩柱同質[104]，横負土[105]。柱大二圍半[106]，必固亓負土，無柱與柱交者[107]。穴二窯，皆爲穴月屋[108]，爲置吏、舍人各一人[109]，必置水[110]。塞穴門，以車兩走[111]，爲薀[112]，塗亓上[113]，以穴高下廣陜爲度[114]，令入穴中四五尺，維置之[115]，當穴者客争伏門[116]，轉而塞之。爲窯容三員艾者[117]，令亓突入伏傅突一旁[118]，以二橐守之，勿離。内予以鐵[119]，長四尺半，大如鐵服説，即刃之二矛[120]。内去竇尺[121]，邪鑿之，上穴當心，亓矛長七尺。穴中爲環利率，穴二[122]。鑿井城上[123]，俟亓穿井且通[124]，居版上，而鑿亓一偏[125]。已而移版，鑿一偏。頡皐爲兩夫[126]，而旁貍亓植[127]，而敷鉤亓兩端[128]。諸作穴者五十人，男女相半[129]。五十人攻穴[130]，爲傳士之口，受六參[131]，約枲繩以牛亓下，可提而與投[132]。已則穴七人守退壘之中，爲大廡一，藏穴具亓中[133]。難穴，取城外池脣木月散之[134]，什斬亓穴[135]，深到泉[136]。難近穴，爲鐵鈇[137]，金與扶林長四尺，財自足[138]。客即穴[139]，亦穴而應之。爲鐵鉤鉅[140]，長四尺者財自足，穴徹，以鉤客穴者[141]。爲短矛[142]、短戟[143]、短弩、宦矢[144]，財自足[145]，穴徹以鬭。以金劍爲難[146]，長五尺[147]。爲銎[148]、木杘[149]，杘有慮枚，以左客穴。戒持罌，容三十斗以上[150]，貍穴中[151]，丈一[152]，以聽穴者聲。爲穴，高八尺，廣[153]，善爲傅置[154]，具全牛交槀[155]皮及坛，衛穴二，蓋陳靃及艾[156]，穴徹熏之[157]。以斧金爲斫[158]，杘長三尺[159]，衛穴四。爲壘[160]，衛穴四十，屬四[161]。爲斤、斧、鋸、鑿、钁[162]，財自足。爲鐵校[163]，衛穴四。爲中櫓，高十丈半，廣四尺[164]。爲横穴八櫓蓋[165]。具槀枲，財自足，以燭穴中[166]。蓋持醯[167]，客即熏，以救目。救目，分方鑿穴[168]，以盆盛醯[169]，置穴中，丈盆毋少四斗[170]，即熏，以自臨醯上[171]，及以洒目[172]。

①孫云：備城門篇説攻具十二，「穴」在「突」前，此次與彼不同，疑亦傳寫移易，非其舊也。

②王云：「古」乃「適」之壞字。　孫云：備梯篇説守道云「古有其術者」，則「古」字似非誤。

③「縛」，諸本作「縛」，唐本、寶曆本、堂策檻本、四庫本作「縛」，今從之。

④孫云：商子境内篇云「穴通則積薪，積薪則燔柱」，通典兵部説距闉謂「鑿地爲道，行於城下，攻城建柱，積薪於其柱，圜而燒之，柱折城摧」，即古穴攻法也。

⑤「城」字陸本、茅本、寶曆本、緜眇閣本、堂策檻本、四庫本無。此下各本有「大鋌前長尺」云云，凡七百零一字，今依顧校移入備城門篇。

⑥「土」，堂策檻本、四庫本作「士」，誤。

⑦王引之云：自「爲之奈何」至「以謹」，凡二十四字，舊本誤入備城門篇，今移置於此。○案：王校是也，顧、蘇説同，今依移。「以謹」屬下「候望適人」爲句。

⑧畢云：言以所穴之土築垣。

⑨畢云：「水濁」者，穴土之驗。　王云：「若」猶與也。「彭」與「旁」通。

⑩畢云：玉篇云：「壍同塹。」

⑪畢云：「穴亓」舊作「内亦」，以意改。「直」，當也。説文云：「直，正見也。」

⑫畢云：「傅」舊作「傳」，以意改。

⑬孫云：言高地則以深丈五尺爲度。

⑭「下」字各本脱，今依王引之説增。「下地」與「高地」對文。

⑮「容」，茅本、緜眇閣本作「谷」，誤。

⑯畢云：即通典所云「以新罌用薄皮裹口如鼓」也。　蘇云：説文云：「鞈，生革可以爲縷束也。」　孫云：「固順」義難通。「順」當作「幎」，冥、頁，巾、川，隸書相近而誤。説文巾部云：「幎，幔也。」亦作「幂」，廣雅釋詁云：「幂，覆也。」「固幎之以薄鞈革」，謂以革堅覆罌口也。文選

⑰ 馬汧督誄李注引作「幕罌」，「幕」即「冪」之誤。李所舉雖非元文，然可推校得其沿誤之由也。「鑿穴」之「穴」各本譌作「内」，今依王校改。文選馬汧督誄注、宋本蜀本御覽三百二十引並作「鑿内」，則唐宋傳本已誤。　畢云：通典守拒法云〔一〕「地聽，於城内八方穿井，各深二丈，以新罌用薄皮裹口如鼓，使聰耳者於井中託罌而聽，則去城五百步内悉知之，審知穴處，助鑿迎之云云」，即其法也。

⑱ 王引之云：「月明」當爲「瓦罌」。　蘇云：「月」當作「瓦」，下「明」字亦瓦傍字之誤。○案：下文曰「中判之，合而施之穴中，偃一，覆一」，則其物非罌甚明。「月明」當爲「瓦瓴」之誤。六書故曰：「瓴，牝瓦仰蓋者。仰瓦受覆瓦之流，所謂瓦溝。」

⑲ 王引之云：「六圍」上當有「大」字，備城門篇「木大二圍」，即其證。

⑳ 「穴」，各本譌作「内」，今依王校改。

㉑ 畢云：「偃」，仰。

㉒ 畢云：「亓傅」，舊作「亦傳」，以意改。

㉓ 畢云：四字衍。

㉔ 「亓」，寶曆本作「其」。　畢云：「際」，縫也。

〔一〕「云」字原誤置下文「穿井」下，據畢刻本乙。

㉕ 畢云：「穴」舊作「内」，以意改。　孫云：言爲穴柱與鑿穴俱前，猶下云「令穴者與版俱前」也。自「柱之外」至此三十四字，並説穴柱，與上下文不相冡，疑當在後文「無柱與柱交者」下。

㉖ 孫云：疑當接上文「偃一覆一」句。

㉗ 「疾」，畢本改「矢」。　畢云：「康」即「穅」字，見説文。「矢」舊作「疾」，以意改，下同。　王云：「疾」乃「灰」之誤。備城門篇「爨灰康粃」，即其證。　○案：「疾」當爲「炭」，形近而誤。下文所謂「然炭杜之」，備城門篇「置炭火亓中而合冪之」，備梯篇「竈門有鑪炭」，並與此「炭」字相同。「穅若炭」及下文之「艾」、「柴」、「陳藿」，皆所以然火起煙熏敵，若作「矢」、作「灰」，則不適用矣。下「疾」字同。

㉘ 緜眇閣本「滿」作「漏」。

㉙ 「五」通「伍」，能配套之意。　孫云：「五」疑「亙」之誤。説文木部云：「栕，竟也。」古文作「亙」。此言竟滿其竇，猶下云「户内有兩蒺藜，皆長極亓户」。

㉚ 孫云：雜猶帀也。

㉛ 畢云：説文云：「窯，燒瓦竈也。」即今「窰」字正文。

㉜ 孫云：「員」即丸也，論衡順鼓篇云「一丸之艾」。

㉝ 備城門篇救闉池文有「鼓橐」。　孫云：淮南子本經訓高注云：「橐，冶鑪排橐也。」

㉞ 畢云：舊作「愚」，據下改。

㉟「明」，四庫本誤「用」。　畢云：「習」舊作「翟」，以意改。

㊱畢云：通典守拒法云「審知穴處，助鑿迎之，與外相遇，即就以乾艾一〔一〕石，燒令煙出。以板於外〔二〕密覆穴口，勿令煙洩，仍用鞴袋〔三〕鼓之」，即其遺法。所云「以板於外密覆穴口，勿令煙洩」，即下連版法也。

㊲上句「口」字、本句「連」字茅本缺，寶曆本、緜眇閣本删省缺格，非是。「陜」，道藏本、陸本、唐本、茅本並同，餘本作「狹」，俗字。

㊳「亓」，寶曆本作「其」。「矛」，諸本作「予」，寶曆本作「矛」，今從之，下同。畢本亦意改「矛」。

㊴蘇云：「參」與「三」同。「數」讀爲「促」。

㊵秋山云：「救」，一作「致」。

㊶蘇云：「則」猶即也。

㊷畢云：「版」舊作「攸」，以意改。

㊸「郤」，各本作「郄」，今依王校改。廣雅釋言曰：「郤，退也。」　畢云：「引」舊作「弓」，以意改。「郄」，「郤」字俗寫。

〔一〕「一」原誤「二」，據畢注改，與通典兵五守拒法原文合。

〔二〕畢引原重「外」字，本書沿誤，據通典守拒法删。

〔三〕「袋」原誤「帶」，據畢引改，與通典守拒法原文合。

㊹「過」，王校作「遇」。

㊺「亓」，寶曆本作「其」，下二「亓」字同。

㊻「從」，舊本作「徒」，畢以意改「徙」，今依王校改「從」。「之」字諸本無，道藏本、吴鈔本、唐本並有，今據補。

㊼「穴土」，諸本作「内士」，四庫本作「穴土」。秋山云：「内士」當作「穴土」。畢云：「穴土」舊作「内士」，以意改。王引之云：自「候望適人」至「穴土之攻敗矣」凡三百四十五字，舊本亦誤入備城門篇，今移置於此。「以謹候望適人」六字文義緊相承接，不可分屬他篇。且上文曰「備穴者，城内爲高樓」，下文曰「然則穴土之攻敗矣」，則爲備穴篇之文甚明。○案：王校是也，顧、蘇校同，今依移。

㊽「城」，緜眇閣本作「誠」。

㊾備城門篇「適人爲穴而來，我亟使穴師選士迎而穴之，爲之具内弩以應之」凡二十五字，疑爲此處脱文。

㊿句。

51 句。

52 孫云：似言未得敵穴所在，則勿出城追敵。

53 「十尺鑿」三字誤重，當删。孫云：「如」讀爲「而」，言穴向前鑿也。

㊾ 古六尺爲步。步下三尺，以句股法計之，穴身傾斜與地平線成三十度之夾角，其常制蓋如此。至應敵時，則長短高下自適爲之。

㊿ 「行」，緜眇閣本作「竹」。

56 「高」字畢本重，舊本並不重，今據刪。　孫云：「殺」上疑當有「爲」字。此言凡穴直前十步，則左右横行别爲方十尺之穴，謂之殺，以備旁出也。備梯篇説置裾城外，亦云「二十步一殺」。

57 畢云：「俚」，同「埋」。　孫云：他篇多作「貍」，此作「俚」，並「薶」之假字。

58 「亓」，四庫本作「其」。

59 「赗」，緜眇閣本作「聑」〔一〕。　孫云：「聑」疑「聯」之誤。「聯板」即上文之「連版」也。　蘇云：「井聽」疑誤倒，當作「井五步一」。

60 「榹」，道藏本、吴鈔本、唐本、畢本從手。陸本、茅本、寶曆本、緜眇閣本、堂策檻本、四庫本從木，今從之。「密」讀爲下文「必以堅材爲夫」之「必」。　蘇云：「榹」，或「桐」字之譌。　孫云：「揓」未詳，疑當爲「枱」，鐘鼎古文從台者或兼從司省，今所見彝器款識公姞敨「始」字作「𡚱」，是其例也。此「揓」字亦當從木。説文木部：「枱，耒耑也。」此疑假爲「梓」字。説文：「梓，楸也。」

〔一〕「聑」原誤「賏」，據緜眇閣本改。

從木，宰省〔一〕聲。」與台古音同部，得相通借。墨書多古文，此亦其一也。

61 「蔾」，吳鈔本、寶曆本、緜眇閣本、四庫本作「藜」，道藏本、唐本、畢本作「棃」，陸本、茅本、堂策檻本作「蔾」，今從之。「蒺蔾」，備城門篇或作「疾犁」。孫云：「户穴」當作「户内」。吳云：「户穴」當作「穴户」。

62 「亓」，四庫本作「其」。

63 吳鈔本「塓」作「厚」。緜眇閣本「環」作「瓌」，「塓」作「垣」。畢云：「塓」即「厚」字。孫云：「塓」疑「埻」字之誤。玉篇土部及集韻十九鐸字並作「墇」，蓋即「郭」之異文。

64 「亓」，四庫本作「其」。

65 蘇云：言穴中勿爲陛階，出入者縋而上下也。

66 畢云：舊俱作「槀」。○案：「槖」，諸本作「槀」，寶曆本作「橐」，下同。

67 畢云：「橋」，桔皋也。

68 「亦」，四庫本作「其」，畢校改「丌」。「熏」，緜眇閣本作「重」。以緜眇閣本校之，「亦重四十什」疑當作「其重四十斤」。「百十每」三字仍不可解。

69 畢云：「然」即「燃」正文。

〔一〕「省」字墨子閒詁原引脱，本書沿誤，據説文木部補。

⑦⓪ 寶曆本「鑪」作「鑪」。

⑦① 蘇云：「五百」二字乃「吾」字之譌，下言「吾穴」是也。

⑦② 孫云：言客穴與内穴不正相直也。

⑦③ 「伯」，吴鈔本作「百」，疑爲「吾」之誤字。　孫云：「伯」疑當作「倚」。倚，邪也。後文曰「内去竇尺，邪鑿之」。

⑦④ 蘇云：「圉」與「禦」同。言與敵相持，勿逐去之。

⑦⑤ 「北」，陸本、茅本、寶曆本、緜眇閣本、堂策檻本、四庫本誤「址」。　孫云：言戰而佯北以誘敵，使深入穴中也。

⑦⑥ 孫云：「壅」即「擁」之俗。「壅穴殺」即上文所謂「十步擁穴左右横行，高廣各十尺」者也。

⑦⑦ 下「⿰亻鼠」字，諸本作「⿰亻⿱臼乚」，陸本、茅本、緜眇閣本作「⿰亻⿱臼乚」，寶曆本、堂策檻本、四庫本作「⿰亻鼠」，今從之。下文有「⿰亻鼠穴」，備梯篇有「煇⿰亻鼠」，當爲同物。　畢云：俱「鼠」字之誤。

⑦⑧ 「籥」，陸本、茅本、寶曆本、緜眇閣本、堂策檻本、四庫本作「鑰」。備城門篇曰「方尚必爲關籥守之」。　蘇云：「關籥」即管鑰。

⑦⑨ 「順」疑「須」字之誤。號令篇「守以須」、「城上候須」，今本亦誤「順」，可以爲例。「⿰亻鼠」蓋非常時之穴道，故爲之户及管鑰，獨須要時得往來行其中也。

⑧⓪ 畢云：「柴」舊作「此」，以意改。　孫云：「此」疑即「柴」之省，此書多用省借字，如以「也」爲

「他」，以「之」爲「志」，皆其例也。備突篇亦云「充竈狀柴艾」。○案：「柴」，舊本並作「此」，即「柴」之省文。自「斬艾與柴長尺」至「男女相半」凡三百九十八字，各本錯入備城門篇。王云：「以下多言鑿穴之事，當移置於備穴篇，然未知截至何句爲止。」顧、蘇校並謂此錯文當截至「諸作穴者五十人，男女相半」爲止，孫校從之，是也，今依移。

81 王引之云：「連」下當有「版」字。上文曰「連版以穴高下廣陜爲度」，是其證。

82 「傅」，舊本作「傳」。

83 孫云：上云「五步一井」，六尺爲步，五步即三丈也。

84 二「内」字，畢本改「穴」。　畢云：二「穴」字舊俱作「内」，以意改。　孫云：疑當作「城下」。

85 俞云：城上無鑿井之理，「城上」當作「城内」，即上文鑿井城内之事。

86 「甀」，諸本作「斲」，寶曆本作「斷」。　秋山云：「斷」，一作「剒」。　畢云：「斲」當爲「𤭛」。
孫云：「斲」當爲「甀」之誤。　謹案：孫説形較近，今依改。

87 「審」下各本有「之」字，今依王樹柟據上文校删。　孫校同。

88 畢云：同「趹」，如足兩分也。　俞云：「杖」乃「材」字之誤。言必以材之堅者爲頡臯之趹也。
○案：「杖」，寶曆本作「狀」。

89 畢云：若穅、矢之類。

90 「狀」，緜眇閣本、畢本作「伏」。　畢云：「伏」舊作「狀」，以意改。「趣」同「促」。　孫云：

「此」當爲「柴」。上文「斬艾與柴」,「柴」亦作「此」。備穴篇亦以柴、艾並舉,故此下文云「置艾其上」,皆可證。○案:備突篇「充竈狀柴艾」,「狀」字義與此同。「此」爲「柴」之省文。説文曰:「趣,疾也。」「趣狀此井中」,言疾裝實柴於井中也。

91 「亓」,寶曆本、四庫本作「其」。

92 「七分」義不可通,疑爲「比灸」之壞字。「焚」或作「灸」,見集韻。此言比灸,故下言「盆蓋井口,毋令煙上泄」,文正相承。

93 「轞」,寶曆本作「輼」。孫云:「轞」、「輼」同,上當有「爲」字。以車輪爲輼,猶備城門篇云「兩材合而爲之輼」,下文云「以車兩走爲薀」也。「轞」即「輼」之別體,文省作「薀」,正字當作「轒」,詳備城門篇。

94 「染」,各本作「梁」,今依蘇校改。蘇云:「梁」爲「染」之誤。染麻索以塗者,所以避燒。孫云:備蛾傅篇云「染其索塗中」。

95 畢云:「鎖」當爲「瑣」。説文無「鎖」字,據備蛾傅作「瑣」。「穴」舊作「内」,以意改。孫云:六韜軍用篇「鐵械鎖參連百二十具」,又有「環利鐵鎖,長二丈以上,千二百枚」,此「鐵鎖」端亦有環,與彼制合。

96 畢云:通典守拒法云:「先爲桔槔,縣鐵鎖長三丈以上,束柴葦焦草而燃之,墜於城外所穴之孔,以煙燻之,敵立死。」已上罌聽、連版、狀艾、縣鎖,備穴土之法。

⑰ 孫云：言鐵鎖有兩端，一端爲環，一端爲鉤。據通典説鐵鎖，蓋以環繫於桔槔，而鉤則以束柴葦焦草而燃之者也。後文又有「鐵鉤」。

⑱ 「僞」，畢亦以意改「鼠」。上文曰「僞爲之户」，備梯篇曰「煇僞」，諸「僞」字當同物。

⑲ 「廣」下疑脱尺數。

⑳ 「也」字疑誤。

㉑ 孫云：此謂穴墻一邊二尺則一柱也。

㉒ 「傅」，舊本作「傳」。備城門篇曰「植皆爲通舄」。玉篇曰：「碣，柱礩也。」「礩，柱下石。」畢云：廣雅云：「碣，礩也。」碣古字作「舄」。　孫云：一切經音義引許叔重云：「楚人謂柱碣曰礎。」

㉓ 「負土」，各本作「員十一」，今依孫校改。　孫云：「員十一」義不可通，下文兩言「員士」，疑「十一」即「士」字傳寫誤分之。然「員士」亦無義，蓋當爲「負土」。周禮冢人賈疏云：「隧道上有負土。」此爲穴，亦爲隧道，故有負土。蓋以板横載而兩柱直楮之，故云「二柱共一負土」，下並同。

㉔ 畢云：「礩」古字如此。

㉕ 「負土」，各本作「員士」，今依孫校改，下同。

㉖ 「圍」，影印唐本誤作「闥」。

㉗ 柱與柱不相交者，腐壞時易更换，傾墮時免波及也。今用土法楮柱煤礦洞者，正與此同。　孫

云：上文錯入備城門篇者，有「柱之外善周塗亓傅柱者」云云三十四字，疑此下之錯簡，詳前。

⑩⑧ 王引之云：「皆爲穴月屋」當作「皆爲穴門上瓦屋」，謂於穴門上爲瓦屋也。備突篇曰「突門各爲窯竈，竇入門四五尺，爲亓門上瓦屋」，是其證。　蘇云：「月」當爲「瓦」之誤。

⑩⑨ 「吏」，寶曆本作「史」。　孫云：漢書高帝紀顏注云：「舍人，親近左右之通稱也。」文穎云：「舍人，主厩内小吏〔一〕，官名也。」

⑪⓪ 孫云：蓋以備飲。

⑪① 畢云：即車輪。　孫云：備突篇作「車兩輪」，備蛾傅篇亦云「車兩走」。

⑪② 「輼」或作「轀」，此又省作「蒀」。

⑪③ 「亓」，寶曆本作「其」。

⑪④ 「陜」，道藏本、吴鈔本、陸本、茅本、緜眇閣本作「陳」，誤。

⑪⑤ 「入」，各本作「人」，今依蘇校改。　蘇云：「人」當作「入」。「維」，繫也。此亦見備突篇。

⑪⑥ 畢云：舊「穴」作「内」，「客」作「容」，以意改。　○案：舊本並作「客」，畢校誤。

⑪⑦ 畢本：「容」舊作「客」，以意改。　○案：「容」，堂策檻本、四庫本作「各」，寶曆本作「容」，即「容」之俗體，見齊常岳等造象記。

〔一〕「吏」，墨子閒詁原引作「史」，本書沿誤，據漢書注改。

⑱ 畢本作「令亓突入伏尺，伏傳突一旁」。畢云：「亓突入」舊作「亦突人」，「傳」舊作「付」，並以意改。一本無「伏尺」二字。吳云：「人」，畢改「入」，非是。「令其突人伏」爲句，「尺」亦「人」字之譌。言人伏必傳著突之一旁也。○案：「人伏」下，道藏本、吳鈔本、唐本有「尺伏」二字，陸本、茅本、寶曆本、緜眇閣本、堂策檻本、四庫本並無，今據刪。「尺伏」二字即「人伏」之誤而衍者。「人」字不誤，餘如畢校。六韜突戰篇曰「突門有行馬，車騎居外，勇力鋭士隱伏而處」，與此略同。

⑲ 「内予」未詳，畢本以意改「穴矛」。案此物既有長，復有大，似非矛也。

⑳ 畢云：舊凡「矛」字作「予」，俱以意改。○案：寶曆本作「矛」，與畢改合，下同。

(121) 孫云：「内」當爲「穴」。

(122) 「二」，寶曆本作「也」。孫云：六韜軍用篇亦有「環利鐵鎖」，然其義未詳。○案：「率」，「繂」之省文，説文作「繂」，字亦作「綷」。爾雅釋水：「紼，繂也。」郭注云：「繂，索。」六韜軍用篇有「環利通索」，當與此「環利率」同。

(123) 孫云：「上」亦當爲「下」，詳前。

(124) 「穿」，各本作「身」，今依王校改。王云：「身」者，「穿」之壞字也。隸書「身」字或作「耳」，見漢處士嚴發殘碑，與「穿」字下半相似而誤。

(125) 畢云：舊作「偏」，以意改。○案：四庫本作「偏」。作「偏」者，「偏」之借字。「亓」，寶曆本、四庫本作「其」。

⑫⑥ 孫云：亦同「趺」。

⑫⑦ 「貍」，寶曆本作「埋」。「亓」，寶曆本、四庫本作「其」。

⑫⑧ 「敷」，畢本作「數」，舊本並作「敷」，今據正。「亓」，寶曆本、四庫本、畢本作「其」。 孫云：「敷」當讀爲「傅」，謂傅著鉤於頡皋之兩端也。

⑫⑨ 自「斬艾與柴長尺」至此，凡三百九十八字，各本錯入備城門篇，今依王、顧、蘇校移此，說詳上文。

⑬⓪ 「穴」，各本作「内」，今依孫說改。 詩靈臺「庶民攻之」，毛傳云：「攻，作也。」

⑬① 「六」字陸本、茅本、寶曆本、緜眇閣本、堂策檻本、四庫本無。 蘇云：「士」當作「土」，「口」字誤，蓋言器之盛土者。 孫云：「參」疑當爲「粂」，形近而誤。 備城門篇「參石」即礧石，可證。粂即虆之假字。 虆，盛土籠。 亦詳備城門篇。

⑬② 「亓」，四庫本作「其」。 蘇云：「梟繩」，麻繩也。「牛」義未詳，疑「絆」字之誤。「與」當作「舉」。

⑬③ 「亓」，四庫本作「其」。 蘇云：「廡」，古文「甒」，見儀禮注。 方言云：「罌，周魏之閒謂之甒。」

⑬④ 「月」當爲「瓦」之誤。 難穴時，取城外池脣木瓦散之，其穴較易。「木」，寶曆本作「本」。 秋山云：「本」，一作「木」，一作「水」。

⑬⑤ 「斬」，茅本、寶曆本、緜眇閣本作「矣」。「什」當爲「斗」，說文序所謂「人持十爲斗」也。「斗」即今

㪷峻字，古止作「斗」。「斬」爲「塹」之省文。「斗斬其穴」即㪷塹其穴也。

⑬⑥ 「泉」，各本作「界」，今依王校改。　王引之云：「界」字文義不明，「界」當爲「泉」。備城門篇「下地得泉三尺而止」，是其證。隸書「泉」字或作「泉」，見漢郃陽令曹全碑，「界」字作「界」，見衛尉卿衡方碑，二形相似而誤。

⑬⑦ 「鉄」，寶曆本作「鉄」。　孫云：說文金部云：「鉄，莝斫刀也。」

⑬⑧ 「財」，畢本作「則」，舊本並作「財」，今據正。　孫云：史記孝文紀「見馬遺財足」，索隱云：「財字與纔同。」「財自足」，數適足不過多也。

⑬⑨ 孫云：漢書西南夷傳顔注云：「即，若也。」

⑭⓪ 備高臨篇曰「左右有鉤距」。

⑭① 「徹」，舊本作「微」。　蘇云：「徹」，通也。

⑭② 「短矛」二字，陸本、茅本、寶曆本、緜眇閣本、堂策檻本、四庫本並無。「短」，道藏本、吴鈔本、唐本作「矩」。

⑭③ 「短」，陸本、茅本、緜眇閣本、堂策檻本、四庫本作「矩」。

⑭④ 孫云：「䖪矢」蓋亦短矢也。方言云「箭，其三鐮長尺六者謂之飛䖪」，郭注云：「此謂今射箭也。」文選閒居賦「激矢䖪飛」，李注引東觀漢紀「光武作飛䖪箭以攻赤眉」。廣雅釋器云：「飛䖪，箭也」。此「䖪矢」疑亦即「飛䖪」也。

⑭⑤ 「財」字，陸本、茅本、寶曆本、緜眇閣本、堂策檻本、四庫本並脱。

⑭⑥ 戰國策秦策「以與秦爲難」，注云：「難猶敵也。」書舜典「而難任人」，傳云：「難，拒也。」並與此「難」字義同。言以金劍爲抗拒之用也。

⑭⑦ 「五」，茅本、寶曆本、緜眇閣本作「王」。

⑭⑧ 畢云：説文云：「銎，斤斧穿也。」案經典文凡以穿爲孔者，此字假音。

⑭⑨ 畢云：説文云：「杘，篗柄也。」 孫云：廣雅釋詁云：「杘，柄也。」

⑮⓪ 「斗」，各本作「斤」，今依王校改。 畢云：「容」舊作「客」，以意改。 蘇云：戒，令也。 孫云：上文錯入備城門篇者云「令陶者爲罌，容四十斗以上」。

⑮① 畢云：「貍」舊作「狸」，以意改。 ○案：「貍」，諸本作「狸」，茅本、寶曆本、緜眇閣本作「埋」。

⑮② 孫云：上文説爲罌置井中，井五步一，又云「三丈一」，三丈即五步也。此云「丈一」，與彼不合，疑「丈」上當有「三」字，而傳寫脱之。

⑮③ 孫云：「廣」下疑脱尺數。

⑮④ 「傅」，舊本作「傳」。 孫云：疑當作「善爲傅埴」，即上文云「善周塗其傅柱者」之義。

⑮⑤ 「槀」，寶曆本作「橐」，似「槖」之俗省。

⑮⑥ 「蓋」，掩藏也。上文曰「趣狀柴井中，置艾其上」，文意與此略同。 畢云：鄭君注公食大夫禮云：「藿，豆葉也。」説文云：「𧅫，尗之少也。」「少」言始生之葉。「靃」，省文。

⑮⑦ 穴通則以陳靃及艾熏敵。

⑮⑧ 孫云：「斫」即斧刃。　李笠云：「以斧」二字蓋誤倒，當乙。

⑮⑨ 斧柄之長三尺。

⑯⓪ 上文曰「户爲環壘石外堺」。

⑯① 孫云：「屬」，「劚」之省，即備城門篇之「居屬」。

⑯② 「钁」，畢本誤「鑺」，舊本並作「钁」，今據正。　畢云：説文云：「钁，大鉏也。」玉篇云：「居縛切。鋤钁。」

⑯③ 孫云：「鐵校」，蓋鑄鐵爲闌校以禦敵。

⑯④ 孫云：「十丈半」於度太高，疑「丈」當作「尺」。備城門篇云「百步爲櫓，櫓廣四尺，高八尺」，廣與此同，而高差二尺半，彼蓋小櫓與？

⑯⑤ 「芷」，寶曆本、畢本作「蓋」，其餘諸本並作「芷」，今從之。「芷」即「莔」字之譌。下文「盛甌」、「臨甌」兩「孟」字，寶曆本並作「醞」，可以爲例。莔與輼、轀同字。　孫云：「八櫓」疑當作「大櫓」。六韜軍用篇有大櫓、小櫓。「芷」則疑「莔」之譌。

⑯⑥ 「槀」舊本從木。説文曰：「槀，木枯也。」「稾，稈也。」此與「臬」並舉，當以從禾者爲是。　蘇云：槀臬可然以爲燭。

⑯⑦ 蘇云：據文義當作「戒持甌」，「甌」或「醢」字之譌。　俞云：「甌」疑「醢」之壞字。　孫云：

此當作「益持醯」。廣韻十二齊云：「醯，俗作醓。」此「⿰酉⿱召皿」即「醓」之誤，下並同。醓蓋可以禦煙，春秋繁露郊語篇云「人之言醯去煙」。今本繁露「醯」作「醞」，亦字之誤。○案：「蓋」當爲「盆」字之誤，下文曰「以盆盛⿰酉⿱召皿」。「⿰酉⿱召皿」，諸本同，寶曆本作「醢」。下二「⿰酉⿱召皿」字，寶曆本並作「醞」。上文「八櫓蒀」，諸本誤作「茳」。以上下文誤字校之，則此「⿰酉⿱召皿」字亦當爲「醞」。此以醞救熏，與春秋繁露「醞去煙」之說正合。說文曰「醞，釀也」，於義無取。醞蓋一種易揮發之酒類，故下文曰「以自臨醞上」，若不易揮發，則「以自臨醞上」亦屬無益。孫校改春秋繁露之「醞」爲「醯」，亦苦無旁證也。

⑱ 「鑿」，諸本作「鏊」，寶曆本作「鑿」，今從之，蘇校同。「分方鑿穴」，所以泄氣通煙。

⑲ 「盆」，各本作「益」，今依蘇校改。「⿰酉⿱召皿」，寶曆本作「醞」，下同。以春秋繁露證之，「醞」字是。蘇云：「益」疑「盆」字之譌。

⑰ 「丈」，畢本作「文」，舊本並作「丈」，今從舊本。「盆」，茅本、寶曆本、緜眇閣本作「金」。孫云：「丈」當作「大」。

⑰ 孫云：「自」當爲「目」。○案：「自」字不誤。說文曰：「自，鼻也。」熏煙有害呼吸，故以鼻臨醞上以解救之。下句「洒目」所以解救視官，與此二事也。

⑰ 「洒」，寶曆本作「油」。俞云：「洒」疑「酒」之壞字。孫云：「洒」當爲「酒」。說文水部云：「洒，滌也。」洒目即以救目也。

備蛾傳第六十三①

禽子再拜再拜曰：敢問適人强弱，遂以傳城②，後上先斷③，以爲淦程④，斬城爲基⑤，掘下爲室，前上不止⑥，後射既疾⑦，爲之奈何？子墨子曰：子問蛾傳之守邪？蛾傳者，將之忿者也⑧，守爲行臨射之⑨，校機藉之⑩，擢之⑪，太氾迫之⑫，燒荅覆之，沙石雨之，然則蛾傳之攻敗矣。

備蛾傳爲縣脾⑬，以木板厚二寸，前後三尺，㫄廣五尺，高五尺，而折爲下磨車⑭，轉徑尺六寸⑮。令一人操二丈四方⑯，刃其兩端，居縣脾中⑰，以鐵璅⑱敷縣二脾上衡⑲，爲之機，令有力四人下上之，勿離⑳。施縣脾，大數二十步一，攻隊所在，六步一㉑。

爲纍㉒，荅廣從丈各二尺㉓，以木爲上衡，以麻索大徧之㉔，染其索塗中㉕，爲鐵鏁㉖，鉤其兩端之縣。客則蛾傳城，燒荅以覆之，連篧、抄大皆救之㉗。

以車兩走㉘，軸閒廣大，以圉犯之㉙，融其兩端㉚，以束輪㉛，徧徧塗其上㉜，室中以榆若蒸㉝，以棘爲㫄，命曰火捽，一曰傳湯，以當隊。客則乘隊㉞，燒傳湯斬維而下之㉟，令勇士隨而擊之，以爲勇士前行㊱，城上輒塞壞城㊲。城下足爲下説鑱杙㊳，長五尺，大圉半以上[39]，皆剡其末，爲五行，行間廣三尺，貍三尺，犬牙樹之[40]。

爲連殳，長五尺[41]，大十尺[42]，梃長二尺[43]，大六寸，索長二尺[44]。椎，柄長六尺，首長尺五寸[45]。斧，柄長六尺[46]，刃必利，皆葬[47]，其一後。荅廣丈二尺，□□丈六尺[48]，垂前衡四寸[49]，兩端接尺相覆，勿令魚鱗三[50]，著其後行，中央木繩一，長二丈六尺。荅樓不會者以牒塞[51]，數暴乾[52]，荅爲格，令風上下[53]。堞惡疑壞者[54]，先貍木十尺[55]，一枚一節壞斲植，以押慮盧薄於木[56]，盧薄表八尺[57]，廣七寸〔二〕，徑尺一[58]，數施一擊而下之，爲上下釫而斲之[59]。經一鈞[60]，木樓[61]，羅石[62]。縣荅植內，毋植外[63]。杜格，貍四尺[64]，高者十尺，木長短相雜，兌其上[65]，而外內厚塗之。爲前行行棧[66]，縣荅。隅爲樓[67]，樓必曲裏[68]。土，五步一，毋其二十畾[69]。爵穴，十尺一[70]，下堞三尺，廣其外[71]。轉膈城上[72]，樓及散與池革盆[73]。若轉攻[74]，卒擊其後，煖失治[75]，車革火[76]。

凡殺蛾傅而攻者之法，置薄城外[77]，去城十尺，薄厚十尺。伐薄之法[78]，大小盡木斷之[79]，以十尺爲斷，離而深貍堅築之[80]，毋使可拔。二十步一殺，有𡓞，厚十尺[81]，殺有兩門，門廣五步[82]，薄門板梯貍之，勿築[83]，令易拔。城上希薄門而置楬[84]。縣火，四尺一椅[85]，五

〔二〕「寸」原誤「尺」，據畢刻本改。

昌一竈，竈門有鑪〔一〕炭(86)。傳令敵人盡入(87)，車火燒門(88)，縣火次之(89)，出載而立(90)，其廣終隊，兩載之間一火(91)，皆立而待鼓音而燃(92)，即俱發之。敵人辟火而復攻(93)，縣火復下，敵人甚病。敵引師而榆(94)，則令吾死士左右出穴門擊遺師(95)，令賁士、主將皆聽城鼓之音而出(96)，又聽城鼓之音而入，因素出兵將施伏，夜半而城上四面鼓噪，敵人必或(97)，破軍殺將。以白衣爲服(98)，以號相得。

①「傅」，諸本作「傳」，寶曆本作「傅」，與畢本合。下並同。畢云：「蛾」同「螘」。説文云：「螘，蚍蜉也。」「蛾，羅也。」又云：「䖸，蠶化飛蟲也。」經典多借爲「螘」者，音相近耳。「傅」亦「附」字假音。孫云：前備城門篇「蛾」作「蟻」，俗「螘」字。孫子謀攻篇作「蟻附」，曹注云：「使士卒緣城而上，如蟻之緣墻。」周書大明武篇云「俄傅器櫓」，「俄」亦「蛾」之誤。

②「適」，舊本作「敵」，字通。「弱」當爲「朋」，形近而譌。大取篇「盡惡其弱也」，孫校「弱」爲「朋」誤，與此同。強朋即強馮，聲近字通。戰國策韓策「王不如資韓朋，與之逐張儀於魏」，史記田完世家作「韓馮」；淜河，經典作「馮河」，皆其例也。此曰「敵人強朋遂以傅城」，備城門篇曰「客馮面而

〔一〕「鑪」原誤「鑪」，據道藏本、明嘉靖癸丑本、日本寶曆本等舊本改，與吴注所校合。

蛾傳之」，文異而義同。

③王云：「斷」，斬也。號令篇曰「不從令者斷」。

④「浧」，諸本作「湗」，茅本、寶曆本、緜眇閣本並作「浧」，今從之。　畢云：「城」、「程」爲韻。「湗」字未詳。　王云：「湗」者，「法」之誤。言敵人蛾附登城，後上者則斷之，以此爲法程也。吕氏春秋慎行篇曰「後世以爲法程」，説苑至公篇曰「犯國法程」，漢書賈誼傳曰「後可以爲萬世法程」。「去」、「缶」篆、隸形並相似，故從去、從缶之字傳寫多誤。　孫云：王説是也。「湗」即俗「法」字。隋鄧州舍利塔銘「法」作「湗」，與「湗」略同。吕覽高注云：「程，度也。」　○案：「浧」疑古文「法」字之變體。説文「灋」字古文作「㳒」，龍龕手鑑載「法」之古文有「泟」、「浾」二形，並與此「浧」字形近。

⑤孫云：「斬」，「塹」之省。　○案：備穴篇「斗斬其穴」，亦以「斬」爲「塹」。

⑥畢云：「上」舊作「止」，以意改。

⑦畢云：「室」、「疾」爲韻。

⑧「忿」，各本作「忽」，今依洪校改。　洪云：孫子謀攻篇「將不勝其忿而蟻附之」，「蛾傅」即「蟻附」。禮記「蛾子時術之」，釋文：「本或作蟻。」古字通用。「忽」即「忿」字之譌。

⑨孫云：即「高臨」，詳前。

⑩「校」，備高臨篇作「技」。「技」字是，説詳彼注。

⑪「擢」，畢本作「擢」，舊本並作「擢」，今據正。「擢」上疑脱二字。

⑫「太氾」，未詳。孫云：當爲「火湯」。備梯篇云：「薪火水湯以濟之」。

⑬畢云：疑「陴」字。

⑭秋山云：「車」，一作「重」。孫云：「磿」當爲「磿」。周禮遂師鄭衆注云「抱磿，磿下車也」，當即此「下磿車」，亦即備高臨篇之「磿鹿」。蓋縣重物爲機，以利其上下，皆用此車。故周禮王葬以下棺，此下縣陴亦用之。下云「爲之機」，亦即此也。

⑮蘇云：「轉」當作「輪」。

⑯畢云：「方」疑「矛」字。○案：下文云「刃其兩端」，則其物非矛。

⑰緜眇閣本「縣」作「下」。

⑱「璅」，吳鈔本作「鎖」，堂策檻本、四庫本作「鏁」。畢云：説文無「鎖」字，此「璅〔二〕」與「瑣」皆無鎖鑰之義，古字少，故借音用之。

⑲孫云：「敷」、「傅」通。謂鐵璅傅著縣，繫縣脾之上衡也。「二」疑當爲「縣」之重文。

⑳「離」，諸本作「難」。秋山云「難，一作『離』」，今從之。俞云：「難」乃「離」字之誤。備城門篇

〔二〕「璅」原誤「鏁」，據畢刻本改。

「突一旁以二櫜守之勿離」〔二〕，備穴篇「令一善射之者，佐一人，皆勿離」〔三〕，並其證。

㉑ 蘇云：此言設縣脾多寡之數，蓋疏數視敵爲之。

㉒ 畢云：當爲「壘」。

㉓ 「丈」，寶曆本作「大」。　王引之云：「從」音縱横之縱。「丈各」當爲「各丈」。言荅之廣縱，各丈二尺也。　蘇説同。　孫云：王説是也。下文云「荅廣丈二尺」。

㉔ 孫云：疑當作「以大麻索編之」。

㉕ 「染」，陸本、茅本、寶曆本、緜眇閣本、堂策檻本、四庫本作「深」。

㉖ 畢云：據上文當爲「瓅」。　玉篇云：「鑠，俗。」

㉗ 「筵」疑「筳」之誤字。「連筳」即「連梃」。　孫云：「抄大」當作「沙火」。

㉘ 孫云：即備城門篇之「輼」也。車「兩走」即兩輪。　此及前備穴篇並以車兩輪爲「兩走」。　備突篇云「吏主塞突門，用車兩輪以木束之，塗其上」。

㉙ 「圉犯」疑當作「圉范」。

㉚ 「螎」，寶曆本作「融」。

〔二〕 此處引文，本書已移入備穴篇。

〔三〕 此處引文，本書已移入備城門篇。

㉛ 孫云：「以」下疑脱「木」字。

㉜ 蘇云：「徧」字誤重。　孫云：下「徧」字疑當作「編」。上云「以大〔一〕麻索編之，染其索塗中」。

㉝ 孫云：「室」讀爲「窒」。備城門篇云「窒以樵，可燒之以待敵」，「窒」亦作「室」。説文艸部云：「蒸，析麻中榦也。」周禮甸師鄭注云：「木大曰薪，小曰蒸。」

㉞ 「客」，茅本、寶曆本、緜眇閣本誤「家」。

㉟ 孫云：「傳湯」即以車兩走所作械名。備突篇説輪、轀並云「維置之」〔二〕，故必斬維乃可下也。

㊱ 先燒傳湯，後出勇士，故云。

㊲ 「壞」，翻陸本作「壞」。茅本作「壊」。　秋山云：「壞」，一作「壤」。

㊳ 「杙」，諸本作「找」，寶曆本作「我」，今依王校改。　王引之云：「找」當爲「杙」。備城門篇曰「杙閒六寸，剡其末」，此亦云「剡其末，爲五行，行閒廣三尺」，故知「找」爲「杙」之譌。　孫云：「説」當作「鋭」，同聲假借字。説文金部云：「鑱，鋭也。」

㊴ 「圍」，諸本作「圉」，寶曆本作「圍」，今從之。　畢云：「圉」疑「圍」。

〔一〕「大」字原脱。按：上文云「以麻索大徧之」，孫校作「以大麻索編之」，今據補。

〔二〕「備突篇」下當脱「備穴篇」三字，孫所引説「輪」之文見備突篇，説「轀」之文見備穴篇。

㊵「犬牙」，各本作「大耳」，今依孫校改。

㊶孫云：「大耳」疑「犬牙」之誤，見備城門篇。

㊶孫云：說文殳部云：「殳，以杖殊人也。禮：殳以積竹，八觚，長丈二尺，建於兵車，旅賁以先驅。」

㊷孫云：殳不得大至十尺，必有誤。

㊸畢云：「梃」舊俱从〔一〕手，以意改。

㊹孫云：即備城門篇之「連梃」。凡連殳、連梃蓋皆以索係連之。

㊺孫云：備城門篇：「長椎柄長六尺，頭長尺。」

㊻孫云：御覽兵部引備衝法，用斧長六尺，亦與此同。備城門篇「長斧柄長八尺」，此短二尺，與彼異。○案：備穴篇「以斧金爲斫，杘長三尺」，亦與此異。

㊼孫云：字書無「⿱艹⿱卒廾」字。

㊽兩空圍陸本、茅本、寶曆本、緜眇閣本、堂策檻本、四庫本並無。「丈六尺」之「丈」，寶曆本作「大」。

㊾「垂」，寶曆本作「重」。秋山云：「重」，一作「垂」。

㊿蘇云：褋守云「入柴勿積魚鱗簪」，畢注：「疑『槮』字假音。」竊謂此處「三」字亦「槮」字假音也。

孫云：蘇說是也。言爲苔之法，以木兩端相銜接，以尺爲度，不可鱗次不相覆也。

〔一〕「从」原誤「衆」，據畢刻本改。

(51) 蘇云：「會」猶合也。「牒」當爲「堞」。　孫云：說文片部云：「牒，札也。」廣雅釋器云：「牒，版也。」謂以版塞壁隙。

(52) 畢云：說文云：「暴，晞也。」

(53) 流通空氣，燒苔時可助然燒。

(54) 「堞」，茅本、寶曆本作「牒」。　孫云：「疑壞」，謂未壞而疑其將壞也。

(55) 「十」，茅本、寶曆本、緜眇閣本作「一」。

(56) 「押」，唐本作「狎」。「慮盧」，茅本、寶曆本、緜眇閣本作「盧盧」，四庫本作「慮慮」。　秋山云：「盧」，一作「壷」。　畢云：唐大周長安三年石刻云「爰雕爰斲」，即「斲」字。「慮」字衍文。　孫云：「慮」即「盧」字之誤衍。

(57) 畢云：說文云：「櫨，柱上柎也。」「欂，壁柱。」　蘇云：「表」當作「長」。　王樹枏說同。

(58) 「徑」，諸本作「經」，寶曆本作「徑」，今從之。　蘇云：「經」、「徑」同。

(59) 畢云：說文云：「茉，兩刃臿也。或从金、亐。」玉篇云：「釫，同鏵。鏵，鍫也。胡瓜切。」

(60) 「鉤」，道藏本、吴鈔本、唐本、畢本作「鈞」，寶曆本作「釣」，陸本、茅本、緜眇閣本、堂策檻本、四庫本作「鉤」，今從之。

(61) 「木」，諸本作「禾」。　秋山云「禾，一作『木』」，今從之。　孫云：「禾」疑當作「木」，備城門篇有「木樓」。

⑥² 孫云：「羅」疑當作「絫」，聲之轉。絫石即礧石，見備城門篇。

⑥³ 孫云：謂縣於苔樓之内也。

⑥⁴ 孫云：旗幟篇有「牲格」，疑即此。

⑥⁵ 蘇云：「兑」同「鋭」。

⑥⁶ 「棧」，寶曆本作「機」。「行棧」亦見備城門篇。

⑥⁷ 號令篇曰「外環隅爲之樓」。

⑥⁸ 「裹」，諸本作「裹」，吴鈔本作「禮」，道藏本、陸本、茅本、寶曆本、緜眇閣本、堂策檻本作「裹」，今從之。　蘇云：「曲裹土」疑「再重」二字之誤，備穴云「爲再重樓」是也。　孫云：「曲裹」即「再重」之譌。「土」當屬下讀。

⑥⁹ 畢云：「畾」，「絫」字。　孫云：「土五步一」，蓋謂積土也。「毋其二十畾」，疑當作「毋下二十畾」。此書「其」字多作「亓」，與「下」形近，故互譌。「畾」讀爲孟子「虆梩」之「虆」，古字通用，盛土籠也。見備城門篇。　○案：「土」，寶曆本作「上」。

⑦⁰ 備城門篇曰「爵穴三尺而一」，又曰「五步一爵穴」，備梯篇亦曰「爵穴三尺而一」，並與此異。

⑦¹ 「堞」，諸本作「壤」，吴鈔本、翻陸本作「壤」，今依蘇校改。　蘇云：「壤」當作「堞」，見備城門篇。

⑦² 畢云：「腑」即「傅」字。

(73) 「革盆」亦見備城門篇。

(74) 當作「傅攻」。旗幟篇「寇傅攻前池外廉」。孫云：「煖」當爲「緩」。

(75) 敵若傅攻，則急擊其後，緩則無法以治之。

(76) 孫云：未詳。此數語與上下文義不相屬，疑有譌脱。

(77) 「薄」，備梯篇作「裾」。「裾」爲「椐」之誤字。黄紹箕云：説文艸部：「薄，林薄也。一曰蠶薄。」荀子禮論篇楊倞注云：「薄器，竹葦之器。」此書所云「椐」，蓋即編木爲藩杝。「椐」爲古聲孳生字，「薄」爲甫聲孳生字，二字同部，聲近義同。○案：黄説是也。三國志徐盛傳「盛建計，從建業築圍，作薄落，圍上設假樓」，「薄」字義與此同。亦詳備城門篇「治裾諸」注。

(78) 「薄」，各本作「操」，今依畢校改。

(79) 備梯篇作「小大盡本斷之」。

(80) 「離」，備梯篇作「雜」，一本作「維」。

(81) 畢云：備梯云「殺有一鬲，鬲厚十尺」。孫云：「壚」當作[一]「鬲」。○案：據備梯篇，此當作「二十步一殺，殺有一墒，墒厚十尺」，今本脱去三字，則文義不完。「墒」、「壚」形近，「墒」、「鬲」字通。

〔一〕「作」原誤「本」，據墨子閒詁原注改。

㉜ 畢云：舊脱一「門」字，據備梯增。「步」，備梯作「尺」。 孫云：門不當有三丈之廣，當從「尺」爲是。

㉝ 畢云：舊脱「勿」字，據備梯增。 ○案：備梯篇作「裾門一施，淺埋勿築」。

㉞ 「楬」，各本作「搗」，今依王校改。 王引之云：「搗」字義不可通，「搗」當爲「楬」，字之誤也。「楬」，杙也。「希」與「晞」同，望也。言望薄門而立杙也。備梯篇「置楬」作「直桀」，「置」「直」、「楬」「桀」並通。廣雅：「楬，杙也。」爾雅：「雞棲於弋爲桀。」

㉟ 舊本「火」誤「大」。 畢云：備梯作「鉤樴」。 孫云：「椅」當作「樴」。

㊱ 「鑪」，畢本作「爐」，舊本並作「鑪」，今從舊本。

㊲ 畢云：舊作「人」，以意改。 ○案：備梯篇正作「入」。「傳」字疑衍，備梯篇無。

㊳ 孫云：「車」，備梯篇作「煇」，此疑「熏」之誤。 ○案：「車」字，陸本、茅本、寶曆本、緜眇閣本、堂策檻本、四庫本並無。

㊴ 「次」，緜眇閣本作「攻」。

㊵ 畢云：舊脱「出」字，據備梯增。

㊶ 「閒」，寶曆本作「門」。 秋山云：「火」，一作「丈」。

㊷ 畢云：「待」舊作「侍」，以意改。 ○案：寶曆本、緜眇閣本正作「待」。「燃」疑「然火」二字誤合者，備梯篇作「燃火」二字。 吳鈔本作「然」，當脱一「火」字。

⑬ 孫云：小爾雅廣言云：「辟，除也。」此謂敵人屏除所發之火，復從舊隧而來攻，故下云「縣火復下」也。備梯篇作「除火」，與此義正同。

⑭ 備梯篇作「故引兵而去」，「故」字義長。「師」，各本作「哭」，今依俞校改。俞云：「哭」當作「師」。說文帀部「師」古文作「𢁒」，形與「哭」相似，故「師」誤爲「哭」也。「榆」，畢本作「去」。畢云：「去」舊作「榆」，音之譌，據備梯改。備梯多有微異。

⑮ 「遺師」即離去之敵師也，亦見備梯篇。

⑯ 「賁」，寶曆本作「貴」。「賁士」猶勇士也，詳備梯篇。

⑰ 畢云：「人」舊作「之」，據備梯改。「或」與「惑」同。〇案：吴鈔本作「人」。

⑱ 畢云：舊脱「白」字，據備梯增。

墨子校注卷之十五

第六十四亡。

第六十五亡。

第六十六亡。

第六十七亡。

○案：以上四行無題。第次十六字及小注四「亡」字諸本無，緜眇閣本有，今據補。「第」字仍依原書與題目平格。

迎敵祠第六十八

敵以東方來，迎之東壇，壇高八尺①，堂密八②，年八十者八人，主祭青旗，青神長八尺者八，弩八，八發而止，將服必青，其牲以雞③。敵以南方來，迎之南壇，壇高七尺④，堂密七，年七十者七人，主祭赤旗，赤神長七尺者七，弩七，七發而止，將服必赤，其牲以狗⑤。敵以西方來，迎之西壇，壇高九尺⑥，堂密九，年九十者九人，主祭白旗，素神長九尺者九，弩九，九發而止，將服必白，其牲以羊⑦。敵以北方來，迎之北壇，壇高六尺⑧，堂密六，年六十者六人，主祭黑旗，黑神長六尺者六，弩六，六發而止，將服必黑，其牲以彘⑨。從外宅諸名大祠⑩，靈巫或禱焉，給禱牲。

凡望氣，有大將氣⑪，有小將氣，有往氣，有來氣，有敗氣⑫，能得明此者⑬，可知成敗吉凶。舉巫、醫、卜有所長⑭，具藥宫之，善爲舍。望氣舍近守官⑮，巫必近公社⑯，必敬神之。巫、卜以請報守⑰，守獨智巫、卜望氣之請而已⑱。其出入爲流言，驚駭恐吏民，謹微察之⑲，斷罪不赦⑳。收賢大夫及有方技者若工，弟之㉑。舉屠、酤者㉒，置廚給事，弟之㉓。

凡守城之法，縣師受事㉔，出葆循溝防，築薦通塗㉕，脩城㉖。百官共財㉗，百工即事，司馬視城脩卒伍㉘。設守門㉙，二人掌右閹㉚，二人掌左閹㉛，四人掌閉㉜，百甲坐之㉝。城上步一甲、一戟㉞，其贊三人㉟。五步有五長，十步有什長，百步有百長，旁有大率㊱，中有大將㊲，皆有司吏卒長。城上當階，有司守之。移中中處，澤急而奏之㊳。士皆有職。城之外，矢之所遝㊴，壞其墻，無以爲客菌㊵。三十里之内，薪蒸水皆入内㊶。狗彘豚鷄食其宎㊷，斂其骸以爲醢㊸，腹病者以起㊹。城之内，薪蒸廬室，矢之所逮㊺，皆爲之涂菌㊻。令命昏緯狗纂馬掔緯。静夜聞鼓聲而諺㊼，所以闔客之氣也㊽，所以固民之意也，故時諺則民不疾矣㊾。

祝、史乃告於四望山川社稷㊿，先於戎，乃退。公素服誓于太廟[51]，曰：「其人爲不道[52]，不脩義詳[53]，唯乃是王[54]，曰：『予必懷亡爾社稷[55]，滅爾百姓。』二參子尚夜自厦[56]，以勤寡人，和心比力兼左右，各死而守[57]。」既誓，公乃退食，舍於中太廟之右[58]，祝、史舍于社[59]。百官具御，乃斗[60]，鼓于門[61]，右置旂、左置旌于隅，練名[62]，射參發，告勝，五兵咸備[63]。乃下，出挨[64]，升望我郊[65]。乃命鼓，俄升[66]，役司馬射自門右[67]，蓬矢射之，茅參發[68]，弓弩繼之，校自門左[69]，先以揮[70]，木石繼之[71]。祝、史、宗人告社[72]，覆之以甑[73]。

① 孫云：月令鄭注云：「木生數三，成數八。」

② 吴云：説文山部：「密，山如堂者。」爾雅注引尸子云「松柏之鼠不知堂密之有美樅」，然「密」之義未聞，疑即「陛」也。「堂密八」者，堂陛八級也。

③ 「雞」，唐本作「鷄」。孫云：月令注云：「雞，木畜。」

④ 孫云：月令注云：「火生數二，成數七。」

⑤孫云：賈子新書胎教篇「青史氏之〔一〕記云：南方其牲以狗，狗者南方之牲也」，此與彼合。月令「犬屬秋」，注云「犬，金畜」，與此異。

⑥孫云：月令注云：「金生數四，成數九。」

⑦孫云賈子云「西方其牲以羊，羊者西方之牲也」，此與彼合。月令「羊屬夏」，注云「羊，火畜」，與此異。

⑧孫云：月令注云：「水生數一，成數六。」

⑨畢云：已上與黄帝兵法説同，見北堂書鈔。孫云：月令注云：「彘，水畜。」○案：檢北堂書鈔所引黄帝兵法説，無與此同者，畢説或別有據。尚書大傳曰「東方之極，迎春於東堂，距邦八里，堂高八尺，堂階八等，青稅八乘，旂旐尚青。南方之極，迎夏於南堂，距邦七里，堂高七尺，堂階七等，赤稅七乘，旂旐尚赤。西方之極，迎秋於西堂，距邦九里，堂高九尺，堂階九等，白稅九乘，旌旄尚白。北方之極，迎冬於北堂，距邦六里，堂高六尺，堂階六等，黑稅六乘，旗旄尚黑」，文意與此相類。吴讀「堂密」爲「堂陛」，甚是，即所謂堂階也。

⑩「祠」，緜眇閣本作「祀」。

⑪此下寶曆本有「有中將氣」四字，茅本、緜眇閣本亦有，唯「中」字作「小」。

〔一〕「之」字原引脱，據賈子新書胎教篇補。

⑫畢云：今其法存通典兵風雲氣候襍占也。

⑬吳云：「得」衍文。

⑭吳鈔本「醫」作「毉」。

⑮「官」，寶曆本作「宮」。以上六字本在下文「謹微察之，斷罪不赦」之下，今依號令篇文校移於此。號令篇曰：「望氣者舍必近太守，巫舍必近公社，必敬神之。」　孫云：「官」謂守所治官府。

⑯「近」，吳鈔本作「迎」。

⑰「請」，寶曆本作「諸」。「報」字各本脱，今依王校增，詳下。

⑱「氣之」各本倒，今依王校乙。　秋山云：「獨」，一作「何」。　畢云：「智」、「知」同。言望氣之請，唯告守獨知之。　王云：「請」皆讀爲「情」。此文當作「巫卜以請報守，守獨智巫卜望氣之請而已」。「智」與「知」同。言巫卜以情報守，巫卜望氣之情唯守獨知之而已，勿令他人知也。號令篇曰「巫祝史與望氣者必以善言告民，以請報守上，守獨知其請而已」，是其證。舊本脱「報」字，「氣之」二字又誤倒，則義不可通。　蘇校同。

⑲王引之云：說文：「䰯，司也。」「司」今作「伺」，「䰯」字亦作「微」。號令篇曰「守必謹微察」。

⑳號令篇曰：「巫與望氣妄爲不善言驚恐民，斷勿赦。」　王云：「斷」，斬也。

㉑「收」，諸本作「牧」，寶曆本作「收」，今從之。　孫云：「工」謂百工。

㉒「酤」，茅本、寶曆本誤「酷」。說文曰：「酤，一宿酒也。一曰買酒也。」玉篇云：「酤，賣酒也。」

㉓ 畢云：言次第居之。古次第字只作「弟」。　孫云：「弟」疑當爲「豑」之省，豑與秩同，言稟食之。

㉔ 孫云：周禮地官有「縣師」，侯國蓋亦有此官，戰國時猶沿其制也。

㉕ 「薦」，緜眇閣本作「荐」。　孫云：「薦」與「荐通」。左哀八年傳〔二〕「栫之以棘」，杜注云：「栫，雍也。」釋文云：「栫，一作荐。」「築荐通塗」，謂壅塞通達之塗也。

㉖ 吴鈔本「脩」作「修」。

㉗ 蘇云：「共」讀如「供」。

㉘ 吴鈔本「視」作「施」，「脩」作「修」。

㉙ 句。

㉚ 「二」，諸本作「三」，寶曆本作「二」，今從之。俞校同。道藏本「三」字首畫甚邪，亦似補刊者。

㉛ 説文曰：「閹，豎也。宫中奄閹閉門者。」此引申爲掩門之義。「掌右閹」、「掌左閹」，即掌掩門之左扉、右扉也。

㉜ 説文曰：「閉，闔門也。」

㉝ 士卒百人，甲而坐守門也。號令篇曰「四面四門之將，從卒各百人」。　孫云：左文十二年傳

〔二〕原文作「左傳哀八年傳」，按二「傳」字必衍其一，今徑删上一字。

云「裹糧坐甲」，荀子正論篇云「庶士介而坐道」。

㉞「上」，陸本、茅本、緜眇閣本、堂策檻本、四庫本作「止」。

㉟孫云：小爾雅廣詁云：「贊，佐也。」三人爲甲戟士之佐，合之五人，而分守五步，非謂一步有五人也。

㊱孫云：即旗幟篇四面四門及左右軍之將，分守四旁。

㊲孫云：即旗幟篇中軍之將。

㊳畢云：言居中者澤急事奏之。「澤」當爲「擇」。　俞云：畢校是也，惟未解「奏」字之義。史記蕭相國世家索隱曰：「奏者，趨向之也。」「擇急而奏之」，謂有急則趨向也。　○案：以今語釋之，即集中於適中之處，擇其危急者而趨應之也。

㊴「逮」，各本作「還」。　王云：「還」當爲「遝」，謂矢之所及也。　吳云：「還」當爲「逮」。

○案：「還」、「逮」字通。非攻下篇數「逮」字本多誤爲「還」，以彼例此，今訂作「逮」。

㊵秋山云：「菌」，一作「⿱艹圉」。　王樹枏云：「菌」當爲「圉」字之誤。言壞其墻，無以爲敵之捍圉也。

㊶孫云：水無入內之理，當爲「木」，上又脱「材」字。「薪蒸」，細木；材木，大木也。襍守篇云：「材木不能盡入者，燔之」，是其證。

㊷畢云：「宍」，「肉」字異文。廣韻云：「肉，俗作宍。」

㊸楚辭招魂篇「得人肉而祀，以其骨爲醢些」，王注云：「醢，醬也。」

㊹斂骸爲醢，可治腹病。

㊺「逮」，各本作「還」，今訂作「逮」，詳上文。

㊻所以防火箭。備城門篇曰：「五十步積薪，善蒙塗，毋令外火能傷也。」

㊼畢云：「譟」字異文。

㊽畢云：「闟」，遏也。

㊾孫云：「凡守城之法」以下至此，疑他篇之文錯箸於此。

㊿「四望」，寶曆本、畢本如此，諸本作「望四」。左桓六年傳曰：「祝史正辭，信也。」孫云：「祝史」，謂太祝、太史也。周禮大宗伯鄭注云：「四望，五嶽、四鎮、四瀆。」案「山川」蓋謂中小山川在竟内者。

51「于」，吴鈔本、緜眇閣本、堂策檻本、四庫本作「於」。

52蘇云：「其人」疑當作「某人」，讀如字亦可。孫云：孔叢子正作「某人不道」。

53「脩」，吴鈔本、陸本、茅本、寶曆本作「修」。「詳」，緜眇閣本作「祥」。畢云：「詳」、「祥」同。

54疑當作「唯力是上」。「力」「乃」、「上」「王」形並相近。

55「予」，翻陸本、茅本、寶曆本、緜眇閣本、堂策檻本、四庫本作「于」。孫云：「懷」猶言思也。

56「自」，緜眇閣本作「是」。畢云：「厦」當爲「厲」。蘇云：「參」即「三」，下「參發」義同。

「尚」下當脱「夙」字，或「尚」即「夙」字之譌。　吳云：「夜」者，「亦」之借字。　或上脱「夙」字。　孫云：孔叢子云「二三子尚皆同心比力，各死而守」，與此略同。

57 畢云：「左右」，助也。

58 「太」，寶曆本作「大」。　孫云：「中太廟」，侯國太祖之廟也。　儀禮聘禮賈疏説諸侯廟制云：「太祖之廟居中，二昭居東，二穆居西，廟皆別門。」

59 「于」，緜眇閣本作「於」，下並同。

60 畢云：疑「刀斗」字。　孫云：「斗」疑「升」之誤。

61 畢云：「門」舊作「問」，以意改。　孫云：孔叢子云「乃大鼓於廟門，詔將帥命卒習射三發，擊刺三行，告廟用兵于敵也」，依彼文則上「斗」字當作「大」。

62 孫云：謂門左右隅一置旂，一置旌也。　説文糸部云：「練，湅繒也。」「名」、「銘」古今字。　謂以練爲旂旌之旒而書名於上也。　爾雅釋天説旌旂云：「纁帛縿，練旒九。」儀禮士喪禮云「爲銘各以其物，亡則以緇，長半幅，赬末，長終幅，廣三寸，書名于末」，鄭注云：「銘，明旌也。今文『銘』皆爲『名』。」周禮司勳云：「銘書于王之大常。」是凡旌旗之屬通謂之「銘」。　此作「名」，與禮今文正同。　説文亦無「銘」字。

63 「五兵」詳節用上篇。

64 「挨」，寶曆本作「族」。　畢云：「挨」當爲「俟」。

㊀孫云：侯國宫廟有門臺，故可升望國郊。

㊁孫云：公羊桓二年何注云：「俄者，謂須臾之間。」

㊂「役」，縣眇閣本作「投」。孫云：「役司馬」蓋官名，掌徒役者。

㊃孫云：「茅」當爲「矛」。

㊄左襄九年傳「校正出馬」，杜注云：「校正，主馬。」孔疏云：「於周禮爲校人，是司馬之屬官也。」案疑與此「校」相類。

㊅「揮」字，茅本、寶曆本闕，縣眇閣本無。

㊆「木」，茅本、寶曆本、縣眇閣本作「禾」。

㊇孫云：左傳哀二十四年杜注云：「宗人，禮官也。」

㊈孫云：説文瓦部云：「甂，甌也。」此蓋厭勝之術，未詳其義。

旗幟第六十九①

守城之法，木爲蒼旗，火爲赤旗，薪樵爲黄旗，石爲白旗②，水爲黑旗，食爲菌旗，死士爲倉英之旗③，竟士④爲虎旗⑤，多卒爲雙兔之旗，五尺男子爲童旗⑥，女子爲梯末之旗⑦，弩爲狗旗，戟爲⿱艹征旗⑧，劍盾爲羽旗⑨，車爲龍旗⑩，騎爲鳥旗⑪。凡所求索，旗名不在書者，皆以其形名爲旗。城上舉旗，備具之官致財物⑫，之足而下旗⑬。

凡守城之法，石有積⑭，樵薪有積，菅茅有積⑮，萑葦有積⑯，木有積⑰，炭有積，沙有積，松柏有積，蓬艾有積，麻脂有積，金鐵有積，粟米有積⑱，井竈有處，重質有居⑲，五兵各有旗，節各有辨⑳，法令各有貞㉑，輕重分數各有請㉒，主慎道路者有經㉓。

亭尉各爲幟㉔，竿長二丈五，帛長丈五，廣半幅者大㉕。寇傅攻前池外廉㉖，城上當隊鼓三，舉一幟；到水中周㉗，鼓四，舉二幟；到藩㉘，鼓五，舉三幟；到馮垣㉙，鼓六，舉四幟；到女垣㉚，鼓七，舉五幟；到大城㉛，鼓八，舉六幟；乘大城半以上㉜，鼓無休。夜以火，如此數。寇卻解，輒部幟如進數㉝，而無鼓㉞。城將爲隆㉟，長五十尺，四面四門將，長四十尺㊱；其次，三十尺；其次，二十五尺；其次，二十尺；其次，十五尺，高無下四十五尺㊲。城上吏卒置之背㊳，卒於頭上㊴，城下吏卒置之肩㊵，左軍於左肩㊶，右軍於右肩㊷，中軍置之胷㊸。各一鼓，中軍一三㊹。每鼓三、十擊之㊺，諸有鼓之吏謹以次應之，當應鼓而不應㊻，不當應而應鼓㊼，主者斬㊽。道廣三十步，於城下夾階者各二其井，置鐵甕㊾。於道之外爲屏，三十步而爲之圜，高丈㊿。爲民圂，垣高十二尺以上(51)。巷術周道者(52)，必爲之門(53)，門二人守之，非有信符，勿行，不從令者斬(54)。城中吏卒民男女皆葕異衣章微，令男女可知(55)。諸守牲格者(56)，三出却適(57)，守以令召賜食前(58)，予大旗(59)，署百户邑若他人財物，建旗其署，令皆明白知之，曰某子旗(60)。牲格内廣二十五步(61)，外廣十步，表以地形爲度(62)。靳卒中教(63)，解前後左右(64)，卒勞者更休之(65)。

①畢云：説文云：「旗，熊旗五游，以象罰星，士卒以爲期。」釋名云：「熊虎爲旗，軍將所建，象其猛如虎，與衆期其下也。」「幟」當爲「織」。詩「織文鳥章」，箋〔一〕云：「徽織也。」陸德明音義音「志」，云「又尺志反」，又作「識」。案漢書亦作「志」，而無從巾字。王改「幟」並爲「職」。王云：墨子書「旗識」字如此，舊本從俗作「幟」，篇内放此。孫云：「幟」正字當作「識」。號令、襍守二篇「微職」字並作「職」者，假借字也。王校甚是。但司馬貞、玄應所引並作「幟」，則唐本已如是。

②畢云：北堂書鈔引作「金爲白旗，土爲黄旗」。孫云：畢據明陳禹謨改竄本書鈔，不足馮。景宋鈔本無。○案：明鈔本書鈔一百二十有「金爲白旗，水爲虎旗，土爲黑」十一字，孔本書鈔亦有「金爲白旗，水爲墨旗，土爲虎旗」十二字。孫謂景宋鈔本無，蓋僅據後文王校推測也。

〔一〕「箋」，畢刻原作「傳」，本書沿誤。按：此爲詩小雅六月鄭箋之文，今改。

③ 蘇云：「倉英」當即蒼鷹。　俞云：倉〔一〕英之旗乃青色旗，「倉英」即滄浪也。　○案：青色旗與上文「蒼旗」相混，俞說恐非。

④ 畢云：猶云彊士。　蘇云：猶言勁卒。　孫云：「竟」，「競」之借字。逸周書度訓篇云「揚舉力竟」，亦以「竟」爲「競」。

⑤ 「虎」，各本作「雩」，今依抄本北堂書鈔、抄本説郛引改。　畢云：「虎」字假音。　王云：「雩」即「虎」之譌，非其假音也。鈔本北堂書鈔武功部八引此爲「虎旗」，上脱二字，而「虎」字則不誤。陳禹謨本作「士爲黄旗」，此以意改之。通典兵五亦曰「須戰士鋭卒，舉熊虎旗」。隸書「虎」字或作「[illegible]」，見漢殽阬君神祠碑陰，與「雩」字相似而誤。

⑥ 「五尺」謂小兒也，詳襍守篇。

⑦ 孔本書鈔作「女子爲擒矢旗」，明鈔本書鈔作「子爲矢」三字。

⑧ 畢云：北堂書鈔引作「林旗」。

⑨ 孫云：蓋即周禮司常「九旗」之「全羽爲旞」。

⑩ 畢云：舊作「轝」，據北堂書鈔改。「車」，彼作「輿」。　孫云：舊鈔本書鈔仍作「車」。
○案：孔本及明鈔本書鈔「車」並作「輿」。

〔一〕「倉」原作「蒼」，據墨子閒詁引改，與正文作「倉」合。

⑪「烏」，寶曆本、緜眇閣本作「烏」，明鈔本書鈔引亦作「烏」。「烏」疑當爲「馬」。 孫云：「騎」謂單騎，亦見號令篇。左傳昭二十五年「左師展將以公乘馬而歸」，孔疏云：「古者服牛乘馬，馬以駕車，不單騎也。至六國之時，始有單騎，蘇秦所云『車千乘，騎萬匹』是也。曲禮云『前有車騎』者，禮記漢世書耳，經典無『騎』字也。劉炫謂此左師展欲共公單騎而歸，此騎馬之漸也。」案單騎蓋起於春秋之季，而盛於六國之初，故此書及吳子並有之。

⑫句。

⑬畢云：通典守拒法云「城上四隊之閒，各置八旗。若須木樑拯板，舉蒼旗；須灰炭稃鐵，舉赤旗；須檑木樵葦，舉黃旗；須沙石甎瓦，舉白旗；須水湯不潔，舉黑旗；須戰士鋭卒，舉熊虎旗；須戈戟弓矢刀劍，舉鷙旗；須皮氈麻鍱鍬钁斧鑿，舉雙兔。城上舉旗，主當之官隨色而供」，亦其遺法。 俞云：下「之」字衍文。 孫云：「之」當作「亡」，即「物」之重文。 ○案：「之」字不誤。詩柏舟「之死矢靡他」，鄭箋云：「之，至也。」言所須之財物至足時，則偃下其旗，不復求索也。

⑭「石」，陸本、茅本、寶曆本、堂策檻本、四庫本作「后」，緜眇閣作「後」。 秋山云：「后」疑「石」。 ○案：「后」即「石」之古文。說文石部「磬」，古作「硜」，硜即磘也，从石。

⑮「茅」，吳鈔本作「茆」。 孫云：說文艸部云：「菅，茅也。」陸璣毛詩艸木疏云：「菅似茅而滑澤無毛，柔韌宜爲索。」「茆」、「茅」古字亦通。

⑯「萑」，諸本作「藋」，寶曆本、堂策檻本、四庫本作「萑」，今從之。孫云：說文艸部云：「萑，蓷也。」「葦，大葭也。」萑〔一〕部云：「藋，小爵也。」音、義並別。此「藋」當爲「萑」，經典省作「萑」。或作「藋」，非是。周禮司几筵「萑席」，唐石經初刻亦誤作「藋」。

⑰「木」，寶曆本作「水」。

⑱吳鈔本「鐵」作「銕」。說文「鐵」古文作「銕」，俗寫作「銕」。王云：「金鐵」當爲「金錢」，字之誤也。「金錢」、「粟米」皆守城之要物，故並言之。若鐵則非其類矣。號令篇曰「粟米、錢金、布帛」，又曰「粟米、布帛、錢金」，襍守篇曰「粟米、布帛、金錢」，皆其證。太平御覽居處部十二引此正作「金錢」。

⑲畢云：言居其妻子。

⑳周禮掌節曰：「掌守邦節而辨其用，以輔王命。守邦國者用玉節，守都鄙者用角節。凡邦國之使節，山國用虎節，土國用人節，澤國用龍節，皆金也，以英蕩輔之。門關用符節，貨賄用璽節，道路用旌節。」是節各有辨也。

㉑書洛誥馬注云：「貞，當也。」

㉒「請」讀爲「情」。

〔一〕「隹」原誤「佳」，據說文改。

㉓「主」字，茅本、寶曆本、緜眇閣本作「王」。　孫云：「慎」，「循」之假字，謂循行道路也。周禮「體國經野」，鄭注云：「經謂爲之里數。」

㉔「亭尉」亦見備城門篇。

㉕「半」，茅本、寶曆本、緜眇閣本作「平」，誤。　畢云：太平御覽三百四十一引云「凡幟帛長五丈，廣半幅」。　孫云：史記高祖紀索隱引墨翟曰「幟帛長丈五，廣半幅」，一切經音義五云「墨子以爲長丈五尺，廣半幅曰幟也」，並即據此文，是唐本已如此，御覽不足據。後文城將幟五十尺，以次遞減至十五尺止，亭尉卑，自當丈五尺，不宜與城將等也。又「者大」，畢本據惠士奇禮説改爲「有大」，屬下「寇傅攻前池外廉」爲句。案「者」字不誤，「大」當爲「六」，二字形近。下文「大城」，「大」又譌「六」，可互證。六即亭尉幟之數，蓋每亭爲六幟，以備寇警緩急舉踣之用。下文舉一幟至六幟，解如數踣之，並以六爲最多，故此先著其總數也。惠、畢並誤改其文，又失其句讀。

㉖「傅」，舊本作「傳」。　孫云：「廉」，邊也，詳襍守篇。

㉗孫云：「周」、「州」聲近通用，俗又作「洲」。説文川部云：「水中可居曰州，周遶其旁。」

㉘吴鈔本「藩」作「蕃」。　孫云：「藩」蓋池内厓岸，編樹竹木爲墻落。備城門篇云「以柴爲藩」，即此。襍守篇云「墻外水中爲竹箭」，明水在外，墻在内矣。

㉙孫云：「馮垣」在女垣之外，蓋垣墻之卑者。漢書周緤傳顔注云：「馮、陪聲相近。」此「馮垣」亦言與女垣爲陪貳也。號令篇云「女郭馮垣」。

㉚孫云：「女垣」即堞。説文土部云：「堞，城上女垣也。」阜部云：「陴，城上女墻俾倪也。」此「女垣」在馮垣内、大城外，蓋即號令篇之「女郭」、備城門篇之「外堞」也。備城門篇别有「内堞」。

㉛畢云：「大」舊作「六」，以意改，下同。

㉜「乘」，緜眇閣本作「到」。

㉝王引之云：「部」讀爲「踣」，謂仆其識也。周官大司馬「弊旗」，鄭注曰：「弊，仆也。」「仆」、「踣」、「部」古字通。吕氏春秋行論篇引詩曰「將欲踣之，必高舉之」，「踣」與「舉」正相反。故寇來則舉識，寇去則踣識也。「如進數」者，如寇進之識數而遞減之。識之數以六爲最多，故寇進則自一而遞加之，寇退則自六而遞減之也。

㉞蘇云：言夜以火代幟，鼓數同。寇退則無鼓也。

㉟「將」字各本脱，今依孫説增。孫云：「城爲隆」疑當作「城將爲絳幟」。「絳」、「降」、「隆」聲類並同。「城將」即大將，見號令篇，尊於四面四門之將，故幟高於彼十尺。○案：「隆」疑當爲「旌」，「旌」或作「旍」，見漢衡方碑，與「隆」形近而譌。儀禮鄉射禮鄭注云：「旌，總名也。」此曰「城將爲旌」，上文曰「亭尉各爲幟」，句法正同。

㊱孫云：號令篇云「四面〔一〕四門之將」。

〔一〕「面」原誤「與」，據墨子閒詁原引改，與號令篇合。

㊲孫云：此「四」字衍。「高無下十五尺」，即冢上「長五十尺」以次遞減至此，爲極短也。

㊳王引之云：「卒」字涉下文「吏卒」而衍。下文卒置於頭上，則不得又置之背也。又案頭上也、肩也、背也、胷也，皆識之所置也。説文：「微，識也。以絳帛，箸於背。」張衡東京賦「戎士介而揚揮」，「揮」同「徽」，薛綜曰「揮謂肩上絳幟」，皆其證。今不言「識」者，「城上吏」之上又有脱文耳。孫云：王説是也。此置背等並謂吏卒所著小徽識，與上將旗不相冢。下文「城中吏卒民男女皆辨異衣章微，令男女可知」十八字，疑即此節首之脱文，傳寫誤錯著於彼，而此小徽識遂與上旗識淆混不分矣。尉繚子經卒令説卒五章：前一行蒼章，置於首。次二行赤章，置於項。次三行黄章，置於胸。次四行白章，置於腹。次五行黑章，置於要。又兵教篇云：「將異其旗，卒異其章。左軍章左肩，右軍章右肩，中軍章胷前。書其章曰某甲某士。」此上文「五十尺」至「十五尺」，即謂將異旗，以下乃言卒異章之事，二書可互證。○案：「城上吏卒」之上當有「城中吏卒民皆辨章微」九字領起此節，今本錯入下文，遂致次敍紊亂。

㊴吴云：四字衍文。○案：「卒」當爲「民」，字之誤也。上文「城上吏卒置之背」，城上民則置章微於頭上也。號令篇「諸卒民居城上者」，可爲城上有民之證。下文城下不言民之章微者，蓋城下之民未與守事，不須章微，僅男女異衣，令男女可知而已。

㊵畢云：舊作「眉」，據禮説改，下同。

㊶畢云：「左軍」舊作「在他」，據禮説改。

㊷ 此句各本脱，今依王説增。

㊸ 畢云：此俗字，當爲「匈」或「胷」。

㊹ 孫云：疑當作「中軍三」，言鼓多於左右軍。「一」衍文。

㊺ 孫云：「三、十擊之」，謂或三擊，或十擊，多少之數不過此也。吴云：當作「三鼓」。號令篇云「中軍疾擊鼓者三」，又云「昏鼓鼓十，諸門亭皆閉之」。

㊻ 句。

㊼ 「而」下畢本有「不」字，舊本並無，今據删。蘇校同。

㊽ 斬其主鼓者。

㊾ 説文曰「彉，弓曲也」，非此義。玉篇曰：「罐，小瓶總名。」一切經音義卷八「瓶罐」，注云：「汲器」。古無「罐」字，此以「彉」爲之。備城門篇曰「百步一井，井十甕」，「罐」、「甕」字異而義同。洛陽伽藍記「景樂寺有甘井一所，石槽鐵罐供給行人飲水」，「鐵彉」即鐵罐也。

㊿ 廣雅釋室曰：「庰，廁也。」或以「屏」爲之。備城門篇曰「五十步一屏，屏周垣之，高八尺」，制與此略同。

(51) 畢云：説文云：「圂，廁也。」 ○案：「民圂」蓋人民公用廁所，與屏有别。備城門篇曰「五十步一廁，與下同圂」，亦「廁」、「圂」分舉。

(52) 孫云：説文行部云：「術，邑中道也。」「周道」詳備城門篇。言巷術通周道者。

(53)畢云：「必」舊作「心」，以意改。　○案：寶曆本作「必」。

(54)自「道廣三十步」至此，凡六十八字，與旗幟無涉，疑他篇之錯簡。

(55)王引之云：「荇」字義不可通。「荇」當爲「辨」。「辨異」二字連文。隸書「辨」字或作「拼」，因譌而爲「荇」。　王念孫云：「衣章微」當作「衣章微職」。說文：「微，識也。」墨子書「微識」皆作「微職」，見號令、襍守二篇。「章」亦微識之類也，故齊策云「變其徽章」，「徽」亦與「微」同。　吳云：「職」字不必增，齊策「變其徽章」，「章微」猶「徽章」也，不得有「職」字。　○案：王校「荇」爲「辨」，是也。此當爲「男女異衣，令男女可知」九字。其「城中吏卒民皆辨章微」九字，爲上文「城上吏卒」之上之脱文，當移置上文，今誤合爲「城中吏卒民男女皆辨異衣章微，令男女可知」，文法似順而文義實非，蓋「吏卒辨異章微」之下，不當承以「令男女可知」也。

(56)孫云：「牲格」蓋植木爲養牲闌格，守城藩落象之，因以爲名。備蛾傅篇云「杜格貍四尺，高者十尺，木長短相雜，兑其上，而外内厚塗之」，疑亦即此。

(57)畢云：「却」，玉篇云「卻字之俗」。

(58)句。

(59)蘇云：「予」、「與」通用。　吳云：「賜食前」者，賜食於前也。「予大旗」，所以旌異之也。畢改「予」爲「矛」，殊誤。

(60)孫云：尉繚子兵教上篇云：「乃爲之賞法，自尉吏而下盡有旗，戰勝得旗者，各視其所得之爵，以明賞勸之心。」左哀十三年傳云：「彌庸見姑蔑之旗，曰：吾父之旗也。」

61 「牲」，陸本、堂策檻本、四庫本作「性」。

62 俞云：「表」乃「柔」字之誤。備穴篇「鑿廣三尺，表二尺」，王氏訂「表」爲「柔」之誤，正與此同。○案：俞引備穴篇文今移入備城門篇。「表」校爲「長」，義亦可通。

63 孫云：「靳」疑當作「勒」，尉繚子有勒卒令。○案：孫説「靳」字近是。史記孫武傳「婦人左右前後跪起，皆中規矩繩墨」，神仙傳李仲甫傳「卿性褊急，未中教」，「中」字義與此同。孫釋爲「將居中」，大誤。

64 「解」，知曉也。言士卒既中教訓，目見旌旗，耳聞金鼓，心存號令，前後左右不失其宜也。號令篇曰「伍坐，令各知其左右前後」。

65 「休」，畢本作「修」，舊本並作「休」，今據正。

號令第七十①

安國之道，道任地始②，地得其任則功成，地不得其任則勞而無功。人亦如此③，備不先具者無以安主，吏卒民多心不一者皆在其將長④，諸行賞罰及有治者必出於公⑤。王數使人行勞，賜守邊城關塞、備蠻夷之勞苦者。舉其守率之財用有餘、不足，地形之當守邊者，其器備常多者。邊縣邑：視其樹木惡，則少用⑥；田不辟⑦，少食⑧；無大屋、草蓋，少用乘⑨；多財，民好食⑩。爲內牒⑪，內行棧⑫，置器備其上。城上吏、卒、養⑬皆爲舍道內⑭，各當其隔部⑮。養什二人⑯。爲符者曰養吏一人，辨護諸門⑰。門者及有守禁者皆無令無事者得稽留止其旁⑱，不從令者戮。敵人但至⑲，千丈之城⑳，必郭迎之㉑，主人利。不盡千丈者勿迎也，視敵之居曲、衆少而應之㉒，此守城之大體也。其不在此中者，皆心術與人事參之㉓。

凡守城者，以亟傷敵爲上㉔，其延日持久以待救之至，不明於守者也㉕，能此㉖，乃能守城。守城之法，敵去邑百里以上，城將如令㉗盡召五官及百長㉘，以富人重室之親，舍之官府㉙，謹令信人守衛之，謹密爲故㉚。及傳城㉛，守城將營無下三百人㉜。四面四門〔一〕之將，必選擇之有功勞之臣及死事之後重者㉝，從卒各百人。門將並守他門㉞，他門之上㉟必夾爲高樓，使善射者居焉。女郭、馮垣一人一人守之㊱。使重室子㊲。五十步一擊㊳。因城中里爲八部，部一吏，吏各從四人，以行衝術及里中㊴。里中父老小不舉守之事及會計

〔一〕「四門」、「門」字原誤脱，據畢刻本及道藏刻本等舊刻本補。

者㊵，分里以爲四部㊶，部一長，以苛往來不以時行㊷、行而有他異者，以得其姦。吏從卒四人以上有分者㊸，大將必與爲信符。大將使人行守，操信符，信不合㊹及號不相應者㊺，伯長以上輒止之㊻，以聞大將㊼。當止不止及從吏卒縱之，皆斬㊽。諸有罪自死罪以上㊾，皆逮父母、妻子、同産㊿。諸男女有守於城上者(51)，什六弩、四兵(52)。丁女子、老少，人一矛(53)。卒有驚事(54)，中軍疾擊鼓者三，城上道路、里中巷街(55)皆無得行，行者斬。女子到大軍，令行者男子行左，女子行右，無並行，皆就其守，不從令者斬。離守者三日而一徇(56)，而所以備姦也(57)。里正與皆守宿里門(58)，吏行其部，至里門，正與開門内吏(59)，與行父老之守(60)，及窮巷閒無人之處(61)。姦民之所謀爲外心，罪車裂(62)。正與父老及吏主部者不得，皆斬；得之，除(63)，又賞之黄金人二鎰(64)。大將使使人行守(65)，長夜五循行(66)，短夜三循行(67)。四面之吏亦皆自行其守，如大將之行，不從令者斬。諸竈必爲屏(68)，火突高出屋四尺(69)，慎無敢失火(70)，失火者斬其端，失火以爲事者車裂(71)。伍人不得，斬(72)；得之，除。救火者無敢讙譁(73)，及離守絶巷救火者斬(74)。其正及父老有守此巷中部吏，皆得救之(75)。部吏亟令人謁之大將(76)，大將使信人將左右救之，部吏失不言者斬。諸女子有死罪及坐失火皆無有所失，逮其以火爲亂事者如法(77)。

圍城之重禁(78)：敵人卒而至(79)，嚴令吏民無敢讙囂、三最並行(80)、相視坐泣(81)流涕。若視舉手相探[82]，相指相呼，相歷[83]相踵[84]，相投相擊，相靡以身及衣[85]，訟駮言語[86]，及非令也而視敵動移者，斬。伍人不得，斬；得之，除[87]。伍人踰城歸敵，伍人不得，斬。與伯歸敵，隊吏斬[88]。與吏歸敵，隊將斬[89]。歸敵者，父母、妻子、同産皆車裂；先覺之，除[90]。當術需敵[91]，離地，斬[92]。伍人不得，斬；得之，除。其疾鬬却敵於術，敵下終不能復上，疾鬬者隊二人賜上奉[93]。而勝圍[94]，城周里以上，封城將三十里地爲關內侯[95]，輔將如令賜上卿[96]，丞及吏比於丞者賜爵五大夫[97]，官吏豪傑與計堅守者[98]，十人及城上吏比五官者[99]，皆賜公乘[100]。男子有守者爵，人二級[101]，女子賜錢五千[102]，男女老小先分守者人賜錢千[103]，復之三歲，無有所與，不租税[104]。此所以勸吏民堅守勝圍也[105]。

吏卒侍大門中者，曹無過二人[106]。勇敢爲前行，伍坐[107]，令各知其左右前後，擅離署，戮。門尉晝三閲之[108]，莫，鼓擊[109]門閉一閲。守時令人參之，上逋者名[110]。鋪食皆於署[111]，不得外食[112]。守必謹微察視謁者[113]、執盾[114]、中涓[115]，及婦人侍前者[116]志意、顔色、使令、言語之請[117]，及上飲食必令人嘗，皆非請也，擊而請故[118]。守有所不説[119]謁者、執盾、中涓及婦人侍前者[120]，守曰斷之[121]、衝之[122]、若縛之[123]，不如令及後縛者皆斷。必時素誡之[124]。諸門下朝夕立若坐，各令以年少長相次，旦夕就位，先佑有功有能[125]，其餘皆以次立。五日，官各上喜戲、居處不莊、好侵侮人者一[126]。諸人士外使者來，必令有以執[127]，將出而還[128]。若行縣，必使信人先戒舍室，乃出迎門，守乃入舍[129]。爲人下者常司上之[130]，隨而行，松上不隨下[131]，必須□□隨[132]。客卒守主人，及以爲守衛，主人亦守客卒[133]。城中戍卒，其邑或以下寇，謹備之，數録其署[134]，同邑者，勿令共所守。與階門吏爲符[135]，符合入，勞[136]；符不合，收，守言[137]。若上城者[138]，衣服他不如令者[139]。宿鼓在守大門中[140]。莫，令騎若使者、操節閉城者皆以執毚[141]。昏鼓，鼓十，諸門亭皆閉之[142]，行者斷，必擊問行故[143]，乃行其罪。晨見[144]，掌文鼓[145]，縱行者。諸城門吏各入，請籥開門[146]，已輒復上籥[147]。有符節，不用此令。寇至，樓鼓五，有周鼓[148]，雜小鼓乃應之，小鼓五，後從軍，斷。

命必足畏，賞必足利，令必行，令出輒人隨，省其可行、不行[149]。號[150]，夕有號[151]，失號，斷[152]。爲守備程而署之曰某程[153]，置署街街衢階若門[154]，令往來者皆視而放[155]。諸吏卒民有謀殺傷其將長者，與謀反同罪，有能捕告，賜黄金二十斤，謹罪。非其分職而擅之取[156]，若非其所當治而擅治爲之[157]，斷[158]。諸吏卒民非其部界而擅入他部界，輒收，以屬都司空若候[159]，候以聞守。不收而擅縱之，斷[160]。能捕得謀反、賣城、踰城、歸敵者一人[161]，以令爲除死罪二人[162]，城旦四人[163]。反城事父母去者[164]，去者之父母妻子[165]。悉舉民室材木凡若藺石數[166]，署長短小大。當舉不舉，吏有罪。

諸卒民居城上者[167]，各葆其左右[168]，左右有罪而不智也[169]，其次伍有罪。若能身捕罪人若告之吏，皆構之(170)。若非伍而先知他伍之罪，皆倍其構賞(171)。城下里中家人各葆亓左右前後，如城上(172)。城小人衆，葆離鄉老弱國中及也大城(173)。寇至，度必攻，主人先削城編，唯勿燒(174)。寇在城下，時換吏卒署(175)，而毋換亓養(176)，養毋得上城(177)。寇在城下，收諸盆甕(178)，耕積之城下(179)，百步一積，積五百(180)。城門内不得有室，爲周官(181)，桓吏四尺(182)，爲倪(183)。行棧内閈(184)，二關一堞(185)。除城場外(186)，去池百步，墻垣、樹木小大盡壞伐除去之(187)。寇所從來，若昵道、傒近(188)若城場，皆爲扈樓(189)，立竹箭水中(190)。守堂下爲大樓，高臨城，堂下周散道，中應客，客待見。時召三老在葆宫中者與計事得(191)先(192)，行德，計謀合，乃入葆(193)。葆入守，無行城，無離舍(194)。諸守者審知卑城、淺池而錯守焉(195)。晨、暮卒歌以爲度，用人少易守(196)。

城外令任，城内守任(197)。令、丞、尉，亡，得入當(198)，滿十人以上，令、丞、尉奪爵各二級；百人以上，令、丞、尉免，以卒戍(199)。諸取當者，必取寇虜乃聽之(200)。募民欲財物粟米以貿易凡器者(201)，卒以賈予(202)。邑人知識、昆弟有罪，雖不在縣中而欲爲贖，若以粟米錢金布帛他財物免出者，令許之。傳言者十步一人，稽留言及乏傳者，斷(203)。諸可以便事者，亟以疏傳言守(204)。吏卒民欲言事者，亟爲傳言，請之吏，稽留不言諸者，斷(205)。縣各上其縣中豪傑若謀士居大夫(206)重厚口數多少(207)。官府城下吏卒民(208)，皆前後左右相傳保火(209)，火發自燔(210)，燔曼延燔人[211]，斷[212]。諸以衆彊凌弱少及彊奸人婦女[213]，以讙譁者，皆斷。諸城門若亭，謹候視往來行者符[214]。符傳疑[215]若無符，皆詣縣廷言請[216]，問其所使，其有符傳者，善舍官府。其有知識、兄弟欲見之[217]，爲召[218]，勿令入里巷中[219]。三老守閭令厲繕夫爲荅[220]。若他以事者微者不得入里中[221]，三老不得入家人[222]。傳令里中有以羽[223]，羽在三所差[224]，家人各令其家中[225]，失令若稽留令者，斷。家有守者治食[226]。吏卒民無符節而擅入里巷，官府吏、三老守閭者失苛止[227]，皆斷。諸盜守器械財物及相盜者，直一錢以上，皆斷[228]。吏卒民各自大書於傑[229]，著之其署同[230]，守案其署[231]，擅入者斷。城上日壹發席蓐[232]，令相錯發[233]。有匿不言人所挾藏在禁中者，斷。

吏卒民死者，輒召其人與次司空葬之[234]，勿令得坐泣[235]。傷甚者令歸治病，家善養，予醫給藥[236]，賜酒日二升，肉二斤，令吏數行閭[237]，視病有瘳[238]，輒造事上[239]。詐爲自賊傷以辟事者[240]，族之[241]。事已，守使吏身行死傷家[242]，臨户而悲哀之。寇去事已，塞禱[243]。守以令益邑中豪傑力鬭諸有功者[244]，必身行死傷者家以弔哀之，身見死事之後。城圍罷，主亟發使者往勞[245]，舉有功及死傷者數，使爵禄，守身尊寵，明白貴之，令其怨結於敵[246]。

城上卒若吏各保其左右[247]，若欲以城爲外謀者[248]，父母、妻子、同産皆斷。左右知，不捕告，皆與同罪。城下里中家人皆相葆[249]，若城上之數[250]。有能捕告之者，封之以千家之邑；

若非其左右，乃他伍捕告者(251)，封之二千家之邑。城禁(252)：使卒民不欲寇微職和旌者，斷(253)。不從令者，斷(254)。非擅出令者，斷。失令者，斷。倚戟縣下城(255)，上下不與衆等者，斷。無應而妄讙呼者，斷(256)。總失者，斷(257)。譽客内毁者，斷(258)。離署而聚語者，斷。聞城鼓聲而伍，後上署者，斷(259)。人自大書版，著之其署隔(260)，守必自謀其先後(261)，非其署而妄入之者，斷。離署左右，共入他署，左右不捕，挾私書，行請謁，及爲行書者(262)，釋守事而治私家事(263)，卒民相盜家室、嬰兒，皆斷無赦。人舉而藉之(264)。無符節而横行軍中者，斷。客在城下，因數易其署而無易其養(265)。譽敵少以爲衆，亂以爲治，敵攻拙以爲巧者，斷。客、主人無得相與言及相藉(266)，客射以書，無得譽(267)，外示内以善，無得應，不從令者皆斷。禁無得舉矢書若以書射寇(268)，犯令者，父母、妻子皆斷，身梟城上(269)。有能捕告之者，賞之黄金二十斤(270)。非時而行者，唯守及摻太守之節而使者(271)。

守入臨城(272)，必謹問父老、吏大夫請有怨仇讎不相解者(273)，召其人，明白爲之解之(274)。守必自異其人而藉之(275)，孤之(276)。有以私怨害城若吏事者，父母、妻子皆斷。其以城爲外謀者，三族(277)。有能得若捕告者，以其所守邑小大封之，守還授其印，尊寵官之，令吏大夫及卒民皆明知之。豪傑之外多交諸侯者常請之(278)，令上通知之，善屬之，所居之吏上數選具之(279)，令無得擅出入。連質之術(280)：鄉長者、父老、豪傑之親戚、父母、妻子(281)，必尊寵之。

若貧人食[282]不能自給食者，上食之。及勇士父母、親戚、妻子[283]，皆時酒肉[284]，必敬之，舍之必近太守。

守樓臨質宮而善周[285]，必密塗樓，令下無見上[286]，上見下[287]，下無知上有人無人。守之所親舉吏貞廉忠信、無害可任事者[288]，其飲食酒肉勿禁。錢金、布帛、財物各自守之，慎勿相盜[289]。葆宮之墻必三重[290]，墻之垣，守者皆累瓦釜墻上[291]。門有吏，主者門里，筦閉必須太守之節[292]。葆衛必取戍卒有重厚者[293]，請擇吏之忠信者、無害可任事者[294]。令將衛自築十尺之垣，周還墻[295]。門、閨者，非令衛司馬門[296]。望氣者舍必近太守[297]，巫舍必近公社，必敬神之。巫、祝、史與望氣者[298]必以善言告民[299]，以請報守上，守獨知其請而已[300]。無與望氣妄爲不善言驚恐民[301]，斷勿赦。

度食不足，令民各自占家五種石升數[302]，爲期其[303]，在蓴害[304]，吏與雜訾[305]。期盡匿不占，占不悉，令吏卒款得，皆斷[306]。有能捕告，賜什三[307]。收粟米、布帛、錢金，出內畜產[308]，皆爲平直其賈，與主人券，書之[309]，事已，皆各以其賈倍償之[310]。又用其賈貴賤、多少賜爵，欲爲吏者許之，其不欲爲吏而欲以受賜賞爵禄，若贖出親戚、所知罪人者[311]，以令許之。其受構賞者，令葆宮見[312]，以與其親[313]。欲以復佐上者，皆倍其爵賞。某縣某里某子家食口二人，積粟六百石，某里某子家食口十人，積粟百石[314]。出粟米有期日，過期不出者王公有之。有能得，若告之，賞之什三。慎無令民知吾粟米多少[315]。

守入城，先以候爲始[316]，得輒宮養之[317]，勿令知吾守衛之備。候者爲異宮[318]，父母妻子皆同其宮，賜衣食酒肉，信吏善待之。候來若復，就閒[319]。守宮三難[320]，外環隅爲之樓，内環爲樓，樓入葆宮丈五尺爲復道[321]。葆不得有室[322]，三日一發席蓐，略視之[323]。布茅宮中，厚三尺以上。發候必使鄉邑忠信善重士，有親戚、妻子，厚奉資之。必重發候，爲養其親若妻子，爲異舍[324]，無與員同所[325]，給食之酒肉[326]。遣他候，奉資之如前候。反，相參審信[327]，厚賜之。候三發三信，重賜之。不欲受賜而欲爲吏者，許之二百石之吏[328]，守珮授之印[329]。其不欲爲吏而欲受構賞禄，皆如前[330]。有能入深至主國者[331]，問之審信，賞之倍他候，其不欲受賞而欲爲吏者[332]，許之三百石之吏[333]。扞士受賞賜者[334]，守必身自致之其親之其親之所，見其見守之任[335]。其欲復以佐上者，其構賞、爵禄、罪人倍之[336]。

士候無過十里[337]。居高便所樹表，表三人守之，比至城者三表[338]，與城上烽燧相望[339]，晝則舉烽，夜則舉火。聞寇所從來，審知寇形必攻，論小城不自守通者[340]，盡葆其老弱、粟米、畜産。遣卒候者無過五十人，客至堞，去之[341]，慎無厭建[342]。候者曹無過三百人，日暮出之[343]，爲微職[344]。空隊要塞之[345]，人所往來者，令可□，迹者無下里三人，平而迹[346]。各立其表，城上應之。候出越陳表[347]，遮坐郭門之外，内立其表[348]，令卒之半居門内，令其少多無可知也[349]。即有驚[350]，見寇越陳表[351]，城上以麾指之[352]，迹坐擊缶期，以戰備從麾所指[353]。望見寇[354]，舉一垂；入竟[355]，舉二垂；狎郭[356]，舉三垂；入郭[357]，舉四垂；狎城，舉五垂[358]。夜以火，皆如此[359]。去郭百步，墻垣、樹木小大盡伐除之，外空井盡窒之[360]，無可得汲也[361]，外室屋盡發之[362]，木盡伐之。諸可以攻城者盡内城中[363]，令其人各有以記之。事以[364]，各以其記取之。吏爲之券[365]，書其枚數。當遂材木不能盡内，既燒之[366]，無令客得而用之。人自大書版，著之其署忠[367]。

有司出其所治，則從淫之法，其罪䠶[368]。務色謾𤕤[369]，淫囂不静，當路尼衆[370]，舍事[371]後就[372]，踰時不寧[373]，其罪䠶。讙囂駴衆[374]，其罪殺。非上不諫，次主凶言[375]，其罪殺[376]。無敢有樂器、弊騏軍中[377]，有則其罪䠶。非有司之令，無敢有車馳、人趨[378]，有則其罪䠶。無敢散牛馬軍中，有則其罪䠶。飲食不時，其罪䠶。無敢歌哭於軍中，有則其罪䠶。令各執罰盡殺，有司見有罪而不誅，同罰，若或逃之，亦殺。凡將率鬬其衆失法，殺。凡有司不使去卒、吏民聞誓令，伐之服罪[379]。凡戮人於市，死上目行[380]。

謁者侍令門外[381]，爲二曹，夾門坐，鋪食更，無空[382]。門下謁者一長[383]，守數令入中視其亡者[384]，以督門尉[385]與其官長，及亡者入中報。四人夾令門内坐[386]，二人夾散門外坐[387]，客見[388]，持兵立前[389]，鋪食更[390]，上侍者名[391]。守室下高樓候者[392]，望見乘車若騎卒道外來者[393]，及城中非常者，輒言之守。守以須城上候城門及邑吏來告其事者以驗之(394)，樓下人受候者言，以報守(395)。中涓二人，夾散門内坐，門常閉(396)，鋪食更。中涓一長者。環守宮之術衢，置屯道，各垣其兩旁，高丈，爲埤院(397)。立初雞足置(398)。夾挾視葆食(399)。而札書得，必謹案視參食者(400)，節不法(401)，正請之(402)。屯陳、垣外術衢街皆樓(403)，高臨里中，樓一鼓、聾竈(404)。即有故物(405)，鼓(406)，吏至而止(407)，夜以火指鼓所。城下五十步一廁，廁與上同圂(408)。請有罪過而可無斷者(409)，令杼廁利之(410)。

① 蘇云：墨子當春秋後，其時海内諸國，自楚、越外無稱王者，故迎敵祠篇言「公誓太廟」，可證其爲當時之言。若號令篇所言令、丞、尉、三老、五大夫、太守、關内侯、公乘皆秦時官，其號令亦秦時法。而篇首稱「王」，更非戰國以前人語。此蓋出於商鞅輩所爲，而世之爲墨學者取以益其書也。倘以爲墨子之言，則誤矣。　孫云：蘇説未塙，令、丞、尉、三老、五大夫等制並在商鞅前，詳篇中。　吴云：此漢人文字耳，畢氏乃妄證之。　○案：吴説是也。

② 孫云：禮記禮器鄭注云：「道猶從也。」

③ 「如」，陸本、茅本、寶曆本、緜眇閣本、堂策檻本、陳本、四庫本作「爲」。

④ 孫云：言責在將與長也。

⑤ 畢云：「公」舊作「功」，一本如此。孫云：此對上「將長」爲文，疑當作「王公」。下文云「出粟米有期日，過期不出者，王公有之」，是其證。傳寫誤倒耳。○案：「公」，道藏本、吴鈔本、唐本作「功」。

⑥ 孫云：言材木不足共用。

⑦ 畢云：「闢」假音字。

⑧ 田不闢，則食不足。

⑨ 「乘」，道藏本、陸本、唐本、茅本、寶曆本作「来」，吴鈔本、畢本作「桑」，陸本、緜眇閣本、堂策檻本、陳本、四庫本作「乘」，今從之。畢云：「桑」，一本作「乘」。孫云：説文艸部云：「蓋，苫也。」釋名釋宫室云：「屋以草蓋曰茨。茨，次也，次比草爲之也。」「草蓋」謂以草蓋屋。「少用桑」當作「少車乘」，言室惡民貧，則不能畜車乘馬牛也。

⑩ 孫云：下有脱誤。

⑪ 孫云：「牒」疑「堞」之誤。「内堞」見備城門篇。

⑫ 「棧」，寶曆本作「機」。「行棧」見備城門篇，亦見下文。

⑬ 孫云：「養」即厮養之養。公羊宣七年何注云：「炊亨曰養。」

⑭ 「道」，寶曆本作「首」。

⑮ 「部」，吴鈔本作「步」。孫云：太白陰經：「司馬穰苴云：五人爲伍，二伍爲部。」「部」，隊也。

「隔部」即城上吏卒什人所守分地，皆有隔以別其疆界。下云「人自大書版，著之其署隔」，則凡署皆有隔。

⑯「什」，堂策檻本、四庫本作「十」。孫云：十人爲什，言每卒十人則有養二人。吉天保孫子集注引曹操云「一車駕四馬，養二人，主炊，步兵十人」，亦十步卒二養，與此略同。

⑰畢云：「辨」即今「辦」字正文。孫云：「辨護」猶言監治也，亦見周禮大祝、山虞鄭注。山虞賈疏引尚書中侯握河紀云：「堯受河圖，稷辨護。」○案：「辨」，陸本、茅本、寶曆本、緜眇閣本、堂策檻本、陳本、四庫本作「辯」，字通。公羊宣十五年傳何注云：「其有辯護伉健者，爲里正。」

⑱「稽」字畢本重，舊本並不重，今據刪。「止」字諸本作「心」。秋山云「心，一作『止』」，今從之。王、蘇校同。襍守篇曰「守大門者二人，夾門而立，令行者趣其外」，與此文意相類。

⑲「但」，寶曆本作「伹」。孫云：疑「且」字之誤。

⑳「千」，銀雀山漢簡作「千」，寶曆本作「十」，誤，下文仍作「千」。孫云：襍守篇云「率萬家而城方三里」，此云「千丈」，爲方五里有奇，蓋邑城之大者。尉繚子守權篇云「千丈之城則萬人守之」，戰國策趙策云「今千丈之城、萬家之邑相望也」，齊策亦云「千丈之城拔之尊俎之閒」。

㉑「迎」，各本作「近」，銀雀山漢簡作「迎」，今從之。畢校同。

㉒「居曲」讀爲「倨曲」，二字相反爲義。荀子非相篇楊注云「曲直，猶能否也」，此「居曲」之義或與彼

同。

㉓ 守法僅能示大體，其運用變化，皆心術與人事參之。

㉔「亟」，諸本作「函」，寶曆本作「亟」，今從之。王校同。畢云：言扞禦傷敵。

㉕「不」字本在下文「能此」之上，今依王景羲説移置於此。秋山云：「至」下脱「不」。

㉖「能此」之上，各本有「不」字，今移於上句之首。

㉗「令」，各本作「今」，今依畢校改。畢云：「今」當爲「令」。孫云：「如令」猶言若令。下文「如今」亦「如令」之譌。

㉘ 孫云：「五官」蓋都邑之小吏。周制，侯國有五大夫，因之都邑亦有五官。韓非子十過篇云趙襄子至晉陽，「行其城郭及五官之藏」，此即都邑之五官，殆如後世吏有五曹之類。後文吏有比丞、比五官，則五官卑於丞也。

㉙「府」，諸本作「符」，寶曆本作「府」，今從之。王、蘇校同。

㉚ 俞云：「故」猶事也。言務以謹密爲事也。備梯篇「以靜爲故」，備穴篇「以急爲故」，義與此同。畢屬下讀，失之。

㉛「及傅」，各本作「乃傳」，今依俞校改。俞云：「乃傳」當作「及傅」，字之誤也。上云「敵去邑百里以上」，此云「及傅城」，其事正相次。「傅」即「蛾傅」之「傅」，備蛾傅篇曰「遂以傅城」是也。

㉜「城」字畢本脱，舊本並有，今據補。

㉝ 蘇云：「重」者，即重室子也。

㉞ 孫云：謂他小門。

㉟ 畢云：舊脱「門」字，以意增。

㊱ 蘇云：「一人」疑誤重。　孫云：「女郭」即女垣，以其在大城之外，故謂之郭。釋名釋宮室云：「城上垣亦曰女墻，言其卑小，比之於城，若女子之與丈夫也。」旗幟篇云：「到馮垣，鼓六舉四幟，到女垣，鼓七舉五幟。」　○案：此疑當作「女郭、馮垣，一步一人守之」，與備城門篇「城人樓本，率一步一人守之」文例相類。若依蘇校作「女郭、馮垣，一人守之」，則情事之所必無也。

㊲ 「室」，各本作「字」，今依王、蘇校改。「重室子」見備城門篇。

㊳ 孫云：文選長楊賦李注引韋昭云：「古文隔爲擊。」此「擊」疑亦署隔之名。　○案：襍守〔一〕篇曰：「爲擊，三偶之，重五斤已上。」

㊴ 秋山云：「衝」，恐「衢」。　畢云：「衝」當爲「衝」，説文云：「通道也。春秋傳曰：及衝以擊之。」　孫云：此「衝術」與旗幟篇「巷術」及後「術衢」義同，與備城門篇「衝術」異。

㊵ 王引之云：「父老小」不當有「小」字，蓋涉下文「老小」而衍。「舉」讀爲「吾不與祭」之「與」，「與」、「舉」古字通，謂里中父老不與守城及會計之事者。　孫云：「老小」上下疑有脱字。

〔一〕「襍守」原誤「號令」，據本書改。

㊶孫云：此又於一里之中分之爲四部。

㊷蘇云：「苛」，譏訶也。　孫云：周禮射人鄭注云：「苛，謂詰問之。」

㊸王引之云：「分」下當有「守」字，而今本脱之，則文義不明。「分守」謂卒之分守者也。下文曰「男女老小先分守者，人賜錢千」，是其證。

㊹王樹枬云：「信」下脱「符」字。

㊺蘇云：「號」即夜間口號。

㊻孫云：「伯」、「百」通，即上文「百長」。

㊼畢云：告大將。

㊽王樹枬云：「從吏」二字誤倒，當據上文乙正。

㊾「以」字各本脱，今依王校增。

㊿「逮」，各本作「還」，今依非攻下篇「逮」譌爲「還」之例訂作「逮」。王校作「遝」，「逮」、「遝」亦通。

王云：「還」當爲「遝」，謂罪及父母、妻子、同産也。下文云：「歸敵者，父母、妻子、同産皆車裂。」

(51)孫云：疑當云「諸男子」。備城門篇云「守法，五十步丈夫十人，丁女二十人，老小十人」，此〔一〕

〔一〕「此」原誤「丁」，據墨子閒詁原注改。

「男子」即「丈夫」也。下文別云「丁女子」，則此不當兼有女明矣。

(52) 蘇云：十人爲什。「兵」，戎器也。言十人之中，弩六而兵四之。　孫云：蘇說是也。六韜軍用篇云「甲士萬人，強弩六千，戟櫓二千，矛盾二千」，與此率正同。

(53) 蘇云：「丁女子」猶言丁女，見備城門篇。

(54) 蘇云：言猝有警急之報。　孫云：「驚」讀爲「警」。文選歎逝賦李注云：「警，猶驚也。」

(55) 「巷街」，緜眇閣本、陳本作「街巷」。

(56) 畢云：當爲「徇」。衆經音義云：「三倉云：徇，偏也。」　孫云：「而一」二字疑皆衍文。離守者不惟斬之，且肆其尸三日。　○案：此指將巡視諸守城吏卒民而言。「離」讀爲「羅」，今字作「邏」，巡邏也。言巡邏守者，三日而一徇行也。說文曰：「徇，行示也。」玉篇曰：「徇，徇師宣令也。」「徇」、「徇」字通。

(57) 孫云：「而」乃「此」字之誤。　○案：「而」猶乃也。羅守乃所以備姦。

(58) 寶曆本「疌」作「正」，「門」作「所」，下並同。　秋山云：「正」，一作「疌」。「所」，一作「門」。

畢云：「與皆守」當爲「與守皆」。　孫云：「里正」即上文「里長」，每里四人。　○案：「里疌與」之下疑有「父老」二字。下文「疌與父老」，又「其疌及父老」，可以爲例。

(59) 蘇云：「內」讀如「納」。

(60) 「老」，緜眇閣本作「兄」。

(61) 俞云：「閒」上脱「幽」字，「幽閒」二字連文。 ○案：原文可通，不煩增字。

(62) 孫云：周禮條狼氏「誓馭曰車轘」，鄭注云：「謂車裂也。」

(63) 畢云：舊脱「得」字，據下文增。 ○案：寶曆本有「得」字。

(64) 「二」，寶曆本作「一」。 蘇云：此連坐之法，唯得罪人，則除其罪，且有賞也。 孫云：「鎰」，二十四兩也，詳貴義篇。

(65) 孫云：「使人」當作「信人」。上云「謹令信人守衛之」，下云「大將使信人將左右救之」，皆其證。 ○案：「使」字誤重。上文曰「大將使人行守」，可證。

(66) 蘇云：「循」、「徇」通用。

(67) 使人徇行如此數，若夫將長羅守者，則三日而一徇。

(68) 畢云：舊「必」作「火」，「屏」作「井」，據藝文類聚改。

(69) 「屋」，緜眇閣本、陳本作「屈」，誤。淮南子人閒訓「百尋之屋以突隙之煙焚」，注云：「突，竈突也。」 畢云：「火」，藝文類聚引作「心」。 孫云：廣雅釋宮〔二〕云：「竈窻謂之堗。」「堗」、「突」字同。

(70) 藝文類聚八十引無「敢」字。 畢云：今江浙人家有高牆出屋如屏，云以障火，是其遺制。

〔二〕「宮」，墨子閒詁原引作「室」，本書沿誤，據廣雅改。

⑦① 孫云：「端」，言失火所始。「以爲事者」，據下文當作「以爲亂事者」，此脱「亂」字。

⑦② 吴鈔本「伍」作「五」，下並同。陸本、茅本、寶曆本、緜眇閣本、堂策檻本、陳本、四庫本「伍」作「五」，下文「五」、「伍」錯出。

⑦③ 畢云：説文云「讙」、「譁」轉注。

⑦④ 吕氏春秋悔過篇「又絶諸侯之地以襲國」，注云：「絶，過也。」「絶」字義與此同。「離守絶巷救火」，言離所守之地域，越過他巷以救火也。　畢云：「絶」言亂。

⑦⑤ 此巷失火，里乏及父老與乎有守此巷中部吏，皆得救之。

⑦⑥ 畢云：「部吏」二字舊倒，據下移。　孫云：吴鈔本不倒。　○案：吴鈔本亦作「吏部」，孫校偶誤。「亟」，諸本作「函」，寶曆本、堂策檻本、四庫本並作「亟」，今從之。王校同。「令」，緜眇閣本、陳本作「吏」，誤。

⑦⑦ 孫云：漢書淮南厲王長傳顔注云：「逮，追捕之也。」

⑦⑧ 五字標題下節。

⑦⑨ 蘇云：「卒」、「猝」同。

⑧⓪ 王引之云：「最」當爲「冣」，冣與聚通，謂三人相聚，二人並行也。説文：「冣，積也。」徐鍇曰：「古以聚物之聚爲冣。」冣與最字相似，故諸書中「冣」字多譌作「最」。

⑧① 吴云：「坐泣」當爲「垂泣」。

82 孫云：說文手部云：「探，遠取之也。」

83 「歷」，諸本作「曆」，即「歷」之後起字。說文曰：「歷，過也，傳也。」畢本改「麾」。　畢云：「麾」舊作「歷」，以意改。

84 孫云：說文止部云：「歱，跟也。」「踵」即「歱」借字，謂以足跟相躡也。

85 孫云：謂以身及衣相切靡。莊子馬蹄篇「喜則交頸相靡」，釋文引李注云：「靡，摩也。」

86 畢云：說文云：「駮，獸如馬。」「駁，馬色不純。」據此義當爲「駁」。

87 孫云：尉繚子伍制令云：「伍有干令犯禁者，揭之，免於罪。知而弗揭，全伍有誅。」

88 孫云：「伯」，百人也。「隊吏」即上文之「伯長」、「百長」。

89 孫云：「隊將」即四面四門之將。

90 蘇云：言先覺察者除其罪也。　○案：說文曰：「覺，發也。」謂先揭發之，則除其罪也。

91 「需」，吴鈔本作「舒」。　孫云：「術」、「隧」通。「當術」即備城門篇之「當隊」，謂當敵攻城之道也。下云「却敵於術」，同。「需」讀爲「懦」，考工記輈人「馬不契需」，鄭衆注云：「需，讀爲畏需之需。」「需敵」謂却敵也。

92 畢云：言離其所。

93 畢云：玉篇云：「俸，房用切，俸禄也。」此作「奉」，古字。

94 戴云：「而」讀爲「如」。「如勝圍」句。

(95) 畢云：韓非子顯學云「關内之侯，雖非吾行，吾必使執禽而朝」，史記春申君列傳黄歇上書云「韓必爲關内之侯」，又云「魏亦關内侯」，則戰國時有關内侯也。　孫云：戰國策魏策「王與竇屢關内侯」，漢書百官公卿表：秦制，賞功勞爵二十級，十九關内侯。顔注云：「言有侯號，而居京畿無國邑。」　吴云：戰國之關内侯，唯秦有之，墨子未至秦，不應爲此言，其爲漢人文，決也。五大夫、公乘皆秦爵，而漢襲用者。賜民爵亦秦制。　○案：此篇滿紙秦漢官名法制，且嚴刑殘酷，尤非以兼愛立教之墨子所宜有，當從吴説訂爲漢人文字，説詳附録。

(96) 「令」，各本作「今」，今依蘇校改。上文「城將如令」，「令」亦誤作「今」，與此同。　蘇云：「輔將」，城將之次者，猶裨將也。「今」當爲「令」。　孫云：「輔將」即上文「四面四門之將」也。漢書百官表：縣令、長，皆秦官，皆有丞、尉。史記商君傳云「集小都鄉邑聚爲縣，置令、丞」，秦本紀在孝公十二年。國策趙策載趙受上黨千户，封縣令。則縣有令，蓋七國之通制矣。　○案：秦滅六國，多去其籍，戰國策所記六國事，固難如六國史記之舊，或不免以秦之官名誤稱他國者，不盡可恃也。餘仿此。

(97) 孫云：漢書百官表「秦爵：九，五大夫」，顔注云：「大夫之尊也。」吕氏春秋直諫篇，荆文王時有五大夫。戰國策趙、魏、楚策亦並有之。則非秦制也。　○案：孫引荆文王事見吕氏春秋長見篇，孫謂直諫篇，誤。説苑君道篇、新序雜事一亦載其事。新序作「楚共王」，蓋傳聞小異。吕氏春秋作「於是爵之五大夫」，説苑作「乃爵筦饒以大夫」，若説苑不誤，則吕氏春秋「五」字當爲衍文。

(98) 畢云：二字舊倒，以意改。

(99) 蘇云：「十人」疑「士人」之譌。

(100) 孫云：漢書百官表「秦爵：八，公乘」，顏注云：「言其得乘公家之車也。」

(101) 孫云：九章算術衰分篇劉注云「墨子號令篇以爵級爲賜」，蓋即指此文。

(102) 孫云：此亦謂有守者。

(103) 孫云：「先」當作「無」。說文「無」古文奇字作「无」，與「先」相似，因而致誤。「無分守者」與上「有守者」正相對。以其本無分守，故止人賜錢千，與上有守者男子賜爵、女子賜錢五千，輕重異也。

(104) 孫云：漢書高帝紀「蜀漢民給軍事勞苦，復勿租稅二歲」，顏注云：「復者，除其賦役也。」紀又云「過沛，復其民，世世無有所與」，注云：「與讀曰豫。」

(105) 備城門篇自「凡守圍城之法」至「此守城之重禁也，大姦之所生也，不可不審也」，舊本凡三百八十六字，疑爲此處脱文，說詳彼注。

(106) 襍守篇曰：「守大門者二人，夾門而立。」　畢云：說文云：「曹，獄之兩曹也。在廷東，从棘。治事者，从曰。」案即兩造，「造」、「曹」音近。而蜀志杜瓊曰「古者名官職不言曹，始自漢以來名官盡言曹，吏言屬曹，卒言侍曹」，非也。〇案：杜說或有據，畢以此文疑之，不知此文正是漢時文字，故以曹名官也。

⑩⑦ 蘇云：謂五人並坐。

⑩⑧「尉」，吳鈔本作「衛」。 孫云：說苑尊賢篇「宗衛相齊罷歸，召門尉田饒等二十有七人而問焉」，漢書高祖功臣侯表有「門尉彨跖」，蓋亦沿戰國之制。

⑩⑨ 畢云：說文云：「莫，日且冥也。」

⑪⓪ 蘇云：「參」猶驗也。「逋」謂離署者。

⑪① 畢云：此「餔食」字義當作「餔」。說文云：「餔，日加申時食也。」

⑪② 蘇云：「餔」謂坐處，言不得離署而他食也。

⑪③ 孫云：國策齊策「王斗見齊宣王，宣王使謁者延入」，漢書百官公卿表「謁者，掌賓讚受事」，應劭云：「謁，請也，白也。」孫子用閒篇云：「必先知其守將、左右、謁者、門者、舍人之姓名。」

⑪④ 孫云：漢書惠帝紀注：「應劭云：執盾，親近陛衛也。」史記高祖功臣侯表有「執盾閻澤赤」等。

⑪⑤ 孫云：史記高祖功臣侯表集解引漢儀注云：「天子有中涓，如黄門，皆中官者。」國語吳語「涓人疇」，韋注云：「涓人，今中涓也。」史記楚世家作「鋗人」，韋昭云：「今之中涓是。」說苑奉使篇云「緤北犬敬上涓人」，史記萬石君傳正義：「如淳云：中涓，主通書謁出入命也。」漢書陳勝傳「故涓人將軍吕臣爲蒼頭軍」，注：「應劭云：涓人，如謁者。」曹參傳顔注云：「中涓，親近之臣，若謁者、舍人之類。涓，潔也，主居中掃潔也。」 吳云：漢表「謁者」爲秦官，「執盾」、「中涓」高帝始有之，蓋亦秦制。

⑯ 孫云：「侍」，舊本譌「待」。○案：「侍」字各本並同，孫校誤。

⑰ 蘇云：「請」讀如「情」。

⑱ 蘇云：上句「請」讀如「情」；下句如字，詰問也。孫云：「皆」疑「若」之誤。末句當作「繫而詰故」。○案：「擊而請故」，「請」字不誤。儀禮士昏禮「擯者出請事」，鄭注云：「請猶問也。」「請」字義與此同。下文曰「必擊問行故」，「請故」猶問故也。

⑲ 「所」，寶曆本譌「取」。「説」，舊本作「悦」。

⑳ 「侍」，道藏本、唐本、畢本誤「待」，諸本並作「侍」，今從之。蘇校同。

㉑ 「曰」，陸本、茅本、緜眇閣本、堂策檻本、陳本、四庫本作「日」。孫云：「斷」即斬也。

㉒ 孫云：「衝」與「撞」通。説文手部云：「撞，凡擣也。」

㉓ 「縛」，茅本作「縛」，下同。

㉔ 吴鈔本「必」作「不」。

㉕ 畢云：「佑」舊作「估」，非。此「右」字，俗加人。

㉖ 「一」，謂一次。孫云：疑當作「日五閲之，各上喜戲、居處不莊、好侵侮人者名」。

㉗ 外使來，必爲信符使執之，所以備察驗，防姦宄。畢云：「令」舊作「合」，以意改。

㉘ 將出，面還其所執之信符。

㉙ 以備不虞。

130 畢云：「司」即「伺」字。　王引之云：「司」，古「伺」字也。「之」讀爲「志」。墨子書或以「之」爲「志」字，見天志中、下二篇。言爲人下者常伺察上人之志，隨之而行也。　蘇云：「司上之」當言「伺上之所之」。

131 王引之云：「松」讀爲「從」。學記「待其從容」，鄭注「從或爲松」，是其例也。言從上不隨下也。

132 闕文二格，茅本、寶曆本、緜眇閣本、堂策檻本、陳本、四庫本無。

133 孫云：「客卒」，謂外卒來助守者。「主人」，謂内人爲守卒者。二者使互相守察，防其爲姦謀也。

134 蘇云：此即守客卒之事。蓋戍卒之入衛者，或其鄉邑已爲敵人所取，則必謹防其卒，恐生内變也。「以」、「已」通用。

135 孫云：「階吏」即迎敵祠篇所云「城上當階有司守之」是也。

136 「入」，諸本作「人」，顧校道藏本作「入」。「入」字是也，今從之。案道藏本亦作「人」。日本宫内省道藏本「人」字擊之起處尚有餘痕可辨，其他道藏本爛作「∧」狀，顧氏遂校作「入」矣。

137 「收」，各本作「牧」，今依蘇校改。　蘇云：「牧」當作「收」，謂收治之。　孫云：此當作「收言守」，謂收而告之守也。後云「亟以疏〔一〕傳言守」。

138 「上城」，畢本作「城上」，舊本並作「上城」，今據乙。

〔一〕「疏」原誤「書」，據墨子閒詁原引改。

⑬⑨ 以上十一字，與上下文不屬，疑爲下文「倚戟縣下城」下之錯簡。

⑭⓪ 孫云：周禮脩閭氏鄭衆注云：「宿，謂宿衛也。」謂夜戒守之鼓。

⑭① 「毚」即「鑱」之省文。　孫云：此字誤。前耕柱篇「白若之龜」，「龜」舊本作「毚」。疑此亦當爲「龜」之譌。但「執龜」義亦難通，疑當作「執圭」。說文土部云：「楚爵有執圭。」「圭」、「龜」音相近而譌。

⑭② 蘇云：上云「莫鼓擊，門閉」，即此。

⑭③ 孫云：「擊」亦「繫」之誤。

⑭④ 言平旦日光伸見也。釋名釋天曰：「晨，伸也，旦而日光復伸見也。」

⑭⑤ 王景義曰：「文」當爲「鼖」之借。鼖鼓者，長八尺大鼓也。周禮夏官大司馬「諸侯執鼖鼓」。否則或是「大鼓」之譌。

⑭⑥ 「入」，陸本、茅本、寶曆本、緜眇閣本、堂策檻本、陳本、四庫本作「人」。

⑭⑦ 蘇云：「籥」同「鑰」。　孫云：說文門部作「𨷲」。

⑭⑧ 孫云：「有」讀爲「又」。言樓鼓五下，又周徧鼓以警衆也。

⑭⑨ 「人」，畢本作「入」，舊本並作「人」，今據正。言每出令，其可行或不行，輒以人隨而省察之。

⑮⓪ 句。

⑮① 上文曰「號不相應者」。　秋山云：「夕」，一作「名」。

152 句。

153 蘇云：「程」，式也。

154 吴云：「街街衢」當爲「街術衢」。下文「環守宮之術衢」，又云「屯陳垣外術衢街皆樓」。○案：「街街衢」，緜眇閣本、陳本作「街二衢」。蘇校同。

155 今往來者皆須驗視而後放行。

156 王引之云：「擅之取」當爲「擅取之」，與「擅治爲之」對文。今「取之」二字倒轉，則文不成義。

157 句。

158 句。

159 畢云：「收」舊作「牧」，以意改。吴云：「都司空」漢官。漢表不言秦官，則漢所置。孫云：漢書百官公卿表「宗正，屬官有都司空令丞」，如淳云：「都司空主水及罪人。」此「候」爲小吏，與後「候敵」之「候」異。○案：「收」，諸本作「牧」，寶曆本作「收」。「候」，翻陸本作「侯」，下同。

160 「收」，諸本作「牧」，寶曆本作「收」，與畢本合。

161 「歸」字各本脱，今依畢説增。

162 「除」，緜眇閣本、陳本作「賒」。

⑯³ 吴云："城旦"漢法。 孫云：漢書惠帝紀注："應劭云：城旦者，旦起行治城，四歲刑也。"

⑯⁴ 吴云："反"讀平反之反，謂踰城也。"事父母去"者，言因父母之事而去也。

⑯⁵ 下文"人舉而藉之"五字，疑當在此。

⑯⁶ 王引之云："凡"字義不可通。"凡"當爲"瓦"，字之誤也。隸書"瓦"字作"凡"，與"凡"相似。"若"猶及也，與也。謂民室之材木、瓦及藺石也。"材木"、"瓦"、"藺石"即備城門篇之"材木"、"瓦石"、"藺石"，又見襍守篇。漢書鼂錯傳曰"具藺石，布渠荅"。 孫云：漢書鼂錯傳注："服虔云：『藺石，可投人石。』如淳云：『藺石，城上雷石也。』"李廣傳作"壘石"。說文㫃部云："旝，建大木，置石其上，發以機，以槌敵。" ○案：襍守篇有"先舉縣官室居、官府不急者材之大小長短及凡數"之文，此文疑當作"悉舉民室材木若藺石凡數"，今本"凡"字錯入上文，遂致難通。

⑯⁷ "卒"，寶曆本誤"率"。 孫云："卒"上當有"吏"字。

⑯⁸ "葆"，吴鈔本作"保"。下文曰"城上卒若吏各保其左右"，與此略同。

⑯⁹ 畢云："智"同"知"。

⑰⁰ "構"，寶曆本作"搆"。 顧云："構"讀爲"購"。 說文："購，以財有所求也。" 蘇云："構"與"購"同，謂賞也。

⑰¹ "構"，寶曆本作"購"。 漢書張敞傳曰"明設購賞"。

⑰「葆」，吴鈔本作「保」。下文曰「城下里中家人皆相葆，若城上之數」，與此略同。自「城下里中家人各葆亓左右」至「三老在葆宮中者與計事得」止，凡一百八十二字，各本錯入備城門篇，今審校文意，移置於此。上曰「諸卒民居城上者各葆其左右」，下曰「城下里中家人各葆亓左右前後，如城上」，文義相承。城上無前後可言，故上文不言「前後」也。

⑰「也」，「他」之省文，畢校改「他」。畢云：舊作「也」，以意改。蘇云：「城小人衆」則不可守，宜遣其老弱葆於國中及他大城。○案：漢書王莽傳曰「收合離鄉，小國無城郭者，徙其老弱置大城中」，與此略同。

⑰「勿」，吴鈔本作「毋」。「勿」、「毋」皆語詞。此蓋言附城之室屋、樹木、葛籐等須先削除燒卻，以免寇藉以攀拔上城，或有所依匿也。

⑰畢云：説文云：「署，部署，有所网屬。」

⑰上文曰：「城上吏卒養皆爲舍道內，各當其隔部。」俞云：「養」即廝養之養。宣十二年公羊傳「廝役扈養死者數百人」，何休注曰：「炊亨者曰養。」孫云：此言吏卒署雖時換，而其廝養給使令者則各有定署，不得移易也。

⑰「養」，茅本、寶曆本、緜眇閣本作「義」，誤。

⑰畢云：「收」舊作「牧」，以意改。○案：寶曆本作「收」。

⑰「耕」疑「積」字之誤衍。畢云：「耕」疑「莗」字。

⑱⓪ 孫云：言五百箇爲一積也。

⑱① 畢云：疑云「周宫」。　孫云：疑當作「爲周宫」。周宫者，回環築堵宫中，蓋但有序而無室也。

⑱② 疑當作「垣丈四尺」。「垣」與「桓」、「丈」與「吏」並形近。備城門篇「籍車桓」，「桓」或作「垣」，可以爲例。備城門篇曰「百步一亭，高垣丈四尺」，此周宫之垣，高與彼同。

⑱③ 畢云：陴倪也。古只作此，作「堄」者俗。　蘇云：「倪」上當脱「俾」字。　○案：下文曰：「環守宫之術衢置屯道，各垣其兩旁，高丈，爲埤院。」

⑱④ 左襄三〔一〕十一年傳釋文引沈注云：「閈，閉也。」又疑「閈」即「閉」字。閉，漢王純碑作「閈」，北魏石門銘作「閈」，並與此相似。

⑱⑤ 「堞」、「鍱」字通。備城門篇曰：「門關再重，鍱之以鐵。」

⑱⑥ 孫云：爾雅釋詁云「塲，道也」，謂城下周道。

⑱⑦ 畢云：「伐」舊作「代」，以意改。　○案：寶曆本正作「伐」。日本宫内省道藏本「伐」字末撇起處尚有餘痕。可知其爲「伐」之壞字。下文曰「去郭百步，墻垣樹木小大盡伐除之」。

⑱⑧ 孫云：當作「近傒」。「傒」與「蹊」字通。釋名釋道云：「步所用道曰蹊。蹊，傒也，言射疾〔二〕則

〔一〕「三」原誤「二」，據左傳改。
〔二〕「疾」原誤「急」，據墨子閒詁原引及釋名改。

用之，故還傒於正道也。」蓋正道爲道，閒道爲傒。「昵」、「近」義同。

⑱⑨「皆」，畢本誤「家」，舊本並作「皆」，今據正。　畢云：禮記檀弓云「毋扈扈」，陸德明音義云：「音户。廣也，大也。」

⑲⓪「水」，各本作「天」，今依孫校改。　孫云：此「竹箭」當即後襍守篇墻外水中所設之竹箭，疑「天中」即「水中」之誤。

⑲①寶曆本「時召」作「持名」。各本「在」作「左」，「宮」作「官」，今依王、蘇校改。　王引之云：「左」當爲「在」，「官」當爲「宮」。襍守篇曰「父母昆弟妻子有在葆宮中者，乃得爲侍吏」，是其證。「得」下有脱文，不可考。各本「得」下有自「爲之柰何」至「以謹」凡二十四字，乃備穴篇之錯簡。蘇校同。　孫云：漢書百官公卿表：「秦制，鄉有三老，掌教化。」後號令篇云「三老守閭」，則邑中里閭亦置三老。管子度〔一〕地篇云：「與三老、里有司、伍長行里。」史記滑稽列傳西門豹治鄴，亦有三老。　漢書高祖紀「二年，舉民年五十以上，有脩行，能率衆爲善，置以爲三老，鄉一人。擇鄉三老一人爲縣三老，與縣令、丞、尉以事相教，復勿繇戍」，蓋亦放秦制爲之。　吴云：「三老」亦漢制，古有「三老五更」，非此「三老」。漢表云「鄉有三老」，秦制也。　〇案：自「城下里中家人各葆亓左右前後」至此，凡一百八十二字，從備城門篇校移於此，説詳上。

〔一〕「度」，墨子閒詁原作「水」，本書沿誤，今改。

192 孫云：當爲「失」，屬上「與計事得失」爲句。言與客計事，審其得失也。

193 「行德」，緜眇閣本、陳本作「德行」。　孫云：「德」當爲「得」，古通用。此冡上「計事得失」而言，謂所行既得，計謀又相合，乃聽其入葆城也。

194 孫云：謂自外入葆者，不得行城、離舍也。

195 孫云：論語包咸注云：「錯，置也。」「錯守」猶言置守。

196 「卒歌」猶後世之軍歌。自「先行德」至此，凡四十三字，各本錯入襍守篇「墉善其上」之下，今依孫校移，與上文「與計事得」相屬。　孫云：「卒歌」，「歌」疑「鼓」之誤。兵法禁歌哭，不當使卒歌也。末句有誤。

197 孫云：言城外内守與令分任之。「令」即縣令，「守」即太守也。

198 吴云：「守」、「令」、「丞」、「尉」皆漢官，沿秦制。　孫云：凡守人亡，其所司令、丞、尉當受譴罰者，使得别入當以自贖，即下云「必取寇虜」是也。尉繚子束伍令云：「亡伍而得伍，當之；得伍而不亡，有賞；亡伍不得伍，身死家殘。」又説「亡長得長，當之」，「亡將得將，當之」。彼法本伍亡而得别伍之人，則相抵當免其罪，亡長、亡將亦然，與此入當之法小異而大同。

199 蘇云：言免官而遣戍。

200 蘇云：「當」謂其值足以相抵也。

201 孫云：「以」字疑當在「欲」字下。

202 蘇云：「賈」、「價」同，言平其值也。　孫云：此當作「以平賈予」。襍守篇云「皆爲置平賈」，可證。「平」與隸書「卒」或作「卆」，相近而誤，今本又倒其文，遂不可通。

203 「及乏」，寶曆本作「反之」。　秋山云：「反」，一作「及」。「之」，一作「乏」。　蘇云：「稽留」，謂不以時上聞。「乏傳」，不爲通也。　○案：寶曆本「之」訓其，義亦可通。

204 「亟」，諸本作「函」，寶曆本作「亟」，今從之，下同。王校亦改「亟」。　孫云：漢書蘇武傳顔注云：「疏，謂條録之。」

205 「者」，寶曆本作「署」。　秋山云：「署」，一作「者」。　畢云：「諸」當爲「請」。　○案：「諸」，之也，義可通。或「諸」、「者」二字衍其一，「諸」訓者，義亦可通。

206 畢云：其大夫之家居者。　俞云：「居」乃「若」字之誤。「若謀士」、「若大夫」，猶言或謀士、或大夫也。秦爵有「大夫」，有「官大夫」，有「公大夫」，有「五大夫」，是民閒賜爵至大夫者多矣，上不能悉知，故使縣各上其名也。上文「關内侯」、「五大夫」、「公乘」之名，悉如秦制，則此所謂「大夫」者，非必如周官之大夫也。

207 畢云：「重厚」言富厚。

208 「官」，諸本作「宫」，寶曆本作「官」，與畢本同。

209 「皆」，畢本誤「家」，舊本並作「皆」，今據正。

210 孫云：說文火部云：「燔，爇也。」

㉑淮南子説林訓曰「一家失熛，百家皆燒」。　孫云：説文又部云：「曼，引也。」廴部云：「延，行也。」糸部云：「縵，絲曼延也。」是蔓延字古止作「曼」。此「燔人」對「自燔」爲文，謂延燒他人室廬。

㉒句。

㉓「彊奸」，吴鈔本作「強奸」。「彊」，陸本、茅本、寶曆本、緜眇閣本、堂策檻本、陳本、四庫本作「強」。「奸」，唐本作「姦」，寶曆本作「姧」。　畢云：玉篇云：「奸同姦，俗。」　吴云：「彊奸人婦女」後世律文，非古書明甚。

㉔「行」，唐本作「往」，誤。

㉕孫云：周禮司關有「節、傳」，鄭注云：「傳，如今移過所文書。」釋名釋書契云：「傳，轉也，轉移所在，執以爲信也。」崔豹古今注云：「凡傳皆以木爲之，長五寸，書符信於上，又以一板封之，皆封以御史印章，所以爲信也。」未知周制同否。「疑」謂疑其矯僞也。　○案：漢書甯成傳「詐刻傳出關歸家」，顔注云：「傳，所以出關之符也。」

㉖「廷」，諸本作「延」，翻陸本、寶曆本作「廷」，今從之。「請」讀爲「情」，謂符傳疑者與無符者皆至縣廷言其情也。　孫云：「縣廷」，令所治。

㉗句。

㉘句。

219 「入」字各本脱，今依蘇説增。

220 「厲」疑當爲「屬」。「屬」字隸或作「属」，見漢賜馮煥詔，與「厲」形近而誤。「屬」謂三老所屬之人民也。「夫」、「荅」皆守具，故三老令其屬修繕治爲之。

221 蘇云：此句有錯誤，當作「若以他事徵者，不得入里中」。

222 漢書郊祀志師古注曰：「家人，謂庶人之家也。」

223 蘇云：「有」當作「者」。

224 蘇云：「三」下當脱「老」字，而「差」字即「老」字之譌誤倒也。

225 「令」，緜眇閣本、陳本作「正」。「家」，諸本作「官」，今從一本作「家」。秋山云：「官」，一作「家」。

226 「有」，緜眇閣本、陳本作「其」。

227 「閭」，緜眇閣本、陳本作「關」。畢云：言不訶止之。「止」舊作「心」，以意改。

228 「以上」三字，吴鈔本作一「者」字。

229 「傑」，吴鈔本作「桀」。洪云：「傑」，古通作「楬」字。周禮職幣「皆辨其物而奠其録，以書楬之」，鄭注：「楬之，若今時爲書以著其幣。」「傑」、「楬」義同。孫云：洪説是也。「傑」即「桀」假字，「桀」與「楬」通，詳備蛾傅篇。

㉚ 「同」疑當爲「閒」，艸書形近而誤。下文曰「著之其署隔」，又曰「其署忠」，忠、中字通〔一〕，隔、中、閒字異而義同。　孫云：「同」，當從下文作「隔」。

㉛ 「案」，視察也。

㉜ 「日」，舊本作「曰」。席蓐日一發，所以稽挾藏，備姦宄。　孫云：「日」上疑脱「三」字，後云「葆宮三日一發席蓐」。爾雅釋器云：「蓐謂之兹。」郭注云：「蓐，席也。」

㉝ 蘇云：言互相稽察。

㉞ 「其人」疑當作「其家人」。「次司空」與「都司空」相次得名，蓋亦漢官，亦見襍守篇。

㉟ 「坐泣」當爲「哭泣」，謂勿令其家人得哭泣也。「哭」或作「哭」，見北周曹恪碑，與「坐」相似。「坐」或作「㘴」，見漢孫叔敖碑，與「哭」亦相似。故「哭」誤爲「坐」。下文曰「無敢歌哭於軍中」。

㊱ 「醫」，吳鈔本作「毉」。

㊲ 「閭」，緜眇閣本、陳本作「問」。

㊳ 畢云：說文云：「瘳，疾瘉也。」

㊴ 孫云：謂病瘳即造守所共役也。

㊵ 畢云：「辟」同「避」，言詐爲廢病以避事。　○案：此謂吏卒民用器物自賊傷，詐言爲敵所傷，

〔一〕「忠、中字通」四字原無，依下文「著之其署忠」句吳注補。

俾得退休療養，免罹戰死之危。今在不良軍隊中猶有此習。畢說似失其旨。

241 謂夷其族。

242 「家」字畢本脱，舊本並有，今據補。

243 畢云：「塞」即「賽」正文。　孫云：史記封禪書「冬塞禱祠」，索隱云：「塞與賽同。賽，今報神福也。」漢書郊祀志顔注云：「塞，謂報其所祈也。」管子禁藏篇云「塞久禱」。韓非子外儲說右上篇云：「秦襄王病，百姓爲之禱，病瘉，殺牛塞禱。」　○案：孫引史記文，檢數本均作「冬賽禱祠」，索隱云：「賽音先代反。賽，謂報神福也。」又引韓非子文見外儲說右下篇。

244 孫云：「益」猶言加賞也。商子境内篇云：「能得爵首一者，賞爵一級，益田一頃，益宅九畝。」

245 「亟」，諸本作「函」，寶曆本作「亟」，今從之。王校同。　蘇云：「勞」讀去聲，謂慰問也。

246 「怨結」，緜眇閣本、陳本作「結怨」。

247 「保」，上下文作「葆」，字通。

248 「若」，道藏本、吴鈔本、陸本、唐本、茅本譌「苦」。

249 畢云：「里」舊作「理」，以意改。　○案：吴鈔本、堂策檻本、四庫本作「里」。

250 以上十四字，蘇校移於上文「城上卒若吏各保其左右」之下，案此十四字當移置於下文「乃他伍捕告者封之二千家之邑」之下。自「若欲以城爲外謀者」至「封之二千家之邑」凡五十七字，皆城上相保之規條，即所謂城上相保之數也，故以「城下里中人家皆相葆，若城上之數」承之。

㉕①「乃」，畢本誤「及」，舊本並作「乃」，今據正。

㉕②標題下節。

㉕③文有誤。「使卒民」即「吏卒民」，字通。

㉕④「非」下疑有脱文。　蘇云：「非擅」當作「擅非」。

㉕⑤「下」，各本作「不」，今依蘇校改。倚戟縣下城，行不由道，慮有奸謀。上文「若上城者衣服他不如令者」十一字，疑爲此處脱文。　王樹枏云：「非」字衍文。

㉕⑥「而」，寶曆本作「爲」。

㉕⑦孫云：「總」疑當爲「縱」。縱失，謂私縱罪人也。

㉕⑧畢云：言稱敵而自毁，以其惑衆。

㉕⑨「伍」、「五」字通。上文曰：「小鼓五，後從軍，斷。」

㉖⓪畢云：舊作「鄙」，以意改。　孫云：説文𨸏部云：「隔，障也。」「署隔」，蓋以分别署之界限者。

○案：「署隔」，上文作「署閒」，下文作「署中」，字異而義同。

㉖①文選思玄賦舊注云：「諜，察也。」謂凡有分守者，必自察其先後也。上文曰「伍坐令各知其左右前後」。

㉖②「爲行書」，謂爲他人傳通書信。

㉖③「守事」，四庫本作「守備」。

㉖④ 「藉」，陳本作「籍」，字通。既云「家室嬰兒皆斷，無赦」，不當復云「人舉而藉之」，此五字疑當在上文「去者之父母妻子」之下。

㉖⑤ 「養」即厮養，說詳上文。

㉖⑥ 蘇云：「藉」猶借也。

㉖⑦ 「無」，吴鈔本作「毋」。　俞云：「礜」當作「舉」，字之誤也。下文曰「禁無得舉矢書」。

㉖⑧ 「寇」，茅本作「冠」。

㉖⑨ 畢云：說文云：「県，到𥄉也。賈侍中說，此斷首到縣『県』字。」今多用「梟」者，說文云「梟，从鳥頭在木上」，義亦通。

㉗⓪ 「斤」，緜眇閣本、陳本作「金」。

㉗① 畢云：史記趙世家云「孝成王令趙勝告馮亭曰：敝國君使勝〔一〕致命，以萬户都三封太守，千户都三封縣令」，正義云：「爾時未合言太守，至漢景帝始加太守，此言『太』，衍字。」沅案：此書亦云「太守」，則先秦時已有此官，張守節言「衍字」，非也。「摻」即「操」異文。廣雅云：「摻，操也。」以爲二字，非。言行不以時，唯守者及操節人可，餘皆禁之。　孫云：漢書百官公卿表：「郡守，秦官，景帝中二年更名太守。」國策趙策說韓靳黈、趙馮亭，並云「太守」。吴師道謂當時已有

〔一〕「勝」字原脱，據史記趙世家補。

此稱，以此書證之，信然。　吳云：「太守」景帝後始有，此漢人文字耳，畢氏乃妄證之。

㉗② 「入」，諸本作「人」，寶曆本作「入」，今從之。

㉗③ 「請」讀爲「誠」。　孫云：「請」當爲「諸」。

㉗④ 孫云：周禮地官調人鄭衆注云：「今二千石以令解仇怨，後復相報，移徙之。」是漢以前有吏以令爲民解怨之法。

㉗⑤ 「人」，諸本作「入」，吳鈔本、寶曆本作「人」，與畢本同。　蘇云：「藉」謂記其姓名也。　孫云：「藉」與「籍」通，即襍守篇所云「札書藏之」也。

㉗⑥ 畢云：「孤」舊作「狐」，以意改。　○案：有怨仇者不令同處，以免私鬬。

㉗⑦ 畢云：史記云：「秦文公二十年，法初有三族之罪。」然家語云「宰予與田常之亂，夷三族」，楚世家云「銷人曰：新王下〔一〕法，有敢饟王、從王者，罪及三族」，酷吏列傳云「光禄徐自爲曰：古有三族」，則知「三族」是古軍法，非始于秦。

㉗⑧ 「者」字唐本缺。　孫云：說文言部云：「請，謁也。」

㉗⑨ 「善」，寶曆本作「喜」。　蘇云：「具」謂供具。　孫云：「選」讀爲「饌」。廣雅釋詁云：「饌，具也，食也。」

〔一〕「下」字原脫，據史記楚世家補。

⑳ 標題下文。

㉘1 王引之云：「父母」二字，皆後人所加也。古者謂父母爲親戚，故言親戚則不言父母。後人不達，故又加「父母」二字耳。篇内言「父母妻子」者多矣，皆不言「親戚」。下文有「親戚妻子」，則但言「親戚」而不言「父母」，是親戚即父母也。

㉘2 孫云：「食」字衍，或當爲「貧乏食」，亦通。

㉘3 「父母」二字〔一〕，王校爲後人所加。

㉘4 王云：「酒肉」上當有「賜」字，而今本脱之，則文義不明。下文曰「父母妻子皆同其宮，賜衣食酒肉」，是其證。

㉘5 畢云：「質宮」，言質人妻子之處。守樓臨之，所以見遠，必周防之也。古者貴賤皆謂之宮。

孫云：「質宮」即下「葆宮」。

㉘6 句。

㉘7 句。

㉘8 孫云：「舉」當讀爲「與」。史記蕭相國世家「以文無害，爲沛主吏掾〔二〕」，集解：「漢書音義云：

〔一〕「字」原誤「子」，徑改正。

〔二〕「掾」原誤「椽」，據墨子閒詁原引改，與史記合。

文無害，有文無所枉害也。律有無害都吏，如今言公平吏。一曰無害者如言無比，陳留閒語也。」索隱：「應劭云：『雖爲文吏而不刻害也。』韋昭云：『爲有文理無傷害也。』」漢書蕭何傳作「文毋害」。

289 「慎」，翻陸本作「愼」。

290 「三」，緜眇閣本、陳本作「二」。

291 「釜」，寶曆本作「塗」。秋山云：「塗」，一作「釜」。蘇云：此防其踰越，使有聲聞於人。

292 「筦」，茅本、寶曆本、緜眇閣本、陳本作「莞」。蘇云：「門里」當作「里門」。「筦」、「關」古通用，書中「管叔」亦作「關叔」。孫云：「者」、「諸」通。

293 孫云：「葆衛」，謂葆宮之衛卒也。

294 孫云：「請」疑「謹」之誤。以上文校之，「者」字當衍。

295 吴云：「還」讀「環」。

296 緜眇閣本、陳本「閨」作「門」，「令衛」作「衛令」。吴鈔本「司馬」下無「門」字。孫云：「門、閨」者，謂守大門及閨門之人。備城門篇「大城丈五爲閨門，廣四尺」，公羊宣六年傳云「入其大門，則無人門焉者；入其閨，則無人閨焉者」，孫子用閒篇亦有「門者」，詳前。「非」疑當爲「并」，言吏卒衛葆宮之門、閨者，并令衛司馬門，猶上文云「門將并守他門」也。漢書元帝紀顔注云：「司馬門者，宮之外門也。」漢官儀云：「公車司馬，掌殿司馬門。」三輔黄圖云：「宮之外門爲司馬門。」史記索隱云：「天子門有兵欄，曰司馬門也。」列女傳辯通篇「鍾離春詣齊宣王，頓首司馬門外」，國策秦策云「武安君過司馬門，趨甚疾」，則戰國時國君之門已有司馬門之稱。此「司馬門」則似是守令官府之門，又非公門。賈子等齊篇云「天子宮門曰司馬門，諸侯宮門曰司馬門」，是漢初諸侯王宮門亦有是稱，蓋沿戰國制。吴云：「司馬門」亦漢制因秦故者。○案：「非」猶不也。「門、閨者不令衛司馬門」者，使各有專司，慎重職守也。蓋官事不攝之意。

297 「太」，陸本作「大」。

298 「史」，畢本作「吏」，舊本並作「史」，今據正。迎敵祠篇有「祝史」。

299 「善言」，緜眇閣本、陳本作「性善」。

300 畢云：言望氣縱有不善，而必以善告民，但私以實告守耳。　王云：「以請報守上」當作「以請上報守」。　蘇校同。　○案：「上」字即「守」字重文之誤而衍者。因兩「守」字連文，一本作「守守」，一本作「守二」，傳寫者兩存之。「二」與古文「上」字相似，遂譌爲「守上守」矣。迎敵祠篇「以請報守，守獨知巫卜望氣之請而已」，正無「上」字，可證。

301 王引之云：「無」即上文「巫」字，因聲同而誤。　蘇云：「望氣」下當有「者」字。

302 「令」，各本作「食」，今依秋山校改。「升」，王校作「斗」。　王云：史記平準書「各以其物自占」，索隱引郭璞云：「占，自隱度也。謂各自隱度其財物多少，爲文簿送之於官也。」　蘇云：「五種」謂五穀。

303 「期其」，寶曆本作「其期」。「期其」疑當作「期日」，下文曰「出粟米有期日」。

304 「蓴」，諸本作「蓴」，陸本作「蓴」，今從之。「蓴」即「薄」之省文，薄古「簿」字。「害」疑「書」字之形譌。言爲之期日，記於簿書上也。

305 「雜」，聚也，集也。「雜訾」猶言總計。孫云：淮南子原道訓高注云：「訾，量也。」

306 「占不悉」，「不」字各本脱，今依王校增。「款」，緜眇閣本、陳本作「疑」。秋山云：「款」，一作「疑」。王引之云：「占悉」當作「占不悉」，「令吏卒款得」當作「令吏卒敳得」。敳與覹同，説文：「覹，司也。」「覹」字亦作「微」，上文曰「守必謹微察」，迎敵祠篇曰「謹微察之」。言使民各自占其家穀而爲之期，若期盡而匿不占或占之不盡，令吏卒伺察而得者，皆斬也。史記平準書曰「各以其物自占，匿不自占，占不悉，戍邊一歲，没入緡錢」，即用墨子法也。今本脱「不」字，「敳」字又譌作「款」，則義不可通。吴云：廣雅：「款，叩也。」叩猶問也。

307 「賜」，吴鈔本作「賞」。孫云：下文亦作「賞」。

308 「收」，諸本作「牧」，寶曆本作「收」，今從之。王校同。「帛」字各本無，今依王校增。蘇云：「出内」即出納。王樹枏云：「出内」二字與「收」字不應，當爲「牛馬」之誤。褉守篇云「民獻粟米、布帛、金錢、牛馬畜産」，是其證。

309 王引之云：「主人券」當作「主券人」，謂與主券之人，使書其價也。褉守篇曰「民獻粟米、布帛、金錢、牛馬畜産，皆爲置平賈，與主券書之」，是其證。今本「券人」二字誤倒，則義不可通。

○案：「主人」，即粟米布帛之物主人也。襍守篇「與主券書之」，「主」亦即粟米布帛之物主也。取物主之粟米布帛，與物主以券，書物價於上，事已，照其價倍償之，文義甚明，王改失之。

⑶⑽畢云：古「償」只作「賞」，此俗寫。

⑶⑾「出」，諸本作「士」，或作「土」，今依王校改。王引之云：「『贖士』二字義不可通。『士』當爲『出』，謂以財物贖出其親戚、所知罪人也。上文云『知識昆弟有罪而欲爲贖，若以粟米、錢金、布帛、他財物免出者，許之』，是其證。隸書『出』、『士』二字相似，故諸書中『出』字多譌作『士』。」

⑶⑿「宮」，各本作「官」，今依蘇校改。

⑶⒀「與」，吴鈔本作「予」，字通。

⑶⒁蘇云：此即自占其石升之數也。孫云：以上占收民食之法。

⑶⒂「慎」，翻陸本作「愼」。「無」，吴鈔本作「毋」。

⑶⒃蘇云：「候」謂訪知敵情者。

⑶⒄「宫」，翻陸本作「官」。

⑶⒅「異」，陸本、茅本、緜眇閣本作「粪」，堂策檻本作「冀」，四庫本作「冀」。「宫」，道藏本、吴鈔本、陸本、唐本、茅本、緜眇閣本、堂策檻本、四庫本作「官」。

⑶⒆孫云：小爾雅廣詁云：「閒，隙也。」

⑶⒇孫云：「離」當爲「雜」。襍守篇云「塹再雜」，此「三雜」猶言三帀也。上亦云「葆宫之墻必三重」。

㉑ 蘇云：「復」與「複」通。上下有道，故曰復。

㉒ 葆宮無室，蓋通厦也。

㉓ 文選上林賦李注云：「略，巡行也。」

㉔ 「異」，翻陸本作「巢」，堂策檻本作「冀」，四庫本作「冀」。

㉕ 孫云：廣雅釋詁云：「員，衆也。」

㉖ 「肉」，緜眇閣本作「食」。

㉗ 「審」，緜眇閣本作「賞」。　蘇云：「參」猶驗也。「信」，謂其言不妄。

㉘ 孫云：韓非子外儲說右篇云：「燕王收吏璽，自三百石以上皆效之子之。」

㉙ 畢云：「佩」字俗寫從玉。

㉚ 孫云：「禄」上疑當有「爵」字。上文云「其不欲爲吏而欲以受賜賞爵禄，以令許之」，下又云「其構賞爵禄，罪人倍之」，皆可證。

㉛ 孫云：「主國」，國都。

㉜ 「吏」，諸本作「利」，寶曆本作「吏」，今從之。王云：「吏」、「利」俗讀相亂，故「吏」譌作「利」。

㉝ 「百」字各本脱。「吏」，舊本作「候」，畢本作「侯」，今依王校補正。王引之云：「三石之侯」當作「三百石之吏」。上文「候三發三信，許之二百石之吏」，此文「能深入至主國者，賞之倍他候」，故許之三百石之吏。上文云「有能捕告之者，封之以千家之邑，若非其左右，乃他伍捕告者，封之

二千家之邑」，是其例也。今本「石」上脱「百」字，「吏」字又譌作「侯」，則義不可通。秋山云：「三」下恐脱「百」。蘇説同。

(334) 漢書刑法志顔注云：「扞，禦難也。」蘇云：「扞士」，能卻敵者。

(335) 上「其親之」，「之」字寶曆本作「又」。秋山云：「又」，一作「之」。蘇云：「其親之」三字誤重，上「見」字疑當作「令」，即上所謂「守身尊寵，明白貴之」者也。

(336) 王引之云：「罪人」二字蓋衍文。孫云：「罪人」上當有「贖出」二字。○案：孫校近是。

(337) 王引之云：「士」亦當爲「出」，謂出候敵人，無過十里也。下文曰「候者日暮出之」，是其證。○案：「士」字不誤，上文説候「有能入深至主國者」，則出候不止十里甚明。「士候」與「卒候」有別，猶今軍中分爲官長偵探與士兵偵探也。士候無過十里，卒候則所及里數未定，故有能入深至主國者。卒候無過五十人，士候則得至五十人以上，故下文總其數曰「候者曹無過三百人」。原文上下本屬可通，若依王校改「士」爲「出」，則上下文皆不可解矣。

(338) 「比」，諸本作「北」，唐本、茅本、緜眇閣本作「姪」，字形在比、北之閒，寶曆本作「比」，今從之。王、顧、蘇校同。「比」，及也。襍守篇「候出置田表，即有驚，舉孔表，見寇舉牧表」，合爲三表。王引之云：「三表」當爲「五表」，説見後。

339 畢云：說文云：「熢燧，候表〔一〕也。邊有警則舉火。」「𨷖，塞上亭守𤇯火者。𤇯，篆文省。」漢書注云：「孟康曰：𤇯如覆米䉛，縣著契皋頭，有寇則舉之。燧，積薪，有寇即燔然之也。」此二字省文。

340 孫云：言城小不能自守，又不能自通於大城也。

341 孫云：「至堞」謂傅城也。傅城則諜無所用，故去之。

342 孫云：「建」讀爲「券〔二〕」，聲近字通。考工記輈人「左不楗」，杜子春云：「書『楗』或作『券』。」鄭康成云：「券，今倦字也。」又襍守篇作「唯弇逮」，則疑「建」即「逮」之形誤。逮與怠音近古通。非儒篇「立命而怠事」，晏子春秋外篇「怠」作「逮」。二義並通，未知孰是。 ○案：「建」當從襍守篇作「逮」。「厭逮」猶淹怠，詳襍守篇。

343 畢云：據上文「暮」當爲「莫」。

344 畢云：即徽織，「微」當爲「徽」。說文云：「徽，幟也。以絳帛箸於背。从巾，微省聲。春秋傳曰：揚徽者公徒。」東京賦云「戎士介而揚揮」，薛綜注云：「揮爲肩上絳幟，如燕尾。」亦即徽也。說文又無「幟」字，當借「織」爲之。 孫云：正字當作「徽識」，詳前旗幟篇。

〔一〕「候表」，畢刻本原誤倒，本書沿誤，據說文火部乙。

〔二〕「券」原誤「劵」，據墨子閒詁改。下並同。

345 蘇云：「隊」當作「隧」。「要塞」謂險隘之處也。　孫云：「隊」、「隧」字通。　○案：「要塞」二字作動字用。空隊要塞之，所以難寇。　襍守篇曰「諸外道可要塞以難寇」，「空隊」猶「外道」也。

346 「可」下空格，茅本、寶曆本、緜眇閣本、堂策檻本、陳本、四庫本無。　王引之云：此當作「人所往來者令可以迹，迹者無下里三人，平明而迹」，言人所往來之道必令可以迹，其迹者之數，無下里三人，至平明時而迹之也。　襍守篇云「距阜山林皆令可以迹，平明而迹」，是其證。　今本「可」下脱「以迹」二字，「平」下又脱「明」字，則義不可通。　周官迹人注：「迹之言跡知禽獸處。」襍守篇曰「可以迹知往來者多少」。

347 襍守篇作「置田表」。　孫云：「田」、「陳」古音相近字通。「田表」謂郭外之表也。

348 襍守篇曰「斥坐郭內外，立旗幟」。　吴云：「遮」、「斥」同義，淮南兵略篇「相爲斥闉要遮」。古稱斥候，若史記李將軍傳云「遠斥候」是也。亦稱候遮，晉語「候遮扞衛不行」是也。此文「遮」若下文之「迹」，皆主此事之人也。「坐」讀左傳「楚人坐其北門」之「坐」，「坐」者，守也。

349 「半」，各本作「少」，今依王校改。「可知」，諸本作「知可」，寶曆本作「可知」，今從之，王校同。　王引之云：此當作「令卒之半居門內，令其少多無可知也」，言令其卒半在門外，半在門內，不令人知我卒之多少也。　襍守篇云「卒半在內，令多少無可知」，是其證。　蘇校同。

350 畢云：「即」舊作「節」，以意改。　蘇云：「驚」同「警」。　○案：寶曆本作「即」。　襍守篇曰「即有驚舉孔表，見寇舉牧表」，文義較完，此疑有脱文。

351 畢云：説文云：「越，度也。」言踰越而來。吴云：爾雅：「越，揚也。」揚，舉也。

352 畢云：「麾」即「摩」字異文。摩即麾字省文。説文云：「摩，旌旗，所以指摩也。从手，靡聲。」玉篇云：「摩，呼爲切。」

353 「擊缶」，寶曆本作「繫缶」。畢云：襍守篇云「斥步鼓整旗旗以備戰」，此作「坐擊正期」，即擊鼓正期也。蘇云：「迹坐」當從上文作「遮坐」，「擊」下脱「鼓」字，謂坐而擊鼓也。「正期以戰備」，當從襍守篇作「整旗以備戰」。孫云：蘇校上句近是，「迹」當作「遮」，與上「迹」字爲候不同。以戰備從麾所指，謂遮者既見寇，則具戰備，從城上旌麾所指進退而迎敵。此遮者從戰，而候則敵至去之，不從戰，是其異也。蘇校從襍守篇改「戰備」爲「備戰」，誤。吴云：「迹」即「遮」之誤字。

354 「見寇」二字各本脱，今依王校增。王云：襍守篇：「望見寇，舉一烽。入竟，舉二烽。」

355 蘇云：「竟」同「境」。

356 「狎」，寶曆本作「押」，下同。畢云：「狎」，近。

357 「郭」字各本脱，今依王校增。

358 王引之云：「垂」字義不可通，當爲「表」。上文言候者「各立其表」，則此所舉者皆表也。又此文曰「望見寇舉一垂，入竟舉二垂，狎郭舉三垂，入郭舉四垂，狎城舉五垂」，即上文所謂「比至城者五表也」，則「垂」字明是「表」字之譌，隸書二形略相似。通典兵五曰：「城上立四表以爲候視，若敵去城五六十步，即舉一表；橦梯逼城，舉二表；敵若登梯，舉三表；欲攀女墻，舉四表。夜即舉火如表。」此「舉表」二字之明證也。又案襍守篇「守表者三人，更立捶表而望」，當作「更立表而望」。蓋一本誤作「垂」，一本正作「表」，而校書者誤合之，淺人不知「垂」爲「表」之誤，又妄加手旁耳。俞云：王説非也。「垂」者，「郵」之壞字，郵即表也。禮記郊特牲篇有「郵表畷」，鄭君説此未明。阮氏元揅經室集有釋一篇，稍近之，然亦有未盡者。「郵表畷」蓋一物也。古者於疆界之地立木爲表，綴物於上，若旌旗之旒，謂之「郵表畷」。「郵」與「旒」通，「畷」與「綴」通。鄭君引詩「爲下國畷郵」，今長發篇作「綴旒」，是知「郵畷」即「綴旒」也。以其用而言，所以表識也；以其制而言，若綴旒然。此「郵表畷」所以名也。墨子書多古言，襍守篇「捶表」即郵表也。「郵」誤爲「垂」，後人妄加手旁耳。重言之曰「郵表」，單言之則或曰「表」、或曰「郵」，皆古人之常語也。王氏竟改爲「表」，雖於義未失，而古語亡矣。

359 王云：亦如五表之數。

360 王引之云：「外空井」當作「外宅井」，謂城外人家之井也。恐寇取水，故塞之，故下文云「無令可得汲也」。襍守篇云「外宅溝井可窴塞」，是其證。若空井，則無庸塞矣。王樹枏云：「空」字不誤。「空井」、「空室」，謂無人食之、居之也。吴説同。

361 王云：「無」下脱「令」字。下文曰「無令客得而用之」，襍守篇曰「無令寇得用之」。○案：「可」字不當有，「可」即「令」字之誤。上文「勿令」或「無令」字屢見，「令」下皆無「可」字。王引二例亦無「可」字，可證。

362 「室屋」，諸本作「空室」，寶曆本作「室屋」，今從之。「室屋」古人常語，禮記月令曰「毋發室屋」，戰國策趙策「毋伐樹木，毋發室屋」，吕氏春秋懷寵篇曰「不伐樹木，不焚室屋」，論衡龍虚篇曰「發壞室屋」，潛夫論實邊篇曰「發徹室屋」。本書襍守篇曰「寇薄，發屋伐木」，商子兵守篇曰「客至，發梁撤屋，使客無得以助攻備」，文意與此同。　王引之云：「外空室」當作「外宅室」。

363 蘇云：「内」讀如「納」。

364 陳本作「事已」。　孫云：「以」與「已」同，言守事畢也。

365 各本脱「以」字，又「吏」作「事」，今依蘇校補正。　蘇云：「各」下脱「以」字。「事爲之券」當作「吏爲之券」。「叓」，古「事」字，與「吏」近也。　〇案：金文「事」、「吏」同字。

366 「材」，各本作「枚」，今依王校改。　畢云：「遂」同「術」。　王云：「遂」與「隧」同，道也。「内」與「納」同。　王引之云：「枚木」當爲「材木」，「既燒之」當爲「即燒之」。言當道之材木不能盡納城中者，即燒之，無令寇得而用之也。襍守篇云「材木不能盡入者，燔〔二〕之，無令寇得用之」，是其證。　蘇説同。　孫云：「當遂」即備城門篇之「當隊」。　〇案：「既」字不誤。「既」，盡也。「既燒之」即盡燒之，與上文「盡伐除之」、「盡室之」、「盡發之」、「盡伐之」文例一律。

〔二〕「燔」原作「燒」，據讀書雜志改，與襍守篇原文合。

㊱⑦「忠」、「中」字通。上文作「署閒」、「署隔」，字異而義同。

㊱⑧「聅」，各本作「射」，今依畢、吴説改，下並同。畢云：「射」謂貫耳。俞云：「射」疑「刖」字之誤。吴云：「射」當爲「聅」，説文：「聅，貫耳也。」畢説是。俞改爲「刖」，妄也。孫云：「射」正字作「䠶」，與「聅」形近。

㊱⑨「色」，緜眇閣本、陳本作「邑」。「乍」，寶曆本作「正」。孫云：「謾正」謂欺謾正人。

㊲⓪畢云：「尼」，止。

㊲①畢云：言舍其事。

㊲②「就」下畢本有「路」字，舊本並無，今據删。畢云：言緩。孫云：言事急而後至。

㊲③孫云：謂不謁告也。漢書高帝紀注：「李斐云：休謁之名，吉曰告，凶曰寧。」

㊲④「讙」，茅本、寶曆本、緜眇閣本、陳本作「驩」。説文曰：「讙，譁也。」畢云：「駴」、「駭」字異文。周禮云「鼓皆駴」，陸德明音義云：「本亦作駭，胡楷反。李一音亥。」又「大僕戒鼓」，鄭君注云：「故書戒爲駭。」則「駴」本「戒」之俗加也。

㊲⑤「次」讀爲「恣」。恣主猶言傲主。

㊲⑥「凶言其罪」四字，四庫本誤作「上其罪」。

㊲⑦「弊騏」讀爲「蔽棊」。方言：「簙謂之蔽，或謂之棊。圍棊謂之弈。」楚辭招魂：「菎蔽象棊，有六簙些。」此言「弊騏」，猶論語言「博弈」。

(378)「之令」，四庫本作「號令」。

(379)「聞」，寶曆本作「閒」。　王引之云：「伐」當爲「代」。卒吏民不聽誓令者，其罪斬。若有司不使之聞誓令，則當代之服罪矣。　蘇説同。　俞云：「去」乃「士」字之誤。

(380)孫云：此句有誤，疑當作「死三日彴」。「彴」、「徇」古今字。「死」與「尸」聲近義通。謂陳尸於市三日，以徇衆也。周禮鄉士云「肆之三日」，左襄二十二年傳「楚殺子南，三日，棄疾請尸」，是戮於肆者，皆陳尸三日也。「三」與古文「上」作「二」相似。「日」「目」、「彴」「行」形並相近。○案：孫校近是。「死」、「尸」古字通用。左哀十六年傳「而問白公之死焉」，「死」即「尸」也。

(381)「侍」，寶曆本作「待」。

(382)蘇云：「更」，代也。言餔食則遣其曹更代，勿令空也。

(383)王引之云：「長」下當有「者」字，而今本脱之。下文曰「中涓一長者」，是其證。

(384)「入」，諸本作「人」，寶曆本作「入」，與畢本同。

(385)孫云：文選藉田賦李注引字書云：「督，察也。」

(386)堂策檻本、四庫本「令」作「今」，「坐」作「生」，誤。

(387)吴云：「令門」蓋内門，「散門」蓋外門。

(388)句。

(389)句。

390 句。

391 「名」，畢本誤「民」，舊本並作「名」，今據正。

392 候居高樓便瞭望。

393 孫云：「道」亦從也，詳前。

394 「須」，諸本作「順」，寶曆本作「順」，字形在「順」、「須」之間。蘇校作「須」，今從之。蘇云：「順」爲「須」之譌。「須」，待也。襍守篇云：「以須告之，至以參驗之。」

395 畢云：言傳其言。

396 「閑」，寶曆本、畢本誤作「閉」，餘本並作「閑」。「閑」字是。説文曰：「閑，闌也。从門中有木。」周禮虎賁氏「舍則守王閑」，鄭注云：「閑〔一〕，梐枑〔二〕。」左襄二十一年經孔疏云：「閑是欄衛禁防之名也。」皆此「閑」字之義。「閑」者爲欄衛而人可通過，若作「閉」則失其義矣。

397 畢云：「阬」當爲「倪」。

398 「初」，道藏本、陸本、唐本、茅本、緜眇閣本作「初」。

399 孫云：此有脱誤。疑當作「卒夾視葆舍」。葆舍猶葆宮也。

〔一〕「閑」原誤「闌」，據鄭注改。
〔二〕「枑」原誤「柾」，據鄭注改。

400 「札」，諸本作「扎」，寶曆本作「札」，與畢本同。　王云：「參食」當爲「參驗」。襍守篇曰「吏所解皆札書藏之，以須告之，至以參驗之」，是其證。此「驗」譌爲「僉」，又譌爲「食」耳。

401 孫云：「節」當爲「即」。　○案：「節」、「即」字通。

402 孫云：「正請」當爲「止詰」。

403 「街」字，寶曆本無。　孫云：「屯陳」即上文之「屯道」。「樓」上疑脱「爲」字。

404 寶曆本重「鼓」字。　孫云：「聾」，「壟」之假字，詳備城門篇。樓有一竈者，夜以舉火。

405 商子定分篇曰「即後有物故」。　孫云：「物故」猶言事故。

406 孫云：言有事故則擊鼓也。

407 「止」，諸本作「正」，寶曆本作「止」，今從之。　孫云：言擊鼓以報吏，吏至鼓乃止也。

408 孫云：備城門篇云「城上五十步一廁，與下同圂」，與此略同。

409 孫云：「請」亦當爲「諸」之誤。

410 孫云：「杼」當爲「抒」。左傳文六年杜注云：「抒，除也。」開元占經甘氏外官占引甘氏讚云「天溷伏作，抒廁糞土」。「利」疑譌。　○案：「利」疑「罰」字之譌。謂令其抒除圂廁以罰之。淮南子説山訓曰：「以潔白爲汗辱，譬猶沐浴而抒溷。」

襍守篇第七十一①

禽子問曰：客衆而勇，輕意見威②，以駭主人，薪土俱上③，以爲羊坽④，積土爲高，以臨吾民⑤，蒙櫓俱前，遂屬之城⑥，兵弩俱上，爲之柰何？子墨子曰：子問羊坽之守邪⑦？羊坽者，攻之拙者也，足以勞卒，不足以害城⑧。羊坽之政⑨，遠攻則遠害，近城則近害，不至城⑩。矢石無休⑪，左右趣射，蘭爲柱後⑫，望以固⑬。厲吾鋭卒，愼無使顧，守者重下，攻者輕去⑭。養勇高奮，民心百倍，多執數賞⑮，卒乃不殆⑯。作士不休⑰，不能禁禦，遂屬之城，以禦雲梯之法應之。凡待煙、衝、雲梯、臨之法⑱，必廣城以禦之⑲。日不足⑳，則以木椁之㉑，左百步，右百步㉒。繁下矢石、沙灰以雨之㉓，薪火、水湯以濟之。選厲鋭卒，愼無使顧，審賞行罰㉔，以静爲故，從之以急，無使生慮㉕，恙恿高憤㉖，民心百倍，多執數賞，卒乃不怠㉗。衝、臨、梯皆以衝衝之。渠長丈五尺，其埋者三尺㉘，矢長丈二尺㉙。渠廣丈六尺㉚，其弟丈二尺㉛，渠之垂者四尺，樹渠無傅葉五寸㉜。梯渠十丈一㉝。梯㉞渠、荅大數，里二百五十八渠，荅百二十九㉟。諸外道可要塞以難寇，其甚害者爲築三亭㊱，亭三隅㊲，織女之㊳，令能相救。諸距阜㊴、山林、溝瀆、丘陵、阡陌㊵、郭門若閻術，可要塞㊶及爲微職㊷，可以迹知往來者少多及所伏藏之處。

葆民，先舉城中官府、民宅、室署，小大調處㊸。葆者或欲從兄弟、知識者，許之㊹。外宅粟米、畜產、財物諸可以佐城者，送入城中，事即急，則使積門内㊺。

傒無過五十，寇至隨葉去，唯弇逮㊻。

民獻粟米、布帛、金錢、牛馬畜產，皆爲置平賈㊼，與主券書之㊽。使人各得其所長，天下事當㊾；鈞其分職，天下事得㊿；皆其所喜，天下事備(51)；强弱有數，天下事具矣(52)。

築郵亭者圜之(53)，高三丈以上，令侍殺爲辟梯(54)，梯兩臂長三尺(55)，連門三尺，報以繩連之(56)。塹再雜，爲縣梁(57)。聾竈(58)，亭一鼓(59)。寇烽、驚烽、亂烽(60)，傳火以次應之，至主國止(61)。其事急者，引而上下之(62)。烽火以舉(63)，輒五鼓傳，又以火屬之(64)，言寇所從來者少多(65)，旦弇還(66)。去來屬次，烽勿罷。望見寇，舉一烽；入境(67)，舉二烽；射妻(68)，舉三烽、一鼓(69)；郭會(70)，舉四烽、二鼓；城會，舉五烽、五鼓(71)。夜以火，如此數(72)。守烽者事急(73)，日暮出之，令皆爲微職。距阜、山林皆令可以迹，平明而迹，無迹，各立其表，城上應之(74)。傒出置田表(75)，斥坐郭内外，立旗幟(76)，卒半在内，令多少無可知。即有驚(77)，舉孔表；見寇，舉牧表(78)。城上以麾指之，斥步鼓，整旗旗以備戰(79)，從麾所指(80)。田者男子以戰備從斥(81)，女子亟走入(82)，即見放(83)，到傳到城止(84)。守表者三人，更立捶表而望(85)。守數令騎若吏行㫄視，有以知爲所爲[86]。其曹一鼓[87]，望見寇，鼓，傳到城止。升食[88]，終歲三十六石[89]；參食，終歲二十四石[90]；四食，終歲十八石[91]；五食，終歲十四石四斗[92]；六食，終歲十二石[93]。升食食五升[94]，參食食參升小半[95]，四食食二升半，五食食二升，六食食一升大半，日再食。救死之時，日二升者二十日，日三升者三十日，日四升者四十日[96]，如是而民免於九十日之約矣[97]。

寇近，亟收諸雜鄉金器若銅鐵[98]及他可以左守事者[99]。先舉縣官室居、官府不急者，材之大小、長短及凡數[100]，即急先發。寇薄[101]，發屋伐木，雖有請謁，勿聽[102]。入柴勿積魚鱗簪[103]，當隊，令易取也[104]。材木不能盡入者燔之，無令寇得用之[105]。積木，各以長短、小大、惡美形相從[106]，城四面外各積其内，諸木大者皆以爲關鼻[107]，乃積聚之。

城守司馬以上，父母、昆弟、妻子有質在主所，乃可以堅守[108]。署都司空，大城四人[109]，候二人[110]。縣候，面一[111]。亭尉、次司空，亭一人[112]。吏侍守所者，財足、廉信[113]，父母、昆弟、妻子有在葆宫中者[114]，乃得爲侍吏。諸吏必有質，乃得任事。守大門者二人[115]，夾門而立，令行者趣其外[116]。各四戟，夾門立[117]，而其人坐其下，吏日五閲之[118]，上逋者名。

池外廉有要有害[119]，必爲疑人，令往來行夜者射之，謀其疏者[120]。墻外水中爲竹箭[121]，箭尺廣二步[122]，箭於下水五寸[123]，雜長短[124]，前外廉三行[125]，外外鄉[126]，内亦内鄉[127]。三十步一弩廬，廬廣十尺，袤丈二尺[128]。百步一隊[129]，隊有急[130]，極發其近者往佐[131]，其次襲其處[132]。

守節出入使，主節必疏書[133]，署其情，令若其事[134]，而須其還報以劍驗之[135]。節出[136]，使所出門者，輒言節出時摻者名[137]。

閤通守舍[138]，相錯穿室。治復道，爲築墉，墉善其上[139]。

取疏[140]，令民家有三年畜蔬食[141]，以備湛旱[142]，歲不爲常[143]。令邊縣豫種畜芫、芸、烏喙、祩葉[144]，外宅溝井可寘塞[145]，不可[146]，置此其中[147]。

安則示以危，危示以安。

寇至，諸門户皆令鑿而類竅之[148]，各爲二類，一鑿而屬繩，繩長四尺，大如指[149]。

寇至，先殺牛、羊、雞、狗、鳧、鴈[150]、彘，皆剥之[151]，收其皮革、筋、角、脂、葪、羽[152]。

吏欂桐卣[153]，爲鐵錍[154]，厚簡爲衡枉[155]，事急卒不可遠，令掘外宅林[156]，謀多少[157]，若治城[158]爲擊[159]，三隅之[160]，重五斤已上[161]。諸林木渥水中，無過一茷[162]。塗茅屋若積薪者，厚五寸已上。

吏各舉其步界中財物可以左守備者，上[163]。

有讒人，有利人，有惡人，有善人，有長人，有謀士，有勇士，有巧士，有使士[164]，有内人者，外人者[165]，有善人者，有善門人者[166]，守必察其所以然者，應名乃内之[167]。民相惡，若議吏，吏所解(168)，皆札書藏之(169)，以須告之至以參驗之(170)。睨者小五尺不可卒者，爲署吏，令給事官府若舍(171)。

藺石(172)、厲矢、諸材(173)器用皆謹部，各有積分數(174)。爲解車以枱，城矣(175)以軺車(176)，輪軲(177)廣十尺，轅長丈，爲三輻，廣六尺。爲板箱，長與轅等(178)，高四尺(179)，善蓋上，治中令可載矢(180)。

子墨子曰：凡不守者有五：城大人少，一不守也(181)。城小人衆，二不守也。人衆食寡，三不守也。市去城遠，四不守也。畜積在外(182)，富人在虚(183)，五不守也。率萬家而城方三里(184)。

① 本篇多掇拾他篇異文，特分段録之。

② 「意」讀爲「意」。説文曰：「意，滿也。」「輕意」言輕佻驕滿也。國語周語曰「師輕而驕」，説苑敬慎篇曰「昆吾自臧而滿意」。

③ 「土」，堂策檻本、四庫本誤「上」。

④「玪」，諸本作「玪〔一〕」，寶曆本作「玪」，今從之。儀禮既夕禮有「玪」字。「羊玪」，備高臨篇作「羊黔」，猶言高臨也，詳彼注。

⑤「吾」字各本脱。畢云：「句，脱一字。」王樹枏云：「據備高臨篇，此文『民』上應脱『吾』字。」今依增。

⑥畢云：「民」、「城」爲韻。

⑦「之」字各本脱，今依王校增。

⑧「城」，緜眇閣本作「成」。

⑨蘇云：「政」當作「攻」。

⑩畢云：句，脱一字。　孫云：此當作「害不至城」，即上云「不足以害城」也。

⑪此句之上疑有脱文。

⑫畢云：「休」、「後」爲韻。

⑬畢云：句，脱一字。

⑭畢云：舊作「云」，以意改。「固」、「顧」、「去」爲韻。

⑮「多」，堂策檻本作「百」，誤。「賞」，各本作「少」，今依王校改。　王云：「多執數少」義不可通。

〔一〕「玪」原誤「玪」，據畢本及道藏本、嘉靖本等舊刻本改。

「少」當爲「賞」，「賞」字脱去大半，僅存「小」字，因譌而爲「少」。言我之卒能多執敵人者數賞之，則卒乃不怠也。下文正作「多執數賞，卒乃不怠」。蘇説同。

⑯畢云：舊脱「卒」字，據下文增。「倍」、「殆」爲韻。王云：「怠」、「殆」古字通。

⑰孫云：「士」當作「土」，即上文之「積土」也。商子兵守篇云：「客至而作土以爲險阻。」

⑱畢云：「煙」同「垔」。○案：備城門篇作「堙」，又作「闉」。

⑲「廣」，畢本誤「應」，舊本並作「廣」，今據正。

⑳「日」本作「曰」，誤。

㉑「椁」讀爲「郭」。敵已迫近，時間迫促，則以木爲郭，遏止敵人。蓋恐城褊小，不便待禦敵人之垔、衝、梯、臨。晉書宣帝紀「孟達於城外爲木柵以自固」，即此所謂「以木郭之」之類。

㉒「右」，茅本、寶曆本、緜眇閣本、陳本作「又」。

㉓「灰」，各本作「炭」，今依王校改，説詳備梯篇。

㉔「審賞」，諸本倒作「賞審」，寶曆本作「審賞」，與備梯篇合，今從之。王、蘇校同。

㉕畢云：「生」舊作「主」，以意改。○案：寶曆本作「生」，備梯篇亦作「生」。

㉖「恙」舊作「恚」，今依王校改。「恿」舊作「瘛」，今依畢校改。「憤」，寶曆本誤「慎」。畢云：説文「恚，恨也」，「恿，古文勇，从心」，則字當爲「恿」。王引之云：畢以「瘛」爲「恿」之誤，是也。「恚」當爲「恙」，字之誤也。「恙」與「養」古字通。「憤」與「奮」同。上文云「養勇高奮，民心百倍」，

是其明證也。

㉗ 畢云：舊「乃不」二字倒，以意改。「顧」「故」「慮」、「倍」「怠」爲韻。

㉘ 「其」，堂策檻本爛作「具」，四庫本誤作「具」。　畢云：「埋」，舊本作「理」，以意改。

㉙ 蘇云：備城門篇「矢」作「夫」。　俞云：「矢」當爲「夫」，即「趺」之省，詳備城門篇。　孫、吴說同。

㉚ 「渠」上當有「梯」字，下文衍一「梯」字，當移置於「渠」上。此指梯渠言，故下以「其弟」承之。

㉛ 蘇云：「弟」與「梯」同，下文作「梯」是也。

㉜ 「傅」，舊本作「傳」，誤。　畢云：「葉」即「堞」字。　蘇云：備城門篇言「去堞五寸」，與此言合。

㉝ 「梯渠」與渠設置之距離有別。備城門篇曰「城上二步一渠」，又曰「城上七尺一渠」，蓋指普通渠言之。此十丈一，蓋專指梯渠言也。

㉞ 此「梯」字當移置於上文「渠廣丈六尺」之上。

㉟ 蘇云：備城門篇言「城上二步一渠」，又言「二步一荅」，此「里」字疑當作「步」。　孫云：此當作「里二百五十八步」。「里」字不誤，今本脱一「步」字耳。里法本三百步，而云「二百五十八步」者，蓋就設渠荅之處計之，所餘四十二步或當門隅及樓圂，不能盡設渠荅，故不數。○案：備城門篇言「城上二步一渠」，又言「城上七尺一渠」，若以七尺一渠計之，則一里正可設二百五十

八渠，此文當從「渠」字斷句。「荅百二十九」者，似言每里中渠、荅比例二渠一荅，其大數蓋如此也。

㊱蘇云：此言險隘宜守。「害」謂要害。築亭，備瞭望也。

㊲「亭三」，畢本倒作「三亭」，舊本並作「亭三」，今據乙。

㊳陳奐云：織女三星成三角，故築防禦之亭以象織女處隅之形。孫云：陳說是也。此言亭爲三隅，形如織女三星之隅列，猶下文云「爲擊三隅之」也。六韜軍用篇云「兩鏃蒺蔾，參連織女」，是古書多以織女儗三角形之證。

㊴畢云：「距」舊作「詎」，以意改。蘇云：「距」、「鉅」通用，大也。

㊵畢云：古只爲「仟伯」。

㊶孫云：說文門部云：「閻，里中門也。」

㊷「微職」即微識。

㊸「小大」，畢本作「大小」，舊本並作「小大」，今據乙。孫云：「葆民」即外民入葆者。計度城內宮室之大小，分處之，必均調也。

㊹「識」字各本脫，今依王校增。王引之云：「知」下當有「識」字，而今本脫之，則文義不完。號令篇曰「其有知識、兄弟欲見之」，是其證。

㊺孫云：事急不及致所積之處，則令暫積門內，取易致也。

㊻「葉」，畢意改爲「棄」。　王云：畢改非也。此當作「寇至葉，隨去之」，言候無過五十人，及寇至堞時即去之也。「葉」與「堞」同。號令篇曰「遣卒候者無過五十人，客至堞去之」，是其證。

孫云：「唯弇逮」當作「無厭逮」，「逮」、「怠」通。號令篇作「無厭建」。　○案：王校甚是。孫謂「唯」當作「無」，亦可從。「弇」字不誤，「弇逮」猶淹怠。淹，遲。怠，緩也。「弇逮」，下文作「弇還」，號令篇作「厭建」，「厭」爲「淹」之聲借，「還」、「建」並「逮」之形譌。孫據號令篇文移此十三字於下文「日暮出之」之上。惟移後與彼處上下文亦不銜接，今仍從舊本。

㊼孫云：號令篇作「皆爲平直其價」，疑「置平」亦「平直」之誤。　○案：原文不誤。管子輕重甲篇曰「子大夫有五穀菽粟者，勿敢左右，請以平價取之，子與之定其券契之齒，釜鏂〔一〕之數，不得爲侈弇焉」，輕重乙篇、輕重丁篇文略同，可爲「平價」連文之證。

㊽號令篇作「與主人券書之」。

㊾畢云：「長」、「當」爲韻。

㊿「鈞」、「均」字通。　畢云：「職」、「得」爲韻。

51 畢云：「喜」、「備」爲韻。

52 畢云：「數」、「具」爲韻。　蘇云：此八句與前後文語意不倫，疑有錯簡。　○案：以上三

〔一〕「鏂」原作「彄」，據管子輕重甲改。

十六字疑當在下文「守〔一〕必察其所以然者，應名乃納之」之下。

53 「郵」，舊本作「卸」，即「郵」之俗謁。佩觿曰：「俗以下卸之卸爲郵亭。」

54 「侍」讀爲「等」。「殺」，差也。「侍殺」猶言等差，謂等差爲臂梯也。畢云：「辟」即「臂」字。

55 孫云：亭高三丈以上，則梯長不得止三尺，疑「尺」當爲「丈」。

56 孫云：「連門」疑當作「連版」。

57 孫云：「塹」當爲「塹」。「塹縣梁」見備城門篇。「再雜」猶言再帀。

58 孫云：當作「壟竈」，詳備城門篇，亦言每亭爲一壟竈。號令篇云「樓一鼓、壟竈」。

59 下文「守烽者事急」五字疑當在此。

60 孫云：言舉烽有此三等，以爲緩急之辨。

61 畢云：舊作「正」，以意改。

62 孫云：謂引烽而上下之。烽著桔槔頭，故可引而上下，詳號令篇。

63 藝文類聚八十引「以」作「已」，字通。

64 畢云：「火」舊作「又」，以意改。

65 「多」字茅本闕。類聚引作「言寇所從來多少。」

〔一〕「守」原誤「必」，據下文改。

㊻「旦」，翻陸本、寶曆本作「且」。

「毋弇逮」，言毋遲緩也。説詳上文。孫云：疑當爲「毋弇建」，或爲「毋弇遝」。○案：當作

㊼畢云：號令篇作「竟」，是。

㊽孫云：「妻」疑「要」之譌。上文屢云「要塞」，下文又云「有要有害」，可證。吴云：「射妻」當

爲「狎郭」之誤。

㊾「一」字畢本脱，舊本並有，今據補。

㊿孫云：謂寇至郭。

(71)以上三「鼓」字，各本並作「藍」。王引之云：「藍」字義不可通，蓋「鼓」字之誤。「鼓」字篆文

作「鼓」，上「屮」誤爲「廿」，中「豆」誤爲「臣」，下「又」誤爲「血」，遂合而爲「藍」字。此文當云：「望

見寇，舉一烽一鼓；入境，舉二烽二鼓；射妻，舉三烽三鼓；郭會，舉四烽四鼓；城會，舉五烽五

鼓。」上文曰「烽火以舉，輒五鼓傳」，正與此舉五烽五鼓相應。史記周本紀「幽王爲烽燧大鼓，有

寇至則舉烽火」，是有烽即有鼓也。今本「舉一烽」、「舉二烽」下脱「一鼓」、「二鼓」四字。「舉三烽

三鼓」、「舉四烽四鼓」，「鼓」字既皆誤作「藍」，而上句「三」字又誤作「一」，下句「四」字誤作「二」。

唯下文「舉五烽五藍」，「藍」字雖誤，而兩「五」字不誤，猶足見烽鼓相應之數，而自「一烽一鼓」以

至「五烽五鼓」皆可次第而正之矣。下文曰「夜以火如此數」，正謂如五烽五鼓之數，則「藍」爲

「鼓」字之誤甚明。○案：王以「藍」爲「鼓」字之誤，是也，今依改。至謂烽鼓之數皆相應，則

增改太多。今以旗幟篇文校之，「鼓三舉一幟，鼓四舉二幟，鼓五舉三幟，鼓六舉四幟」云云，「夜以火如此數」，其文例與此相似，彼文幟數與鼓數不同，或此文烽數與鼓數亦不同也。此文「三烽一鼓」、「四烽二鼓」，則五烽當爲三鼓，今本「三鼓」作「五鼓」者，三與五形近而譌耳。

72 夜則舉火，其數如烽。

73 以上五字疑當在上文「寇烽、驚烽」之上。

74 「城上應之」，各本作「下城之應」，今依秋山、王、蘇校改。秋山云：「下城之應」當作「城上應之」。蘇說同。王引之云：此本作「平明而迹，迹者無下里三人，各立其表，城上應之」，言迹者之數每里無下三人，各立其表而城上應之也。號令篇云「迹者無下里三人，平明而迹，各立其表，城上應之」，是其證。今本「迹者無下里三人」七字衹存「無迹」二字，「城上應之」又譌作「下城之應」，則義不可通。

75 孫云：「田表」，候出郭外所置之表。郭外皆民田，下云「田者男子以戰備從斥」，即郭外耕田之民也。

76 「斥」、「庶」義同，詳號令篇。蘇云：號令篇云「候出越陳表，遮坐郭門之外內，立其表」，文較此爲優。「田」與「陳」通。

77 「驚」、「警」通，詳號令篇。

78 吳云：「孔表」、「牧表」皆表之名。

⑲ 蘇云：「步」當作「坐」。下「旗」字衍。 孫云：「備戰」當從號令篇作「戰備」，即兵械之屬。舊讀「以備戰」三字屬上句，誤。 ○案：號令篇作「以戰備」，屬下讀，此作「以備戰」，屬上讀，義均可通，今各仍本文。

⑳ 「指」，畢本誤「止」，舊本並作「指」，今據正。 蘇云：號令篇作「指」。

㉑ 孫云：謂從斥卒禦敵。

㉒ 「亟」，諸本作「函」，寶曆本作「亟」，今從之。王校同。

㉓ 孫云：「放」當爲「寇」，下文可證。

㉔ 「止」，諸本作「正」，寶曆本作「止」，今從之。 王引之云：上「到」字當爲「鼓」，「正」當爲「止」。「鼓傳到城止」見下文。 蘇云：此句上有脱簡。上「到」字誤衍，「正」爲「止」字之譌。

㉕ 「捶」，緜眇閣本、陳本作「棰」。「捶表」詳號令篇。 蘇云：號令篇言「表三人守之」，與此合。「捶」，號令篇作「垂」。

㉖ 蘇云：「𠣾」當作「訪」。上「爲」字當作「其」。 孫云：「𠣾視」猶言徧視。

㉗ 孫云：言守表者每曹有一鼓。

㉘ 論衡治期篇曰「若升食以下」。 畢云：「疑『斗食』。」蘇、俞校同。

㉙ 蘇云：據下言「升食食五升」，又言「日再食」，是一食五升，再食則一斗，以終歲計之，當三十六石也。

⑩ 俞云：「參食」者，參分斗而日食其二也，故終歲二十四石也。

⑪ 「四」字畢本脱，舊本並有，今據補。　蘇云：據下言「四食食二升半」，日再食則五升，以終歲計之，當得十八石也。

⑫ 「四斗」二字各本作一「升」字，今依俞校補正。　俞云：「五食」者，五分斗而食其二，則每日食四升，終歲當食十四石四斗。今作「終歲十四石升」，蓋誤「斗」爲「升」，又脱「四」字耳。　蘇説同。

⑬ 蘇云：下言「六食食一升大半」，是每日食三升有奇，以終歲計之，當得十二石也。

⑭ 此以下注明升食等每食之量，日再食，歲計之各與前述總數相合。

⑮ 「參升」之「參」，道藏本、陸本、茅本作「叁」，唐本、緜眇閣本、堂策檻本、陳本、四庫本作「三」，影印唐本作「二」，誤。「小半」二字各本脱，今依俞校增。

⑯ 孫云：日二升者，再食每食一升也；日三升者，每食一升有半也；日四升者，每食二升也。

⑰ 孫云：「約」謂危約。

⑱ 「亟」，諸本作「函」，寶曆本作「亟」，今從之。王校同。「金」，唐本作「食」。　孫云：「雜鄉」當作「離鄉」，言城外别鄉器物皆收入城内也。備城門篇〔一〕云：「城小人衆，葆離鄉老弱國中及他

〔一〕「備城門篇」四字，原作「上文」二字，據墨子閒詁原文改。按：孫所引之文，本書已移入號令篇。

大城。」

⑲ 顧云：「左」，助也。　蘇云：「左」、「佐」通用，下同。

⑩ 説文曰：「凡，最括而言也。」　孫云：凡數猶言大總計數也。周禮外史云「凡數從政者」。

⑩ 蘇云：「薄」謂迫近。

⑩ 句。

⑩ 畢云：疑「槮」字假音。讀若高誘注淮南積柴之「罧」。　孫云：畢説是也。淮南子説林訓本作「罧」。高注云：「罧者，以柴積水中以取魚。罧讀沙槮。幽州名之爲涔也。」説文作「罧」，云：「積柴水中以聚魚也。」備蛾傅篇説荅云「兩端接尺相覆，勿令魚鱗三」，「三」即「參」，亦即「槮」之省也。爾雅釋器云：「槮謂之涔。」郭注以爲聚積柴木捕取魚之名。小爾雅廣獸云：「潛，槮也。」潛、涔字通。蓋通言之凡積聚柴木並謂之「槮」。槮、潛、參、簪聲並相近。　○案：「罧」字爲宋以前字書所無，畢校作「罧」字，是也。

⑩ 孫云：「當隊」即「當隧」，詳備城門篇。

⑩ 號令篇曰「當遂材木不能盡内，既燒之，無令客得而用之」，與此略同。

⑩ 「小大」，畢本作「大小」，舊本並作「小大」，今據乙。「惡美」，茅本、寶曆本、緜眇閣本、陳本作「一矣」。

⑩ 畢云：言爲之紐，令事急可曳。

(108) 句。

(109) 「都司空」見號令篇。

(110) 「二」字茅本版爛作「一」，寶曆本、緜眇閣本、陳本作「一」，即涉茅本而誤。

(111) 孫云：四面面各一候。

(112) 「次司空」由次於都司空得名，蓋亦漢官也。

(113) 「財足」猶言富厚也。號令篇曰「以富人重室之親舍之官府」，又曰「葆衛必取戍卒有重厚者，謹擇吏之忠信者」。

(114) 「在」，影印唐本作「存」。

(115) 孫云：「守」疑當作「侍」。號令篇云「吏卒侍大門中者，曹無過二人」。○案：「守」字不誤。迎敵祠篇曰「設守門」，旗幟篇曰「門二人守之」。

(116) 蘇云：「趣」，疾行也，所以防窺伺者。

(117) 孫云：此言夾門別有持戟者四人也。

(118) 「日」，諸本作「曰」，寶曆本作「日」，與畢本同。

(119) 「外」，各本作「水」，今依王校改。王云：「水廉」當爲「外廉」。鄭注鄉飲酒禮曰：「側邊曰廉。」「池外廉」，謂池之外邊近敵者也。下文曰「前外廉三行」，旗幟篇曰「寇傅攻前池外廉」，皆其證。隸書「外」字或作「外」，見漢司隸校尉魯峻碑，與「水」相似而譌。史記秦本紀「與韓襄王會臨晉外」，正義：「外字，一作水。」

(120) 俞云：「疑人」，蓋束草爲人形，望之如人，故曰「疑人」。「謀其疏者」，「謀」乃「誅」字之誤。○案：文選思玄賦舊注云：「謀，察也。」

(121) 畢云：舊作「⿱竹剪」，今改，下同。　蘇云：「箭」當從舊作「⿱竹剪」，漢書有此字。竹⿱竹剪蓋竹籤也，削竹而布之水中，所以防盜涉者。　孫云：「⿱竹剪」字古字書所無，俗字書引漢書王尊傳「⿱竹剪張禁」，字如此作。攷漢書各本皆作「箭」，不作「⿱竹剪」，蘇誤據之，非也。　○案：「⿱竹剪」字諸本同，寶曆本作「箭」，緜眇閣本、陳本作「剪」，下同。號令篇「立竹箭水中」，字亦作「箭」。孫引漢書「箭」字，宋景佑本作「翦」，諸本或作「翦」，或作「箭」。

(122) 孫云：言插竹箭之處廣二步也。

(123) 此「箭」字舊本並作「剪」。　蘇云：「於下」二字誤倒。言藏竹籤於水中，令人勿見也。

(124) 蘇云：「雜長短」，使之不齊也。

(125) 孫云：謂前池之外廉列竹箭三行也。　旗幟篇云「前池外廉」。

(126) 句。

(127) 蘇云：「鄉」讀如「向」。

(128) 「廬」，寶曆本並作「盧」。　孫云：「弩廬」即置連弩車之廬也。　通典兵守拒法有「弩臺」，制與此略同，而步尺數異，詳備高臨篇。

129 此四字本在下文「輒言節出時摻者名」下，今移置於此。

130 孫云：「隊」亦謂當攻隊。

131 「極」下舊本並有「急」字，蓋舊注誤入正文者。　王引之云：古字「極」與「亟」通。「極發」即「亟發」也。莊子盜跖篇「亟去走歸」，釋文：「亟，急也。本或作極。」荀子賦篇「出入甚極」，又曰「反覆甚極」，楊注並云：「極讀爲亟，急也。」淮南子精神篇「隨其天貲而安之不極」，高注云：「極〔一〕，急也。」

132 蘇云：言軍有危急，則發其近者往助之。近者既發，則移其次者居之，以爲接應也。

133 孫云：「主節」，小吏掌符節者。

134 「署」，唐本作「置」。言書署其情，令與其事相若，無虛誣也。

135 王云：「劍驗」亦當爲「參驗」，謂參驗其事情也。此「參」譌爲「僉」，又譌爲「劍」耳。　蘇云：「劍」字誤衍，或當爲「參」。

136 句。

137 畢云：言操節人即出門者，當記其名。　○案：此下舊有「百步一隊」四字，今校移於上文「隊有急」之上。

〔一〕「極」原誤「亟」，據經義述聞三改，與高誘注合。

(138)「閤」，陸本、茅本、寶曆本、緜眇閣本、堂策檻本、陳本、四庫本作「閣」。　孫云：説文門部云：「閤，門旁户也。」爾雅釋宫云：「小閨謂之閤。」

(139) 蘇云：「善」與「繕」通。　孫云：此「善」下有脱字。後文説軺車云「善蓋上」，備穴篇云「善塗亓竇際」，此疑亦當云「善蓋其上」，或云「善塗其上」。又此下舊本有「先行德」至「用人少易守」凡四十三字，當爲前備城門篇之錯簡，今審定移正。　○案：此下四十三字，今移入號令篇。

(140) 畢云：此正字，下作「蔬」，俗。

(141) 孫云：「畜」、「蓄」字通，下同。

(142) 王云：論衡明雩篇曰「久雨爲湛」。

(143) 王讀「爲」字斷句。　王云：當以「歲不爲」連讀。「湛旱」，水旱也。言令民多畜蔬食，以備水旱歲不爲也。晉語注曰：「爲，成也。」「歲不爲」，猶玉藻言「年不順成也」。賈子孽産子篇曰「歲適不爲」，是其證。　○案：王説義訓甚塙，唯斷句終覺未安。此文「令民家」，下文「令邊縣」，句法似當一律，今從「常」字斷句，言民既蓄三年蔬食，蔬食性耐久庤，可存儲待用，不必每年加蓄也，故曰「歲不爲常」。

(144) 寶曆本「豫」下有「擅」字。「喙」作「啄」。「袾」，諸本从示，寶曆本、陳本从木，畢本从衣。　蘇云：「芫」，魚毒也。漁者煮之以投水中，魚則死而浮出，故以爲名。「芸」，香草也，可以辟蠹。「烏喙」，烏頭別名。「袾葉」未詳。　孫云：「芸」非毒草，當爲「芒」字之誤。爾雅釋艸云：

「蕣，春草。」郭注云：「一名芒草。」山海經中山經云：「葌山有木曰芒草，可以毒魚。」朝歌山作「莽草」，周禮翦氏及本草經同。本草字又作「茵」，並聲近字通。芒與莽皆毒魚之草，蓋亦可以毒人。通典兵守拒法云：「凡敵欲攻，即去城外五百步内井樹墻屋並填除之，井有填不盡者，投藥毒之。」

⑮「寘」，諸本作「寘」，陸本作「窴」，今依王校作「寘」。說文曰：「寘，塞也。」言外宅溝井可寘塞之。
畢云：「寘」同「填」。

⑯ 句。

⑰ 言溝井不可寘塞者，則置所畜之毒物於其中，使敵飲之中毒。 顧云：左氏傳「秦人毒涇上流」。

⑱「鑿」字陳本脱，茅本、寶曆本、緜眇閣本誤「而」。 孫云：「類」，備城門篇作「慕」。彼「慕」當作「冪」，此「類」當作「幎」。「幎」正字，「冪」變體，義並詳彼注，下同。

⑲ 說詳備城門篇。

⑳「鳬」，諸本作「烏」，寶曆本作「鳥」，今依王校改。 畢云：說文云：「鴈，鵝也。」此與鴻雁異。吕氏春秋云「莊子舍故人之家，故人令豎子爲殺鴈饗之」，亦見莊子。新序東奢云：「鄒穆公有令，食鳬鴈必以粃，無得以粟」，皆即鵝也。今江東人呼鵝猶曰鴈鵝。 王云：畢說是也。「烏」非家畜，不得與「牛」、「羊」、「雞」、「狗」、「鵝」並言之。「烏」當爲「鳬」，此鳬謂鴨也，亦非「弋

鳧與鴈」之鳧。廣雅：「鳧、鶩，鴨也。」鴨與鴨同。晏子春秋外篇「君之鳧鴈食以菽粟」是也。故曰「殺牛羊雞狗鳧鴈」。蘇説同。

⑮¹ 以上四字，舊在「脂、葪、羽」之下，今校移於此。先殺，次剥，次收其皮革等，其事相次。王引之云：「彘」與「皮革」、「筋角」、「脂」、「羽」並言之，亦爲不倫。「彘」字當在上文「牛、羊、雞、狗」之間。迎敵祠篇亦云「狗彘豚雞」。

⑮² 畢云：舊「收」作「牧」，「皮」作「支」，俱以意改。「葪」即考工記「卝」字，本「𡿺」字之譌也。○案：寶曆本作「收其皮革」。後漢書西羌傳「支革判解於重崖之上」，注云：「支謂四支。革，皮也。」則作「支革」義亦可通。

⑮³ 「橝」，舊本作「橝」。寶曆本「桐」作「挏」，「卣」，作「自」。陳本「卣」作「卣」。畢云：未詳。

⑮⁴ 蘇云：「錍」，賓彌切，音卑。説文曰：「鈭錍，斧也。」孫云：方言云「凡箭，其廣長而薄鎌謂之錍」，郭璞注云：「江東呼鈚箭。」

⑮⁵ 未詳。

⑮⁶ 孫云：「林」疑當作「材」，下同。言事急，守城之卒不可令遠出，則令掘外宅材木納城内以備用。又疑「急卒」同「急猝」。

⑮⁷ 書大禹謨孔疏云：「謀謂豫計前事。」

⑮⁸ 原注：元本空。

⑮⑨孫云：即號令篇所云「五十步一擊」也。「城」下疑缺「上」字。○案：「城」字下，畢本空一格，舊本並閒二格，有「元本空」三字雙行注文，今從之。

⑯⓪孫云：言擊之形爲三隅，不方也。

⑯①「已」，緜眇閣本、陳本作「以」。

⑯②「筏」，陸本、茅本、寶曆本、緜眇閣本、堂策檻本、陳本、四庫本作「筏」。畢云：説文云「橃，海中大船」，臣鉉等曰：「今俗別作筏。」案唐隆闡禪師碑又作「栰」，此作「茷」，皆「橃」假音字。蘇云：「林」疑當作「材」。「渥」，漬也。孫云：蘇校是也。論語公冶長集解引馬融云：「編竹木大者曰栰，小者曰桴。」方言云：「箄謂之筏。」通典兵門云：「槍十根爲一束，勝力一人，四千一百六十六根即成一栰。」此後世法，不知墨子所謂「一筏」數幾何也。

⑯③「左」，助也，詳前。王引之云：「步界」二字義不可通。「步」當爲「部」。吏各有部，部各有界，故曰「部界」。號令篇云「因城中里爲八部，部一吏」，又云「諸吏卒民非其部界而擅入」，皆其證也。俗讀部、步聲相亂，故「部」譌作「步」。「上」下當有「之」字，「上之」謂上其財物也。備城門篇云「民室材木瓦石可以益城之備者，盡上之」，與此文同一例。今本脱「之」字，則文義不明。蘇云：「上」謂聞之於上。

⑯④孫云：「使士」謂可以奉使之士，又疑當作「信士」。號令篇屢言「信人」，亦或誤爲「使人」。吴云：「使士」當作「死士」。

(165) 依上下文例，「外」上亦當有「有」字。

(166) 蘇云：上句「善」下疑脱一字。「善門」疑「善門」之譌。

(167) 蘇云：「應名」，言名實相應也。「内」讀如「納」。

(168) 「若」，道藏本、陸本、唐本、茅本、緜眇閣本作「苦」。　孫云：「吏所解」，謂民相惡有讎怨，吏爲解之者，見上號令篇。

(169) 「札」，各本作「禮」，今依王説改。　王引之云：「禮書」當爲「札書」。古「禮」字作「礼」，與「札」相似，「札」譌爲「礼」，後人因改爲「禮」耳。「札書」見號令篇。　莊子人間世篇「名也者，相札也」，崔譔曰：「札或作禮。」淮南説林篇「烏力勝日，而服於鵻札」，今本「札」譌作「禮」。　孫云：周禮調人云「凡有鬬怒者成之，不可成者則書之，先動者誅之」，鄭注云：「不可成，不可平也。書之記其姓名，辯本也。」此「札書」與彼義同。

(170) 「至」字吴鈔本脱。下句「睨者」之「者」，當移置於此「告」字之下。　孫云：「告」下疑當有「者」字。

(171) 蘇云：「睨者」二字傳寫錯誤，或爲「兒童」之譌。意言弱小未堪爲卒，給使令而已。　孫云：孟子梁惠王篇趙注云：「倪，弱小繄倪者也。」説文女部云：「婗，嫛〔一〕婗也。」廣雅釋親云：

〔一〕「嫛」原誤「繄」，據説文改。

「娊、兒，子也。」此「睨」即「娊」之假字。孟子滕文公篇云「五尺之童」，管子乘馬篇云「童五尺」，荀子仲尼篇云「五尺豎子」，論語泰伯篇「可以託六尺之孤」，周禮鄉大夫賈疏引鄭注云：「六尺，年十五以下。」然則五尺者，蓋年十四以下也。「舍」謂守者之私舍。號令篇云「城上吏卒養皆爲舍道內」。○案：「睨」字孫説是也。「睨」下「者」字錯文，當移於上句「告」字之下。旗幟篇曰「五尺男子爲童旗」，漢書賈誼傳「今西邊北邊之郡，五尺以上不輕得息」，如淳注云：「五尺，謂小兒也。」

⑰² 「藺石」，雷石也，見號令篇。

⑰³ 畢云：舊作「林」，以意改。

⑰⁴ 孫云：號令篇云「輕重分數各有請」。

⑰⁵ 「枱」，四庫本作「守」。　蘇云：此句錯誤不可讀。「解車」疑即「軺車」，據下文是言車之載矢者。「城矢」二字或即「載矢」之譌。下「以」字衍。　孫云：此「枱」當爲木材，疑即「梓」之假借字。「枱」籀文从辝作「𣒀」，與「梓」聲類相近也。備穴篇「用楡若松爲穴户」，「楡」疑亦即「枱」、「梓」之異文。

⑰⁶ 「軺」，陸本、茅本、寶曆本、緜眇閣本、陳本作「軺」。　畢云：漢書注：「服虔云：軺音瑤，立乘小車也。

⑰⁷ 舊本「軲」作「軲」。　畢云：此「轂」字異文無疑。廣雅云：「軲，車也。」曹憲音枯，又音姑。

孫云：畢説未塙。「軲」亦見經説下篇，疑即車前胡〔一〕，字形又與「軸」相近。

⑰⑧ 孫云：説文竹部云：「箱，大車牝服也。」考工記車人云「大車牝服二柯，又參分柯之二」，鄭注云：「牝服長八尺，謂較也。鄭司農云：牝服，謂車箱。」此車箱長丈，蓋長於大車二尺也。

⑰⑨ 「高四」，各本作「四高」，今依蘇、吴校乙。

⑱⑩ 「中」字畢本脱，舊本並有，今據補。

⑱① 畢云：舊作「者」，以意改。　○案：寶曆本、堂策檻本、陳本、四庫本並作「也」。

⑱② 「畜」、「蓄」字通。

⑱③ 蘇云：「虚」同「墟」。言不在城邑也。

⑱④ 「萬」，茅本、緜眇閣本作「属」，寶曆本、陳本作「屬」，並誤。　畢云：言大率萬家而城方三里，則可守。　孫云：尉繚子兵談篇云：「量地肥墝而立邑，建城稱地，以城稱人，以人稱粟，三相稱則内可以固守，外可以戰勝。」

〔一〕經説下篇第二十八條「載弦其軲」，孫詒讓墨子閒詁注云：「軲，以字形校之，頗與『軸』相近。而以聲類求之，則疑當爲『前胡』之假字。周禮大行人侯伯『立當前侯』，注『鄭司農云：前侯，駟馬車轅前胡下垂拄地者』，是也。」按：本書經説下篇未引此條注文，今轉録於此，俾知孫説所本。

附錄

（一）墨子佚文

樂者，聖王之所非也，而儒者爲之，過也。畢云：見荀子，當是非樂篇文。孫云：見樂論篇。然似約舉非樂篇大意，畢以爲佚文，未塙。

孔子見景公。畢云：「子」字皆鮒所更，墨本用孔子諱。公曰：「先生素不見晏子乎？」對曰：「晏子事三君而得順焉，是有三心，所以不見也。」公告晏子。晏子曰：「三君皆欲其國安，是以嬰得順也。聞君子獨立不慚於影。今孔子伐樹削迹不自以爲辱，身窮陳蔡不自以爲約。始吾望儒貴之，今則疑之。」景公祭路寢，聞哭聲，問梁丘據，對曰：「魯孔子之徒也，其母死，服喪三年，哭泣甚哀。」公曰：「豈不可哉？」晏子曰：「古者聖人非不能也，而不爲者，知其無補於死者而深害生事故也。」畢云：見孔叢詰墨篇，疑非儒上第三十八篇文。孫云：案二條并見晏子春秋外篇，或墨子亦有是文。

堂高三尺，畢云：索隱云：「自此以下韓子之文，故稱曰也。」孫云：後漢書趙典傳注首有「堯、舜」二字。韓非子十過篇亦有此文，即索隱所據也。 土階三等，茅茨不翦，采椽不刮。孫云：後漢書、文選魏都賦注作「斲」，又東京賦注作「刊」。 食土簋，孫云：後漢書注「食」作「飯」。 啜土刑，孫云：後漢書注作「歠土鉶」。 糲粱之食，孫云：後漢書注「食」作「飯」。 藜藿之羹，夏日葛衣，冬日鹿裘。 其送死桐棺三寸，舉音不盡其哀。畢云：見史記太史公自序，又見文選注、後漢書注，文皆微異。今韓非子雖有之，然疑節用中下篇文。孫云：此司馬談約引墨子語，似未必即節用中下篇佚文。群書治要及藝文類聚十一、太平御覽八十引帝王世紀云：「墨子以爲堯堂高三尺，土階三等，茅茨不翦，採椽不斲，夏服葛衣，冬服鹿裘。」論衡是應篇云：「墨子稱堯舜堂高三尺，儒家以爲卑下。」以上諸書及後漢書注，文選注疑并據史記展轉援引，非唐本墨子書實有此文也。」

年踰十五，則聰明心慮無不徇通矣。畢云：見裴駰史記集解，索隱「十五」作「五十」，「無不」作「不」，云作『十五』非是」。

禽滑釐問於墨子曰：「錦繡絺紵將安用之？」墨子曰：「惡，是非吾用務也，古有無文者得之矣，夏禹是也。 卑小宮室，損薄飲食，土階三等，衣裳細布。 當此之時，黼黻無所用，而務在於完堅。 殷之盤庚大其先王之室，而改遷於殷。 茅茨不翦，采椽不斲，以變天下之視。 當此之時，文采之帛將安所施？夫品庶非有心也，以人主爲心，苟上不爲，下惡用之？二王者以身先於天下，故化隆於其時，成名於今世也。 且夫錦繡絺紵，亂君之所造也。 其本皆興於齊景公，喜奢而忘儉，幸有晏子以儉鐫之，然猶幾不能勝。 夫奢安可窮哉！紂爲鹿臺、糟丘、酒池、肉林，宫墻文畫，雕琢刻鏤，錦繡被堂，金玉珍瑋，婦女優倡，鐘鼓管絃，流漫不禁，而天下愈竭。故卒身死國亡爲天下戮，非惟錦繡絺紵之用邪？今當凶年，有欲予子隨候之珠者，不得賣也，珍寶而以爲飾；又欲予子一鍾粟者，得珠者不得粟，得粟者不得珠。子將何擇？禽滑釐曰：「吾取粟耳，可以救窮。」墨子曰：「誠然，則惡在事乎奢也。長無用，好末淫，非聖人之所急也。故食必常飽，然後求美；衣必常暖，然後求麗；居必常安，然後求樂。爲可長，行可久，先質而後文，此聖人之務。」禽滑釐曰：「善」。畢云：見説苑反質篇，疑節用下篇文。孫云：節用諸篇無與弟子問答之語。畢説未塙。

吾見百國春秋。畢云：見隋李德林重答魏收書。孫云：見隋書本傳，亦見史通六家篇。「春秋」下畢本有「史」字，今據史通删。考德林書云：「史者，編年也，故晉號紀年。墨子又云：『吾見百國春秋。』史又無有無事而書年者，是重年驗也。」審校文義，李書「史」字當屬下爲句。畢氏失其句讀，遂并「史」字録之，謬也。

甘瓜苦蒂，天下物無全美。畢云：二句原書闕，見埤雅引。下二條亦原書所無。

古之學者，得一善言附於其身；今之學者，得一善言務以説人，言過而行不及。畢云：書鈔引新序：「齊王問墨子曰：古之學者爲己，今之學者爲人，何如？對曰：古之學者云云説人。」則爲墨子之言甚明。○案：亦見御覽六百零七引新序，文微異。

君子服美則益敬，小人服美則益驕。以上三條見馬總意林，因其爲今本墨子所無，依曹箋校置於此。

孫云：今本公輸篇後，兵法諸篇之前，闕第五十一篇，以上數條疑皆此篇佚文。

禽子問：「天與地孰仁？」墨子曰：「翟以地爲仁。太山之上則封禪焉，培塿之側則生松柏，下生黍苗莞蒲，水生黿鼉龜魚。民衣焉、食焉、家焉、死焉，地終不責德焉。故翟以地爲仁。」畢云：見藝文類聚，又見北堂書鈔、太平御覽、吴淑事類賦，文微異。○案：「家焉」二字畢本無，今據藝文類聚卷六補。

申徒狄曰：周之靈珪出於土石，楚之明月出於蚌蜃。畢云：見藝文類聚八十三。」孫云：此即後「申徒狄謂周公」章之文，當并爲一條。

畫衣冠、易章服，而民不犯。畢云：見文選漢武帝賢良詔注。

墨子獻書惠王，王受而讀之，曰：「良書也。」畢云：見文選謝玄暉和伏武昌登孫權故城詩注。孫云：本書貴義篇云「子墨子南游於楚，見楚獻惠王」，疑即「獻書惠王」之誤。又余知古渚宫舊事二亦云「墨子至郢，獻書惠王，王受而讀之，曰：良書也」，與李所引正同。彼文甚詳，疑皆本墨子，但不箸所出書，今不據補録，詳貴義篇。

時不可及，日不可留。畢云：見文選曹子建贈王粲詩注。

備衝篇畢云：見詩皇矣正義。

備衝法，絞善麻長八丈，内有大樹，則繫之。用斧長六尺，令有力者斬之。畢云：見太平御覽三百三十六，疑備衝篇文。

申徒狄謂周公曰：「賤人何可薄耶？周之靈珪出於土石，楚之明月出於蚌蜃，少豪大豪出於污澤，天下諸侯皆以爲寶。狄今請退也。」畢云：見太平御覽九百四十一。又八百二引云：「周公見申徒狄，曰：『賤人强氣則罰至。』申徒狄曰：『周之靈珪出於土□，楚之明月出□蚌蜃，五象出於汙澤，和氏之璧、夜光之珠、三棘六異，此諸侯所謂良寶也。』」疑今耕柱篇脱文。孫云：此文當在佚篇中，今書耕柱篇雖亦有「和璧」、「隋珠」、「三棘六異」之文，然非申徒狄對周公語，畢説非也。通志氏族略引風俗通云「申徒狄，夏賢人也」，林寶元和姓纂説同。莊子外物篇云「湯與務光，務光怒，申徒狄因以踣河」，此即應説所本。淮南子説山訓高注則云：「申徒狄，殷末人也」。史記鄒陽傳集解：「服虔云：『申徒狄，殷之末世人也。』」索隱引韋昭又云：「六國時人。」莊子大宗師釋文亦云：「申徒狄，殷時人。」案：依韋説，則此「周公」或爲東西周君。御覽八百二引有「和氏之璧」語。又韓詩外傳一及新序士節篇並云：「申徒狄曰：『吴殺子胥、陳殺泄冶而滅其國。』」則狄非夏殷末人可知。疑韋説近是。○案：從御覽八百二與九百四十一兩條推測，其原文當爲：「周公見申徒狄，曰：『賤人强氣則罰至。』申徒狄曰：『賤人何可薄耶？周之靈珪出於土石，楚之明月出於蚌蜃，少豪大豪出於汙澤，天下諸侯皆以爲寶。狄今請退也。』」其八百二條「和氏之璧」以下二十字與上文意不一致，當爲墨子另條引文，今本在耕柱篇。關於申徒狄事，莊子盜跖篇曰「申徒狄諫而不聽，負石自投於河」，與外物篇所記小異。自此以下各條，畢本閒有誤字，今依據宋本御覽校正，不另注明，以省繁瑣。

桀女樂三萬人，晨譟聞於衢，服文繡衣裳。畢云：見太平御覽。孫云：此管子輕重甲篇文。以後御覽所引諸條，似多誤以它子書語爲墨子，不甚足據也，今亦未及詳校。○案：本條爲御覽八十二引管子文，御覽標目不誤，爲畢氏誤集於此。孫氏亦不知其誤不在御覽而在畢氏也。

秦穆王遺戎王以女樂二八。戎王沈於女樂，不顧國政，亡國之禍。畢云：見太平御覽。

良劍期乎利，不期乎莫邪。畢云：見太平御覽三百四十四。

禹造粉。畢云：見太平御覽七百一十九。

子禽問曰：曹箋作「禽子」。孫云：疑當作「禽子」。「多言有益乎？」墨子曰：「蝦蟆蛙黽日夜而鳴，舌乾擗，然而不聽。一引作「口乾而人不聽之」。今鶴雞時夜而鳴，天下振動。多言何益？唯其言之時也。」畢云：見太平御覽三百九十。

昔夏之衰也，有推侈、大戲；殷之衰也，有費仲、惡來。足走千里，手制兕虎。畢云：見太平御覽。孫云：此晏子春秋諫上篇文。○案：本條爲御覽三百八十六引晏子文，畢氏誤集於此。

神機陰閉，剞劂無迹，人巧之妙也，而治世不以爲民業。孫云：此淮南子齊俗訓文。工人下漆而上丹則可，下丹而上漆則不可，萬事由此也。孫云：此淮南子說山訓文。規矩鉤繩者，乃巧之具也，而非所以爲巧。巧存於心也。孫云：此淮南子齊俗訓文。

神明之事，不可以智巧爲也，不可以筋力致也。天地所包，陰陽所嘔，雨露所濡，以生萬殊。翡翠瑇瑁碧玉珠，文采明朗，澤若濡，摩而不玩，久而不渝。奚仲不能放，魯般弗能造，此之謂大巧。孫云：此淮南子泰族訓文。夫至巧不用劒。巧在心手，故不用劒。此淮南子說山訓文。大匠不用斲。孫云：此淮南子說林訓文。夫物有以自然，而後人事有治也。故良匠不能斲金，巧冶不能鑠木。金之勢不可斲，而木之性不可鑠也。埏埴而爲器，刳木而爲舟，爍鐵而爲刃，鑄金而爲鐘，因其可也。畢云：見太平御覽，而意不似墨子，或恐誤引他書。孫云：末條淮南子泰族訓文。○案：自「神機陰閉」以下七條，爲御覽七百五十二引淮南子文，畢氏誤集於此。

畢云：右二十一條今本所脱，由沅採摭書傳，附十五卷末。其意林所稱，已見篇目考中，不更入也。○案：畢本所集佚文原爲二十一條，加入意林所引三條，共爲二十四條。

金池湯池。孫云：見水經河水二酈道元注。

釜丘。孫云：見水經濟水注，云：「陶丘，墨子以爲『釜丘』也。」

使造化三年而成一葉，天下之葉少哉。孫云：見廣弘明集朱世卿法性自然論。案：韓非子外儲説左上「宋人爲玉楮葉」章有此文，或本墨子語也。○案：韓非子喻老篇曰：「使天地三年而成一葉，則物之有葉者寡矣。」亦見列子説符篇，文微異。韓非子外儲説左上篇無此文，孫注誤。

舜葬於蒼梧之野，象爲之耕。孫云：見劉賡稽瑞。

禹葬會稽，鳥爲之耘。孫云：見稽瑞。以上二條疑節葬上中二篇佚文，然説舜葬處與節葬下篇不符，未詳。

五星光明，苣藍如旗。孫云：見稽瑞。

孫云：右六條畢本無，今校增。

棄作舟。見藝文類聚七十一。

天雨土，君失封。見開元占經三。

天雨粟，不肖者食禄，與三公易位。見開元占經三。

天雨黍、豆、粟、麥、稻，是謂惡祥。不出一年，民負子流亡，莫有所向。見開元占經三。

國君失信，專禄去賢，則天雨草。見開元占經三。

天雨甑釜，歲大穰。見開元占經三。

天雨絮，其國將喪，無復有兵。見開元占經三。

天雨墨，君陰謀。見開元占經三。

天下火燔邑城門，其邑被圍。見開元占經三。

謹案：以上九條張純一集入墨子佚文中。

桀無道，九鼎淪。見開元占經一百十四。

湯以天下讓務光，而使人説曰：「湯欲加惡名於汝。」務光遂投清泠之泉而死，湯乃即位無疑。見史通疑古篇。

大忘。見史通雜説上篇。

雖金城湯池，而無粟不能守也。

畫衣冠□章服謂之戮，上世用戮而民不犯。見文選王元長永明九年策秀才文注。其文較畢氏集者爲完。

堯舜之功著於竹帛也。見舊鈔本文選曹子建求自試表注。

墨子爲守使公輸般服，而不肯以兵知。墨子雖善爲兵，而不肯以知兵聞也。善持勝者以強爲弱，故老子曰：「道沖而用之有弗盈也。」見太平御覽三百二十二。案：此淮南子道應訓文，御覽標目誤爲墨子。

秦繆公之時，戎強大。繆公遺之女樂二八與良宰。戎王大喜，以其故數飲食日夜不休。左右有言秦寇之至者，因扜弓而射之。秦寇果至，戎王醉而卧於尊下，卒生縛之。未禽則不知。登山而視牛若羊、視羊若豚。牛之性不若羊，羊之性不若豚，所自視之勢逆也。而因怒於牛羊之性也，此狂者也。狂而以行賞罰，此戴氏之所以絶。見太平御覽五百六十八。案：此吕氏春秋壅塞篇文，御覽標目誤爲墨子。

采椽不斲，茅茨不翦。

嚴父配天，宋祀文王。

若保赤子，發罪惟均。以上六句均見高似孫子略。子略云：「墨子稱堯曰：『采椽不斲，茅茨不翦。』稱周曰：『嚴父配天，宋祀文王。』又引『若保赤子，發罪惟均』，出康誥太誓篇。固若依於經、據於禮者。」案：今本墨子除尚同下篇有「發罪鈞」一句外，餘均不見於本書。

上二十條畢本、孫本均未採及，今校增。在全部佚文中，有文不似墨子者，有他書語類書誤引爲墨子者，有類書標目不誤爲畢氏誤集者。今略加案語，用便參稽。

(二)墨子舊本經眼録 原名墨子現存版本考，晚近校刻本附。

本篇所列舊本，或係自藏，或經手校，皆屬親見其書，搜集廿年，漫游萬里，墨子刊本略備于斯。所聞尚有鈔本數種，正訪求中。各本異文，悉采入余著墨子校注中，隨文箋記，用便檢尋。兹篇所論，僅概述版本之美惡，及其先後遞禪之迹，俾世之研求墨子者知所輕重焉。

一、卷子本

卷子本墨子，今尚存數篇于日本宫内省所藏之卷子本羣書治要中。書中遇唐太宗諱「民」字皆缺筆作「𠀍」，宛然唐鈔矩矱。每行十六字，亦有十七字及十五字者。卷末有校點者識語如次：「文應元冬參洛之次，申知蓮華王院御本校點了，直講清原。」凡二十三字，「清原」之下書有花押。「文應」爲日本年號，當吾國宋理宗時。「直講清原」蓋校點者之銜名也。卷子本與今本異文頗多，兹舉所染篇爲例：「厲公」，卷子本作「䗍公」。「伍員」，卷子本作「五員」。「宰嚭」，卷子本作「宰喜」。凡此異文，皆初唐時傳本如此，後人不達，輒援通用之字輕加改易，致古本真像日就湮没，深可惜也。現存墨子舊本，當推此年代最遠矣。

二、正德俞鈔三卷本

此書前有宋濂讀子墨子、韓愈讀墨子，後有閩人吴海讀墨及黄丕烈手書跋語，知爲士禮居舊物，現歸楊氏海源閣。分卷凡三，卷上自親士至三辯七篇，每篇篇目之前分題「墨子經一」遞至於「墨子經七」。卷中尚賢三篇，卷下尚同三篇，合爲六篇，每篇篇目之前，分題「墨子論一」遞至於「墨子論六」。中興館閣書目所謂「一本自親士至上同凡十三篇」者，此本與之正合，蓋宋人節取墨子前三卷單行之，有樂臺爲之注，見鄭樵通志及焦竑國史經籍考。今樂注不傳。錢曾讀書敏求記載有明弘治己未舊鈔本墨子，卷篇之數與此本同。此本俞弁鈔于明正德丙寅，前後相去八年，或當同出一原。此本佳字甚多，雖寥寥三卷，可補正今本之脱誤凡數十字。細校其内容，與日本宫内省所藏之卷子本多相吻合。雖錯簡譌字亦復不少，然其佳處往往於錯譌中得之。古本之可貴，不在其無錯譌，而在其錯譌未經竄改，示人以考求本原之綫索也。

三、吴鈔本

有宋以還，鈔本較刻本難於取信，誠以展轉傳録，或形聲偶誤，或意爲增省，皆所難免。傳鈔一次，錯誤即增一次，所謂書經三寫，魯或爲魚也。故鈔本非詳考淵原，細審内容，不宜輕加信據。明吴匏菴手鈔墨子，爲墨子有名舊鈔，無增省竄改之迹，其爲可據，早有定評。孫詒讓據以校正畢本墨子處甚多，今重加校勘，知其中尚有可采者，如非樂篇「其説將必與人」句，他本「與」下皆涉下文衍一「賤」字，此本獨不衍，是亦其底本近古之一證也。孫氏與余所見，皆自第六卷起，以上各卷訪求未得，甚望藏是書者校其異同，供世人之研討也。

四、道藏本

墨子久無宋元舊槧，今藏書家所藏刻本，以道藏本爲最早。宋刻道藏靡得而見，今周秦諸子之收於道藏者，皆明正統十年刊本。自正統至于明末，因版時有爛損，故時有修補。版有原、修，印有先、後，形體之小誤，間或有之，而皆同出一版。今國内所藏，以北平白雲觀者尚稱完帙。國外則日本宫内省亦存有道藏全部。以余所見，似以日本所藏者印刷較早。兹就墨子而論，如白雲觀、如傅氏雙鑑樓所藏，皆屬版爛後修補者，日本所藏版亦時有爛壞，然其爛壞處尚未修補，其印刷時間顯然不同。如兼愛下篇「被甲嬰胄將往戰」，「戰」字他處道藏本或誤作「識」，日本藏本不誤。天志上篇「故昔三代聖王禹湯文武」，「王」字日本藏本雖爛，而大體尚可辨識，他處道藏本則誤爲「正」。明鬼下篇「故酒醴粢盛與歲上下也」，「醴」字他處道藏本誤作「體」，日本藏本亦不誤。全書尚不止此，可爲日本藏本印刷較早之證。所惜者，日本藏本之爛壞處、模糊處，間爲校讀者用墨筆據時本填入，致原書若干依稀可識之真面目因之反晦，深可惜也。日本島田翰以治漢籍目録學名于彼邦，其作古文舊書考，竟謂「正統道藏本裝成線縫，字大如錢，萬曆道藏字樣稍小，行亦較密，裝成梵夾，祕府所儲即是也」。祕府即指日本宮内省言。彼蓋不知萬曆所刻者爲續藏，與正統所刻者書各不同，不得并爲一談。今彼邦宮内省所藏與北平白雲觀所藏，字之大小，行之疏密，舉無差異，裝式皆爲梵夾，傅氏雙鑑樓、濟南山東省立圖書館所藏並同。固無所謂「正統作線裝」者。島田氏多見祕籍，亦作此懸揣無根之意説，殊可笑也。

五、顧校道藏本

清顧千里以畢本作底本，校道藏本異文于其上。「墨子卷之一」下記「道藏本校正統十年刊」九字，卷之十五雜守篇之末記云：「乙卯二月七日，澗蘋記」。又一行云：「嘉慶己未再讀一過，又正錯簡數條，澗蘋再記。」傳録者又記其後云：「千翁原本近爲長沙馬芝生銘所得，周意蓮先生假來渡校，因得借抄一過，朱墨句讀，悉依原本，道光己酉十一月三十日，陳並識。」李笠引孫詒讓案語云：「陳並，不知何許人，册内又有『陳大案』者，疑『奂』字之誤，蓋碩甫先生手録也。」李笠又云：「墨子閒詁所據本，光緒丙戌春德清蔡通判匯滄假陸氏十萬卷樓所藏，傳録以贈籀高先生者。」

謹案：孫説殊誤。「陳並識」之「陳並」二字不當連讀，蓋陳德大既鈔録之，並識其後也。「大案」之「大」字亦不誤。書中有「大案」，而無「陳大案」，孫引誤。十萬卷樓所藏之本，現藏日本岩崎氏文庫，卷首有「容齋䢃」、「海鹽陳德大藏書」、「歸安陸樹聲藏書之記」三印，卷末「陳並識」之下有「德大之印」、「陳容齋」兩印，是轉録顧校道藏本者，非江蘇長洲之陳碩甫，乃浙江海鹽之陳德大也。蓋蔡氏傳録陸氏藏本未及印記，故孫氏不得其詳，而意爲揣測之辭。顧校此本，失校之字甚多，且有誤校者。孫氏閒詁所據之道藏本，即幾經傳録之顧校本。今將其失校及誤校之字，據道藏原本于墨子校注中隨文正之，不一一分別注明，以免繁贅。

六、嘉靖壬子陸校銅板活字本

他書稱引銅板活字本墨子者，以明堂策檻本墨子爲最早。其凡例有云：「購求四方，得江右芝城銅板活字繕本，乃陸北川先生所枕函，復細爲校讐，以付殺青，亦快睹也。」是銅活字本墨子在明季已爲稀本。今去明季又三百年，宜更視爲珍祕矣。此書見于收藏家書目者有二：一藏黄氏士禮居，繼入楊氏海源閣，現存吴縣某舊家。一藏日本狩谷望之求古樓，狩谷氏卒後，藏書星散，不知流傳何所。余先後訪日本熟習漢籍之宫良當壯、山谷貞一、内野台嶺、高田真治、長澤規矩也、川瀨一馬、田中慶太郎諸氏，併託人訪問服部宇之吉、小柳司氣太、雨谷毅諸氏，皆不知銅活字本現藏何所。嗣後訪問前田侯爵家文庫主任永山近彰氏，彼言二十許年前曾親見嘉靖銅活字本墨子，而忘其收藏之人，現不知已在大地震中損失否。經數日之追憶，彼又云可往訪三村清三郎，或知其書所在。旋往訪三村氏，彼慨然告知藏書之處，依説尋求，果見一本，仍屬翻刻，豈藏書家對于原本有所珍祕歟？抑果不知去向歟？又得見鈔嘉靖壬子銅活字本墨子一種，譌字頗多，然亦有可正翻刻本之處。如非攻中篇自「莒之所以亡於齊越之間者」以下十五行，翻刻本每行首一字皆後二行錯入者，而鈔本不錯，其一例也。銅活字本正文之前有韓愈讀墨子及目録，道藏本無敍無目，即此一端，亦足證其所出各異。取以對校，長短互見。以貴義篇「子墨子南遊於楚，見楚獻惠王」，銅活字本無「見楚」二字證之，不惟銅活字本不出道藏，且其所據底本或尚在道藏所據底本之前，蓋「見楚」二字似後人據類書增也。又如公孟篇「子墨子曰：子亦聞夫魯語乎？魯有昆弟五人者」，銅活字本無下「魯」字，與意林、御覽引合，若以墨子爲魯人，審覈此文，則無下「魯」字者語氣尤佳，非銅活字本有脱文也。其他類此者尚不少。綜觀全書，銅活字本雖譌字微多，其古樸處較之道藏轉似過之。周香嚴謂其出於內府，日本吉田漢宦謂爲宋代遺本，洵非無見之言也。

謹案：本書一九四四年印行後，著者先後得見嘉靖銅活字本校本及銅活字藍印原本，取以與日本田直詩翻印木活字本對校，知其中差異仍屬不少。田直詩在翻印本跋語中有所謂「右依嘉靖原本對擺精審」之語，不過是主觀願望。在本書新版校語中，依據嘉靖銅活字藍印原本者則稱陸本，僅依據翻印陸本或傳鈔陸本者則稱翻陸本。

七、嘉靖癸丑陸敘唐刻本

嘉靖壬子陸校銅活字本，與嘉靖癸丑陸敘唐刻本，黄丕烈言其原流甚當。長沙葉德輝以前清進士留心典籍，其品題古書版本，尤能洞悉原委，爲世推重。其郋園讀書志論嘉靖本墨子，一反黄説，世多信之。其言曰：墨子一書久無宋元舊本，黄丕烈士禮居藏書題跋記載有明吴匏菴叢書堂鈔本，校明藍印活字本，跋中因及唐堯臣本、陸穩本，云：「陸穩序刻本與此差後一年，而陸序有『前年居京師，幸于友人家得内府本讀之』之語，香嚴以爲此從内府本者，非無據也。陸序又云『别駕唐公以博學聞於世，視郡暇，訪余於山堂，得墨子原本，將歸而梓之』，是又一本矣。余取唐本以勘陸本，殊有不合，知陸所云唐『得墨子原本』者，非即陸本也。陸本出内府本，唐本出道藏本，殆不謬矣。惟陸本無序，唐本有陸之序，後人遂疑唐本出自陸本。其實陸刻先一年，唐刻後一年，實不侔爾。」吾按：黄説非也。吾于各本，或收藏，或借校，其於唐、陸、活字三本源流，考之最審。所謂唐堯臣本，刻于嘉靖壬子，是時印本初出，無自跋亦無陸序。三城王孫芝城以此本活字印行，其藍印者，蓋初印用靛色印本，黄氏所藏即此。其自序作於嘉靖甲寅，乃刻成之三年。陸穩序作於嘉靖癸丑，乃刻成之二年。前後時有校改，故三本字有異同，實則只一本也。黄氏不悟，見其字有異同，又不知芝城之出唐本，于是以一本歧而爲三。苟非取諸本一一校勘，而僅據黄跋揣測推敲，未有不誤以一本分爲三本者。又曰：芝城館本題「壬子」，實癸丑以後，殆唐刻初出尚未作序，其書爲芝城館據以排印，故余斷其爲一本而分二刻。

謹案：葉氏所論完全錯誤，其于黄跋原意亦未明憭。黄氏謂陸穩序刻本即是唐本，觀文中「唐本有陸之序」一句，即可明憭。所謂陸本即是藍印銅活字本。葉氏未見銅活字本，致未達黄跋之意，竟謂二本爲三本，可謂無中生有。兹將兩本異處對照如次：

陸本即銅活字本。日本翻印活字本每半葉十行，行二十字。鈔嘉靖銅活字本每半葉九行，行二十字。　有韓愈讀墨子一文，無他敍跋，有目。每半葉十一行，行二十二字。

唐本　無韓愈讀墨子，有陸敍、唐跋，無目。每半葉八行，行十七字。

陸本即銅活字本。　卷首目録之末有「明刑部河南清吏司郎中吴興北川陸穩校行」一行，卷八非樂上篇之末有「嘉靖三十一年歲次壬子季夏之吉芝城銅板活字」一行，卷十五雜守篇之末有「嘉靖壬子歲夷則月中元乙未之吉芝城銅板活字」一行，則校行此書者明爲陸穩。

唐本　卷首敍末結銜有「嘉靖癸丑歲春二月吴興陸穩敍」一行，敍中有云「別駕唐公訪余于山堂，得墨原本，將歸而梓之」，則梓行此書者明爲唐堯臣。

上列各項爲陸、唐兩本不同處之顯而易見者，至其内容則差異甚多。讀余著墨子校注者自可隨文見之。葉氏誤解黄跋之二本爲三本，又謂唐堯臣本刻於嘉靖壬子，銅活字本印於癸丑以後，唐本自序作於甲寅，皆屬嚮壁虚造，羌無徵驗。蓋黄氏實有陸、唐兩本，且經手校，故能言之有物。葉氏僅有江藩重刻唐本，未見陸穩校行之銅板活字本，以意推度，宜乎其言之無當也。特詳論之，俾世之考訂嘉靖本墨子者，得一是是非非之結論焉。

八、嘉靖丁巳江藩重刻唐本

長沙葉氏觀古堂藏有江藩重刻唐本墨子。葉德輝題辭有云：此本爲江藩重刻唐本，據前序大題云「重刻墨子序」，序末結銜云「江藩七十七翁白賁衲于敕賜孝友樓」，其序不載年月，以語意推之，爲唐刻墨子初成，以送江藩，江藩世子遂據以重刻，其爲一年中事毫無可疑。且于此益證刻者爲唐堯臣。常熟瞿氏鐵琴銅劍樓所藏明刻墨子與此本同，而無江藩一敍。傅沅叔同年爲張菊生同年購得一本，前有「孫忠愍祠堂藏書」印記，亦即此本，則并陸序、唐跋而無之。又在蘇城莫楚生觀察家見所藏者，亦即此本，序、跋俱全，是此書江藩重刻本流傳甚多。近日在上海忠厚書局李子東書友處見一明刻本，八行十七字，係重刻唐本，前有草書序，末題「江藩七十八翁白賁衲校於敕賜孝友樓書」，「敕賜」二字提行臺寫，末有唐堯臣識，均無年月，益見唐本爲當時推重，故諸藩一刻再刻云。

謹案：余藏有江藩重刻唐本，首白賁行草書序，次陸穩敘。白敘共佔三葉，第三葉僅爲「嘉靖丁巳歲中秋江藩白賁拱衲書於敕獎孝友樓」凡二十字，分書三行，「嘉靖」與「敕獎」字皆提行頂格。此本蓋屬初印，故敘文結銜特爲詳備。後或因敘文底版損壞，晚印之本改刊敘文，遂將年月省去，又將「白賁拱衲」四字省作三字，致令年月湮没，名字混淆。以葉氏見聞之廣，考訂之勤，亦莫能塙定其年月也。唐本刻於嘉靖癸丑，此本刻於嘉靖丁巳，相去四年，以此本與商務書館四部叢刊影印之嘉靖癸丑陸敘唐刻本對校，略有差異，其差異處皆四部本誤而此本是也。四部本之誤字皆有修改痕迹，似此本版爛後修改致誤者。此本修改或殘闕之字，在四部本中仍然存留。如備穴篇「廣長各丈六尺」之「長」字，備蛾傅篇「施縣脾」之「脾」字，其例頗多，茲不枚舉。豈商務書館影印之嘉靖癸丑本即嘉靖丁巳本之晚印者，而脱失白賁一敘歟？近日藏書家所藏嘉靖重刻唐本多無白賁敘文，有白賁敘者皆無年月，此本獨具年月，殆海内孤帙矣。

九、隆慶丁卯沈刻百家類纂本附萬曆壬子百子類函本。

此本删節甚多，蓋無足取，唯以時代較早，尚無明萬曆以後逞臆竄改之陋習。萬曆壬子金陵萬卷樓校刊之百子類函，題「葉相高選」。即此本之翻刻也。

十、萬曆丁丑潛菴敍刻本

此本一名子彙本，因其爲子彙所刊諸子之一也。日本森立之經籍訪古志所謂「容安書院藏萬曆刊本」，王樹枏墨子斠注補正所引之「萬曆節本」，皆屬此本。每葉版心有刻工姓名及字數，字體亦頗佳善，全書文從字順，幾無一不可通之處，唯有一大缺憾存，即竄改之處頗多，古本真面目爲之斲喪，大足遺誤後學。森立之詆之爲俗本，陸心源訾其删并移易，皆對此本明致不滿。畢沅墨子敍謂有明刻本，其字少見皆以意改，無經上、下及備城門等篇，蓋無足觀，似亦指此本而言。然畢氏于非攻中篇改古本之「且一不著何」五字爲「中山諸國」，公孟篇之誤移錯簡，皆似根據此本，其餘因此本致誤之處尚多，則信古本不篤，不能嚴守己説之過也。此本以文從字順之故，傳播頗廣，後此節選墨子者多依據之。子彙全書無輯刊人姓名，其附敍者均題「潛菴」。潛菴究爲何人，世多不知。明末黄虞稷千頃堂書目列有子彙，則以爲余有丁。歸安陸心源據孫繼臯宗伯集考訂潛菴爲周子義別字。據陸引孫氏原文，僅謂周子義自號儆菴，其謂又號潛菴者，乃陸氏推定之辭。近來藏書家多從陸説。余攷馮夢楨先秦諸子合編引潛菴敍語，則直易以「余有丁曰」。馮爲明萬曆丁丑進士，與子彙成書時代相值，黄亦明末有名藏書家，設潛菴果爲周子義別字，馮、黄二人似不當漫不加察，張冠李戴。

唯余有丁、周子義二人連名校刻之書頗多，子彙之輯無論其出於彼二人，或二人中之一人，皆有傳聞異辭之可能也。

十一、萬曆辛巳茅校書坊刻本

楊守敬云：此本卷首籤題「鹿門校刻墨子全編」，上層有書林童思泉識語，稱「得宋本，請茅鹿門讐校」。其并爲六卷者，特書估之所爲。然五十三篇皆備，不似他本之缺經上、經下及備城門等篇。其中文字異同多與道藏本合。然則謂此本根源於宋槧，良不誣也。惟其中古字古言多爲書估所改，如「丌」本古「其」字，書估不識此字，皆改爲「亦」字，可笑之甚。又云：墨子世少善本，近因以畢氏所校爲精核，今以此書照之，如所染篇「行理性於染當」，畢校云「性當爲生」，不知此本原作「生」。如此之類甚多。

葉德輝云：萬曆辛巳書坊童思泉刻六卷本，前有茅坤序，楊惺吾、繆小山極推重之。吾細按茅序即將唐本陸序鈔録，一字不移，但易陸穩名爲茅坤，有如張冠李戴。余嘗言墨子止可校，不可注，以其訓詁異於儒書，文辭古奥，亦不能據周秦諸子書彼此勘正。世行張皋文惠言經説注、孫氏閒詁諸書，多從古訓古字展轉推求，陳義非不甚高，恐于墨氏之旨去之千里。後有讀者，當味余言。

謹案：此本佳字頗多，字體亦遒勁可喜，閒有脱誤處，灼然易見，非有心竄改者可比。

楊氏評識之語，雖亦有見，然彼實未見茅校童刻原本，僅據日本寶曆七年翻刻茅本加以推測耳。所染篇「行理性於染當」，茅原本仍作「性」，寶曆刻本作「生」。今楊氏謂茅本「性」作「生」，可爲彼未見茅本之墒證。彼又謂「丌」字書估皆改爲「亦」，不知畢本諸「丌」字，道藏本、吴鈔本、銅活字本、唐本等皆作「亦」，決非萬曆時書估始改爲「亦」也。彼未檢各本之内容，遽加品評，是其疏也。葉氏謂茅序即唐本陸序改題茅名，其説甚是。但敍之結尾僅題「茅坤書」，未言「茅坤譔」，茅鹿門全集亦未收此篇敍文，不得逕謂茅頂陸名也。古書敍有書、譔同爲一人之例，亦有書、譔異人之例。如剡川姚氏本戰國策既有姚宏撰序，又或有姚寬書序，兩序小異大同，溯其淵源，實出一序，而二「譔」、二「書」，其例正與此類。細校茅本内容，與銅活字本最近，書坊謂其出于宋槧，洵非無因。故其書雖改并卷第，不免爲有識者所惜；然其内容文字，其可恃程度不在道藏、嘉靖諸本之下也。

十二、日本寶曆七年秋山儀校刻本

楊守敬云：寶曆七年源儀重刻茅本，以諸本之異同者校刊於書楣，多與畢氏闇合，與太平御覽所引合，不惟勝茅本，且勝畢氏所據之道藏本。惜乎源氏無卓識，不刻其所引之一本，而刻此合并之本，令人太息也。

謹案：本書秋山自序有云：「余嚮與岡士騏會數本校讐一過，惟諸家屢歷傳寫，亥豕非一，未易臆斷。後獲鹿門茅氏本，與松子文、井子章再閱之，彼此參合，得失互有，茅本難必盡從。」是則秋山刻本之不盡從茅本，固已於自序中明言之。世人未將兩本内容全部勘對，見其表面相似，遂徑謂寶曆本爲茅本，或謂寶曆本與茅本之原本相同，如李笠墨子閒詁校補所述。皆屬無稽之談。在秋山未校刻墨子以前，日本一班流行之墨子皆屬鈔本，自秋山刻本出世後，鈔本遂日就澌滅。余在日本訪求多處，竟未見一明嘉靖以前之全部古鈔本。聞北海道前有養賢堂文庫，藏有古鈔本墨子一種，訪求未得。蓋墨子書本屬難讀，在中國已若存若亡，其在日本亦遠不如論語及千字文之重要，故有刻本墨子後即不知愛惜古鈔本，迄今百八十年，遂鮮存者。秋山校刻墨子，其始固專以鈔本對校，及得茅本，或震於其原出宋本之牌記，始采用之以爲主本，于是無形中即爲茅本所拘束，而不能多采鈔本，鈔本中可貴材料失去自當不少。秋山以日人而整理漢籍，其不敢篤守彼邦傳鈔之舊本而忽視中國翻宋之刻本，自有其相當理由。從前日本漢學家多有此習，不獨一秋山爲然也。設秋山能以一較古之鈔本作底本，而以他鈔本及刻本之異文盡量載出，不以主觀去取之，則其書之價值當遠在今本之上也。楊氏病其不刻所引之一本而刻此合并之茅本，不知秋山所刻者固非盡從茅本，而其所引者亦非一本也。此書因有古鈔本成分在内，故佳字特多，如尚同中篇「政以爲便嬖宗族父兄故舊」句，與正德俞鈔三卷本若合符節，其餘他本皆誤而此本獨不誤者屢見不一見也。

十三、李贄批選本

李贄批墨子有節本、全本之别。全本即下文第十五項之堂策檻本，此項即節本也。節本刊於萬曆間，爲李卓吾叢書中之一種。版式有二，而選文全同。其一分爲四卷，每半葉八行，行十八字。其一分爲二卷，每半葉九行，行十八字。兩本比較，九行本誤字較少。全書字句無以意竄改之處，是萬曆以後節本中矜慎者。李氏當時雖爲一班拘儒詆毀，然其人固多見博聞者流，其書所據底本與茅本最爲接近，或與茅本同出一原，或即根據茅本，均屬可能。

十四、緜眇閣本

馮夢禎爲明萬曆時有名藏書家，其刊刻緜眇閣本諸子書，頗爲世重，墨子其一也。其書底本頗佳，中有若干篇略有删節改易，則似根據潛菴本，殆喜其文從字順，故舍其底本而從之也。明人刻書往往不能篤守底本，而多所更張，萬曆以後，此風尤盛，其去取之結果，類多得石遺玉，不如其朔，而古本真面目横被此溷殽摧殘，時代稍遠，即有好學深思之士欲考訂之，莫由也已。

十五、堂策檻本

郎氏堂策檻所刊各書，多在明天啟時，墨子當亦其時之刊本。校其内容，觀其凡例，似以茅本、李贄批選本爲底本，而以嘉靖壬子銅板活字本校訂其謬誤者。卷一之前，除郎兆玉、李贄二叙外，併有韓愈讀墨子及目録，即沿襲銅活字本而來。全書校讎亦頗勤慎，唯于單字間有意改者，如非命中篇「内沈于酒樂而罷不肖」，「而」字意改作「我」，畢、王諸家據以校移，竟至溷亂原書，一字之差，謬以千里矣。此書又名李贄郎兆玉評輯本，以其上楣所附評語出諸李贄也。

十六、顧校李本

孫詒讓題識此書云：以上四卷閒出季本，異文不知何本，疑泰興季氏舊藏鈔本也。以後又作李本，必有一誤，俟更訪千翁所校底本覆之。

謹案：此校本附記於顧校道藏本之下闌，共校五十五條，其書作「李本」者五十二條，作「季本」者三條而已，且其「季」字又似「李」字中畫起筆釘頭之狀，其原文當爲「李」字比較近情。今從其大多數，定爲李本。又考五十五條中，其與堂策檻本異者，僅魯問篇「莫若吾多」一條，校李本作「我多」，徧檢古本，或作「多吾」，或作「吾多」，或作「我多吾」三字，畢校謂一本作「我多」，蓋即據「我多吾」三字節取上二字言之，畢氏校書，閒有截取失句讀者，此其一例也。

無僅作「我多」二字者。今堂策檻本作「吾多」，校李本作「我多」，殆涉畢注偶然筆誤。是所謂顧校之李本，實即李贊、郎兆玉評輯本之簡稱也。又細察原校，不唯三「季」字當作「李」，即孫詒讓所加「顧校」二字亦無塙實根據。非攻下篇「王兄自縱也」，顧注云「兄讀爲況」，並引管子「召忽曰：兄與我齊國之政也」作證，但下闌又注云「詩常棣『兄也』，傳：『兄，茲也。』」云云，設上下闌爲一人注語，則同一「兄」字之注，紙幅既未滿，不當分書於上下闌。此下闌爲顧校之不可通者，一也。非儒下篇畢本「孔乃恚怒於景公與晏子」，「孔」字下顧校加一空□，顧氏之意，蓋不欲書孔子諱，非謂道藏本「孔」下有一空□也。畢本上下文十餘「孔某」、「某」字道藏本皆作「丘」，顧皆缺而未校，可爲顧氏不願書「丘」字之證。今下闌校云「空處李本作『丘』」，設下闌亦爲顧校，則必不云「空處」，蓋道藏本「孔」下固不空也。顧校道藏本不書「丘」字，何至于校李本而又書「丘」字？此下闌爲顧校之不可通者，二也。魯問篇「其國之長子生，則鮮而食之」，顧云「作『鮮』者誤」，下闌李本此字未校。若下闌爲顧校，則必校李本作「解」，以證其説矣。此下闌爲顧校之不可通者，三也。考下闌起初注語，數見「樹玉案」字樣，今下闌既不爲顧校，其鈕樹玉校乎？轉録顧校道藏本者爲陳德大，下闌又有「大案」字樣，若不爲鈕校，其陳德大校乎？爲鈕、爲陳，所關甚微，今姑仍孫氏閒詁，稱爲顧校。

十七、陳仁錫本

此本刊于諸子奇賞中，閒亦有佳字，似由節選緜眇閣本墨子而參校以他本者，其與緜眇閣本異處頗少也。

十八、傅山本

傅山注墨子成於明末清初，其異文、新解，部份采入本書。

十九、馬驌繹史本

馬驌繹史成於清初，所引各書尚多古本，其中引有墨子多篇，異文可資參校，今隨文采入。

二十、四庫全書本

清乾隆時修四庫全書，爲有清一代大事之一。收羅宏富，軼過前代。其於各書底本之選擇，閒有可議之處，前人已論及之。墨子一書，似以明堂策檻本爲底本，而加以館臣校訂者。改易之處頗多紕謬，如尚同上篇「生於無政長」，彼竟改爲「政教」。耕柱篇「人不見而耶，鬼不見而富」，彼不知「耶」爲「助」字之誤，又不知「富」讀爲「福」，竟將上句「耶」字改爲形聲兩不相近之「貴」字，而與下句「富」字對文。明鬼下篇脱文，一處至六十一字之多。公孟篇脱文，一處至五十五字之多。此書寫定，與畢刻墨子同時，取以與畢本比較，校讎之功不及遠甚。蓋吾國官府辦事，大都敷衍，四庫收羅既廣，校訂因難，主持雖有宿學之儒，分纂難獲宏通之士，疏失挂漏，勢所難免，固不獨墨子一書爲然也。

二十一、畢沅校刻本

此書刊布于清乾隆四十八年，傳播甚廣，日本亦有翻刻。據畢氏自敍，謂本存道藏中，知其以道藏本爲底本，而以潛菴本、堂策檻本輔之，明萬曆以後節俗之本，如諸子品節、諸子彙函等，似亦采及，而統稱之曰「一本」。畢注前無所承，措手倍難，雖多疏漏，留待補苴，其草刱之功，殆將附墨子本書共垂不朽也。

以上所述，除畢刻外，皆屬稀見之本，異文歧句，有裨校勘。萬曆以後節本充斥，類皆濫惡，無當大雅。校注或采以廣異聞，茲論版本，概從舍旃。晚近所刻，有如下述：

二十二、王樹枏墨子斠注補正

此書無正文，僅取墨子書中文句之一小部解釋之。「補」者，補畢、王諸家舊注之所未及。「正」者，正其謬誤也。立説樹義，頗見矜慎，唯所援據之版本僅爲萬曆節本即潛菴本。及焦竑校本，見諸子品類評釋中。皆墨子舊本中之下乘，故對于畢本不能多所訂正。其書刊於清光緒十三年，在孫詒讓墨子閒詁之前，孫氏未見，故閒詁未采及之。

二十三、孫詒讓墨子閒詁

孫氏爲清末有名漢學家，此書爲其覃思十年，精心結譔之作。考訂之博，徵引之富，在諸子注釋中允推名箸。其書於光緒二十一年初以活字本印行，厥後續有增補，勒成定本，刊布於宣統二年，其時距孫氏之卒已兩年矣。今通行之定本墨子閒詁是也。

二十四、吴汝綸點勘墨子

此爲吴氏點勘諸子之一種。據王樹枏墨子斠注補正已引吴說，則吴氏亦治墨子有年者。其注簡要不繁，勝義頗多。如第十五卷號令等篇，竟能塙定其爲漢代文字，樹義精卓，大率類此。吴氏卒于光緒二十九年，其點勘諸子書，於吴氏死後始由其子闓生及其門人等搜集刊布之。

二十五、曹耀湘墨子箋

曹氏治墨子頗具卓識，其箋雖不如孫氏閒詁之博贍，其精審處頗有可補孫氏之未逮者。如論墨經校讀之法，有云：「經、說二篇每遇分段之際，必取經文章首一字以識別之，其中亦有脱漏數處。必明乎此，然後此四篇之章句次序始可尋求，而校訛補脱略有據依之處矣。」案經、說標目之例，孫氏言之而未明，今得曹氏之說，始宣達無餘蘊矣。其書爲曹氏死後遺稿，印行於光緒三十二年，其正文至第十三卷止，備城門以下第十四、第十五兩卷僅存篇目第次，正文概行删節。

二十六、王闓運注本墨子

此書根據畢本，而與畢本異處頗多。除一部似據王、蘇、俞、孫諸家之説改易而未明注來歷外，其餘多以意改，大非慎重古書之道。故于其書與畢本異處，只能視爲王闓運一家之言，不應視爲一種版本之異文。此書刊于光緒甲辰，後孫氏墨子閒詁者十年。

二十七、日本牧野謙次郎墨子國字解

此書注解除采取吾國畢本、孫本所列諸家外，又采取日本秋山儀（翻刻茅本）、小川信成（著墨子闡微）、户埼允明（著墨子考）、諸葛蠡（著墨子箋）、佐藤晉（著墨子樞義）諸家之説。所引異文中有所謂藤本者，不知其所出，蓋藤澤甫校定之本也。牧野原注云：藤澤甫字元發，號東畝，仕於高松藩，居於大阪，慶應某年卒。牧野書中凡例有云：「今出入諸書，檢討異同，或覃思殫慮，照準前後，脱者補之，誤者訂之，贅者削之，錯者正之。每篇之末附存異一闌，廣列異文，仍載原文，以供讀者之參考。」是牧野搜討之勤，校本之富，皆有足稱者。唯以校讎未精，所列異文不盡可據耳。牧野論先秦諸子亦多特識，其書序説中有云：「孔、老對舉，實漢代以降之事。至戰國以前，一世歸嚮之學宗，惟儒墨而已。」是牧野不惟善治墨子，亦善觀察先秦學術思想之重要派别也。

二十八、尹桐陽墨子新釋

釋多傅會，亦閒有新解。

二十九、張純一墨子集解

張氏前發表墨子閒詁箋，近又成墨子集解，研討甚勤，惟以缺少異本，參校功疏，對於畢、孫本脱誤處，頗少新創之發見與有據之訂正。

三十、李笠定本墨子閒詁校補

此書據嘉靖癸丑唐本、百家類纂沈本、萬曆辛巳茅本及聚珍本墨子閒詁諸書校勘定本墨子閒詁，故能言之有物。沈本、茅本校語采自楊嘉。其校語失誤之處亦頗不少，今姑舉其以不誤爲誤者如次：

尚賢中篇「寍樂在君」。

李笠云：「寍」譌「寍」，畢本避清廟諱作「寍」，今更脱筆作「寍」。

謹案：「寍」爲「安寍」正字，畢注已及之。「寧」字爲清宣宗廟諱，畢本刻于乾隆四十八年，字本作「寧」，其時尚無宣宗，豈豫知其廟諱歟？

尚同中篇「輕大夫師長」。

畢注引盧云：「下篇作『奉以卿』，字誤也。」李云：「『此』譌『字』，當據畢本正。」

謹案：「字」字可通。畢原本亦作「字」，不作「此」。

尚同下篇「家既已治」。

李云：「已」譌「己」。

謹案早印之定本墨子閒詁不譌，李氏或見晚印本爛損耳。

兼愛下篇「譬之猶以水救火也」。

孫注云：「顧校季本作『火救水』。」李云：「顧校季本作『人救水』，孫注偶誤。」

謹案顧校季本作「火救水」，孫注不誤，李校誤。

非攻中篇「計莒之所以亡於齊越之閒者」。

李云：「閒」譌「聞」，據畢本正。

謹案：聚珍本墨子閒詁原作「聞」，改作「閒」，「閒」字不誤。

非攻中篇「古者王公大人情欲得而惡失」。

孫注云：「『古者』亦當從王校作『今者』。」李云：「注文『王』譌『土』。」

謹案：定本孫注作「王」，不譌。

節葬下篇「仁者將興之天下」。

楊嘉校云：「茅本『將』下有『來』字，蓋『求』之誤也。」李校云：「嘉靖本作『將求興天下』，茅本脱『求』字，併無『來』字，楊校誤。」

謹案：此處舊本文有衍複，故上下文重出。

嘉靖唐本　上文作「仁者將求興天下」，下文作「仁者將興之天下」。

萬曆茅本　上文作「仁者將來興天下」，下文作「仁者將興之天下」。

楊氏據茅本上句校，「將」下固有「來」字，何得云楊校誤乎？若據下句，茅本固脱「求」字，嘉靖本亦脱「求」字。今李氏訾楊校，則引茅本下句，而遺其上句。申己説，則引嘉靖本上句，而遺其下句。校書如此，庸有當乎？李氏可據嘉靖本上句校，楊氏獨不可據茅本上句校乎？

節葬下篇「棺椁必重」。

孫注引荀子楊注云：「蓋以棺椁與抗木合爲十重也。」李云：「聚珍本初印亦作『抗木』，後改『杭』，是，當據正。杭音居郎反。」

謹案：余見聚珍本墨子閒詁不下十本，皆先作「杭」，後改「抗」，「抗」、「杭」字通。今定本作「抗」，正與聚珍本改正後相合也。

明鬼下篇「奈何其欲爲高君子於天下」。

孫注云：「『高』當作『尚』。『尚』下又脱『士』字。」王闓運寫刻本「高」下增「士」字。李云：「『高士』不見於墨子，仍從孫校改爲是。」

謹案：「高士」數見於兼愛下篇，何謂不見？至「高士」與「尚士」兩校孰長，當别論之。

經説上篇「仁，愛己者非爲用己也」。

孫注云：「淮南子精神訓云：『聖王之養民，非求用也，性不能已。』李氏引張純一箋云：『聖王之養民，非爲己用也，性不能已也』，見文子微明篇，淮南精神訓無。」

謹案：孫注見淮南子繆稱訓，僞文子即襲淮南文，言精神訓者，篇名偶誤耳。張未檢及，李竟據之，疏矣。

以上各條，皆李氏以不誤爲誤者也。至其本誤而不覺，與當校而失校者，兹不枚舉，與余著墨子校注對勘，即可知之。孫氏定本墨子閒詁失誤之處頗多，李氏所致力者，多屬於與聚珍本對校之一部，此外則發明甚少，似非長時閒用功之作。雖然，孫氏閒詁以後，能廣求異本以校墨子者，惟此書耳。

（二）墨子各篇真僞考

漢書藝文志：「墨子七十一篇。」今本有五十三篇，分爲六組討論之。

第一組　親士、脩身、所染、法儀、七患、辭過、三辯，凡七篇。

畢沅云：親士與脩身篇無稱「子墨子云」，疑翟所著也。

汪中云：親士、脩身二篇，其言淳實，與曾子立事相表裏，爲七十子後學者所述。所染篇亦見呂氏春秋。墨子蓋嘗見染絲者而歎之，爲墨之學者增成其説耳。

孫詒讓云：脩身、親士諸篇，誼正而文靡，校之他篇殊不類。所染篇又頗涉晚周之事，非墨子所得聞。疑皆後人以儒言緣飾之，非其本書也。

胡適之云：自親士到三辯凡七篇，皆後人假造的，前三篇全無墨家口氣，後四篇乃根據墨家餘論作的。

梁任公云：親士、脩身、所染三篇，非墨家言，純出僞託，可不讀。法儀、七患、辭過、三辯四篇，是墨家記墨學概要，很能提綱挈領，當先讀。

謹案：親士、脩身二篇之僞，可無庸疑。畢謂無「子墨子曰」者爲墨子所著，其實無「子墨子曰」者正可爲非墨子言之本證。所染篇雖僞，但篇首三十餘字爲墨子之言，此可以呂氏春秋當染篇、淮南子説林訓、論衡藝增篇證明之。後四篇中，法儀篇與墨家法天思想尚不相違，其餘三篇則頗有出入。茲舉其顯而易見者：如七患篇「五味盡御於主」、「人君徹鼎食五分之三」、「大夫徹縣」、「桀無待湯之備故放，紂無待武王之備故殺」，皆不似墨家語。辭過篇「當是之時，堅車良馬不知貴也」，大有緬懷上古之意，不知墨家乃貴堅車良馬者也。又「士民不勞，足以征不服，故霸王之業可行於天下矣」，墨家非主張霸道者，不服似無征伐之必要。又「當今之王」「王」字據古本。本篇屢見，墨子時唯楚越稱王，墨子書中凡通論當時事而無所特指者，多言「王公大人」，無單稱王者。三辯篇「武王治天下不若成湯，成湯治天下不若堯舜」，此種比較在墨子書中亦爲特例。梁氏謂「這四篇是墨家記墨學概要，很能提綱挈領」，似未深考。此外尚有一無關宏恉而堪注意之點，墨子全書，第四組以下皆作「子墨子曰」，第二組則「子墨子曰」與「子墨子言曰」並用，但在第二組各篇，凡以「子墨子云」冠首者，皆作「子墨子言曰」，據古本。無作「子墨子曰」者。法儀、七患、辭過三篇論性質當與第二組同，但篇首皆作「子墨子曰」，不作「子墨子言曰」，蓋造僞書者未照及此等瑣細之處，而不知其與第二組通例不合也。法儀篇不失爲墨家言，有引作「子墨子言曰」者。

第二組　尚賢上中下、尚同上中下、兼愛上中下、非攻上中下、節用上中、節葬下、天志上中下、明鬼下、非樂上、非命上中下、非儒下，凡二十四篇。

畢沅云：非儒篇無「子墨子言曰」者，門人小子臆説之詞，并不敢以誣翟也。

曹耀湘云：非儒篇蓋不悦儒術者附會爲此説，必非墨翟之本書也。

胡適之云：第二組凡二十四篇，大抵皆墨者演墨子的學説所作的，其中也有許多後人加入的材料，非樂、非儒兩篇更可疑。

梁任公云：前十個題目二十三篇，是墨學的大綱目，墨子書的中堅篇，中皆有「子墨子曰」字樣，可以證明是門弟子所記，非墨子自著。每題各有三篇，文義大同小異，蓋墨家分爲三派，各記所聞。非儒下篇無「子墨子曰」字樣，不是記墨子之言。

謹案：畢、梁兩氏以非儒篇無「子墨子曰」字樣，定爲不是記墨子之言，甚是。但篇中前半所述，多見於公孟等篇，雖非墨子所自言，尚不害爲墨家之言。篇中後半所述，「以所聞孔丘之行」以下至篇末，與上半篇就事立論者顯然有别，不類一篇文字。辭氣粗獷，遠不如墨家辯論之謹嚴。其文又多見於晏子春秋，蓋後人妄以他書竄入墨子者。僞孔叢子詰墨篇即以此下半篇爲詰問資料。孟子、荀子皆以尊孔非墨名世者，假使非儒後半爲墨子原書，則孟、荀早舉而辯之非之矣，尚待僞孔叢者始舉而詰之邪？固有以知其必不然矣。本組性質相類，他目皆有上中下三篇，而非儒獨否，亦其不類之一徵也。節用中篇文氣不接，篇首數行即顯飣餖，且多勦襲他書，如舉百工之次序，似考工記言；堯撫四方，似韓非子、尸子、大戴記、賈子、淮南子等書；堯飯土塯，史記李斯傳固明言二世聞于韓子，則本非墨子之文甚明。其餘文字，亦與辭過、節葬等篇小異而大同。通篇除摹擬勦襲外，所餘殆同無物。胡氏謂此組「非樂、非儒兩篇更可疑」，余則以爲非樂篇無庸疑，可疑者在節用中與非儒下兩篇也。魯問篇：「子墨子曰：凡入國必擇務而從事焉，國家昏亂則語之尚賢尚同，國家貧則語之節用節葬，國家喜音湛湎則語之非樂非命，國家淫僻無禮則語之尊天事鬼，國家務奪侵凌則語之兼愛非攻，故曰擇務而從事焉。」據此，則本組十目之義，皆子墨子所雅言也。

第三組　經上、經下、經説上、經説下、大取、小取，凡六篇。

此六篇時代學者意見至爲紛歧，兹分述其概。

甲、經上各篇爲墨子自著者。

晉魯勝墨辯注敍云：墨子著書，作辯經以立名本，惠施、公孫龍祖述其學，以正刑名，顯于世。墨辯有上下經，經各有説，凡四篇。

畢沅云：此翟自著，故號曰「經」，中亦無「子墨子曰」云云，詞亦最古。

曹耀湘云：墨子之書，唯此數篇爲難讀。漢志名家者流如尹文、公孫龍、惠子、毛公皆爲堅白同異之辯，故知名家者墨氏之支流也。

梁任公云：這六篇大半是講論理學，經上、下當是墨子自著，經説上、下當是述墨子口説，但有後學增補。大取、小取是後學所著。

乙、經上各篇非墨子自著者。

汪中云：經上至小取六篇，當時謂之墨經。莊周稱相里勤之弟子，五侯之徒，南方之墨者苦獲、已齒、鄧陵子之屬，以堅白同異之辨相訾，以觭偶不仵之辭相應者也。公孫龍、惠施二子實始爲是學，是時墨子之殁久矣，其徒誦之，並非墨子本書。

孫詒讓云：經上下、經説上下四篇，皆名家言。又有算術及光學、重學之説，精眇簡奥，未易宣究。其堅白異同之辯，則與公孫龍書及莊子天下篇所述惠施之言相出入。據莊子所言，則似戰國之時墨家别傳之學，不盡墨子之本恉。畢謂翟所自著，考之未審。

高瀨武次郎云：經上下、經説上下數篇，古來傳爲墨子之真筆，而爲其精髓所在。今考其文，皆片斷短句，非如天志、兼愛等篇，爲首尾一貫之論文。又其所言亦非治國平天下之大經。古人見其有「經」字，遂臆斷爲墨子精髓所在，實非允當之論。予竊謂經及經説不過集合當時辯論上之用語，確定其解説而已。名之曰「經」，所以示其爲辯論上之依據，猶之記圍碁之術者曰「碁經」，記墨之製法者曰「墨經」也。又大取、小取二篇，亦爲辯論之方術，與墨子學説無密切關係。蓋當時墨子之徒爲欲布教，不得不用此等辯論術，其門人後生既習用之，又會萃之以成篇耳。徵諸莊子天下篇之文，墨者用力于辯論，有暗誦墨經之迹，由是可知墨者之辯論殆爲名家者流之淵源，故晉之魯勝謂名家者流祖述墨辯也。

胡適之云：這六篇不是墨子的書，也不是墨者記墨子學説的書。我以爲這六篇就是莊子天下篇所説的「别墨」做的。這六篇中的學問，吋不是墨子時代所能發生的，况且其中所説，和惠施、公孫龍的話最爲接近。惠施、公孫龍的學説，差不多全在這六篇裏。至于這六篇吋非墨子所作的理由，約有四端：

一、文體不同。這六篇的文體、句法、字法，没有一項和墨子書的兼愛、非攻、天志……諸篇相像的。

二、理想不同。墨子的議論，往往有極淺鄙可笑的，例如明鬼一篇雖用三表法，其實全無論理。這六篇便大不同了，六篇之中全没有一句淺陋迷信的話，全是科學家和名學家的議論，可見這六篇書吋不是墨子時代所能做得出的。

三、「墨者」之稱。小取篇兩稱「墨者」。

四、此六篇與惠施、公孫龍的關係。這六篇中討論的問題，全是惠施、公孫龍時代的哲學家争論最烈的問題。如堅白之辯、同異之論之類。還有莊子天下篇所舉惠施和公孫龍等人的議論，幾乎没有一條不在這六篇之中討論過的。又如今世所傳公孫龍子一書的堅白、通變、名實三篇，不但材料都在經上下、經説上下四篇之中，並且有許多字句文章都和這四篇相同。于此可見墨辯諸篇若不是惠施、公孫龍作的，一定是他們同時的人作的。

胡氏所舉四項理由，梁任公駁之。

一、梁云：經之文體與他篇不同，此正乃經爲墨子自著之確證耳。何也？諸篇皆有「子墨子曰」云云，則其必爲門弟子所記述，而非墨子自著甚明。師之著述，其文體何須模擬弟子所記？經文體與他篇異者，經爲墨子自著，他篇爲弟子記故也。胡氏反以此爲經非出墨子之證，何也？

謹案：此項理由本不充足，故胡、梁兩氏之説皆不能立于不破之地。蓋文體不同，固不足以爲非墨子自著之塙證，同時亦不足以爲墨子自作之塙證。如荀子書，其賦篇與其他諸篇文體不同，固不害其出于一人之手也。若僅就文體不同而謂其作者必異，寧有是乎？

二、梁云：胡謂與他篇「理想不同」，此實不然。墨子之教，曰智與愛。他篇多教愛之言，此經多教智之言，其範圍本應有别。且此經根本理想，實與墨教一致，如「仁，體愛也」、「義，利也」、「任，士損己而益所爲也」、「無窮不害兼」諸條最明。其與他篇互有詳略，則固宜然耳。胡氏謂明鬼等篇多迷信之言，此經無有，以是爲不同出一手之證。此論非是，墨子惟天志、明鬼兩篇有迷信之言，所謂言各有當耳，不能以此爲墨家之根本義。

謹案：此項胡、梁所見各隨其分，胡謂不同，似以兩者之精粗及其所涉之範圍言之；梁謂同，亦以其「仁」、「義」、「任」、「無窮不害兼」諸條與墨家根本思想一貫也。

三、梁云：六篇性質各異，不容并爲一談。大取、小取既不名「經」，自是後世墨者所記，斷不能因彼篇中有「墨者」之文，而牽及經之真僞。蓋彼本在經之範圍外也。胡氏誤認六篇同出一人手，此根本致誤處。經分上下兩篇，文例不同。經上必爲墨子自著無疑，經下或墨子自著，或禽滑釐、孟勝諸賢補續，未敢懸斷。至經説與經之關係，則略如公羊傳之於春秋。欲明經，當求其義於經説，固也。然不能逕以經説與經同視。經説固大半傳述墨子口説，然既非墨子手著，自不能謂其言悉皆墨子之意，後學引申增益，例所宜有。今因説之年代以疑經之年代，是猶因公羊傳有孔子以後語，而謂春秋非孔子作，大不可也。

謹案：此項胡氏理由充足，但僅能適用於小取一篇。若舉以概他篇，則證據尚嫌不足。梁氏謂此六篇不容并爲一談，而不知即大取、小取二篇亦不容并爲一談也。

四、梁云：墨經與惠施、公孫龍一派學説之關係最當明辯，施、龍輩確爲別墨，其學説確從墨經衍出，無可疑也。然斷不能謂墨經爲施、龍輩所作，施、龍輩所祖述者，不過墨經中一小部分，而其説之内容又頗與經異也。細按四篇之文，經下或比經上時代稍後，其兩經皆墨子著邪？抑經下出自弟子手邪？未能確斷。經說則吋非出自一人，且並未必出自一時代，或經百數十年遞相增益，亦未可知。莊子天下篇「俱誦墨經，而倍譎不同，相謂別墨。以堅白同異之辯相訾，以觭偶不仵之辭相應」，謂其同出於墨經，而倍譎不同，互相詆以「別墨」。別墨者，言非墨家之正統派也。胡氏讀「相謂」爲「自謂」，大非宜。若如胡氏說，則所謂「俱誦墨經」者，究誦何物？明明有經兩篇，必指爲非經而別求經於他處，甚無謂也。胡氏指尚同、兼愛等篇爲墨經，非是。此諸篇篇各有三，蓋當時三墨之徒各記所聞，其文乃論體，而非經體。三墨並宗者，則此經上、下二篇而已。

關於胡氏所舉四項理由，張煊於民國八年北京大學出版之國故中亦有駁議，今引其論別墨及墨經爲墨子自著二段如次：

張云：韓非顯學篇「自墨子之死也，有相里氏之墨，有相夫氏之墨，有鄧陵氏之墨，取舍相反不同，而皆自謂真墨」，是相里氏、相夫氏、鄧陵氏固未嘗不以己說爲真墨也。莊子天下篇所云「相謂別墨」者，亦猶云各自以爲真，而謂人爲別耳。故「別墨」二字，實三墨互相稱道之名，而非一學派之名也。

張又云：吾以墨經爲翟所自著者，舍以上各反證外，謹案：即證明胡氏四項理由不能成立之反證。詳國故第二期，可參閱。尚有數證：一、舊有經名，二、包羅宏富，三、翟嘗教弟子以名學。兼愛等篇，但有定旨，即不易誤，故任弟子自記。名形等學，皆爲定義，一字稍異，差即千里，故翟自著。說之作，蓋略後於經，殆爲弟子講解時隨手所録，故補經不逮處甚衆。

丙、經上各篇爲墨者所撰述，以抗禦惠施、公孫龍輩者。

此說章行嚴創之，見東方雜誌二十卷二十一號章著之名墨訾應論中，其言曰：墨、惠兩家，凡所同論之事，其義莫不相反。如墨言「景改爲住」，與惠言「飛鳥之景不動」；「墨言「非半不𣃔則不動」，惠言「一尺之棰取半不竭」，理均相抗，各執一端。且細繹兩家之辭意，似惠子諸義先立，而墨家攻之。以如此互相冰炭之兩宗并爲一談，謂此是一是二，夫亦可謂不思之甚矣。

惠施與墨家俱有事於名，特施爲訾者，而墨爲非訾，其中鴻溝甚大。以愚推之，墨子自著之辯經久已亡絶，辯經中巍然自立之定義，使其層累成爲一科，不合與人角智之性者，必較今存之六篇爲精且詳。以施、龍之出後于墨子，墨子固不得如豫言者流，知某時將有訾者某某求勝于彼，而先設駁義若干條以爲之備也。其後墨者傳經，節節遇有名家者流相與詰難，因釋經以拒之。而後起諸問，經中焉能備載？其徒勢不得不以己所崇信詮解師說，詮解不同，而派别以起，此乃天下篇所謂「俱誦墨經而倍譎不同」者也。今之六篇，殆墨家弟子之所撰述，此與其徒俱誦之墨經迥乎不同，而爲其徒之一派半述半刱，以抗禦名家之謷者如施、龍輩焉，則愚所自信，爲千慮一得，無可置疑者也。

謹案：由右列各家之説，此組時代差異亘百餘年，自墨子至公孫龍以後，即自戰國初年至其末期。再加徵引，徒益紛歧，書缺有間，無以定是非之誠也。余之所見，又與諸家異趣，今述之如左：

一、六篇時代不同，應分別觀之。

二、六篇時敍，以大取篇最先，經上、經説上次之，經下、經説下、小取又次之。

三、大取篇爲全部墨學綱領，在六篇中與墨子關係最爲明憭，因篇中一稱「子墨子」，兩稱「子」，皆其他五篇所無也。此點證據確鑿，爲與其他五篇顯然不同之處。諸家皆未據此與他篇分別觀察，豈非異事？孟子謂「墨子兼愛，摩頂放踵利天下爲之」，蓋即本此篇「斷指與斷捥，利于天下相若，無擇也」而來，篇中兩「子」字或可曲作他種解釋，「子墨子」三字則意義明塙，不容曲解，其爲墨子弟子之所記録可無疑義。唯今本簡帛錯亂難讀，冠于全書，治墨諸家率多擱筆。王闓運析出篇中「語經」以下文，别立一語經篇，雖屬逞臆無據，然本篇有加入材料，則爲不可掩之事實。「語經」以下二十餘字，其尤可疑者也。

四、經與經説同時産生。經與説往往各明事理之一面，非通觀無以知其全，與純粹注疏性質者不同。經與説相待而得名，雖其産生之方法或不必同，如一爲教者手訂，一爲學者記録等。其產生之時代當不懸隔也。在諸子中，管子與韓非子皆有經文與解說互見之例，蓋古代文體之一種。韓非子八說篇曰「書約而弟子辯，是以聖人之書必著論」，即說明此種文體成立之理由也。

五、經上與經下異時。其理由：

(甲)經上皆建樹自家理論，經下多反駁他家議論，一正一反，其時代之有先後甚爲顯然。

(乙)經上與經下體裁相同，而文式結構不同，若非異時，似無不同之必要。

六、經上與墨子之關係。

(甲)經上如「仁」、「義」、「禮」、「實」、「忠」、「孝」、「信」、「廉」、「任」、「勇」諸條，是墨家共同踐履之德目，墨子當日蓋即以此等德目教授弟子，故能造成一學派之風氣。

(乙)呂氏春秋去私篇：「墨者鉅子腹䵍對秦惠王曰：墨者之法曰：『殺人者死，傷人者刑。』王雖令吏弗誅，腹䵍不可不行墨子之法。」可見墨家團體内尚有成文的共同遵守之法規，則其有成文的共同踐履之德行與共同應具之知識，實非意外之事。

(丙)韓非子外儲說左上篇曰：「言有纖微難察而非務也，故李、惠、宋、墨皆畫策也。」又八說篇曰：「楊朱、墨翟，天下之所察也。」又曰：「博習辯智如孔、墨。」是墨子固以智慧辯察見稱于世者，則其以智慧辯察之術上說下教，當爲事理之所宜有。

（丁）莊子駢拇篇曰：「駢於辯者，纍瓦結繩竄句，游心於堅白同異之間，而敝跬譽無用之言非乎，而楊、墨是已。」使駢拇篇塙爲莊子文，則墨家至遲在莊子時已游心於堅白同異矣。

根據上述理由，經上、經説上兩篇即非墨子自著，然其大部分理論由墨子遞禪而來，此可推知者也。

七、經下之時代。

（甲）經下篇「仁義之爲内外也，悖」條，正反駁孟子告子篇告子「仁内義外」之説。循先立後破之通例，可測定經下之作最早與告子同時。與孟子問答之告子。

（乙）經下篇：「於，一有知焉，有不知焉，説在存。」説曰：「於：石，一也。堅白，二也，而在石。故有智焉，有不智焉，可。」公孫龍子堅白篇曰：「於石，一也。堅白，二也，而在於石。故有知焉，有不知焉；有見焉，有不見焉。」二書相同，果孰爲勦襲邪？墨經説「於」字爲標目，公孫龍子「於」字爲正文，字近于贅。墨經「知」字實晐手拊、目見二者。公孫龍子「知」、「見」二字並舉。兩相比較，則公孫龍子之由墨經蜕變而來甚爲顯然。

（丙）公孫龍子白馬、通變、堅白、名實諸篇所論，與經上、下等篇相發者甚多。審覈内容，皆似墨經導其原，公孫龍子宏其流者。晉魯勝謂公孫龍祖述辯經，洵非無徵。是經下之作，最早不能在與孟子問答之告子學成以前，最晚不能在公孫龍子以後。因之可得下列諸判斷：

(一)、經下與經説下篇非墨子作。

(二)、經與經説非公孫龍作。

(三)、經與經説非公孫龍學説之反動。

(四)、經説標目之例，起於公孫龍以前。

八、小取篇爲一氣呵成之論辯文字，文思細密，格局調匀，字句矜慎。依學術思想演化之通例，此種文字不能成於辯學尚未發皇光大之時，胡氏據篇中兩見「墨者」，定爲施、龍時代文字，可從。

九、莊子天下篇言「俱誦墨經」，可知墨經在誦時早已存在，其誦者亦非一派也。又言「倍譎不同，相謂別墨，相訾相應」，可知其時作墨經之人已死，諸派各有所執，乖戾分争，自謂真墨，斥異于己者爲別墨。于此尚有一重要問題，即所謂「俱誦墨經」究誦何物？胡氏以墨經乃墨教經典，如兼愛、非攻之類。梁氏謂即經上、經下兩篇。此説不自梁氏始，今爲行文簡便計，惟舉梁。章氏謂其徒俱誦之墨經久已亡絶，今之六篇殆墨家弟子之所撰述。古今學者多同梁説，以其本有「經」名，取證直捷也。然以先秦學術思想參伍校之，説終難安。余以爲俱誦之墨經非他，即大取篇也。經者，不必自經也，後人尊之以爲經。大取爲墨經而不標「經」名，猶六經之原無「經」名也。大取篇之末言「其類在」者凡十有三，原蓋有説以釋之，以其有説，則大取篇之爲經也愈明矣。時代推移，墨徒繁衍，散布之區域日廣，新興之事理愈多，原遠流分，口多心異，于是俱誦之中不免有歧異之説。莊子所謂「倍譎不同」，韓非子所謂「取舍相反不同」，義蓋如此。今本經上、下諸篇爲後世墨者所撰述，始明標「經」名。新編之經名雖立，俱誦之墨經猶在也。後人不達古代經不自經之例，以原有經名者始謂之「經」，而無經名者則否，是何異以晚出之孝經爲儒家俱誦之經，而忽視其詩、書、禮、樂、易、春秋也？

十、墨經既爲墨家各派所宗，在理想上似當具下列條件：

(甲)時代較早，與墨子有明壖關係。

(乙)爲墨學綱領所在。

(丙)含義豐富。今檢墨子全書，具此條件者，唯大取一篇。胡氏以經上等篇有爲施、龍所作嫌疑，章氏以經上等篇有與施、龍皆應證據，皆無當於俱誦之墨經，誠以其時代太晚，疑點太多，不得已而求諸外，以期無牾于莊子天下篇之文，實于無解答中聊作解答也。

平衡三説，胡以兼愛非攻等篇爲墨經，失之廣汎。章徑謂墨經亡失，失之虚眇，反不如梁説之有據。今若以大取篇爲墨經，則時代疑慮既可消失，廣汎、虚眇兩無與焉。若從梁説墨經即經上、下兩篇，則施、龍時代之濃厚色采終不可掩，經下則尤爲不倫。以經下列入墨經，則是墨家以與人角智争勝之晚出小辯爲全宗俱誦之經，其非事理所宜有，章章明矣。

第四組　耕柱、貴義、公孟、魯問、公輸，凡五篇。

胡適之云：這五篇乃是墨家後人把墨子一生的言行輯聚來做的，就同儒家的論語一般。

梁任公云：這五篇是記墨子言論行事，體裁頗近論語。

謹案：本組學者閒無異議。

第五組　備城門、備高臨、備梯、備水、備突、備穴、備蛾傅凡七篇。

第六組　迎敵祠、旗幟、號令、襍守凡四篇。

以上兩組十一篇，舊皆并爲一組。

胡適之云：自備城門以下到襍守，凡十一篇，所記都是墨家守城備敵的方法。

梁任公云：這十一篇是專言守禦的兵法。

朱逷先云：備城門以下二十篇，舊説皆禽滑釐所受墨子守城之法。余謂皆屬漢人僞託，今存者僅十一篇，其九篇已亡，茲將其僞託證據列下：

一、備城門以下，今存之十一篇中多漢代官名。

二、備城門以下，今存之十一篇中有漢代刑法制度。

三、備城門以下，今存之十一篇多勦襲戰國末及秦、漢諸子。

四、備城門以下，今存之十一篇中多言鐵器、鐵兵，與墨子時代不符，決爲漢人僞託。

綜上四證，則備城門以下二十篇實爲漢人僞託，殆無疑者。朱氏原文見民國十八年清華週刊三十卷第九期。

謹案：朱氏所舉四證，前二者前人已道及之。孫氏墨子閒詁於號令篇目下引蘇時學注，即認爲非墨子之言。吴汝綸點勘墨子，則塙定其爲漢人文字。吴書隨處可得，豈朱氏未見邪？但朱氏爲國内有名國學家，決非襲人見以爲己見者，當屬偶未檢及耳。迎敵祠以下四篇爲僞書，余幸與吴、朱所見相合，無庸費辭。今所論列者，在備城門至備蛾傅七篇。朱氏證其爲漢人文字者，余以爲其所引證據，尚不足以證明其爲漢人文字也。茲就朱氏所引證據中關於前七篇者討論之。

節録朱氏原文。備城門篇云「召三老左葆官中者，與計事」。

案：備城門篇「召三老左葆官中者，與計事」，似爲縣三老。

又案：孫詒讓曰：「管子水地篇『與三老、里有司、伍長行里』，史記滑稽傳西門豹治鄴，亦有三老」，則三老戰國時已有，且墨子時必尚無「三老」之名也。

謹案：朱氏所引，是他篇文錯入備城門篇者，孫氏校爲襍守篇文，余校爲號令篇文，所見雖不盡同，其訂爲非備城門篇文則一，本可置諸不辯。退一步言，假定此節爲備城門篇文，由朱氏所引孫注既考定戰國時有三老，則據「三老」二字不足以證明其爲漢代文，其理自明。管子非管仲時代之書，可無論。史記西門豹治鄴已有三老，則三老制之存在，當始于西門豹治鄴以前。西門豹爲魏文侯臣，文侯與墨子年世相值，朱氏一面既肯定西門豹治鄴已有三老，一面又謂「墨子時必尚無三老之名」，不知更有何據下此判斷？如其無也，是何異説「墨子時已有三老，墨子時必尚無三老之名」也，有是理乎？

節録朱氏原文。備城門篇云「城上四隅童異高五尺，四尉舍焉」。

案：商子境内篇云「其縣有四尉」，商子係戰國末所僞託，且皆秦制，而漢因之。

又案：孫詒讓云：「史記商君傳云『集小都鄉邑聚爲縣，置令、丞』，秦本紀在孝公十二年。」

縣令諸國或皆有之，丞、尉則起于秦。據孫氏墨子年表，秦孝公十二年墨子卒已久，當時必無令、丞、尉並立之官。

謹案：漢制除長安、洛陽外，大縣二尉，小縣一尉。今備城門篇之尉，舍于城上之四隅，其數至少當及四人，與漢制一班縣尉人數不合，與商子之四尉、丞尉，在未有塙證以前，亦不當視作全同。蓋以商子之文注疏墨子未嘗不可，若因商子有尉，墨子亦有尉，遂謂墨子書當在商子之後，則未免言之過早也。尉爲古官名，左傳閔二年「羊舌大夫爲尉」，又成十八年「立軍尉以攝之」，襄十九年有「軍尉」、「輿尉」，襄二十一年「將歸死于尉氏」，杜注云：「尉氏，討姦之官。」是尉之爲官名，由來舊矣。孫詒讓注：「北堂書鈔職官部引韋昭辨釋名云：廷尉、郡尉、縣尉，皆古官也。以尉尉人心也。凡掌賊及司察之官，皆曰尉。尉，罪也，言以罪罰姦非也。」似此，則僅據一「尉」字不足以證明其爲漢代文字也。

節録朱氏原文。備城門以下，今存之十一篇，有漢代刑法制度。

謹案：此項朱氏所引諸例，無在備城門至備蛾傅七篇者，可不辯。

節録朱氏原文。備城門以下，今存之十一篇，多勦襲戰國末及秦漢諸子。

勦襲管子　備城門篇云：「凡守圍城之法，厚以高，壕池深以廣，樓撕楯，守備繕利，薪食足以支三月以上，人衆以選，吏民和，大臣有功勞於上者多，主信以義，萬民樂之無窮。不然，父母墳墓在焉。不然，山林草澤之饒足利。不然，地形之難攻而易守也。不然，則有深怨於適而有大功於上。不然，則賞明可信而罰嚴足畏也。」案：此篇即係勦襲管子九變篇，而故爲顛倒錯亂耳。朱氏引管子九變篇文，畢注墨子曾引之，今從略。

勦襲黄帝兵法　迎敵祠篇云：「敵以東方來，迎之東壇，壇高八尺，堂密八，年八十者八人，主祭青旗青神，長八尺者八，弩八，八發而止，將服必青，其牲以雞。敵以南方來，迎之南壇，壇高七尺，堂密七，年七十者七人，主祭赤旗赤神，長七尺者七，弩七，七發而止，將服必赤，其牲以狗。敵以西方來，迎之西壇，壇高九尺，堂密九，年九十者九人，主祭白旗，素神長九尺者九，弩九，九發而止，將服必白，其牲以羊。敵以北方來，迎之北壇，壇高六尺，堂密六，年六十者六人，主祭黑旗黑神，長六尺者六，弩六，六發而止，將服必黑，其牲以彘。」案：北堂書鈔引黄帝兵法與此節文全同。朱氏以爲全同，故彼未將書鈔文引出，以避重複。

勦襲尉繚子　旗幟篇云：「城將爲絳幟，長五十尺。四面四門將，長四十尺。其次三十尺，其次二十五尺，其次二十尺，其次十五尺，高無下十五尺。城上吏置之背，卒於頭上。城下吏卒置之肩，左軍於左肩，中軍置之胸。」尋此文前後脱誤甚多，蓋必勦襲尉繚子無疑。朱氏引尉繚子文，孫注墨子曾引之，今從略。

謹案：旗幟篇與尉繚子文不似勦襲，即爲勦襲，誰勦襲誰似乎尚是問題。朱氏謂旗幟篇必勦襲尉繚子無疑，判斷亦微嫌過早。迎敵祠篇文，朱氏謂與北堂書鈔引黄帝兵法全同。今檢北堂書鈔併無與此節文全同之黄帝兵法，應請朱先生指明出於書鈔何卷。若朱先生不能指出，則勦襲一層自難談到。管子一例，塙似勦襲，不過此節文字，在備城門篇上下文皆不相屬，明是錯簡。通觀墨子全書，此節三百餘字，當在號令篇「此所以勸吏民堅守勝圍也」之下，因號令篇「圍城之重禁」句、「此所以勸吏民堅守勝圍也」句，與此「凡守圍城之法」句、「乃足以守圍」句、「此守城之重禁也」句，有線索可尋也。此節非備城門篇文，余校注本墨子，於此三百餘字仍從古本，未加移動，試與上下文比較，即可知其文不類。可無庸辯。退一步言，假定此節爲備城門篇文，持與管子九變篇比較，墨子文除與管子類似者外，字句尚多，文亦通暢，管子九變全篇除與墨子類似者外，所餘不過數句，文勢短促，甚似勦襲墨子成篇，而又無力續長者。就文而論，管子塙似勦襲。再退一步言，假定墨子勦襲管子，亦不足以塙定其爲漢人文字也。何也？因管子九變篇之時代尚不易塙定也。又凡甲乙兩書相同，而有勦襲嫌疑者，欲定何書爲勦襲，以貫例言，當比較兩書之時代、文字之内容及真僞程度而定。今朱氏所列三書，一爲管子，一爲黄帝兵法，一爲尉繚子，若以上項貫例繩之，與其説墨子勦襲彼三書，無寧説彼三書勦襲墨子較爲可能也。黄帝兵法與尉繚子二例不在本文討論範圍内，此姑連類及之。

節録朱氏原文。備城門以下，今存十一篇中多言鐵器、鐵兵，與墨子時代不符，吋爲漢人僞託。

鐵器則有鐵鍱、鐵鐕、鐵纂、鐵什、鐵校、見備城門篇。鐵校、鐵鎖、見備穴篇。鐵鏁。見備蛾傅篇。鐵兵則有鐵矢、見備城門篇。鐵鉤鉅、鐵鈇、鐵矛。見備穴篇。朱氏原文尚有襍守篇一例，因在本文範圍外，今不録。

謹案：此項證據取材新穎，性質塙實，發前人所未發，爲朱氏全篇文字精要之處。今欲研究本項問題，須先明中國鐵器使用之時代。

國語齊語曰：「美金以鑄劍、戟，試諸狗馬。惡金以鑄鉏、夷、斤、斸，試諸壤木。」

管子小匡篇曰：「美金以鑄戈、劍、矛、戟，試諸狗馬。惡金以鑄斤、斧、鉏、夷、鋸、欘，試諸木土。」又海王篇曰：「今鐵官之數曰，一女必有一鍼一刀，若其事立。耕者必有一耒一耜一銚，若其事立。行服連軺輂者，必有一斤一鋸一錐一鑿，若其事立。」

左傳魯昭公二十九年：「遂賦晉國一鼓鐵，以鑄刑鼎。」

由上列諸例，可知中國在春秋時，塙已用鐵作器，併知其時鐵之用僅及於鉏、夷、斤、斸等粗制之器，而未用於精利之兵器如劍、戟等。是朱氏所舉鐵器諸例，已不足以證明其爲漢代文字，可無庸論。今專論其所引兵器之在備蛾傅以上七篇中者，檢備城門篇併無「鐵矢」之文，不知朱氏所據何本？篇中有「二步一木弩，必射五十步以上。及多爲矢，節毋以竹箭，楛、趙、㩭、榆可。蓋求齊鐵夫，播以射衙」，孫注云：「『夫』亦當爲『矢』。或云『夫即鈇』。備穴篇有鐵鈇。」不知朱氏是否據此？若其據此，似應將據孫注説明，以免正文與孫注溷殽不清。此處墨子原文譌亂難通，孫氏一面謂「夫當爲矢」，一面又引或曰「夫即鈇」，是孫氏改「夫」爲「矢」，尚屬未能自信。由多聞闕疑之義，此二十許字當從蓋闕，既不必强作解人，尤不可引作論據，致鄰輕信。若更據近人臆改未定之字以疑古書，則無的放矢，考據家所引爲深戒者矣。「夫」字本篇屢見，畢、俞訓爲「趺」之省文，如人足兩分也。凡器物中如人足兩分之形者，皆得謂之「夫」。必欲加以詮釋此「夫」字，固可援例以「趺」釋之。下文「射」字，似與上文「木弩」、「矢」字相應也。備穴篇「爲鐵鈇金與扶林長四尺」，原文義頗難憭。説文：「鈇，莝斫刀也。」就字爲訓，「鈇」之本義爲圉人斬芻之刀。「鐵夫」與「鐵鈇」，無論其爲一物或爲二物，要皆粗制之具，非精利武器之類也。「鉤鉅」之制不詳，求之本書備高臨篇，可得其大略，蓋非以斮刺如劍矛之類，不必用精鍊之鐵即可爲也。韓非子南面篇載商君之鐵殳，例與此近。至朱氏引「鐵矛」一證，檢備穴篇無「鐵矛」連文者，或畢本有「穴矛以鐵，長四尺半，大如鐵服」之文，當爲朱説所本。但「穴矛」原作「内予」，畢注固明言以意改矣。今徧檢古本，無作「矛」者。下文有兩「予」字，畢亦校改「矛」。日本寶曆本墨子下文兩「予」字皆作「矛」，與畢改合，獨此「内予」字仍作「予」，與畢改異，可見此「予」字在或本上，不與下文二「予」字一例也。再就文義考察，矛爲長兵，考工記廬人有「夷矛三尋」之語,下文謂「矛長七尺」,疑即篇中所謂之「短矛」。今此云「内予以鐵,長四尺半,大如鐵服」,既舉其長,又舉其大,則其物非矛甚明。蓋本書言「矛」,皆不及其大也。畢氏改「予」爲「矛」,義實未安,後人何必從之?且此「予」字關係重要,非有塙證,何可輕率意改?備蛾傳以上七篇六千餘言,言攻守器備者近百事,於重要兵器如劍、斧、矛、戟之類,皆未見有鐵制者,正可爲其成書時代鐵兵尚未發達之證。朱氏謂越絶書、吴越春秋所記之「鐵劍」、「鐵櫪」,即有人證明其僞。余以爲彼兩書所記之僞與否,本文不必具論,但戰國時之有鐵兵,則爲不容否認之事實。藝文類聚卷六十引戰國策曰:「蘇秦爲楚合從,元戎以鐵爲矢,長八寸,一弩十矢俱發。」史記范睢傳:「秦昭王曰:吾聞楚之鐵劍利。」荀子議兵篇「楚人宛鉅鐵鉇,慘如蠭蠆」,楊注云:「鉇與鍦同,矛也。」韓非子八説篇:「搢笏干戚,不適有方鐵銛。」又五蠹篇:「共工之戰,鐵銛短者及乎敵。」吕氏春秋貴卒篇:「趙氏攻中山,中山人被鐵甲,操鐵杖以戰。」鐵能作甲,非有相當冶鍊技術不可,是皆戰國時塙有鐵制銛利兵器之證也。江淹銅劍讚序有云:「古者以銅爲兵,春秋迄於戰國,戰國至於秦時,攻爭紛亂,兵革互興,銅既不充給,故以鐵足之。鑄銅既難,求鐵甚易,是故銅兵轉少,鐵兵轉多,年甚一年,遂成風俗。所以鐵工比肩,而銅工稍絶,二漢之世,逾見其微。」準此,則備蛾傳以上七篇中,即有明塙不誤之精利鐵兵,亦止能疑其非墨子時代之文,不能遽謂其爲漢代文字也,況其無鐵兵乎？不惟無而已，尚有其反證焉：

備穴篇曰「以金劍爲難」，又曰「以斧金爲斫」。

此二句爲考訂本書時代之重要材料。就人類技術演化通則言，冶鍊之事，鐵後於銅；利兵之資，銅遜於鐵。墨家講求守器，而利兵尚未論及鐵，可爲其時利兵尚未銅鐵並用之證。根據江淹之説，即此「金劍」、「斧金」亦可證其非漢人文字。蓋漢代雖或有銅兵，然決不至以銅爲唯一利兵材料，而不及鐵，猶之今日講求守備，不至舍鋼甲戰艦不談，而僅舉數十年前之木制礮船也。昔人讀墨子，每將備城門以下二卷十一篇并爲一談，此實大誤，不獨一朱氏爲然也。兩卷文字不侔，一經細讀，不難辨别。今雖不免互相錯亂，然其錯亂處，在未經移動之古本上下文皆不銜接，顯而易見。保存古本面目，即辨别錯亂最便之法門也。孫氏墨子閒詁下筆頗矜慎，唯於備城門篇輕加移易，甚有底本不誤而移之反誤者，錯亂之迹幾於不可復識矣。更申論之：備城門篇：「禽滑釐問於子墨子曰：『甲兵方起於天下，大攻小，强執弱，吾欲守小國，爲之奈何？』子墨子曰：『何攻之守？』禽滑釐對曰：『今之世常所以攻者，臨、鉤、衝、梯、堙、水、穴、突、空洞、蟻傅、轒轀、軒車，敢問守此十二者奈何？』」

此節文字總冒以下各篇，甚爲重要，孫氏據此以考訂今本缺佚篇目，頗具卓識。所惜者，彼未能據此作進一步之探討，以辨别各篇之真僞也。根據此節與第十四卷現有篇目，以及詩疏所引之備衝篇參校，可推知禽、墨問答之語，蓋以備城門篇爲總冒，而以備十二攻具之技術分述之。今其文雖多殘闕，其目經孫氏之考訂，已可概見。此外各篇，則禽、墨問答之所未及，亦即墨家原書之所不載，故迎敵祠以下三篇皆無「禽子」、「墨子」字樣。蓋彼文本在禽、墨問答範圍之外以之附入墨子者，亦未嘗僞造其爲禽子、墨子之言也。襍守篇雖有「禽子」、「墨子」之稱，然實不類一整篇文字，一讀便知。蓋後人拾取他篇殘脱無所屬者，加以己意，增竄成篇，附之卷末，亦非墨子本書也。禽子問語語氣，他篇皆紆餘有味，襍守篇獨傷直率，是亦僞迹之可尋者。考漢書藝文志「兵技巧家」注云「省墨子」，不言篇數。省者，劉歆七略互著，而班志省之也。「兵家都數」注云「省十家，二百七十一篇」。以「兵權謀家」注「省九家，二百五十九篇」計之，則省「兵技巧家」之墨子當爲十二篇，與禽子所問十二攻具之數正合。竊疑墨子守備原書，除「救闉池」之文已附見於備城門篇，不別立備堙專篇外，其餘備十一種攻具當各爲一篇。今本存備城門、備高臨、備梯、備水、備突、備穴、備蛾傅七篇，尚缺備鉤、備衝、備空洞、備轒轀、備軒車五篇，存佚合計凡十二篇。案以今本目次，皆當在第十四卷中，若再加第十五卷之八篇，則與漢志「兵家」所載篇數顯然不合。又漢志列墨子於「兵技巧家」，「技巧者，習手足，便器械，積機關，以立攻守之勝者也」。設墨子原書有迎敵祠等篇，則當入「陰陽家」（推刑德，隨斗擊，因五勝，假鬼神），否則亦當入「兵權謀家」(兼形勢,包陰陽,用技巧)。今墨子不列入「陰陽家」或「權謀家」,可爲墨子論兵原書無迎敵祠等篇之塙證。此外兩卷中尚有下列可注意之點:

一、第十五卷迎敵祠篇以五行説爲骨榦,與墨家不信「日者方龍」及「五行毋常勝」之説不合。

二、第十五卷中多言嚴刑峻罰,非主張兼愛之墨家所宜有。

三、第十四卷中多論守械之名物數度,第十五卷則否。

四、第十五卷中有漢代官制律文,第十四卷則無之。

五、金錢之重要性見於第十五卷中,旗幟篇「金錢有積」,號令篇「金錢」凡三見,又曰「直一錢以上」,襍守篇「布帛金錢」。第十四卷則無之。

六、一人一時所作文字,其所用普通字當無差别。今檢兩卷,竟有顯示相異者。如「其」字在第十四卷多誤作「亦」,今校作「亓」,第十五卷「其」字竟無一誤作「亦」者。一篇如此,可云偶然,全卷如此,是知其來源之異矣。今唯余自備城門篇移入號令篇之錯簡「其」字誤作「亦」,此疑原亦作「其」,因其文錯入備城門篇之時代頗早,傳録者見備城門篇「其」字皆作「亓」,古本當如此。遂將錯簡之「其」字亦鈔作「亓」,後因同誤爲「亦」矣。

綜觀墨子各篇,有「子墨子」之稱者未必真,而無「子墨子」之稱者則必僞。持此以概全書，自謂可無大過。今本真書中無「子墨子」之稱者，僅非攻上、備水、備突三篇。備水篇僅百餘字，備突篇僅數十字，其爲殘脱顯而易見。非攻上篇之有脱文，曹耀湘早於數十年前論及，併校移非攻中篇「子墨子言曰」云云數十字於上篇。故三篇雖今本無「子墨子」之稱，亦可推知其原本之有也。又此所謂僞者有二：

一、時代雖較晚，而不害其爲墨家重要思想者，如經上、下等篇是。

二、時代較晚，行文不類，或竟與墨家思想倍馳者，如親士、迎敵祠等篇是。今以記墨子之學術言行者爲墨子書，以時代較晚而不失爲墨家思想者爲墨家言，其餘則爲僞書，列爲總表如左：

第一組——（卷一）——親士、脩身、所染、法儀、七患、辭過、三辯——凡七篇僞書。前二篇無「子墨子」之稱，後五篇襲墨家餘論，不盡與墨家思想相合也。

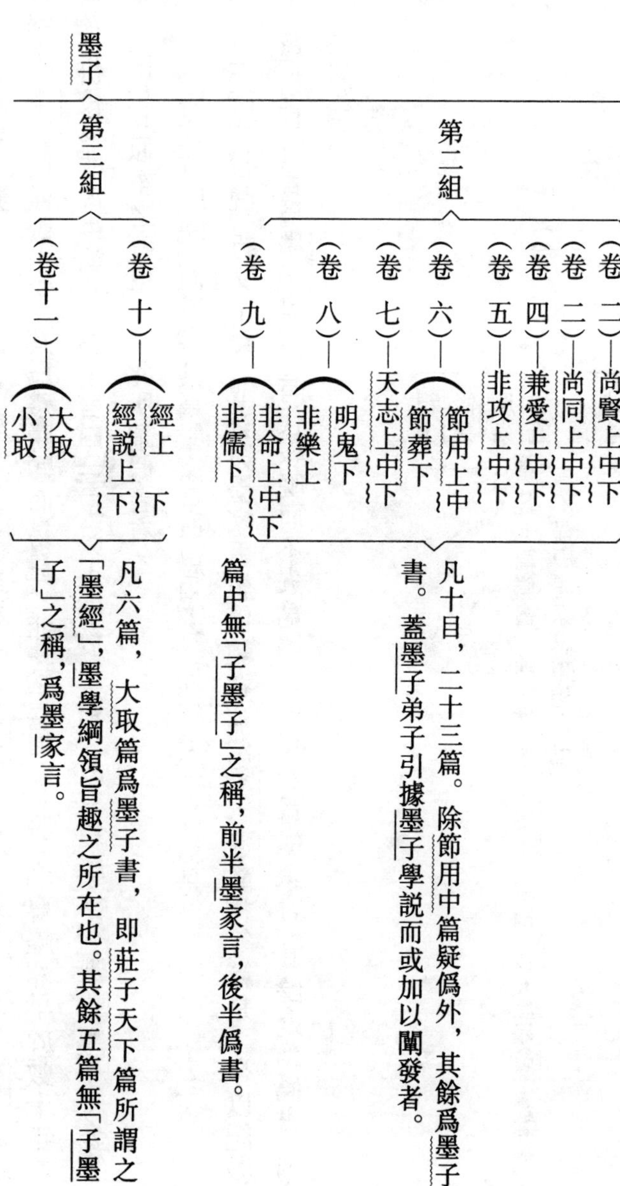

墨子

第二組

(卷二)—尚賢上中下

(卷二)—尚同上中下

(卷四)—兼愛上中下

(卷五)—非攻上中下

(卷六)—節用上中、節葬下

(卷七)—天志上中下

(卷八)—明鬼下、非樂上

(卷九)—非命上中下、非儒下

凡十目，二十三篇。除節用中篇疑僞外，其餘爲墨子書。蓋墨子弟子引據墨子學説而或加以闡發者。

篇中無「子墨子」之稱，前半墨家言，後半僞書。

第三組

(卷十)—經上下、經説上下

(卷十一)—大取、小取

凡六篇，大取篇爲墨子書，即莊子天下篇所謂之「墨經」，墨學綱領旨趣之所在也。其餘五篇無「子墨子」之稱，爲墨家言。

第四組
- (卷十一)—耕柱
- (卷十二)—貴義、公孟
- (卷十三)—魯問、公輸

凡五篇，墨子書，記墨子言行。

第五組—(卷十四)—備城門、備高臨、備梯、備水、備突、備穴、備蛾傅

凡七篇，墨子書，記守禦器備。

第六組—(卷十五)—迎敵祠、旗幟、號令、襍守

凡四篇，僞書。前三篇無「子墨子」之稱，後一篇爲采綴增竄而成。

（四）墨子姓氏生地年世考

一、姓氏

墨子名翟，姓墨氏，唐宋以前無異辭。至元伊世珍瑯嬛記引賈子説林，始有墨子姓翟名烏之説。賈子説林並無其書，蓋即伊氏所虚擬也。清初，周亮工承之，謂墨子姓翟名烏，以墨爲道。近人江瑔著讀子巵言，益演周氏之説，列舉八證以實之，兹節録其文如次：

古以孔墨、楊墨並稱。自漢以後，皆以墨子姓墨名翟，數千載無異詞。竊則以爲不然，蓋墨子者，非以「墨」爲姓者也。古者，諸子派别共分九流，墨子居其一，凡傳其學者皆曰某家，故傳墨子之學亦曰「墨家」。然所謂「家」者，言學派之授受，非言一姓之子孫，故周秦以前，凡言某家之學，不能繫之以姓，至漢代學者始以某姓爲某家。古人繫姓而稱，必曰某子或某氏，而稱「家」則不能繫姓。若「墨」既爲姓而復稱曰「墨家」，則孔子可稱「孔家」，莊子可稱「莊家」乎？此不合於古人稱謂之例，其證一也。「九家」之名詳於漢志，漢志本於劉略，劉氏亦必有所本，而司馬談亦有「六家要指」之論，則其名由來舊矣。然所謂「九家」者，墨家而外，若儒、若道、若名、若法、若陰陽、若縱横、若雜、若農，莫不各舉其學術之宗旨以名其家，聞其名即知其爲何學。即九家外之小説家亦然，並無以姓稱者。若「墨」爲姓，是以姓稱其學，何以獨異於諸家乎？此不合於「九家」名稱之例，其證二也。墨子〔一〕之學出於史佚、史角。史角無書，史佚有書二篇，漢志列於「墨家」之首，且謂尹佚爲周臣，在成康時。則由史佚歷數百歲而後至墨子，未有墨子之前已有墨家之學。墨子生於古人之後，乃諱其淵源所從出，以己之姓而名其學，而盡廢古人，不特爲諸家之所無，且於理有未安也。此不合於學派相傳之理，其證三也。周秦時之姓氏複雜奇僻，往往非後世所經見，然考以世本諸書，亦各有所自來。「墨」之爲姓，墨子一人外更無所見。惟古有墨胎氏，爲孤竹國君，伯夷、叔齊即其後。然夷、齊後即無聞，斷非墨子之所出。且墨子之前後亦絶無墨姓其人，是不特墨子非姓墨，且恐其時並無墨之一姓矣。此其證四也。又漢志所録墨家者流僅有六家，末爲墨子，首即史佚，此外四人曰我子、曰隨巢子，皆不著其姓，曰田俅子、曰胡非子，疑亦非姓。班注於此四人亦不詳其姓名，顔師古亦不及之，當必皆爲姓名外之别號，自無可疑。墨家諸人無一稱姓，則墨子之「墨」斷非姓明矣。竊疑墨家之學，内則薄葬，外則兼愛，無親疏之分，無人我之辨，示大同於

〔一〕「子」原誤「家」，據江瑔讀子卮言卷二改。

天下，以宗族姓氏爲畛域之所由生，故去姓而稱號，以充其兼愛、上同之量，又與釋氏之法同，此亦墨氏之學所以獨異於諸家，而高出於千古也。孟子一書所載當世之人，皆詳其姓氏，而於「墨者夷之」祇冠以「墨者」二字，而不言其何姓。論衡福虚篇言墨家之徒纏子，「纏」亦非姓。是皆可爲墨家不稱姓之證，可以與此相發明。是凡墨家之學者，無一稱姓，固不特墨子爲然矣。此其證五也。墨子原書多稱「子墨子」。夫稱曰「子」者，爲尊美之詞，不繫於别號即繫於姓，然皆稱曰「某子」，斷無以「子」字加於姓之上者。若子思子之類，上「子思」二字合爲孔伋之字，下「子」字乃尊稱之詞耳。唐宋以後，去古日遠，名稱亦濟，始有以「子」字加於姓之上，秦漢以前則絶無之。（惟荀子書引宋鈃語或稱「宋子」，或稱「子宋子」，顯爲後人所亂。列子書亦稱「子列子」，則因其書爲後人掇輯而成，未足爲據。至墨子原書於禽滑釐稱曰「禽子」，亦閒有「子禽子」之稱，或疑爲後人所加。）今稱曰「子墨子」，適與「子思子」之稱同，則墨子非姓墨，尤瞭若指上漩渦。若云「墨」爲姓，然則孔子亦可稱「子孔子」，莊子亦可稱「子莊子」乎？此其證六也。孟子多拒墨之詞，其稱之也，或曰「墨子」，或曰「墨氏」，或直單稱之曰「墨」，如「墨之治喪，以薄爲其道」是也。韓非子顯學篇亦曰「有相里氏之墨，有相夫氏之墨，有鄧陵氏之墨」，皆單以「墨」稱。然人有姓亦有名，姓所同而名所獨。故古者稱人必舉其名，寧去其姓而稱名，無去名而稱姓。是以古籍所載，有單稱名而不知其姓者，而斷無單稱姓而不著其名之理。今孟、韓皆單稱曰「墨」，則「墨」豈得爲姓乎？況韓子[一]所謂「相里氏之墨」云云，若「墨」爲姓，尤不能作是稱。韓子此篇上文云「有子張氏之儒」云云，下文則曰「儒分爲八，墨分爲三，取舍相反不同，而皆自謂真孔墨」，下曰「孔」而上曰「儒」，蓋言孔子一人可稱「孔」，言孔子之學不可稱「孔」也。以「相里氏之墨」例之，則何不云「子張氏之孔」，而云「子張氏之儒」乎？此其證七也。凡爲墨家之學，可稱曰「墨者」，如孟子所謂「墨者夷之」，莊子、韓非子及史記自序亦皆有「墨者」之稱。然「墨者」之義，指學墨子之人言之，學墨子之人非必姓墨，何以繫其師之姓？孔子之門弟子三千，未聞稱曰「孔者」也。墨家之稱「墨者」，當與儒家之稱「儒者」同，而「儒」非姓。不論古今，未有舉人之姓氏加於一「者」字之上而稱之者。以此推之，則「墨者」之「墨」亦非墨子之姓，尤瞭然明矣。此其證八也。班氏譔漢志、高誘注呂氏春秋，皆祗云墨子名翟，而不言其姓，則固心焉疑之矣。（謹案：凡以姓氏冠於「子」上者，班、高僅舉其名，注書之例則然，江說未審。）考「墨」字從黑，爲會意兼形聲字，故古人即訓「墨」爲黑，又訓爲晦，引申之爲瘠墨、爲繩墨。是所謂「墨」

[一]「子」字原脱，據江瑔讀子巵言卷二補。

者，蓋垢面囚首、面首黎黑之義也。墨子之學出於夏禹，禹之爲人盡儉苦之極軌，故墨氏亦學之。墨子之學深合於「墨」字之義，故以「墨」名其家。攷墨書貴義篇云「先生之色黑」，凡人形容枯槁者其顔色必黑，兹所謂「色黑」者，蓋因勞苦過甚，顔色因而黎黑。呂氏春秋高誘注曰：「墨子，魯人也。著書七十篇，以墨道聞。」蓋謂墨子著書，以墨道聞，故稱曰「墨子」也。其得名之故，實由於瘠墨不文、以繩墨自矯而來，故曰「墨」。其爲學始於大禹，傳於史佚，至墨子而益發揚，爲一時之盛，世乃以其學稱其人，故曰「墨子」。墨氏一家學問之精義，全在「墨」之一字。「墨」既爲學而非姓，則「翟」之義又安在？曰：「墨」者，墨子之學；而「翟」者，非墨子之名則墨子之姓也。孔璋北山移文稱墨子爲翟子，似亦以「翟」爲姓。而瑯環記載墨子，則直云「姓翟名烏」。此又墨子非姓墨之一大證也。

謹案：古代書籍司於官府，蓋非平民之所得誦習者。自孔子出，始將古代書籍選擇其認爲重要者，加以潤飾删節，傳播民閒，即所謂述詩書、訂禮樂、作春秋也。孔子聚人徒，立師學，開私家講學之風，中國學術至此爲一大轉關。前乎此者，君師合一，政教不分，學之大原爲官府所把持。此後則家學朋興，人類知識隨研究之便利、思想之解放而擴大增高，開戰國時文化燦爛之奇局。據説文，「儒」爲術士之通稱。周禮太宰「儒以道得民」，論語

「子謂子夏曰：女爲君子儒，毋爲小人儒」，是儒實先孔子而存在。荀子書中用「儒」字甚多，其「儒」字之形容詞，如「陋儒」、「散儒」、「腐儒」、「瞀儒」、「賤儒」、「俗儒」、「雅儒」、「大儒」、「小儒」等等，品類至爲複雜。「儒家」二字，實由公名以轉稱孔家者也。孔子亦百家之一，見荀子解蔽篇。儀禮士冠禮「願吾子之教之也」，鄭注云：「子，男子之美稱。」賈疏云：「古者稱師曰子。」考古書中「子曰」二字，除本文塙有所指外，幾與「孔子曰」相等。墨子書中有「子曰」二字，畢沅依本書文例校補作「子墨子曰」。公羊隱十一年傳「子沈子曰」，何注云：「沈子稱子冠氏上者，著其爲師也。不但言『子曰』者，辟孔子也。」是「子曰」二字亦由通稱而轉爲特稱，與「儒」字演化略相類似。家言、子學之興始於孔子，墨子次之，而發皇光大於戰國。故論先秦學派，舉其顯學，則曰「孔墨」，或曰「儒墨」；總而舉之，則曰「百家」。其分别析舉之者，如莊子徐无鬼篇，儒、墨、楊、秉、惠施。天下篇，尸子廣澤篇，荀子非十二子篇、天論篇、解蔽篇、墨子、宋子、慎子、申子、惠子、莊子、孔子七家。成相篇，呂氏春秋不二篇。除孔子一派或以「儒」字代表外，其餘皆實指其人，無「九流」之名也。惟今本尹文子以「名」、「法」、「儒」、「墨」與「道」對舉，正可爲今本尹文子爲秦漢以後僞書之證，不當以此謂先秦已有「九流」之稱也。江氏僅據漢人妄分之九流，而繩先秦家學稱謂之例，庸有當乎？「儒」字由公名而轉化爲一學派之名，「墨」字以私氏而引申爲一學派之名，或由廣而陜，或由陜而廣，其演化之途徑雖殊，其爲習慣所鑄成則一也。西洋學術史上，以其人之名氏變化語尾以代表其學派者，尤比比然也。古書中如「子墨子」、如「墨氏」，是以「墨」爲姓氏之墨也。如「墨者夷之」，如「相里氏之墨」，是以「墨」爲學派之墨也。一字數用，各有其適，執一不通，適足賊道。若以墨僅爲學派之名，而無與於姓氏，則何解於「子墨子」與「墨氏」乎？若謂學派亦可以子之、氏之，則亦可言「子儒子」與「儒氏」乎？論衡自紀篇「孔墨祖愚，丘翟聖賢」，若「墨」僅爲學派之名而非姓氏，則不得言其祖之愚，蓋一學派之祖決無愚者也。是江氏之説知其一而不知其二，通其偏而不能通其全也。明乎此，江氏所舉一、二、七、八諸證皆不能立。江氏似未知古人姓、氏之分，不知「墨」固非姓。孟子書言「墨氏兼愛」，可證也。秦、漢以後，始混姓、氏爲一，鮮能辨之者矣。

墨子蓋學焉而自爲其道者，汪中早于百年前道及之。近年胡適之發表諸子不出于王官一文，以爲諸子之學皆起于救世之弊，應時而興。漢志「墨」家首列尹佚，已屬可笑，若更謂墨家之學始于大禹，傳於史佚，未有墨子之前已有墨家之學，則「墨子」之稱當屬諸大禹或尹佚，數千百年後之墨翟，當退居墨者之列，不當僭稱墨子。又以思想進化之程序考之，以墨家之學置諸孔子之前，已屬不類，況置之夏禹或成康時乎？

江氏第四證，理由亦甚脆弱。王符潛夫論讚學篇「禹師墨如」，「墨」亦似姓氏。元和姓纂謂墨氏由墨台氏轉化而來，江氏謂墨台氏斷非墨子所自出，不知有何塙據？且古人奇僻之姓氏，一見而前後不見者甚多，如穀梁赤即其一例，何獨至於墨子而疑之？

江氏第五證可無庸辯，一閱孫詒讓墨子傳授考即知其謬。

江氏第六證所述亦甚疏忽，除荀子書之「子宋子」、列子書之「子列子」爲江氏所已引者外，國語越語有「子范子」，公羊傳有「子沈子」、「子公羊子」、「子司馬子」、「子女子」、「子北宫子」，吕氏春秋不二篇有「子列子」，此在稍讀古書者類能知之，江氏竟謂秦漢以前絶無其例，可謂疏忽之至。

江氏八證，無一可立。此外尚有自相矛盾之處，如既言自漢以後皆以墨子姓墨名翟，數千載無異詞，又言班固、高誘疑之於前，孔稚珪、北山移文。伊世珍瑯嬛記。歧異於後。既言墨子去姓「以充其兼愛、上同之量」，又謂翟爲「墨子之姓」。既言「未有墨子之前已有墨家之學」，又言其學「適合於『墨』字之義，故以『墨』名其家」。其説之抵捂如此，乃竟有喜其異而從之，並矜爲江氏之創解者，夫亦不思之甚矣。

近人錢穆謂：「墨子姓墨，從來都如此説，直至清末，江瑔始開異議，謂『墨』爲道術之稱，其論極是。至説『墨』字之義，則尚未盡。余考『墨』乃古代刑名之一，『墨』爲刑徒，轉辭言之便爲奴役。」錢氏并舉出「墨」爲奴役之稱之證據六項，其説似較江氏爲勝，然細考之，亦不能立。在評述錢氏所引證據之前，有當明瞭者二事：

一、研究墨家思想，以墨子本書爲最可恃，若爲他人批評墨家者，則須慎重選擇，分別去取。蓋兩喜則多溢美之言，兩怒則多溢惡之言，此尚論古人者不可不知也。

二、墨家對於人類物質享受之態度，就静的方面言，是主張貴族奢侈生活化爲平民生活，決不是主張平民生活化爲乞丐生活。就動的方面言，是主張人類生活水準向上改善，以趨于文明；決不是主張人類生活水準向下低落，反于古野。蓋主張奢侈生活平民化者，同時即主張一般生活水準提高者，兩者不相妨也。墨子節用上篇曰：「凡爲衣裳之道，冬加温、夏加清者，芊䱉」，又節用中篇曰：「冬服紺緅之衣輕且煖，夏服絺綌之衣輕且清。」辭過篇曰：「冬則練帛之中，足以爲輕且煖，夏則絺綌之中，足以爲輕且清。」其詳見拙著墨家之經濟思想一文中，兹不贅引。墨家物質生活有其積極之面目，有其消極之限度，與「垢面囚首」江氏語。以及「刑徒奴役」錢氏語。一類考語渺不相涉。若僅從「墨」之一字展轉傅會，則求之彌深，失之彌遠。今就錢氏所舉「墨」爲奴役之稱諸證，附以案語如次：

錢云：（一）墨子貴義篇：「楚王使穆賀見子墨子，曰：子之言則誠善矣，而君王，天下之大王也，無乃曰『賤人之所爲』，而不用乎？」穆賀以墨道爲賤人所爲，下面墨子也自以農夫、庖人相比，這是「墨」字有勞役的意義之第一證。

謹案：論語里仁篇「富與貴」、「貧與賤」，皇疏云：「富者財多，貴者位高。乏財曰貧，無位曰賤。」穀梁襄二十九年傳：「賤人非所貴也，貴人非所刑也。」是「賤」者，無位之通稱，故孔子曰「吾少也賤」，論語子罕篇。伊尹、申徒狄亦天下之賤人。墨子貴義篇及佚文。我國古代除王公卿大夫階級外，其餘無位者殆皆可謂之賤人。所謂「賤人」二字，範圍至廣，何得引爲墨家「墨」字有勞役意義之一證？使此種邏輯可用，則孔子、伊尹、申徒狄亦爲賤人，是「孔」字、「伊」字、「申徒」字亦將有勞役之意義，可乎？不可乎？墨子書兼愛下篇「今之賤人，執其兵刃、毒藥、水火以交相虧賊」，又魯問篇「今賤人也亦攻其鄰家，殺其人民，取其狗豕、食糧、衣裘」。今錢氏引貴義篇文以墨子爲賤人，因之「墨」字有奴役的意義，則人亦可引兼愛、魯問篇文，謂墨子既爲賤人，因之「墨」字有盜匪的意義，可乎？不可乎？錢氏謂「墨子自以農夫、庖人相比」，不知墨子同時又以藥草相比，豈墨子又將爲藥草乎？墨子書貴義篇「翟上無君上之事，下無耕農之難」，又魯問篇「故翟以爲雖不耕織乎，而功賢于耕織也」，韓非子八説篇「博習辯智如孔墨，孔墨不耕耨」，則墨子之不爲奴役也至明。

錢云：(二二)呂氏春秋高義篇「墨子弟子公尚過爲越王迎墨子，墨子曰：若越王聽吾言，用吾道，翟度身而衣，量腹[一]而食，比于賓萌，未敢求仕」，高注：「賓，客也。萌，民

[一]「腹」原誤「服」，據呂氏春秋高義篇改。

也。」「賓萌」的意義，譬如現在所説的客籍流氓。許行至滕，也説「願受一廛而爲氓」，許行也是主張親操勞作的，這是「墨」字有勞役的意義之第二證。

謹案：錢氏以墨子比于賓萌爲「墨」字有勞役意義之證，不知「賓萌」二字爲講學游説、傳食諸侯者之稱，正是不勞而食，與勞役之義適相反對。韓非子五蠹篇所謂修文學，習言談，無耕之勞而有富之實，無戰之危而有貴之尊，是故服事者簡其業，而游學者日衆，是世之所以亂也，即指此輩賓萌而言。荀子解蔽篇：「昔賓孟之蔽者，亂家是也。俞樾云：「孟」當讀爲「萌」。所謂「賓萌」者，蓋當時有此稱。戰國時遊士往來諸侯之國，謂之賓萌。若下文墨子、宋子等，皆其人矣。墨子蔽於用而不知文，宋子蔽於欲而不知得，慎子蔽於法而不知賢，申子蔽於埶而不知知，惠子蔽於辭而不知實，莊子蔽於天而不知人，此蔽塞之禍也。孔子仁知且不蔽，故學亂術，足以爲先王者也。一家得周道，舉而用之，不蔽於成積也。」由是可知，墨、宋、慎、申、惠、莊、孔諸家，無一而非賓萌。所異者，孔子爲賓萌之不蔽者，其餘爲賓萌之蔽者而已。「賓萌」爲講學遊説者之通稱，與所謂「奴役」及「勞役」等辭風馬牛不相及，何得引以爲「墨」字有勞役意義之證？宋、慎、申、惠、莊、孔諸家皆賓萌也，是「宋」、「慎」、「申」、「惠」、「莊」、「孔」諸字亦將有勞役之意義乎？錢又舉許行主張親操勞作事，此與墨子何關？豈許行主張與民並耕而食，墨子亦必主張與民並耕而食乎？

錢云：（三）墨子備梯篇：「禽滑釐事子墨子三年，手足胼胝，面目黎黑，役身給使，不敢問欲。」淮南子泰族訓也説：「墨子服役者百八十人，皆可使赴火蹈刃，死不旋踵。」作墨子弟子的都要服役，這是「墨」字有勞役的意義之第三證。

謹案：禮記檀弓篇「事師無犯無隱，左右就養無方，服勤至死」，鄭注云：「勤，勞辱之事也。」孔疏云：「謂服持勤苦勞辱之事。」韓非子五蠹篇「仲尼聖人也，而爲服役者七十人。」莊子漁父篇：「子路傍車而問孔子曰：由得爲役久矣。」又庚桑楚篇：「老聃之役。」是古人事師服役，實爲當然之事，了不足異，不獨墨家爲然，不足以證明「墨」爲奴役之稱。莊子讓王篇：「曾子居衛，緼袍无表，顔色腫噲，手足胼胝。」豈曾子亦墨家徒乎？

錢云：（四）孟子盡心篇「墨子兼愛，摩頂放踵利天下爲之」，趙岐注：「摩頂，摩突其頂。」荀子非相篇「孫叔敖突秃」，楊倞注：「突，謂短髮可凌突人者。」焦循孟子正義説，「突」、「秃」聲轉，「突」即「秃」。趙氏以「突」明「摩」，謂摩迫其頂，髮爲之秃。今按：「摩頂」即今言秃頭，古有髡罪翦髮服役。墨家爲要便於作苦，不惜摩頂截髮，近似髡奴，不暇講究冠髮之禮，故爲孟子所譏斥。「放踵」也是失禮的事，莊子上説：「墨子以跂蹻爲服。」史記孟嘗君傳：「孟嘗君躡屩而見馮煖。」「屩」、「蹻」同字，是一種輕便無底的鞋子，當時只私下穿着，孟嘗君急于見客，躡蹻而出，這是有失禮貌的。墨家爲便于作事行走，故截髮秃頂，穿鞋放脚，弄得如刑徒、奴役一樣，自頂至踵，無不失禮。孟子是主張以禮援天下的，故説墨子「摩頂放踵利天下爲之」，是譏斥墨子的話。這是「墨」字有勞役的意義之第四證。

謹案：孟子盡心篇「楊子取爲我，拔一毛而利天下，不爲也。墨子兼愛，摩頂放踵利天下，爲之」，趙注：「楊子爲我，拔己一毛以利天下之民，不肯爲也。墨子兼愛他人，摩突其頂，下至于踵，以利天下，己樂爲之也。」阮元校勘記：「文選注引作『致于踵』，引注『致，至也。』」摩頂放踵利天下爲之，與拔一毛而利天下不爲，文義相反。拔一毛，言所損于己者至輕；摩頂放踵，言所損于己者至重，即墨子大取篇所謂「斷指與斷腕，利于天下相若，無擇也」之意。風俗通義十反篇：「墨翟摩頂以放踵，楊朱一毛而不爲。」法苑珠林破邪篇：「湯恤烝民，尚焚軀以祈澤；墨敦兼愛，欲摩足而至頂」，南齊書高逸傳贊：「墨家之教，磨踵滅頂，且猶非吝。」隋釋彦琮通極論「夏禹疏川，則有勞手足；墨翟利物，則不悋頂踵。」語意顯達，可當詮釋。趙注「摩突」二字，義雖不明，但以「摩突」晐頂與踵言之，則甚明。若解「摩突」作秃，則秃頂至踵，殊爲不辭。若由錢説，更解作「截髮秃頂，穿鞋放脚」，則語意索然，又與「拔一毛而利天下」之義不相反。且在墨子及他書中，亦無秃頂放脚之塙證也。若「放」字從古本作「致」，更與放脚無涉。墨子公孟篇「墨子言：行不在服」，則墨家之無一定服飾甚明。節用等篇言衣裳尚輕煖或輕清，則墨家非主張刑徒奴役之衣服甚明。莊子天下篇：「使後世之墨者多以裘褐爲衣，以跂蹻爲服。」其說不見于墨子本書，尚難徵信。天下篇爲戰國末年以後文字，非莊子作。又「多」者，不盡之辭，非謂墨家之徒皆然也。由是僅能明後世墨家徒多貧或尚儉，不能證明其「截髮禿頂，穿鞋放脚」。訓「蹻」爲一種「輕便無底的鞋子」，「無底」二字頗覺費解，不知錢氏所據何書。錢氏所引史記原文爲「馮驩聞孟嘗君好客，躡屩而見之」，所謂「躡屩」，是馮驩躡屩，錢氏竟解爲「孟嘗君躡屩」，以證成其失禮之說，似誤。

錢云：（五）荀子禮論篇說「刑餘罪人之喪，不得合族黨，獨屬妻子，棺椁三寸，衣衾三領，夫是之謂至辱」，這也是譏斥墨家薄葬的非禮。左傳上也說「若其有罪，絞縊以戮，桐棺三寸，不設屬辟」。現在墨子正是主張桐棺三寸的葬禮，自齊于刑餘罪人，故荀子指斥他爲「至辱」了。這更是墨家「墨」字爲黥墨罪人之意的顯證了。

謹案：禮記檀弓篇：「子游問喪具，夫子曰：『稱家之有亡。』子游曰：『有亡，烏乎齊？』夫子曰：『有，毋過禮。苟亡矣，斂手足形，還葬，縣棺而封，人豈有非之者哉。』」孔疏云：「下棺内壙中，貴者則用碑繂。若貧而即葬者，但手縣棺而下之，同于庶人，不待碑繂。」左哀二年傳：「若其有罪，絞縊以戮，桐棺三寸，不設屬辟，下卿之罰也。」管子揆度篇：「若有子弟師役而死者，父母爲獨，上必葬之，衣衾三領，木必三寸。」以禮記、左傳、荀子比而觀之，可知荀子所謂「刑餘罪人之喪」，蓋亦指在位者有罪而言。若夫庶人，則棺椁三寸，衣衾三領，固多有不能具者矣。孔鯉死，有棺而無椁，況其他之庶民乎？據管子，則禮所以罰卿大夫之有罪者，正所以賞爲國死事之有功者也。喪葬厚薄，與墨家名稱截然二事，不足以證明墨家「墨」字爲鯨墨罪人之意。

錢云：（六）荀子王霸篇云：「以是縣天下，一四海，何故必自爲之？爲之者，役夫之道也，墨子之説也。」這明明斥墨子之説爲役夫之道，這又是墨家「墨」字爲罪人服役之意的顯證了。

謹案：荀子王霸篇：「以是縣天下，一四海，何故必自爲之？爲之者，役夫之道也，墨子之説也。論德使能而官施之者，聖王之道也，儒之所謹守也。」又君道篇：「急得其人，則身佚而國治，功大而名美。」墨子尚賢上篇：「以德就列，以官服事，以勞殿賞，量功而分禄。故得士則謀不困，體不勞，名立而功成，美章而惡不生。」所染篇：「善爲君者，勞于論人，而佚于治官。」是墨子與荀子所謂原無殊異，而荀子必欲非之者，正所謂名實未虧，而喜怒爲用者也。世人論墨，率多誣辭，此其一例，錢氏據以立説，疏矣。考「役夫」爲賤者之稱，以之加諸人，則爲輕詆之辭。左文元年傳江芈稱楚太子商臣爲「役夫」，又見韓非子内儲説下篇。荀子性惡篇「齊給便敏而無類，雜能旁魄而無用，析速粹孰而不急，不恤是非，不論曲直，以期勝人爲意，是役夫之知也」，可見「役夫」爲輕詆之通辭，何得引以爲墨家「墨」字爲罪人服役之證？此種邏輯，殊難索解。劉知幾史通言語篇：「江芈駡商臣曰『役夫』，漢王怒酈生曰『豎儒』，單固謂楊康曰『老奴』，斯並當時侮嫚之詞，流俗鄙俚之説。」若依錢氏之推論式，則「商臣」字將有「役夫」之意，「酈生」字將有「豎儒」之意，「楊康」字將有「老奴」之意，有是理乎？孟子書詆楊墨爲「禽獸」，則「楊」字、「墨」字不又將有「禽獸」之意義乎？先秦諸子各有學説，皆思以其説易天下，故不免非毁他家。若就其所用毁人之名，以定被毁者之實，而不加以衡量，不惟根據薄弱，抑且厚誣古人，非所望于實事求是之考訂家也。

總上觀察，可知江、錢二人所列論證，理由皆不充足。而類似江、錢諸説，或不及江、錢言之成理者，無庸辯矣。錢氏博洽多聞，若于墨家學派取義于奴役之説，更有堅確不拔之證據、圓融無礙之理解，公諸社會，亦學術界之所樂聞也。

二、生地

墨子生地，其説有三：

一、楚人説　畢沅、武億序跋墨子，皆以吕氏春秋高注「墨子，魯人」之語，謂魯即楚之魯陽。

孫詒讓云：攷古書無言墨子爲楚人者，渚宫舊事載魯陽文君説楚惠王曰「墨子北方賢聖人」，則非楚人明矣。

謹案：兼愛下篇「有君大夫之遠使于巴越齊荆」，荆即楚也。貴義篇「子墨子南游於楚」，魯問篇「鈎之纙，亦于中國耳，何必于越哉」，楚越皆非中國，若墨子爲楚人，立辭當不如此。呂氏春秋愛類篇「墨子見荆王，曰：臣北方之鄙人也」，皆可爲墨子非楚人之證。

二、宋人説　見葛洪神仙傳、文選長笛賦李注引抱朴子、荀子脩身篇楊注、元和姓纂。

高瀨武次郎云：公輸篇之末「子墨子歸，過宋」云云，已明示墨子之非宋人。若是宋人，何得言「過宋」？史記、漢書雖皆有「墨翟宋大夫」之説，然爲宋大夫者，不必宋人也。即「宋大夫」説，亦甚可疑。墨子果爲宋大夫，必有多少之治績及其君臣間之問答見之傳記，今皆無之，不知司馬遷、班固果何所據而爲此「宋大夫」之説也。

三、魯人説　見呂氏春秋當染篇、慎大篇高注。

孫詒讓云：貴義篇：「墨子自魯之齊」，又魯問篇「越王爲公尚過束車五十乘以迎子墨子於魯」，呂氏春秋愛類篇「公輸般爲雲梯，欲以攻宋，墨子聞之，自魯往見荆王，曰：臣北方之鄙人也」，淮南子脩務訓亦云「自魯趍而往，十日十夜至於郢」，並墨子爲魯人之塙證。

高瀨武次郎云：墨子以大禹爲理想的人物，南船北馬，從事教導，由此推察，足跡所至當徧天下，無如徵諸遺書，僅僅左列數國，今以其所歷游對照觀之，亦可知墨子魯人説之正塙也。

齊　貴義篇「子墨子北之齊」云云。齊當墨子生國魯之北方，故曰「北之齊」也。

魯　魯問篇「子墨子自魯之齊，即過故人」云云；又「魯之南鄙人有吴慮者，冬陶夏耕，自比於舜，子墨子聞而見之」云云；呂氏春秋愼大篇「公輸般將攻宋，子墨子聞之，自魯往」云云；李善文選注引「公輸般將欲以楚攻宋，墨子聞之，自魯往，裂裳裹足，十日至郢」云云。魯爲墨子之生國，故無遊魯之記載。兹所引出遊、記事，皆自魯至他國，措辭有别也。

衛　貴義篇「子墨子南遊使衛」云云。衛在魯之西南方，故曰「南遊」，若如畢沅説墨子爲楚之魯陽人，則遊衛當爲「北」矣。

宋　公輸篇「子墨子歸，過宋」云云。自南方之楚，歸北方之魯，途中當過宋，墨子生地若爲楚之魯陽，或爲宋，此句俱不可解。

楚　貴義篇「子墨子南遊于楚」云云。兹言「南遊于楚」者，明示自魯國南遊于楚也。若自楚國内之魯陽往，則直曰「遊郢」，不當曰「遊楚」矣。

謹案：孫氏與高瀨所攷皆甚精塙，高誘「墨子，魯人」之注，可爲定論矣。

三、年世

司馬遷史記爲中國第一部正史，對於與孔子並稱「顯學」，領導先秦學術思想垂二百年之偉大哲人，竟不專爲立傳，僅於孟荀傳後附綴「蓋墨翟宋之大夫，善守禦，爲節用。或曰並孔子時，或曰在其後」二十四字，其年世尚不能質定，遑論其他。近世學者頗有以此爲史記全書之玷者，揆厥原因，約有數端：

（一）其時去秦火未遠，典籍散佚，墨子之書或未獻諸漢朝，司馬遷未及見之。史記孟荀列傳謂「自如孟子至于吁子十餘人，世多有其書」，繼敍墨子獨作疑詞，不言世有其書，可爲司馬遷未見墨子書之證。史記謂墨子「或曰並孔子時，或曰在其後」，劉向、班固則肯定墨子在孔子後，非劉、班密而史遷疏也，實以劉、班時得見墨子書，而史遷則未之見也。司馬談亦以未見墨子書，故其論墨家要旨甚膚淺，無精采，遠不如孟子、荀子論墨之扼要。

（二）史記六國表謂：「秦既得意，燒天下詩書，諸侯史記尤甚。詩書所以復見者，多藏人家，而史記獨藏周室，以故滅。獨有秦記，又不載日月，其文略，不具。」墨子年世正當戰國初期，其時秦正衰亂，與關東諸侯少接觸，接觸少則記載略。墨子周遊列國，獨未至秦，故秦記亦無緣記載墨子言行。今司馬遷傳論墨子，僅能資取於疏略之秦史中，其材料當然十分缺乏。

（三）漢景帝、竇太后崇信黄老，漢武帝表章儒術。司馬談受易於楊何，習道論於黄子，史遷漸染於孔老高潮之環境中，無形受其同化，對於與孔老思想不侔之墨子，自不免生出歧視。

（四）墨家思想與封建社會不適合，爲專制帝王及御用學者所不喜，無詳悉稽考表章之必要。

有此數因，故史記不專爲墨子立傳。其自敍中雖云「獵儒墨之遺文，明禮義之統紀，作孟子荀卿列傳」，但在傳中敍墨子止有二十四字，猶是疑詞。今幸墨子之書尚有大部分存在，汪中、孫詒讓、高瀨武次郎、胡適之、梁任公諸人據以推求其時代，已可大體質定，不復如前此之迷離矣。兹節録諸家之説如次：

汪中云：今按耕柱、魯問二篇，墨子於魯陽文子多所陳説。楚語「惠王以梁與魯陽文子」，韋昭注：「文子，平王之孫，司馬子期之子。」其言實出世本，故貴義篇言〔一〕「墨子南遊於楚，見獻惠王，獻惠王以老辭」。由是言之，墨子實與楚惠王同時，其年於孔子差後，或猶及見孔子矣。藝文志以爲在孔子後者，是也。非攻下篇言「今天下好戰之國齊晉楚越」，又言「唐叔、吕尚邦齊晉」，今與楚越四分天下。節葬下篇言「諸侯力征，南有楚越之王，北有齊晉之君」。明在句踐稱伯之後，秦獻公未得志之前，全晉之時，三家未分，齊未爲陳氏也。

孫詒讓云：竊以今五十三篇之書推校之，墨子前及與公輸般、魯陽文子相問答，而後

〔一〕「言」字原脱，今補。

及見齊太公和見魯問篇。田和爲諸侯，在安王十六年。與齊康公興樂、見非樂上篇。康公卒於安王二十三年。楚吴起之死，見親士篇。在安王二十一年。上距孔子之卒敬王四十一年。幾及百年，則墨子之後孔子蓋信。審覈前後，約略計之，墨子當生於周定王之初年，而卒於安王之季，蓋八九十歲，亦壽考矣。

高瀨武次郎云：墨子遊楚，獻書，惠王以老辭。以此推測，惠王當時大概六十歲以上，其時墨子歲數雖未明知，以儼然爲有道之士則可無疑。假定其年爲五十歲左右，則墨子之生當在孔子七十歲左右。以普通年壽計算，自孔子晚年至其卒後五六十年間，可推定爲墨子之生存時代。

胡適之云：孫詒讓所考，不如汪中考的精確。墨子決不曾見吴起之死，據吕氏春秋上德篇，吴起死時，墨學久已成了一種宗教。那時墨者鉅子傳授的法子，也已經成爲定制了，那時的墨者已有了新立的領袖。孟勝的弟子勸他不要死，説「絶墨者於世，不可」，要是墨子還没有死，誰能説這話呢？可見吴起死時，墨子已死了許多年了。我們推定墨子大概生在周敬王二十年與三十年之間，西曆紀元前五〇〇至四九〇年。死在周威烈王元年與十年之間。西曆紀元前四二五至四一六年。墨子生時，約當孔子五十歲、六十歲之間，孔子生西曆紀元前五五一年。到吴起死時，墨子已死了差不多四十年了。

梁任公云：據我的意見，考證這問題，當以本書所記墨子親見的人、親歷的事爲標準，再拿他書所記實事做旁證、反證。我所信的，是鄭繻公被弒後三年，西紀前三九〇年。謹案：梁氏附録墨子年代考正文作「西紀前三九三年」是也，此文計算偶誤，當據附録訂正。下文年代誤處，並當據以訂正。墨子還未死。吴起死時，前三八一年。墨子却已死了。墨子之死，總不出這前後八年間，上推他的生年，總不能比公輸般小過三十歲。公輸般是孔子卒前十年已生的，所以我推定墨子生於周定王元年至十年之間，西紀前四六八至四五九年。約當孔子卒後十餘年，孔子卒於前四七九。墨子卒於周安王十二年至二十年之間，西紀前三九〇至三八二年。約當孟子生前十餘年。孟子生於前三七二年。

右列諸家之説竟，今再略事補充，爲考訂墨子年世之助。

一、楚惠王　貴義篇「墨子南遊於楚，獻書惠王，惠王以老辭」，渚宫舊事注謂當惠王之五十年。是時墨子之年少亦當及四十，否則將無「北方賢聖人」之譽。又據渚宫舊事，墨子止楚攻宋事在獻書惠王之前。墨子生於儒家發祥之國，當儒學方盛之時，糾學説聚人徒殊非易事，今觀其止楚攻宋，已有可以使赴危難於數百里外之弟子三百人，見公輸篇。則必在學成授徒若干年後，始有此現象，是其年少亦當在四十左右也。

二、公輸般　禮記檀弓篇「季康子之母死，公輸若方小，斂，般請以機封」，王引之云：若，般之字。又曰「季孫之母死，哀公弔焉，曾子與子貢弔焉，涉内霤，卿大夫皆辟位，公降一等而揖之」，二人受此優禮，似當在孔子卒後，子貢未去魯以前。魯哀公十六年孔子卒，曾子二十七歲。據史記仲尼弟子傳推算。若季康子之母死在魯哀公十年以前，則曾子年僅二十許，不當遽受人君之優禮。子貢在孔子卒後，有賢於仲尼之譽，見論語子張篇。哀公禮之，情事尤合。今既云「公輸若方小」，則其年當不過二十，生於魯定、哀之際。史記楚世家「惠王四十四年，楚滅杞，與秦平」，是時越已滅吴，而不能正江淮北，楚東侵廣地至泗上，此與魯問篇公輸般游楚，爲楚作舟戰之器，「亟敗越人」，當爲一事，渚宫舊事載其事於楚惠王五十年以前。據兩書推定，其事當在惠王四十四年與五十年之間，其時公輸般年約五十，長於墨子十許歲也。

三、魯陽文君即魯陽文子　國語楚語：「惠王以梁與魯陽文子，文子辭曰：『梁險而在境，懼子孫之有貳者也。縱臣而得保其首領以没，懼子孫之以梁之險，乏臣之祀也。』王曰：『子之仁人，不忘子孫，施及楚國，敢不從子。』與之魯陽。」觀文子「得保首領」語之肯定，惠王答辭之客氣，顯然爲君臣行輩相同相處已久之語。賈逵、韋昭注並云「魯陽文子即公孫寬」，與本文語氣正合。梁任公以魯問篇「鄭人三世殺其父」節推定魯陽文子在楚悼王九年猶存，與公孫寬年世不值，遂謂魯陽文子非公孫寬，當爲寬之子，漢人舊注不可信。不知「三世」「三」字是虛數，古書中其例甚多，若必一一執「三」之實數以求之，多見其窒礙難通也。且國語記事，大都斷於春秋，其涉及戰國者，類多終言一事偶筆及之，亦止於春秋後二十餘年。據左哀十六年傳「諸梁兼二事，國寧。乃使寧爲令尹，使寬爲司馬，而老於葉」，可見其時寬之年齡不大，衆望未孚，故國寧然後使嗣父爲司馬。設魯陽文子爲寬之子，而其辭封時又不類少年人語氣，則其事必不得載諸國語矣。是梁氏謂魯陽文子爲寬之子者，不唯與古注相違，且並國語書之時代而亦忘之也。

四、公孟子義即公明儀　禮記檀弓篇：「子張之喪，公明儀爲志焉。」掘坊志「子張卒年五十七」，史記仲尼弟子傳「子張少孔子四十八歲，曾子少孔子四十六歲」，檀弓「子張死，曾子有母之喪，齊衰而往哭之」，則子張固未享高壽，掘坊志之説不爲無因。據以推其卒年，則魯悼公之二十一年，楚惠王之四十二年也。其時公明儀已能主持喪事章識之禮，其年少亦當在三十左右。據公孟篇公孟子與墨子問答之語氣推之，墨子之年當不至少於公明儀。

五、越王繄虧　非攻下篇「越王繄虧」，蓋即越王翳，「虧」爲語後餘聲，「翳」之爲「繄虧」，猶魯隱公息之爲息姑、宋文公鮑之爲鮑革、鄭釐公惲之爲髡頑、陳平公鬱之爲郁釐、晉靜公俱之爲俱酒也。

六、齊大王　魯問篇「子墨子見齊大王」，「大王」即田和，經蘇、俞諸家之考釋，可無庸疑。墨子見田和，當在彼執政以後。

七、項子牛　魯問篇曰：「齊將伐魯，子墨子謂項子牛曰：伐魯，齊之大過也。」又曰：「子墨子使勝綽事項子牛，項子牛三侵魯地。」淮南子人閒訓曰：「『三國伐齊，圍平陸，許注：三國，韓魏趙也。括子以報於牛子，許注：括子、牛子，齊臣。曰：『三國之地不接於我，踰隣國而圍平陸，利不足貪也，然則求名於我也，請以齊侯往。』牛子以爲善，而用括子之計，三國之兵罷，而平陸之地存。」此「牛子」蓋即「項子牛」，猶嬰子之爲田嬰、章子之爲匡章也。竹書紀年「周威烈王十八年，王命韓景子、趙烈子及魏師伐齊，入長垣」，與淮南子三國伐齊殆爲一事。孫詒讓注「三侵魯地」在周威烈王十餘年，與淮南及紀年所表現之時代正相值。

八、季孫紹、孟伯常　耕柱篇：「墨子曰：季孫紹與孟伯常治魯國之政，不能相信，而祝於蘩社，曰：『苟使我和。』」史記：「魯悼公之時，三桓勝，魯如小侯。」禮記檀弓：「悼公之喪，孟敬子曰：吾三臣者之不能居公室也，四方莫不聞矣。」可見悼公卒時，魯政猶在三家。魯穆公二年，齊伐魯，取郕。郕爲孟氏私邑，失郕則孟氏或衰或亡，勢不能與季氏爭政。其時去悼公之卒二十三年。由是可推知，季孫紹與孟伯常公治魯政，當在此二十三年之閒，墨子身見其事也。

九、齊康公　非樂上篇：「昔者齊康公興樂萬，萬人不可衣短褐，不可食糠糟，曰：『食飲不美，面目顔色不足視也；衣服不美，身體從容不足觀也。』是以食必粱肉，衣必文繡。此掌不從事乎衣食之財，而掌食乎人者也。是故子墨子曰：今王公大人惟無爲樂，虧奪民衣食之財，以拊樂如此多也。是故子墨子曰：爲樂非也。」細讀原文，自「昔者」至「而掌食乎人者也」與墨子無明塙關係，墨子晚年容及見康公，但僅據非樂篇文，殊不足以爲康公時墨子尚存之證也。

十、孟勝、田襄子　據吕氏春秋上德篇，吴起死時，楚悼王二十一年。墨者鉅子爲孟勝。孟勝死，屬鉅子於宋之田襄子。考之墨子本書，無孟勝、田襄子其人。若其時墨子新卒，二鉅子之名似不應皆不見於墨子書。在理想上，墨子之後設已有鉅子制，其鉅子當屬諸禽滑釐。耕柱篇有「子禽子」之稱，吕氏春秋當染、尊師兩篇載許犯、索盧參爲禽子弟子，皆可爲禽子死於墨子之後，嘗講學授徒之證。今非禽子者，可推知吴起死時，墨家鉅子之傳已非一代，即禽子亦已不在人閒也。

茲據孫詒讓墨子年表，並博采陳説，參以己見，作爲簡表如次：

周王紀年	西曆紀元前		
敬王卅二	四八八	楚惠王元年。魯哀公七年。	墨子生於此年至以後十年間。
卅六	四八四	魯哀公十一年。吴夫差敗齊於艾陵，獲齊國書。	魯問篇：「吴王北伐齊，取國太子以歸於吴。」亦見非攻中、非儒下兩篇。
卌一	四七九	魯哀公十六年。孔子卒。楚白公勝作亂，劫王子閭。	是年墨子已生，季康子之母死當在此後數年内。魯問篇：「昔白公之禍，執王子閭。」亦見非儒篇。
卌二	四七八	楚惠王十一年，伐陳，滅之，乃使寧爲令尹，使寬爲司馬。	寬即司馬子期之子公孫寬，亦即耕柱、魯問諸篇與墨子問答之魯陽文君。

卅三	四七七	周敬王崩。楚惠王十二年封公孫寧於析。	楚惠王封公孫寬於魯陽，事見國語及注，不知在何年。寧位崇於寬，寬受封當在寧之後。
元王四年	四七三	越滅吴。	非攻中篇、魯問篇言其事。
定王元年	四六八	魯哀公二十七年，季康子卒。	
四	四六五	越王句踐卒。	句踐事見親士、所染、兼愛、非攻、公孟諸篇。
十四	四五五	鄭哀公八年，鄭人弒哀公。韓魏趙敗智伯於晉陽，殺智伯，三分其地。	魯問篇「鄭人三世殺其父」，蘇時學云：「父」當作「君」。哀公即其一也。非攻中篇：智伯圍趙襄子於晉陽，韓魏趙合擊智伯，大敗之。亦見魯問篇。

廿二	四四七	楚惠王四十二年，滅蔡。魯悼公二十一年，子張卒。子張之喪，公明儀爲志焉。	非攻中篇：蔡亡於吳越之間。公明儀即公孟子義，見公孟篇，與墨子相問答。
廿四	四四五	楚惠王四十四年，滅杞，東侵越，廣地至泗上。	魯問篇：公輸般游楚，爲楚作「舟戰之器，亟敗越人」，當在此以後數年内。
考王元年	四四〇	楚惠王四十九年。	公輸篇：公輸般爲楚爲雲梯，將以攻宋，墨子疾行至郢，見楚王，乃不攻宋。據渚宮舊事，此事在般作舟戰器敗越以後，墨子獻書惠王之前。
二	四三九	楚惠王五十年，墨子獻書惠王，惠王不能用。	貴義篇：「墨子南遊於楚，獻書惠王，惠王以老辭。」渚宮舊事：「惠王以書社封墨子，不受而去。」是時墨子之年，少亦當及四十。

九	四三二	楚惠王五十七年卒。	
十	四三一	楚簡王元年，滅莒。	非攻中篇：莒亡於齊越之間。
十一	四三〇	魯元公元年。	魯問篇：「魯君謂子墨子曰：吾恐齊之攻我也，可救乎？」又：「魯君謂子墨子曰：我有二子，一人者好學，一人者好分人財，孰以爲太子而可？」「魯君」疑即魯元公。
威烈王元年	四二五		
三	四二三	鄭幽公元年，韓伐鄭，殺幽公。	魯問篇「鄭人三世殺其父」，蘇云：「『父』當作『君』」。幽公即其一也。

十四	四一二	齊宣公四十四年，伐魯攻葛及安陵。	魯問篇「齊項子牛三侵魯地」，孫云：此攻葛及安陵，或即三侵之一。
		越王翁三十七年卒。	魯問篇：公尚過説越王，越王使公尚過迎墨子於魯。孫云：疑爲王翁中晚年事。
十五	四一一	齊宣公四十五年，伐魯，取都。田莊子卒，太公和立。	魯問篇「墨子見齊大王」，當在此後各年中，大王即太公和也。新序亦載齊王與墨子問答事。孫云：齊伐魯，取都，或亦三侵之一。
		越王翳元年。	非攻下篇越王繄虧，即王翳。
十八	四〇八	齊宣公四十八年，取魯之郕。魯穆公二年。	耕柱篇「季孫紹與孟伯常治魯國之政」，當在此年以前。孫云：齊伐魯取郕，或亦三侵之一。

二十	四〇六	晉烈公十四年，魏滅中山。	所染篇「中山尚染於魏義、偃長」，孫云：中山尚疑即中山桓公，爲魏文侯所滅。
廿二	四〇四	齊康公元年。宋昭公四十七年卒。	非樂上篇「齊康公興樂萬」，史記亦謂康公淫於酒、婦人，不聽政。孫云：吕氏春秋召類篇注「子罕殺昭公」，史記鄒陽傳「宋信子罕之計而囚墨翟」，疑昭公實被弒，囚墨子即其季年事。
			謹案：囚墨子事古書無徵。
廿三	四〇三	晉烈公十七年，魏趙始列爲諸侯。	

廿四	四〇二	周威烈王崩。越王翳十年。	據墨子本書可恃各篇所載，墨子親見之人、親歷之事，以齊大王、越王緊虧爲最晚，此後即無塙可信據之資料。墨子蓋即卒於周威烈王末年，享年八十左右。
安王六年	三九六	鄭繻公二十七年，鄭相子陽之徒弑繻公。	孫云：魯問篇「魯陽文君曰：鄭人三世殺其父」，或謂指哀、幽、繻三君，然與文君年不合，疑當作「二世殺其君」，即指哀公、幽公被殺也。謹案：孫謂繻公被殺與魯陽文君年不合，是也。惟「三世」是虛數，不必改字，義亦得通。
十六	三八六	齊康公十九年，田和始列爲諸侯。	
十七	三八五	齊康公二十年，田和卒。	

（五）墨學之真諦

一、墨學綱領

孫中山先生云：「古時最講『愛』字的，莫過於墨子。」蔡孑民先生云：「先秦惟子墨子頗治科學。」綜合二先生之言，爰得墨學綱領如次：

墨學——愛、智雙修｛愛——以感情親愛人類。智——以理智分析物象。｝

人生與處，曰人與物。愛以接人，智以格物。愛、智雙修，洪纖畢舉。人生問題，思過半矣。西洋自文藝復興以還，中經産業革命，智甚發達，而愛不足以副之，是以内則分配不均，貧富懸隔，外則侵略不已，慘無人道。中國自秦漢以後，焚書禁學，罷黜百家，思辯既受束縛，研求日趨陜隘，晚周之科學萌芽横被摧殘，學術進步于焉停滯。智既錮蔽，愛亦偏私，陵夷至於清末，餘風未殄，遺俗猶存，國弱民困，非偶然也。

愛、智雙修

愛
- 一、兼愛精神。
- 二、犧牲精神。論語曰：「仁者必有勇。」老子曰：「慈，故能勇。」故以犧牲精神係于愛。

智
- 三、科學精神。
- 四、創造精神。
- 五、力行精神。力行精神爲愛、智二者之推動力。

(二)兼愛精神

愛之對象愛人。　大取篇曰：「凡學愛人。」「諸聖人所先，爲人。」「不爲己之可學也。」

愛之動機愛無所爲。　大取篇曰：「愛人非爲譽也。」經上篇曰：「仁，體愛也。」説曰：「仁。愛民者，非爲用民也，不若愛馬者。」

愛之實利　兼相愛，交相利。尸子曰「夫愛民，且利之也。愛而不利，則非慈母之德也」，義與此近。

愛之分量及其施展　墨者夷之曰：「愛無差等，施由親始。」大取篇曰：「愛無厚薄。」

「爲天下厚愛禹，乃爲禹之愛人也。」經説下〔一〕篇曰：「進行者，先敷近，後敷遠。」

愛之範圍無時量，無方量。　大取篇曰：「盡愛是世。」「愛衆世與愛寡世相若，兼愛之有相若。愛尚世與愛後世，一〔二〕若今之世。」經下篇曰：「無窮不害兼。」「不知其所處，不害愛之。」

愛之完成無人我相。　大取篇曰：「天下無人，子墨子之言也。」「愛人不外己，己在所愛之中。」于是人我渾融，充類至盡。

（二）犧牲精神

勇敢　大取篇曰：「聖人惡疾病，不惡危難，正體不動。」經上篇曰：「勇，志之所以敢也。」説曰：「勇。以其敢於是也，命之。不以其不敢於彼也，害之。」陸賈新語曰：「墨子之門多勇士。」淮南子曰：「墨子服役百八十人，皆可使赴火蹈刃，死不旋踵，化之所致也。」

任俠　經上篇曰：「任，士損己而益所爲也。」説曰：「任：爲身之所惡，以成人之所

〔一〕「經説下」原誤「經下」，徑改。按引文見經説下第六三條。

〔二〕「一」原誤「亦」，據大取篇改。

急。」

犧牲　大取篇曰：「殺己以存天下，是殺己以利天下。」「斷指與斷捥，利於天下相若，無擇也。」經下篇曰：「無説而懼，説在弗必。」説曰：「無。子在軍，不必其死生。聞戰，亦不必其死生。前也不懼，今也懼。」魯問篇：「子墨子曰：子欲學子之子，今學成矣，戰而死。」孟子曰：「墨子兼愛，摩頂放踵利天下，爲之。」

（三）科學精神

科學方法之樹立　大取等六篇討論名學甚詳，與西洋邏輯、印度因明同爲世界學術史上有價值之科學方法。

數學、物理學等之研究　見經上等篇。先秦諸子研究此種自然科學者，唯墨家耳。

工藝制造　墨子大巧，爲車轄，爲木鳶，爲守禦器械。

（四）創造精神

公孟篇：「公孟子曰：『君子不作，述而已。』子墨子曰：『不然。古之善者則述之，今之善者則作之，欲善之益多也。』」非儒篇：「儒者曰：『君子必古服言然後仁。』應之曰：『所謂古之服言者，皆嘗新矣。而古人服之、言之，則非君子也。然則必服非君子之服、言非君子之言，而後仁乎？』又曰：『君子循而不作。』應之曰：『古者羿作弓，伃作甲，奚仲作車，巧垂作舟。然則今之鮑、函、車、匠皆君子也，而羿、伃、奚仲、巧垂皆小人邪？且其所循，人必或作之，然則其所循，皆小人道也。』」

(五)力行精神

祛除畏難心理　兼愛中篇：「今天下之士君子曰：『然，乃若兼則善矣。雖然，天下之難物迂故也。』子墨子言曰：『愛人者，人必從而愛之。利人者，人必從而利之。此何難之有？特上弗以爲政，士不以爲行故也。』」經下篇曰：「無窮不害兼。」說曰：「人若不盈無窮，則人有窮也，盡有窮無難。盈無窮，則無窮盡也，盡有窮無難。」

廓清命定主義　非命上篇曰：「執有命者不仁。」「今用執有命者之言，是覆天下之義。覆天下之義者，是立命者也。」非命下篇曰：「昔者禹湯文武得光譽令問於天下，夫豈可以爲命哉？故以爲其力也。」本書有非命三篇。

行須有方法有程敍　尚賢中篇曰：「既曰若法，未知所以行之術，則事猶若未成。」經下篇曰：「行脩以久，說在先後。」說曰：「行者必先近而後遠。遠近，脩也。先後，久也。民行脩必以久也。」

不爲環境轉移　耕柱篇：「巫馬子謂子墨子曰：子之爲義也，人不見而助，鬼不見而富，而子爲之。」貴義篇：「故人謂子墨子曰：『今天下莫爲義，子獨自苦而爲義，子不若已。』子墨子曰：『今有人於此，有子十人，一人耕而九人處，則耕者不可以不益急矣。何故？則食者衆而耕者寡也。今天下莫爲義，則子如勸我者也。何故止我？』」公孟篇：「子墨子曰：夫義，天下之大器也，何以視人？必强爲之！」

從力行中證驗愛智　兼愛下篇：「天下之士曰：『兼即善矣。雖然，豈可用哉？』子墨子曰：『用而不可，雖我亦將非之。』」貴義篇：「穆賀謂子墨子曰：『子之言則誠善矣，而君王，天下之大王也，毋乃曰賤人之所爲，而不用乎？』子墨子曰：『唯其可行。』」「子墨子曰：今天下之君子之名仁也，雖禹湯無以易之。兼仁與不仁而使天下之君子取焉，不能知也。故我曰：天下之君子不知仁者，非以其名也，亦以其取也。」魯問篇曰：「翟聞之，言義而弗行，是犯明也。」

二、墨家羣治之主張

墨學綱領曰愛與智。發于政事，亦不過宏其愛、智之用而已，兹分述之：

(一)關於社會教育者

人性之熏陶　人性無善無惡，非善非惡，善惡緣於習染，如素絲然，染于蒼則蒼，染于黄則黄，故染不可不慎也。大取篇曰：「諸陳執既有所爲，而我爲之，陳執之所爲，因吾所爲也。若陳執未有所爲，而我爲之陳執，陳執因吾所爲也。」如此因果承續，業行交酬，胥入于習染洪流中，而演進不已。

體育之注重　大取篇曰：「聖人惡疾病。」節用上篇曰：「居處不安，飲食不時，作疾病死者不可勝數。」節用中篇：「飲食之法曰：足以充虛繼氣，强股肱，使耳目聰明。」節葬下篇反對儒家處喪之法，有曰：「相率强不食而爲飢，薄衣而爲寒，使面目陷陬，顏色黧黑，耳目不聰明，手足不勁强，不可用也。」又曰：「苟其飢約，是以百姓冬不仞寒，夏不仞暑，作疾病死者不可勝計也。」

尊天明鬼　信仰天志，效法天行。天之行廣而無私，其施厚而不德，其明久而不衰。天鬼賞善罰暴，使天下之爲善者勸，爲暴者沮。本書有天志、明鬼等篇。

學貴專精　耕柱篇：「子墨子曰：能談辯者談辯，能説書者説書，能從事者從事。」公孟篇：「二三子有復於子墨子學射者，子墨子曰：不可。夫知者必量其力所能至而從事焉。」

教貴普及　尚賢下篇曰：「有道者勸以教人。」公孟篇：「公孟子謂子墨子曰：今子徧從人而説之，何其勞也？」魯問篇：「子墨子曰：天下匹夫徒步之士少知義，而教天下以義者功亦多，何故弗言也？若得鼓而進於義，則吾義豈不益進哉！」

（二）關於國家政治者

尚賢　不辯貧富貴賤、遠邇親疏，賢者舉而尚之，不肖者抑而廢之。本書有尚賢三篇。

尚同　縱的主張上下情通，免除隔閡。其反面爲下比。横的建樹中心信仰，共同趨赴，以免紛歧。其反面爲交相非。本書有尚同三篇。

非攻　以今語釋之，即反侵略主義也。非攻上篇曰：「今至大爲不義攻國。」非攻下篇曰：「攻伐爲不義，非利物。」非攻下篇同時倡導、肯定正義之戰争，「督以正，義其名……則天下無敵矣」。本書有非攻三篇。

守備　守備與非攻爲一事之兩面。蓋强暴之國，其侵略有非空言非攻所能勸阻者，則以守備防制之，使不得逞，守備所以濟非攻之窮也。節用上篇曰：「其爲甲盾五兵何？以爲以圉寇亂盗賊。凡爲甲盾五兵，加輕以利堅而難折者尚諸。」備城門篇曰：「我城池修，守器具，推粟足，上下相親，又得四鄰諸侯之救，此所以持也。」公輸篇曰：「公輸般九設攻城之機變，子墨子九距之。公輸般之攻械盡，子墨子之守圉有餘。」戰國策魯仲連遺燕將書曰：「今公以弊聊之民，距全齊之兵，期年不解，是墨翟之守也。」本書有備城門、備高臨等篇。

(三)關於人民生活者

生産與分配

指出勞動爲人類生活所必需，「賴其力者生，不賴其力者不生」（《非樂上》）。主張對「不與其勞獲其實」之人加以懲罰（《天志下》）。

主張有力相勞，有財相分，有道相教（見《天志中》、《尚賢下》等）；「分財不敢不均」（《尚同中》），多財以分貧（《魯問》），助貧使之富（《節葬下》）。實現飢者得食，寒者得衣，勞者得息；疾病侍養之，死喪葬埋之；老而無子者，有所得終其壽；少失其父母者，有所放依而長（見《尚賢》、《兼愛》、《非命》等篇）。

主張「按勞分配」，「有能則舉之……以勞殿賞，量功而分祿」（《尚賢上》）。

生活之節目及其法式

衣 「凡爲衣裳之道，冬加温、夏加清者，尚諸。」

食 「聖王制爲飲食之法曰：足以充虚繼氣，强股肱，使耳目聰明，則止。」節用上篇未言及飲食問題，姑以節用中篇文補之。

住 「凡爲宫室，加固者，尚諸。」

行 「凡爲舟車之道，加輕以利者，尚諸。」

性 「聖王爲法曰：丈夫年二十，毋敢不處家。女子年十五，毋敢不事人。」内無拘女，外無寡夫。

人民之享受

「……食必常飽然後求美，衣必常暖然後求麗，居必常安然後求樂，……先質而後文，此聖人之務。」（見本書墨子佚文。）

生活之指歸

甲、除去特殊階級之奢侈生活。

王公大人生養死葬之浪費，首應除去。「非樂」、「節葬」諸義因之而立。節用上篇曰：「去大人之好聚珠玉、鳥獸、犬馬，以益衣裳、宫室、甲盾五兵、舟車之數。」

乙、提高一般人民之生活水準。

丙、促進人類社會之物質文明。

衣裳加温清，宫室加固，舟車加輕利，甲盾五兵加輕利與堅韌，即提高生活水準與促進物質文明之徵也。參看拙箸墨家之經濟思想。

丁、建設兼愛交利之共享互助社會。

兼相愛，交相利。愛人若愛其身。國都不相攻伐，人家不相亂賊。人爲其所能，以交相利也。

前項「生活節目及其法式」，多見于節用上篇。「節用」云者，節省無益之用，充實有益之用。二者爲一事之兩面，不可偏廢，非徒爲吝嗇也。故曰「發令興事，使民用財，無不加用而爲者」。是則因加用而使民用財，固墨家之所樂爲也。非樂上篇曰：「古者聖王亦嘗厚措斂乎萬民，以爲舟車。既已成矣，曰：吾將惡許用之？曰：舟用之水，車用之陸，君子息其足焉，小人休其肩背焉。故萬民出財，齎而予之，不敢以爲慼恨者，何也？以其反中民之利也。」所謂「興天下之利」，所謂「利人乎即爲」，義即如此。昔人論墨家者，多誤解「節用」之義，僅舉其去無用之消極一面，而遺其尚加用之積極一面。大聖宏規，晦霾千古，滋可慨已。

三、孔學、墨學之比較

中國文化發皇，首推先秦。先秦顯學，厥唯孔、墨。研究孔學，以論語爲足徵。孟子、荀子亦可引用。至於漢儒所輯之「孔子曰」，則多不足恃。如禮運大同之説，以尊崇孔子甚力、研究孔學甚晰之梁漱溟先生，亦定其非孔子之言。誠以一家學説，須觀其通，不宜輕據片辭隻字，展轉比傅，失其本真也。目前尊崇孔子，僞滿甚于國民政府。北平失陷後，倭酋與所謂維持會諸奸祀孔，其典禮之隆重爲數十年來所未有（見當時北平各報）。于中機括，已可概見。孔子爲中國數千年師表，當然有其偉大處。惟其偉大，所以易受利用。正如羅蘭夫人所云，自由、自由，世上許多罪惡，假汝之名以行耳。研究墨學，材料亦須選擇。今本墨子以卷二至卷十四爲可信。其中尚須除去節用中及非儒後半篇。此外孟子、荀子批評墨子之語，亦有參證價值。著者研究孔、墨二家之結果，得一簡單比較如次：

孔學　以封建社會爲基礎，以禮之等差爲骨幹，以安分守身爲美德，以述而不作爲精神，以君主爲楷柱者也。故欲收斂人心、保持現狀者，則崇尚孔學。

墨學　以共享社會爲理想，以人類平等爲骨幹，以爲人損己爲美德，以述作兼施爲精神，以民衆爲楷柱者也。故欲啓發民智、改進現狀者，則崇尚墨學。